대학병원 /의료원

행정 · 사무직 통합편

NCS + 모의고사 4회

시대에듀

2025 최신판 시대에듀 대학병원/의료원 행정 · 사무직 통합편 NCS + 최종점검 모의고사 4회 + 무료NCS특강

Always **with you**

사람의 인연은 길에서 우연하게 만나거나 함께 살아가는 것만을 의미하지는 않습니다.
책을 펴내는 출판사와 그 책을 읽는 독자의 만남도 소중한 인연입니다.
시대에듀는 항상 독자의 마음을 헤아리기 위해 노력하고 있습니다. 늘 독자와 함께하겠습니다.

머리말 PREFACE

- 대학병원 : 의과 · 치과 대학생의 학습 · 실습을 목적으로 대학에 부속 설립된 병원으로, 의대생 및 간호학과 학생들의 실습과 의사 및 연구진들의 임상연구 등 교육과 연구를 주된 목적으로 하고, 더불어 병원 본연의 목적인 의료서비스 제공 및 전공의 수련 등의 기능도 담당한다.
- 의료원 : 일정한 시설을 갖추고 병을 진찰하고 치료하는 곳으로, 병원(病院), 의원(醫院) 등을 통틀어 이르는 말이다. 대학에서 설립하였으나 의과대학이 없는 경우 의료원이라 한다.

대학병원/의료원 행정 · 사무직 필기전형 합격을 위해 시대에듀에서는 대학병원/의료원 판매량 1위의 출간경험을 토대로 다음과 같은 특징을 가진 도서를 출간하였다.

도서의 특징

① 기출복원문제를 통한 출제 유형 파악!

- 2024년 주요 공기업 NCS 기출문제를 복원하여 공기업별 필기전형의 최신 유형과 경향을 파악할 수 있도록 하였다.

② 대학병원/의료원 필기전형 출제 영역별 맞춤 문제를 통한 실력 상승!

- 행정 · 사무직 직업기초능력평가 대표기출유형&기출응용문제를 통해 필기전형에 완벽히 대비할 수 있도록 하였다.

③ 최종점검 모의고사로 완벽한 실전 대비!

- 철저한 분석을 통해 실제 유형과 유사한 NCS 최종점검 모의고사 2회분을 수록하여 자신의 실력을 점검할 수 있도록 하였다.

④ 다양한 콘텐츠로 최종합격까지!

- 대학병원/의료원 채용 가이드와 최신 면접 기출질문을 수록하여 채용을 준비하는 데 부족함이 없도록 하였다.
- 온라인 모의고사를 무료로 제공하여 필기전형에 더욱 꼼꼼히 대비할 수 있도록 하였다.

끝으로 본 도서를 통해 대학병원/의료원 행정 · 사무직 채용을 준비하는 모든 수험생 여러분이 합격의 기쁨을 누리기를 진심으로 기원한다.

SDC(Sidae Data Center) 씀

대학병원 / 의료원 이야기 INTRODUCE

◇ NCS 채용 시행 기관(2024~2023년 기준)

구분	기관
대학병원	서울대학교치과병원, 국민건강보험 일산병원, 전북대학교병원, 전남대학교병원, 충남대학교병원, 강원대학교병원, 경상대학교병원, 경북대학교병원, 중앙보훈병원 등
의료원	서울시의료원, 경기도의료원, 성남시의료원, 부산의료원, 순천의료원, 대구의료원 등

◇ 기관별 필기전형 안내

병원	NCS 영역	문항수
서울대학교치과병원	의사소통능력/문제해결능력/수리능력/자원관리능력/조직이해능력	50문항
국민건강보험 일산병원	의사소통능력/수리능력/문제해결능력/조직이해능력	60문항
강원대학교병원	의사소통능력/수리능력/문제해결능력/정보능력/자원관리능력	50문항
경상대학교병원	의사소통능력/수리능력/문제해결능력/조직이해능력/직업윤리	30문항
경북대학교병원	의사소통능력/문제해결능력/대인관계능력/조직이해능력/직업윤리	50문항
충남대학교병원	의사소통능력/문제해결능력/자원관리능력/대인관계능력/조직이해능력	40문항
전남대학교병원	의사소통능력/수리능력/문제해결능력/조직이해능력	40문항
강원대학교병원	의사소통능력/수리능력/문제해결능력/정보능력/자원관리능력	50문항
성남시의료원	의사소통능력/수리능력/문제해결능력/직업윤리	50문항
경기도의료원	의사소통능력/수리능력/문제해결능력/자원관리능력/조직이해능력	50문항
서울시의료원	의사소통능력/수리능력/문제해결능력/자원관리능력/조직이해능력	50문항
순천의료원	의사소통능력/문제해결능력/자원관리능력/대인관계능력/직업윤리	50문항

※ 위 필기전형 안내는 대학병원 및 의료원의 최신 채용공고를 바탕으로 작성되었으나, 자세한 내용은 반드시 지원 전 채용공고를 통해 확인하기 바랍니다.

2024 ~ 2023년 기출분석 ANALYSIS

총평

2024～2023년 대학병원/의료원 행정 · 사무직 필기전형의 경우 대체로 피듈형으로 진행되었고 난이도는 평이하였다는 후기가 많았다. 의사소통능력의 경우 각 대학병원/의료원에 대한 지문을 바탕으로 문제가 출제되었으며 문단 나열, 경청 태도, 독해 등의 문제가 다수 포진되었다. 수리능력의 경우 응용 수리 문제가 다수 출제되었다. 전반적으로 모듈형과 PSAT형의 출제 비율이 비슷한 것으로 보아, 이론 및 개념에 대한 학습뿐 아니라 응용에 대한 훈련도 중요해 보인다.

◇ 영역별 출제 비중

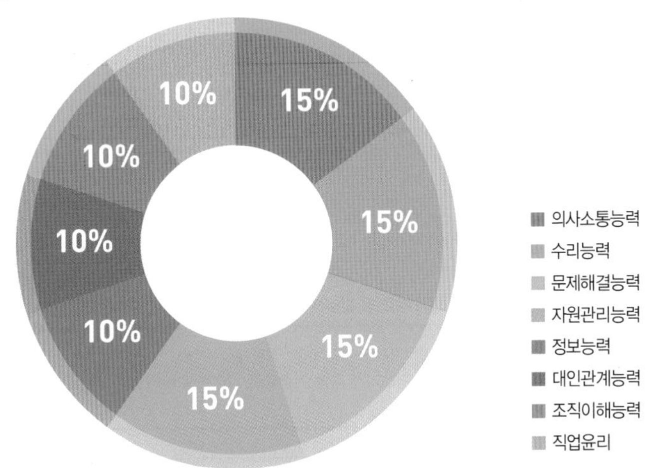

구분	출제 키워드
의사소통능력	• 경청, 비즈니스 매너 등
수리능력	• 최소공배수, 확률, 소금물의 농도, 주차요금, 일률 등
문제해결능력	• 논리, 명제 등
자원관리능력	• 우수사원, 성과급 등
조직이해능력	• 조직 사명, 회계 분류 등
직업윤리	• 근면, 윤리, 천직의식, 봉사정신 등

PSAT형

| 수리능력

04 다음은 신용등급에 따른 아파트 보증률에 대한 사항이다. 자료와 상황에 근거할 때, 갑(甲)과 을(乙)의 보증료의 차이는 얼마인가?(단, 두 명 모두 대지비 보증금액은 5억 원, 건축비 보증금액은 3억 원이며, 보증서 발급일로부터 입주자 모집공고 안에 기재된 입주 예정 월의 다음 달 말일까지의 해당 일수는 365일이다)

- (신용등급별 보증료)=(대지비 부분 보증료)+(건축비 부분 보증료)
- 신용평가 등급별 보증료율

구분	대지비 부분	건축비 부분				
		1등급	2등급	3등급	4등급	5등급
AAA, AA	0.138%	0.178%	0.185%	0.192%	0.203%	0.221%
A^+		0.194%	0.208%	0.215%	0.226%	0.236%
A^-, BBB^+		0.216%	0.225%	0.231%	0.242%	0.261%
BBB^-		0.232%	0.247%	0.255%	0.267%	0.301%
BB^+ ~ CC		0.254%	0.276%	0.296%	0.314%	0.335%
C, D		0.404%	0.427%	0.461%	0.495%	0.531%

※ (대지비 부분 보증료)=(대지비 부분 보증금액)×(대지비 부분 보증료율)×(보증서 발급일로부터 입주자 모집공고 안에 기재된 입주 예정 월의 다음 달 말일까지의 해당 일수)÷365

※ (건축비 부분 보증료)=(건축비 부분 보증금액)×(건축비 부분 보증료율)×(보증서 발급일로부터 입주자 모집공고 안에 기재된 입주 예정 월의 다음 달 말일까지의 해당 일수)÷365

- 기여고객 할인율 : 보증료, 거래기간 등을 기준으로 기여도에 따라 6개 군으로 분류하며, 건축비 부분 요율에서 할인 가능

구분	1군	2군	3군	4군	5군	6군
차감률	0.058%	0.050%	0.042%	0.033%	0.025%	0.017%

〈상황〉

- 갑 : 신용등급은 A^+이며, 3등급 아파트 보증금을 내야 한다. 기여고객 할인율에서는 2군으로 선정되었다.
- 을 : 신용등급은 C이며, 1등급 아파트 보증금을 내야 한다. 기여고객 할인율은 3군으로 선정되었다.

① 554,000원　② 566,000원
③ 582,000원　④ 591,000원
⑤ 623,000원

특징
- ▸ 대부분 의사소통능력, 수리능력, 문제해결능력을 중심으로 출제(일부 기업의 경우 자원관리능력, 조직이해능력을 출제)
- ▸ 자료에 대한 추론 및 해석 능력을 요구

대행사
- ▸ 엑스퍼트컨설팅, 커리어넷, 태드솔루션, 한국행동과학연구소(행과연), 휴노 등

모듈형

| 문제해결능력

41 문제해결절차의 문제 도출 단계는 (가)와 (나)의 절차를 거쳐 수행된다. 다음 중 (가)에 대한 설명으로 적절하지 않은 것은?

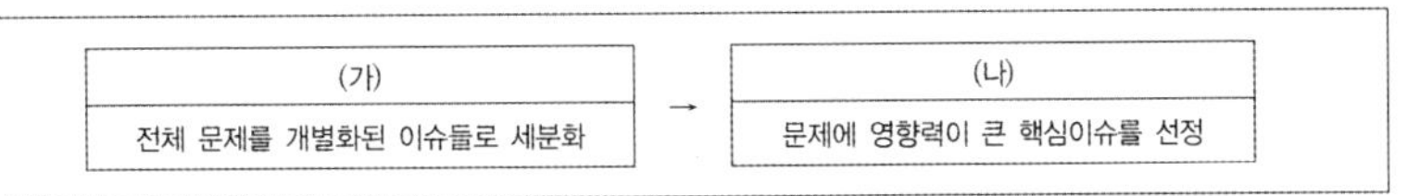

① 문제의 내용 및 영향 등을 파악하여 문제의 구조를 도출한다.
② 본래 문제가 발생한 배경이나 문제를 일으키는 메커니즘을 분명히 해야 한다.
③ 현상에 얽매이지 말고 문제의 본질과 실제를 봐야 한다.
④ 눈앞의 결과를 중심으로 문제를 바라봐야 한다.
⑤ 문제 구조 파악을 위해서 Logic Tree 방법이 주로 사용된다.

특징
- 이론 및 개념을 활용하여 푸는 유형
- 채용 기업 및 직무에 따라 NCS 직업기초능력평가 10개 영역 중 선발하여 출제
- 기업의 특성을 고려한 직무 관련 문제를 출제
- 주어진 상황에 대한 판단 및 이론 적용을 요구

대행사
- 인트로맨, 휴스테이션, ORP연구소 등

피듈형(PSAT형 + 모듈형)

| 자원관리능력

07 다음 자료를 근거로 판단할 때, 연구모임 A ~ E 중 세 번째로 많은 지원금을 받는 모임은?

〈지원계획〉

- 지원을 받기 위해서는 한 모임당 5명 이상 9명 미만으로 구성되어야 한다.
- 기본지원금은 모임당 1,500천 원을 기본으로 지원한다. 단, 상품개발을 위한 모임의 경우는 2,000천 원을 지원한다.
- 추가지원금

등급	상	중	하
추가지원금(천 원/명)	120	100	70

※ 추가지원금은 연구 계획 사전평가결과에 따라 달라진다.

- 협업 장려를 위해 협업이 인정되는 모임에는 위의 두 지원금을 합한 금액의 30%를 별도로 지원한다.

〈연구모임 현황 및 평가결과〉

특징
- 기초 및 응용 모듈을 구분하여 푸는 유형
- 기초인지모듈과 응용업무모듈로 구분하여 출제
- PSAT형보다 난도가 낮은 편
- 유형이 정형화되어 있고, 유사한 유형의 문제를 세트로 출제

대행사
- 사람인, 스카우트, 인크루트, 커리어케어, 트리피, 한국사회능력개발원 등

주요 공기업 적중 문제 TEST CHECK

코레일 한국철도공사

글의 제목 ▶ 유형

01 다음 글의 제목으로 가장 적절한 것은?

> 중세 유럽에서는 토지나 자원을 왕실이 소유하고 있었다. 사람들은 이러한 토지나 자원을 이용하려면 일정한 비용을 지불해야 했다. 예를 들어 광산을 개발하거나 수산물을 얻는 사람들은 해당 자원의 이용에 대한 비용을 왕실에 지불하였고 이는 왕실의 권력과 부의 유지를 돕는 동시에 국가의 재정을 보충하는 역할을 하였는데, 이때 지불한 비용이 바로 로열티이다.
> 로열티의 개념은 산업 혁명과 함께 발전하였다. 산업 혁명을 통해 특허, 상표 등의 지적 재산권이 보호되기 시작하면서 기업들은 이러한 권리를 보유한 개인이나 조직에게 사용에 대한 보상을 지불하게 되었다. 지적 재산권은 기업이 특정한 기술, 디자인, 상표 등을 보유하고 있을 때 그들에게 독점적인 권리를 제공하는 것이며, 이러한 권리의 보호와 보상을 위해 로열티 제도가 도입되었다.
> 로열티는 기업과 지적 재산권 소유자 간의 계약에 의해 설정되는 형태로 발전하였다. 기업이 특정 제품을 판매하거나 특정 기술을 이용하는 경우 지적 재산권 소유자에게 계약에 따라 정해진 로열티를 지불하게 된다. 이로써 지적 재산권을 보유한 개인이나 조직은 자신들의 창작물이나 기술의 사용에 대한 보상을 받을 수 있으며, 기업들은 이러한 지적 재산권의 이용을 허가받아 경쟁 우위를 확보할 수 있게 되었다.
> 현재 로열티는 제품 판매나 라이선스, 저작물의 이용 등 다양한 형태로 나타나며 지적 재산권의 보호와 경제적 가치를 확보하는 중요한 수단으로 작용하고 있다. 로열티는 지식과 창조성의 보상으로서의 역할을 수행하며 기업들의 연구 개발을 촉진하고 혁신을 격려한다. 이처럼 로열티 제도는 기업과 지적 재산권 소유자 간의 상호 협력과 혁신적인 경제 발전에 기여하는 중요한 구조적 요소이다.

① 지적 재산권을 보호하는 방법
② 로열티 지급 시 유의사항
③ 지적 재산권의 정의
④ 로열티 제도의 유래와 발전
⑤ 로열티 제도의 모순

참거짓 ▶ 유형

18 A～D는 한 판의 가위바위보를 한 후 그 결과에 대해 각각 두 가지의 진술을 하였다. 두 가지의 진술 중 하나는 반드시 참이고, 하나는 반드시 거짓이라고 할 때, 다음 중 항상 참인 것은?

> A : C는 B를 이길 수 있는 것을 냈고, B는 가위를 냈다.
> B : A는 C와 같은 것을 냈지만, A가 편 손가락의 수는 나보다 적었다.
> C : B는 바위를 냈고, 그 누구도 같은 것을 내지 않았다.
> D : A, B, C 모두 참 또는 거짓을 말한 순서가 동일하다. 이 판은 승자가 나온 판이었다.

① B와 같은 것을 낸 사람이 있다.
② 보를 낸 사람은 1명이다.
③ D는 혼자 가위를 냈다.
④ B가 기권했다면 가위를 낸 사람이 지는 판이다.
⑤ 바위를 낸 사람은 2명이다.

건강보험심사평가원

데이터베이스 ▸ 키워드

35 다음 글을 읽고 S대학교의 문제를 해결하기 위한 대안으로 가장 적절한 것은?

> S대학교는 현재 학생 관리 프로그램, 교수 관리 프로그램, 성적 관리 프로그램의 3개의 응용 프로그램을 갖추고 있다. 학생 관리 프로그램은 학생 정보를 저장하고 있는 파일을 이용하고 교수 관리 프로그램은 교수 정보 파일, 성적 관리 프로그램은 성적 정보 파일을 이용한다. 즉, 각각의 응용 프로그램들은 개별적인 파일을 이용한다.
> 이런 경우, 파일에는 많은 정보가 중복 저장되어 있다. 그렇기 때문에 중복된 정보가 수정되면 관련된 모든 파일을 수정해야 하는 불편함이 있다. 예를 들어, 한 학생이 자퇴하게 되면 학생 정보 파일뿐만 아니라 교수 정보 파일, 성적 정보 파일도 수정해야 하는 것이다.

① 데이터베이스 구축 ② 유비쿼터스 구축
③ RFID 구축 ④ NFC 구축
⑤ 와이파이 구축

의료 ▸ 키워드

32 다음 글을 읽고 시력 저하 예방 사업과 그 핵심 내용이 바르게 연결되지 않은 것은?

> 예전에 비해 안경이나 콘택트렌즈 등 일상생활을 영위하기 위해 시력 보조 도구를 사용해야 하는 사람들이 증가하고 있는 추세이다. 이는 모니터나 서류 같은 시각 자료들을 오랫동안 보아야 하는 현대인들의 생활 패턴과도 관계가 있다고 할 수 있다. 근시와 난시 같은 시력 저하의 문제도 심각하지만, 그와 별개로 안압 증가 등의 이유로 시력에 영구적인 손상을 입어 시각 장애 판정을 받거나 사고로 실명이 될 수도 있다. 옛말에 몸이 천 냥이라면 눈이 구백 냥이라는 말이 있듯이 시력은 우리 생활에서 중요한 부분을 차지하기 때문에 문제가 생겼을 때, 일상생활조차 힘들어질 수 있다. 그래서 한국실명예방재단에서는 다양한 이유로 생길 수 있는 시력 저하에 대해서 예방할 수 있는 여러 사업을 시행하고 있다.
> 먼저 '눈 건강 교육' 사업을 시행하고 있다. 눈 건강 교육 사업이란 흔히 노안이라고 하는 노인 저시력 현상 원인에 대한 교육과 전문가들의 상담을 제공함으로써, 노인 집단에서 저시력 위험군을 선별하여 미리 적절한 치료를 받을 수 있도록 하고 개안 수술, 재활 기구 및 재활 훈련을 지원하는 사업이다. 노인분들을 대상으로 하는 사업이기 때문에 어르신들의 영구적인 시각 장애나 실명 등을 예방할 수 있고, 특히 의료 서비스에서 소외되어 있는 취약 계층의 어르신들께 큰 도움이 될 수 있다.
> 또한, 비슷한 맥락에서 취약 계층의 눈 건강 보호를 위하여 '안과 취약지역 눈 검진' 사업 또한 시행하고 있다. 안과 관련 진료를 받기 힘든 의료 사각지대에 있는 취약계층에 해당하는 어르신과 어린이, 외국인 근로자를 대상으로 안과의사 등 전문 인력을 포함한 이동검진팀이 지역을 순회하면서 무료 안과검진을 실시하고 있다. 눈 관련 질병은 조기에 발견하여 치료를 받으면 치료의 효과가 극대화될 수 있기 때문에 정기적인 안과검진이 더욱 중요하다. 반면 정기적인 검진을 받기 힘든 분들을 위하여 이동검진을 통한 조기발견과 적기 치료를 추구하고 있다. 재단은 전국 시·군·구 보건소로부터 검진신청을 받아 안과의사를 포함한 이동 안과 검진팀이 의료장비와 안약, 돋보기를 준비하여 환자에게 치료 및 상담을 진행하고, 수술이 필요한 저소득층에게는 지역 안과와 연계하여 수술비를 지원하고 있다. 안과 취약지역 눈 검진 일정은 매년 초 지역 시·군·구보건소에서 재단에 신청하여 일정을 편성하고 있으며, 개별신청은 받지 않는다.

① 눈 건강 교육 : 저시력 문제에 취약한 노인층을 사업의 대상으로 한다.
② 눈 건강 교육 : 사업을 통해 개안 수술과 재활 훈련을 지원받을 수 있다.
③ 안과 취약지역 눈 검진 : 취약 계층 안구 질환의 조기발견과 적기 치료가 사업의 목표이다.
④ 안과 취약지역 눈 검진 : 수술이 필요한 경우 서울에 위치한 재단 연계 병원에서 수술받게 된다.

주요 공기업 적중 문제 TEST CHECK

한국전력공사

문장 삽입 ▸ 유형

02 다음 글에서 〈보기〉의 문장이 들어갈 위치로 가장 적절한 곳은?

문화가 발전하려면 저작자의 권리 보호와 저작물의 공정 이용이 균형을 이루어야 한다. 저작물의 공정 이용이란 저작권자의 권리를 일부 제한하여 저작권자의 허락이 없어도 저작물을 자유롭게 이용하는 것을 말한다. 대표적으로 비영리적인 사적 복제를 허용하는 것이 있다. (㉮) 우리나라의 저작권법에서는 오래전부터 공정 이용으로 볼 수 있는 저작권 제한 규정을 두었다.
그런데 디지털 환경에서 저작물의 공정 이용은 여러 장애에 부딪혔다. 디지털 환경에서는 저작물을 원본과 동일하게 복제할 수 있고 용이하게 개작할 수 있다. (㉯) 그 결과 디지털화된 저작물의 이용 행위가 공정 이용의 범주에 드는 것인지 가늠하기가 더 어려워졌고 그에 따른 처벌 위험도 커졌다. (㉰)
이러한 문제를 해소하기 위한 시도의 하나로 포괄적으로 적용할 수 있는 '저작물의 공정한 이용' 규정이 저작권법에 별도로 신설되었다. 그리하여 저작권자의 동의가 없어도 저작물을 공정하게 이용할 수 있는 영역이 확장되었다. 그러나 공정 이용 여부에 대한 시비가 자율적으로 해소되지 않으면 예나 지금이나 법적인 절차를 밟아 갈등을 해소해야 한다. (㉱) 저작물 이용의 영리성과 비영리성, 목적과 종류, 비중, 시장 가치 등이 법적인 판단의 기준이 된다.
저작물 이용자들이 처벌에 대한 불안감을 여전히 느낀다는 점에서 저작물의 자유 이용 허락 제도와 같은 '저작물의 공유' 캠페인이 주목을 받고 있다. 이 캠페인은 저작권자들이 자신의 저작물에 일정한 이용 허락 조건을 표시해서 이용자들에게 무료로 개방하는 것을 말한다. 누구의 저작물이든 개별적인 저작권을 인정하지 않고 모두가 공동으로 소유하자고 주장하는 사람들과 달리, 이 캠페인을 펼치는 사람들은 기본적으로 자신과 타인의 저작권을 존중한다. 캠페인 참여자들은 저작권자와 이

도서코드 ▸ 키워드

10 다음은 도서코드(ISBN)에 대한 자료이다. 주문한 도서에 대한 설명으로 옳은 것은?

〈[예시] 도서코드(ISBN)〉

국제표준도서번호					부가기호		
접두부	국가번호	발행자번호	서명식별번호	체크기호	독자대상	발행형태	내용분류
123	12	1234567		1	1	1	123

※ 국제표준도서번호는 5개의 군으로 나누어지고 군마다 '-'로 구분한다.

〈도서코드(ISBN) 세부사항〉

접두부	국가번호	발행자번호	서명식별번호	체크기호
978 또는 979	한국 89 미국 05 중국 72 일본 40 프랑스 22	발행자번호 - 서명식별번호 7자리 숫자 예 8491 - 208 : 발행자번호가 8491번인 출판사에서 208번째 발행한 책		0 ~ 9

독자대상	발행형태	내용분류
0 교양 1 실용 2 여성 3 (예비) 4 청소년 5 중고등 학습참고서 6 초등 학습참고서 7 아동	0 문고본 1 사전 2 신서판 3 단행본 4 전집 5 (예비) 6 도감 7 그림책, 만화	030 백과사전 100 철학 170 심리학 200 종교 360 법학 470 생명과학 680 연극 710 한국어

국민건강보험공단

빅데이터 ▶ 키워드

01 다음 중 '녹내장' 질환에 대한 설명으로 적절하지 않은 것은?

국민건강보험공단이 건강보험 빅데이터를 분석한 내용에 따르면 '녹내장 질환'으로 진료를 받은 환자가 2010년 44만 4천 명에서 2015년 76만 8천 명으로 5년간 73.1% 증가했으며, 성별에 따른 진료인원을 비교해 보면 여성이 남성보다 많은 것으로 나타났다. 남성은 2010년 20만 7천 명에서 2015년 35만 3천 명으로 5년간 70.1%(14만 6천 명), 여성은 2010년 23만 6천 명에서 2015년 41만 6천 명으로 75.8%(18만 명) 증가한 것으로 나타났다.
2015년 기준 '녹내장' 진료인원 분포를 연령대별로 살펴보면, 70대 이상이 26.2%를, 50대 이상이 68.6%를 차지했다. 2015년 기준 인구 10만 명당 '녹내장'으로 진료 받은 인원수가 60대에서 급격히 증가해 70대 이상이 4,853명으로 가장 많았다. 특히, 9세 이하와 70대 이상을 제외한 모든 연령대에서 여성보다 남성 환자가 많은 것으로 나타났다. 국민건강보험 일산병원 안과 박종운 교수는 60대 이상 노인 환자가 많은 이유에 대해 "녹내장은 특성상 40세 이후에 주로 발병한다. 그런데 최근장비와 약물의 발달로 조기 치료가 많은 데다가 관리도 많고 관리도 잘돼 나이가 들어서까지 시력이 보존되는 경우가 늘어났다. 그래서 60대 이후 노인 환자가 많은 것으로 보인다."고 설명했다.
2015년 남녀기준 전체 진료환자의 월별 추이를 살펴보면, 12월에 168,202명으로 진료인원이 가장 많은 것으로 나타났다. 2015년 기준 성별 진료인원이 가장 많은 달은 남성은 12월(80,302명)인 반면, 여성은 7월(88,119명)로 나타났다.
박종운 교수는 안과질환 녹내장 환자가 많은 이유에 대해 "녹내장은 노년층에 주로 발생하지만, 젊은 층에서도 스마트폰 등 IT기기 사용의 증가로 인해 최근 많이 나타나고 있다. 따라서 가족력이나 고혈압, 당뇨, 비만이 있는 경우 정밀검사를 통해 안압이 정상인지 자주 체크하여야 한다. 또 녹내장 환자이면서 고혈압이 있다면 겨울에 안압이 높아지는 경향이 있으니 특히 조심해야 한다. 높은

접속사 ▶ 유형

08 다음 중 빈칸에 들어갈 접속사로 가장 적절한 것은?

날이 추우면 통증이 커질 수 있는 질환이 몇 가지 있다. 골관절염이나 류마티스 관절염 등 관절 관련 질환이 여기에 해당한다. 통증은 신체에 어떤 이상이 있으니 상황이 악화되지 않도록 피할 방법을 준비하라고 스스로에게 알리는 경고이다.
골관절염과 류마티스 관절염은 여러 면에서 차이가 있으나 환절기에 추워지면 증상이 악화될 수 있다는 공통점이 있다. 날씨에 따라 관절염 증상이 악화되는 이유를 의학적으로 명확하게 설명할 수 있는 근거는 다소 부족하지만 추위로 인해 관절염 통증이 심해질 수 있다. 우리는 신체의 신경을 통해 통증을 느끼는데, 날이 추워지면 신체의 열을 빼앗기지 않고자 조직이 수축한다. 이 과정에서 신경이 자극을 받아 통증을 느끼게 되는 것이다. 즉, 관절염의 질환 상태에는 큰 변화가 없을지라도 평소보다 더 심한 통증을 느끼게 된다.
________ 날이 추워질수록 외부 온도 변화에 대응할 수 있도록 가벼운 옷을 여러 개 겹쳐 입어 체온을 일정하게 유지해야 한다. 특히 일교차가 큰 환절기에는 아침, 점심, 저녁으로 변화하는 기온에 따라 옷을 적절하게 입고 벗을 필요가 있다. 오전에 첫 활동을 시작할 때는 가벼운 스트레칭을 통해 체온을 올린 후 활동하는 것도 효과적이다. 춥다고 웅크린 상태에서 움직이지 않으면 체온이 유지되지 않을 수 있으므로 적절한 활동을 지속하는 것이 중요하다.

① 그러나 ② 따라서
③ 한편 ④ 그리고

한국남동발전

속력 ▶ 유형

43 연경이와 효진이와 은이가 동시에 회사를 출발하여 식당까지 걸었다. 은이는 시속 3km로 걷고, 연경이는 시속 4km로 걷는다. 연경이가 은이보다 식당에 10분 일찍 도착하였고, 효진이도 은이보다 5분 일찍 식당에 도착했다. 이때 효진이의 속력은?

① $\frac{10}{3}$km/h　　② $\frac{13}{4}$km/h

③ $\frac{18}{5}$km/h　　④ $\frac{24}{7}$km/h

인원 선발 ▶ 유형

11 K사는 사원들에게 사택을 제공하고 있다. 사택 신청자 A ~ E 중 2명만이 사택을 제공받을 수 있고 추첨은 조건별 점수에 따라 진행된다고 할 때, 〈보기〉 중 사택을 제공받을 수 있는 사람이 바르게 연결된 것은?

〈사택 제공 조건별 점수〉

근속연수	점수	직급	점수	부양가족 수	점수	직종	점수
1년 이상	1점	차장	5점	5명 이상	10점	연구직	10점
2년 이상	2점	과장	4점	4명	8점	기술직	10점
3년 이상	3점	대리	3점	3명	6점	영업직	5점
4년 이상	4점	주임	2점	2명	4점	서비스직	5점
5년 이상	5점	사원	1점	1명	2점	사무직	3점

※ 근속연수는 휴직기간을 제외하고 1년마다 1점씩 적용하여 최대 5점까지 받을 수 있다. 단, 해고 또는 퇴직 후 일정기간을 경과하여 재고용된 경우에는 이전에 고용되었던 기간(개월)을 통산하여 근속연수에 포함한다. 근속연수 산정은 2023. 01. 01을 기준으로 한다.

※ 부양가족 수의 경우 배우자는 제외된다.

※ 무주택자의 경우 10점의 가산점을 가진다.

※ 동점일 경우 부양가족 수가 많은 사람이 우선순위로 선발된다.

보기

구분	직급	직종	입사일	가족 구성	주택 유무	비고
A	대리	영업직	2019. 08. 20	남편	무주택자	–
B	사원	기술직	2021. 09. 17	아내, 아들 1명, 딸 1명	무주택자	–
C	과장	연구직	2018. 02. 13	어머니, 남편, 딸 1명	유주택자	• 2019. 12. 17 퇴사 • 2020. 05. 15 재입사
D	주임	사무직	2021. 03. 03	아내, 아들 1명, 딸 2명	무주택자	–
E	차장	영업직	2016. 05. 06	아버지, 어머니, 아내, 아들 1명	유주택자	• 2018. 05. 03 퇴사 • 2019. 06. 08 재입사

① A대리, C과장　　② A대리, E차장

③ B사원, C과장　　④ B사원, D주임

한국수자원공사

문단 나열 ▶ 유형

12 다음 문단을 논리적 순서대로 바르게 나열한 것은?

> (가) 고창 갯벌은 서해안에 발달한 갯벌로서 다양한 해양 생물의 산란・서식지이며, 어업인들의 삶의 터전으로 많은 혜택을 주었다. 그러나 최근 축제식 양식과 육상에서부터 오염원 유입 등으로 인한 환경 변화로 체계적인 이용・관리 방안이 지속적으로 요구됐다.
> (나) 정부는 전라북도 고창 갯벌 약 $11.8km^2$를 '습지보전법'에 의한 '습지보호지역'으로 지정하며 고시한다고 밝혔다. 우리나라에서 일곱 번째로 지정되는 고창 갯벌은 칠면초・나문재와 같은 다양한 식물이 자생하고, 천연기념물인 황조롱이와 멸종 위기종을 포함한 46종의 바닷새가 서식하는, 생물 다양성이 풍부하며 보호 가치가 큰 지역으로 나타났다.
> (다) 정부는 이번 습지보호지역으로 지정된 고창 갯벌을 람사르 습지로 등록할 계획이며, 제2차 연안습지 기초조사를 실시하여 보전 가치가 높은 갯벌뿐만 아니라 훼손된 갯벌에 대한 관리도 강화해 나갈 계획이다.
> (라) 습지보호지역으로 지정되면 이 지역에서 공유수면 매립, 골재 채취 등의 갯벌 훼손 행위는 금지되나, 지역 주민이 해오던 어업 활동이나 갯벌 이용 행위에는 특별한 제한이 없다.

① (가) – (나) – (다) – (라)
② (가) – (라) – (나) – (다)
③ (나) – (가) – (라) – (다)
④ (다) – (가) – (나) – (라)

장소 선정 ▶ 유형

34 한국수자원공사는 채용 일정이 변경됨에 따라 신입직과 경력직의 채용시험을 동시에 동일한 장소에서 실시하려고 한다. 다음 중 채용시험 장소로 가장 적절한 곳은?(단, 채용시험일은 토요일이나 일요일로 한다)

① A중학교
② B고등학교
③ C대학교
④ D중학교

생산량 ▶ 키워드

26 어느 과수원에서 작년에 생산된 사과와 배의 개수를 모두 합하면 500개였다. 올해는 작년보다 사과의 생산량이 절반으로 감소하고 배의 생산량은 두 배로 증가하였다. 올해 사과와 배의 개수를 합하여 모두 700개를 생산했을 때, 올해 생산한 사과의 개수로 옳은 것은?

① 100개
② 200개
③ 300개
④ 400개

도서 200% 활용하기 STRUCTURES

1 기출복원문제로 출제경향 파악

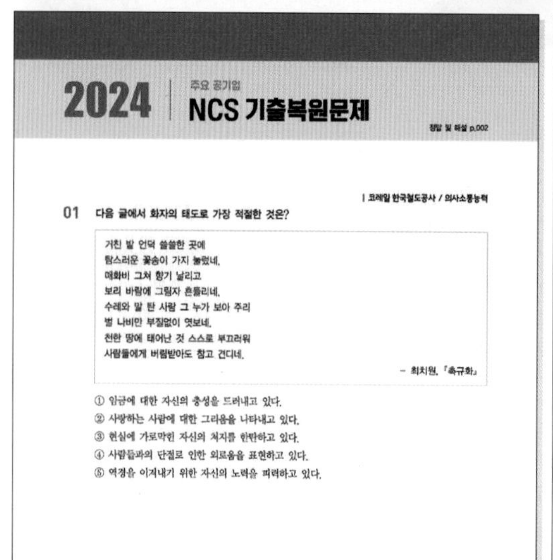

2024 | 주요 공기업 NCS 기출복원문제

정답 및 해설 p.002

| 코레일 한국철도공사 / 의사소통능력

01 다음 글에서 화자의 태도로 가장 적절한 것은?

거친 밭 언덕 쓸쓸한 곳에
탐스러운 꽃송이 가지 눌렀네.
매화비 그쳐 향기 날리고
보리 바람에 그림자 흔들리네.
수레와 말 탄 사람 그 누가 보아 주리
벌 나비만 부질없이 엿보네.
천한 땅에 태어난 것 스스로 부끄러워
사람들에게 버림받아도 참고 견디네.

– 최치원, 『촉규화』

① 임금에 대한 자신의 충성을 드러내고 있다.
② 사랑하는 사람에 대한 그리움을 나타내고 있다.
③ 현실에 가로막힌 자신의 처지를 한탄하고 있다.
④ 사람들과의 단절로 인한 외로움을 표현하고 있다.
⑤ 역경을 이겨내기 위한 자신의 노력을 피력하고 있다.

| 코레일 한국철도공사 / 의사소통능력

02 다음 글에 대한 설명으로 적절하지 않은 것은?

중국 연경(燕京)의 아홉 개 성문 안팎으로 뻗은 수십 리 거리에는 관청과 아주 작은 골목을 제외하고는 대체로 길 양옆으로 모두 상점이 늘어서 휘황찬란하게 빛난다.
우리나라 사람들은 중국 시장의 번성한 모습을 처음 보고서는 "오로지 말단의 이익만을 숭상하고 있군."이라고 말하였다. 이것은 하나만 알고 둘은 모르는 소리이다. 대저 상인은 사농공상(士農工商) 사민(四民)의 하나에 속하지만, 이 하나가 나머지 세 부류의 백성을 소통시키기 때문에 열에 셋의 비중을 차지하지 않으면 안 된다.
사람들은 쌀밥을 먹고 비단옷을 입고 있으면 그 나머지 물건은 모두 쓸모없는 줄 안다. 그러나 무용지물을 사용하여 유용한 물건을 유통하고 거래하지 않는다면, 이른바 유용하다는 물건은 거의 대부분이 한 곳에 묶여서 유통되지 않거나 그것만이 홀로 돌아다니다 쉽게 고갈될 것이다. 따라서 옛날의 성인과 제왕께서는 이를 위하여 주옥(珠玉)과 화폐 등의 물건을 조성하여 가벼운 물건으로 무거운 물건을 교환할 수 있도록 하셨고, 무용한 물건으로 유용한 물건을 살 수 있도록 하셨다.
지금 우리나라는 지방이 수천 리이므로 백성들이 적지 않고, 토산품이 구비되어 있다. 그럼에도 산이나 물에서 생산되는 이로운 물건이 전부 세상에 나오지 않고, 경제를 윤택하게 하는 방법도 잘 모르며, 날마다 쓰는 것을 팽개친 채 그것에 대해 연구하지 않고 있다. 그러면서 중국의 거마, 주택, 단청, 비단이 화려한 것을 보고서는 대뜸 "사치가 너무 심하다."라고 말해 버린다.
그렇지만 중국이 사치로 망한다고 할 것 같으면, 우리나라는 반드시 검소함으로 인해 쇠퇴할 것이다. 왜 그러한가? 검소함이란 물건이 있음에도 불구하고 쓰지 않는 것이지, 자기에게 없는 물건을 스스로 끊어 버리는 것을 일컫지는 않는다. 현재 우리나라에는 진주를 캐는 집이 없고 시장에는 산호 같은 물건의 값이 정해져 있지 않다. 금이나 은을 가지고 점포에 들어가서는 떡과 엿을 사 먹을 수가 없다. 이런 현실이 정말 우리의 검소한 풍속 때문이겠는가? 이것은 그 재물을 사용할 줄 모르기 때문이다. 재물을 사용할 방법을 알지 못하므로 재물을 만들어 낼 방법을 알지 못하고, 재물을 만들어 낼 방법을 알지 못하므로 백성들의 생활은 날이 갈수록 궁핍해진다.
재물이란 우물에 비유할 수가 있다. 물을 퍼내면 우물에는 늘 물이 가득하지만, 물을 길어내지 않으면 우물은 말라 버린다. 이와 같은 이치로 화려한 비단옷을 입지 않으므로 나라에는 비단을 짜는 사람이 없고, 그로 인해 여인이 베를 짜는 모습을 볼 수 없게 되었다. 그릇이 찌그러져도 이를 개의치 않으며, 기교를 부려 물건을 만들려고 하지도 않아 나라에는 공장(工匠)과 목축과 도공이 없어져 기술이 전해지지 않는다. 더 나아가 농업도 황폐해져 농사짓는 방법이 형편없고, 상업을 박대하므로 상업 자체가 실종되었다. 사농공상 네 부류의 백성이 누구나 할 것 없이 다 가난하게 살기 때문에 서로를 구제할 길이 없다.

▸ 2024년 주요 공기업 NCS 기출복원문제를 수록하여 최근 NCS의 출제경향을 파악할 수 있도록 하였다.

2 대표기출유형 + 기출응용문제로 필기전형 완벽 대비

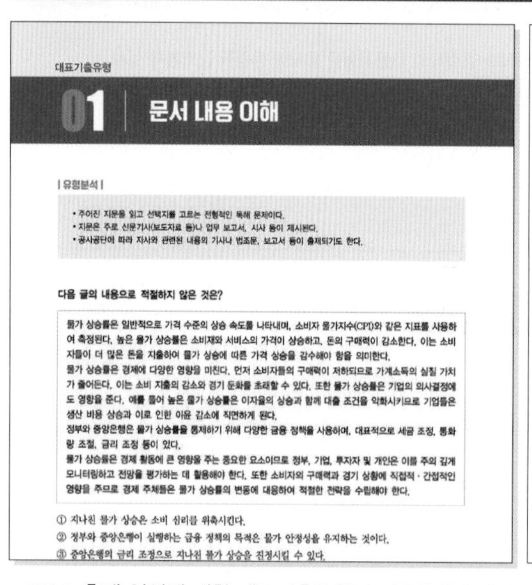

대표기출유형

01 | 문서 내용 이해

| 유형분석 |

- 주어진 지문을 읽고 선택지를 고르는 전형적인 독해 문제이다.
- 지문은 주로 신문기사(보도자료 등)나 업무 보고서, 시사 등이 제시된다.
- 공사공단에 따라 자사와 관련된 내용의 기사나 법조문, 보고서 등이 출제되기도 한다.

다음 글의 내용으로 적절하지 않은 것은?

물가 상승률은 일반적으로 가격 수준의 상승 속도를 나타내며, 소비자 물가지수(CPI)와 같은 지표를 사용하여 측정된다. 높은 물가 상승률은 소비재와 서비스의 가격이 상승하고, 돈의 구매력이 감소한다. 이는 소비자들이 더 많은 돈을 지출하여 물가 상승에 따른 가격 상승을 감수해야 함을 의미한다.
물가 상승률은 경제에 다양한 영향을 미친다. 먼저 소비자들의 구매력이 저하되므로 가계소득의 실질 가치가 줄어든다. 이는 소비 지출의 감소와 경기 둔화를 초래할 수 있다. 또한 물가 상승률은 기업의 의사결정에도 영향을 준다. 예를 들어 높은 물가 상승률은 이자율의 상승과 함께 대출 조건을 악화시키므로 기업들은 생산 비용 상승과 이로 인한 이윤 감소에 직면하게 된다.
정부와 중앙은행은 물가 상승률을 통제하기 위해 다양한 금융 정책을 사용하며, 대표적으로 세금 조정, 통화량 조절, 금리 조정 등이 있다.
물가 상승률은 경제 활동에 큰 영향을 주는 중요한 요소이므로 정부, 기업, 투자자 및 개인은 이를 주의 깊게 모니터링하고 전망을 평가하는 데 활용해야 한다. 또한 소비자의 구매력과 경기 상황에 직접적 · 간접적인 영향을 주므로 경제 주체들은 물가 상승률의 변동에 대응하여 적절한 전략을 수립해야 한다.

① 지나친 물가 상승은 소비 심리를 위축시킨다.
② 정부와 중앙은행이 실행하는 금융 정책의 목적은 물가 안정성을 유지하는 것이다.
③ 중앙은행의 금리 조정으로 지나친 물가 상승을 진정시킬 수 있다.

대표기출유형 01 기출응용문제

01 다음 글의 내용으로 가장 적절한 것은?

음악에서 화성이나 멜로디가 하나의 음 또는 하나의 화음을 중심으로 일정한 체계를 유지하는 것을 조성(調性)이라 한다. 조성을 중심으로 한 음악은 서양음악에 지배적인 영향을 미쳤는데, 여기에서 벗어나 자유롭게 표현하고 싶은 음악가의 열망이 무조(無調) 음악을 탄생시켰다. 무조 음악에서는 한 옥타브 안의 12음 각각에 동등한 가치를 두어 음들을 자유롭게 사용하였다. 이로 인해 무조 음악은 표현의 자유를 누리게 되었지만 조성이 주는 체계성을 잃게 되었다. 악곡의 형식을 유지하는 가장 기초적인 뼈대가 흔들린 것이다. 이와 같은 상황 속에서 무조 음악이 지닌 자유로움에 체계성을 더하고자 고민한 작곡가 쇤베르크는 '12음 기법'이라는 독창적인 작곡 기법을 만들어 냈다. 쇤베르크의 12음 기법은 12음을 한 번씩 사용하여 만든 기본 음렬(音列)에 이를 '전위', '역행', '역행 전위'의 방법으로 파생시킨 세 가지 음렬을 더해 악곡을 창작하는 체계적인 작곡 기법이다.

① 조성은 하나의 음으로 여러 음을 만드는 것을 말한다.
② 무조 음악은 조성이 발전한 형태라고 말할 수 있다.
③ 무조 음악은 한 옥타브 안의 음 각각에 가중치를 두어서 사용했다.
④ 조성은 체계성을 추구하고, 무조 음악은 자유로움을 추구한다.
⑤ 쇤베르크의 12음 기법은 무조 음악과 조성 모두에서 벗어나고자 한 작곡 기법이다.

※ 다음 글의 내용으로 적절하지 않은 것을 고르시오. [2~3]

02 대폭발 우주론에서는 우주가 약 137억 년 전 밀도와 온도가 매우 높은 상태의 대폭발로부터 시작하였다고 본다. 대폭발 초기 3분 동안 광자, 전자, 양성자(수소 원자핵) 및 헬륨 원자핵이 만들어졌다. 양(+)의 전하를 가지고 있는 양성자 및 헬륨 원자핵은 음(−)의 전하를 가지고 있는 전자와 결합하여 수소 원자와 헬륨 원자를 만들려고 하지만 온도가 높은 상태에서는 전자가 매우 빠른 속도로 움

▸ NCS 출제 영역에 대한 대표기출유형과 기출응용문제를 수록하여 NCS 문제에 대한 접근 전략을 익히고 학습할 수 있도록 하였다.

3 최종점검 모의고사 + OMR을 활용한 실전 연습

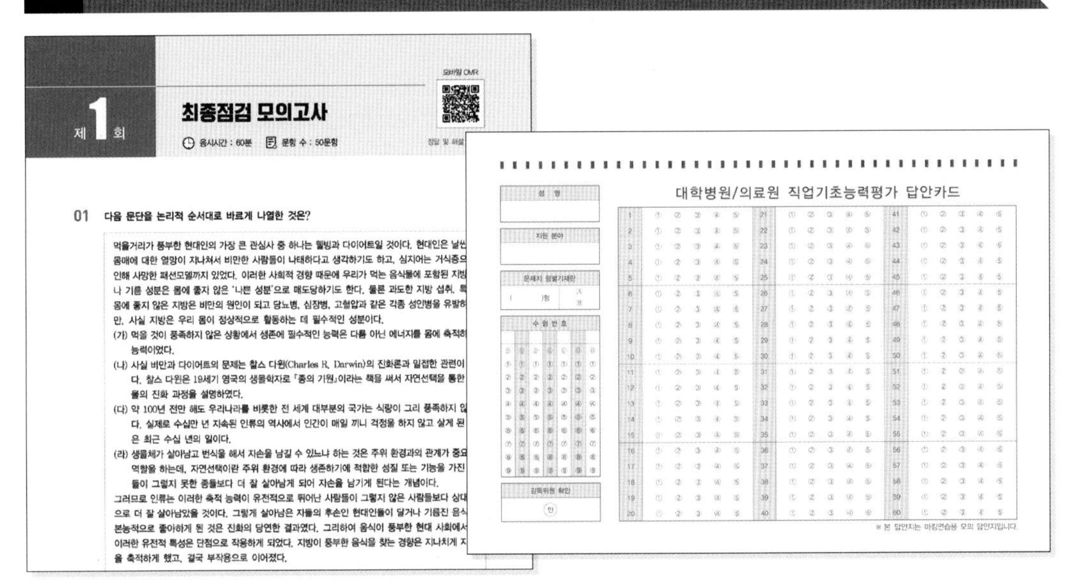
제 1 회 최종점검 모의고사

모바일 OMR

응시시간 : 60분　문항 수 : 50문항

01 다음 문단을 논리적 순서대로 바르게 나열한 것은?

먹을거리가 풍부한 현대인의 가장 큰 관심사 중 하나는 웰빙과 다이어트일 것이다. 현대인은 날씬
몸매에 대한 열망이 지나쳐서 비만한 사람들이 나태하다고 생각하기도 하고, 심지어는 거식증으
인해 사망한 패션모델까지 있었다. 이러한 사회적 경향 때문에 우리가 먹는 음식물에 포함된 지방
나 기름 성분은 몸에 좋지 않은 '나쁜 성분'으로 매도당하기도 한다. 물론 과도한 지방 섭취, 특
몸에 좋지 않은 지방은 비만의 원인이 되고 당뇨병, 심장병, 고혈압과 같은 각종 성인병을 유발하
만, 사실 지방은 우리 몸이 정상적으로 활동하는 데 필수적인 성분이다.

(가) 먹을 것이 풍족하지 않은 상황에서 생존에 필수적인 능력은 다름 아닌 에너지를 몸에 축적하
능력이었다.

(나) 사실 비만과 다이어트의 문제는 찰스 다윈(Charles R. Darwin)의 진화론과 밀접한 관련이
다. 찰스 다윈은 19세기 영국의 생물학자로 「종의 기원」이라는 책을 써서 자연선택을 통한
물의 진화 과정을 설명하였다.

(다) 약 100년 전만 해도 우리나라를 비롯한 전 세계 대부분의 국가는 식량이 그리 풍족하지 않
다. 실제로 수십만 년 지속된 인류의 역사에서 인간이 매일 끼니 걱정을 하지 않고 살게 된
은 최근 수십 년의 일이다.

(라) 생물체가 살아남고 번식을 해서 자손을 남길 수 있느냐 하는 것은 주위 환경과의 관계가 중요
역할을 하는데, 자연선택이란 주위 환경에 따라 생존하기에 적합한 성질 또는 기능을 가진
들이 그렇지 못한 종들보다 더 잘 살아남게 되어 자손을 남기게 된다는 개념이다.

그러므로 인류는 이러한 축적 능력이 유전적으로 뛰어난 사람들이 그렇지 않은 사람들보다 상대
으로 더 잘 살아남았을 것이다. 그렇게 살아남은 자들의 후손인 현대인들이 달거나 기름진 음식
본능적으로 좋아하게 된 것은 진화의 당연한 결과였다. 그리하여 음식이 풍부한 현대 사회에서
이러한 유전적 특성은 단점으로 작용하게 되었다. 지방이 풍부한 음식을 찾는 경향은 지나치게 지
을 축적하게 했고, 결국 부작용으로 이어졌다.

대학병원/의료원 직업기초능력평가 답안카드

※ 본 답안지는 마킹연습용 모의 답안지입니다.

▸ 최종점검 모의고사 2회분과 OMR 답안카드를 수록하여 실제로 시험을 보는 것처럼 최종 마무리 연습을 할 수 있도록 하였다.

4 인성검사부터 면접까지 한 권으로 최종 마무리

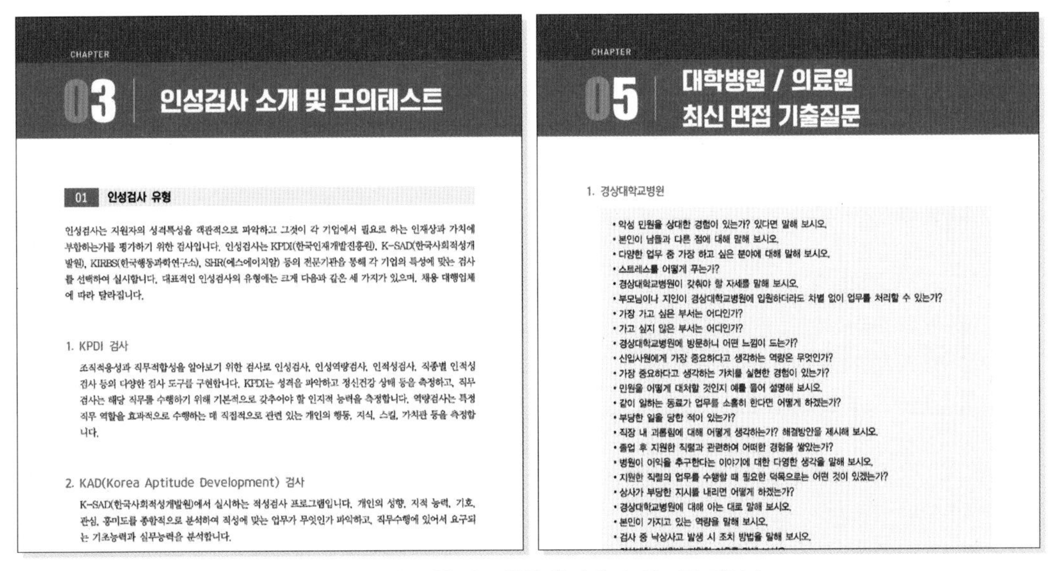
CHAPTER 03 인성검사 소개 및 모의테스트

01 인성검사 유형

인성검사는 지원자의 성격특성을 객관적으로 파악하고 그것이 각 기업에서 필요로 하는 인재상과 가치에 부합하는가를 평가하기 위한 검사입니다. 인성검사는 KPDI(한국인재개발진흥원), K-SAD(한국사회적성개발원), KIRBS(한국행동과학연구소), SHR(에스에이치알) 등의 전문기관을 통해 각 기업의 특성에 맞는 검사를 선택하여 실시합니다. 대표적인 인성검사의 유형에는 크게 다음과 같은 세 가지가 있으며, 채용 대행업체에 따라 달라집니다.

1. KPDI 검사

조직적응성과 직무적합성을 알아보기 위한 검사로 인성검사, 인성역량검사, 인적성검사, 직종별 인적성검사 등의 다양한 검사 도구를 구현합니다. KPDI는 성격을 파악하고 정신건강 상태 등을 측정하고, 직무검사는 해당 직무를 수행하기 위해 기본적으로 갖추어야 할 인지적 능력을 측정합니다. 역량검사는 특정 직무 역할을 효과적으로 수행하는 데 직접적으로 관련 있는 개인의 행동, 지식, 스킬, 가치관 등을 측정합니다.

2. KAD(Korea Aptitude Development) 검사

K-SAD(한국사회적성개발원)에서 실시하는 적성검사 프로그램입니다. 개인의 성향, 지적 능력, 기호, 관심, 흥미도를 종합적으로 분석하여 적성에 맞는 업무가 무엇인가 파악하고, 직무수행에 있어서 요구되는 기초능력과 실무능력을 분석합니다.

CHAPTER 05 대학병원 / 의료원 최신 면접 기출질문

1. 경상대학교병원

- 악성 민원을 상대한 경험이 있는가? 있다면 말해 보시오.
- 본인이 남들과 다른 점에 대해 말해 보시오.
- 다양한 업무 중 가장 하고 싶은 분야에 대해 말해 보시오.
- 스트레스를 어떻게 푸는가?
- 경상대학교병원이 갖춰야 할 자세를 말해 보시오.
- 부모님이나 지인이 경상대학교병원에 입원하더라도 차별 없이 업무를 처리할 수 있는가?
- 가장 가고 싶은 부서는 어디인가?
- 가고 싶지 않은 부서는 어디인가?
- 경상대학교병원에 방문하니 어떤 느낌이 드는가?
- 신입사원에게 가장 중요하다고 생각하는 역량은 무엇인가?
- 가장 중요하다고 생각하는 가치를 실현한 경험이 있는가?
- 민원을 어떻게 대처할 것인지 예를 들어 설명해 보시오.
- 같이 일하는 동료가 업무를 소홀히 한다면 어떻게 하겠는가?
- 부당한 일을 당한 적이 있는가?
- 직장 내 괴롭힘에 대해 어떻게 생각하는가? 해결방안을 제시해 보시오.
- 졸업 후 지원한 직렬과 관련하여 어떠한 경험을 쌓았는가?
- 병원이 이익을 추구한다는 이야기에 대한 다양한 생각을 말해 보시오.
- 지원한 직렬의 업무를 수행할 때 필요한 덕목으로는 어떤 것이 있겠는가?
- 상사가 부당한 지시를 내리면 어떻게 하겠는가?
- 경상대학교병원에 대해 아는 대로 말해 보시오.
- 본인이 가지고 있는 역량을 말해 보시오.
- 검사 중 낙상사고 발생 시 조치 방법을 말해 보시오.

▸ 인성검사 모의테스트를 수록하여 인성검사 유형 및 문항을 확인할 수 있도록 하였다.

▸ 대학병원 · 의료원 최신 면접 기출질문을 수록하여 면접에서 나오는 질문을 미리 파악하고 면접에 대비할 수 있도록 하였다.

이 책의 차례 CONTENTS

Add+

2024년 주요 공기업 NCS 기출복원문제

2024 주요 공기업 NCS 기출복원문제

정답 및 해설 p.002

| 코레일 한국철도공사 / 의사소통능력

01 다음 글에서 화자의 태도로 가장 적절한 것은?

> 거친 밭 언덕 쓸쓸한 곳에
> 탐스러운 꽃송이 가지 눌렀네.
> 매화비 그쳐 향기 날리고
> 보리 바람에 그림자 흔들리네.
> 수레와 말 탄 사람 그 누가 보아 주리
> 벌 나비만 부질없이 엿보네.
> 천한 땅에 태어난 것 스스로 부끄러워
> 사람들에게 버림받아도 참고 견디네.
>
> – 최치원, 『촉규화』

① 임금에 대한 자신의 충성을 드러내고 있다.
② 사랑하는 사람에 대한 그리움을 나타내고 있다.
③ 현실에 가로막힌 자신의 처지를 한탄하고 있다.
④ 사람들과의 단절로 인한 외로움을 표현하고 있다.
⑤ 역경을 이겨내기 위한 자신의 노력을 피력하고 있다.

02 다음 글에 대한 설명으로 적절하지 않은 것은?

> 중국 연경(燕京)의 아홉 개 성문 안팎으로 뻗은 수십 리 거리에는 관청과 아주 작은 골목을 제외하고는 대체로 길 양옆으로 모두 상점이 늘어서 휘황찬란하게 빛난다.
> 우리나라 사람들은 중국 시장의 번성한 모습을 처음 보고서는 "오로지 말단의 이익만을 숭상하고 있군."이라고 말하였다. 이것은 하나만 알고 둘은 모르는 소리이다. 대저 상인은 사농공상(士農工商) 사민(四民)의 하나에 속하지만, 이 하나가 나머지 세 부류의 백성을 소통시키기 때문에 열에 셋의 비중을 차지하지 않으면 안 된다.
> 사람들은 쌀밥을 먹고 비단옷을 입고 있으면 그 나머지 물건은 모두 쓸모없는 줄 안다. 그러나 무용지물을 사용하여 유용한 물건을 유통하고 거래하지 않는다면, 이른바 유용하다는 물건은 거의 대부분이 한 곳에 묶여서 유통되지 않거나 그것만이 홀로 돌아다니다 쉽게 고갈될 것이다. 따라서 옛날의 성인과 제왕께서는 이를 위하여 주옥(珠玉)과 화폐 등의 물건을 조성하여 가벼운 물건으로 무거운 물건을 교환할 수 있도록 하셨고, 무용한 물건으로 유용한 물건을 살 수 있도록 하셨다.
> 지금 우리나라는 지방이 수천 리이므로 백성들이 적지 않고, 토산품이 구비되어 있다. 그럼에도 산이나 물에서 생산되는 이로운 물건이 전부 세상에 나오지 않고, 경제를 윤택하게 하는 방법도 잘 모르며, 날마다 쓰는 것을 팽개친 채 그것에 대해 연구하지 않고 있다. 그러면서 중국의 거마, 주택, 단청, 비단이 화려한 것을 보고서는 대뜸 "사치가 너무 심하다."라고 말해 버린다.
> 그렇지만 중국이 사치로 망한다고 할 것 같으면, 우리나라는 반드시 검소함으로 인해 쇠퇴할 것이다. 왜 그러한가? 검소함이란 물건이 있음에도 불구하고 쓰지 않는 것이지, 자기에게 없는 물건을 스스로 끊어 버리는 것을 일컫지는 않는다. 현재 우리나라에는 진주를 캐는 집이 없고 시장에는 산호 같은 물건의 값이 정해져 있지 않다. 금이나 은을 가지고 점포에 들어가서는 떡과 엿을 사 먹을 수가 없다. 이런 현실이 정말 우리의 검소한 풍속 때문이겠는가? 이것은 그 재물을 사용할 줄 모르기 때문이다. 재물을 사용할 방법을 알지 못하므로 재물을 만들어 낼 방법을 알지 못하고, 재물을 만들어 낼 방법을 알지 못하므로 백성들의 생활은 날이 갈수록 궁핍해진다.
> 재물이란 우물에 비유할 수가 있다. 물을 퍼내면 우물에는 늘 물이 가득하지만, 물을 길어내지 않으면 우물은 말라 버린다. 이와 같은 이치로 화려한 비단옷을 입지 않으므로 나라에는 비단을 짜는 사람이 없고, 그로 인해 여인이 베를 짜는 모습을 볼 수 없게 되었다. 그릇이 찌그러져도 이를 개의치 않으며, 기교를 부려 물건을 만들려고 하지도 않아 나라에는 공장(工匠)과 목축과 도공이 없어져 기술이 전해지지 않는다. 더 나아가 농업도 황폐해져 농사짓는 방법이 형편없고, 상업을 박대하므로 상업 자체가 실종되었다. 사농공상 네 부류의 백성이 누구나 할 것 없이 다 가난하게 살기 때문에 서로를 구제할 길이 없다.
> 지금 종각이 있는 종로 네거리에는 시장 점포가 연이어 있다고 하지만 그것은 1리도 채 안 된다. 중국에서 내가 지나갔던 시골 마을은 거의 몇 리에 걸쳐 점포로 뒤덮여 있었다. 그곳으로 운반되는 물건의 양이 우리나라 곳곳에서 유통되는 것보다 많았는데, 이는 그곳 가게가 우리나라보다 더 부유해서 그러한 것이 아니고 재물이 유통되느냐 유통되지 못하느냐에 따른 결과인 것이다.
>
> – 박제가, 『시장과 우물』

① 재물이 적절하게 유통되지 않는 현실을 비판하고 있다.
② 재물을 유통하기 위한 성현들의 노력을 근거로 제시하고 있다.
③ 경제의 규모를 늘리기 위한 소비의 중요성을 강조하고 있다.
④ 조선의 경제가 윤택하지 못한 이유를 생산량의 부족에서 찾고 있다.
⑤ 산업의 발전을 위해 적당한 사치가 있어야 함을 제시하고 있다.

03 다음 중 한자성어와 그 뜻이 바르게 연결되지 않은 것은?

① 水魚之交 : 아주 친밀하여 떨어질 수 없는 사이
② 結草報恩 : 죽은 뒤에라도 은혜를 잊지 않고 갚음
③ 靑出於藍 : 제자나 후배가 스승이나 선배보다 나음
④ 指鹿爲馬 : 윗사람을 농락하여 권세를 마음대로 함
⑤ 刻舟求劍 : 말로는 친한 듯 하나 속으로는 해칠 생각이 있음

04 다음 중 밑줄 친 부분의 띄어쓰기가 옳지 않은 것은?

① 운전을 어떻게 해야 하는지 알려 주었다.
② 오랫동안 애쓴 만큼 좋은 결과가 나왔다.
③ 모두가 떠나가고 남은 사람은 고작 셋 뿐이다.
④ 참가한 사람들은 누구의 키가 큰지 작은지 비교해 보았다.
⑤ 민족의 큰 명절에는 온 나라 방방곡곡에서 씨름판이 열렸다.

05 다음 중 밑줄 친 부분의 표기가 옳지 않은 것은?

① 늦게 온다던 친구가 금세 도착했다.
② 변명할 틈도 없이 그에게 일방적으로 채였다.
③ 못 본 사이에 그의 얼굴은 핼쑥하게 변했다.
④ 빠르게 변해버린 고향이 낯설게 느껴졌다.
⑤ 문제의 정답을 찾기 위해 곰곰이 생각해 보았다.

| 코레일 한국철도공사 / 의사소통능력

06 다음 중 단어와 그 발음법이 바르게 연결되지 않은 것은?

① 결단력 – [결딴녁]
② 옷맵시 – [온맵씨]
③ 몰상식 – [몰상씩]
④ 물난리 – [물랄리]
⑤ 땀받이 – [땀바지]

| 코레일 한국철도공사 / 수리능력

07 다음 식을 계산하여 나온 수의 백의 자리, 십의 자리, 일의 자리를 순서대로 바르게 나열한 것은?

$$865 \times 865 + 865 \times 270 + 135 \times 138 - 405$$

① 0, 0, 0
② 0, 2, 0
③ 2, 5, 0
④ 5, 5, 0
⑤ 8, 8, 0

| 코레일 한국철도공사 / 수리능력

08 길이가 200m인 A열차가 어떤 터널을 60km/h의 속력으로 통과하였다. 잠시 후 길이가 300m인 B열차가 같은 터널을 90km/h의 속력으로 통과하였다. A열차와 B열차가 이 터널을 완전히 통과할 때 걸린 시간의 비가 10 : 7일 때, 이 터널의 길이는?

① 1,200m
② 1,500m
③ 1,800m
④ 2,100m
⑤ 2,400m

※ 다음과 같이 일정한 규칙으로 수를 나열할 때, 빈칸에 들어갈 수를 고르시오. [9~10]

| 코레일 한국철도공사 / 수리능력

09

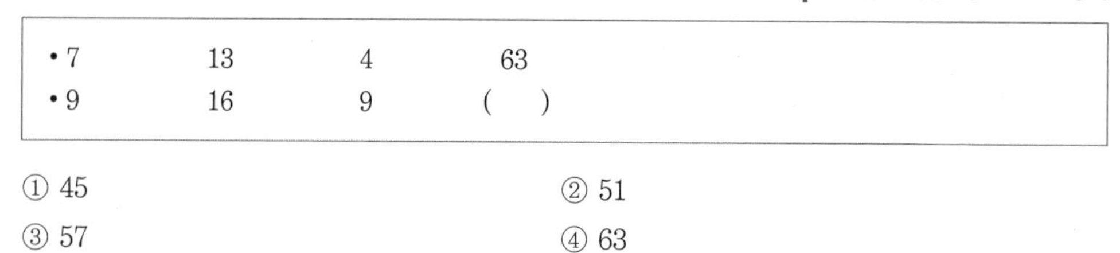

- 7　　13　　4　　63
- 9　　16　　9　　(　　)

① 45　　② 51
③ 57　　④ 63
⑤ 69

| 코레일 한국철도공사 / 수리능력

10

−2　1　6　13　22　33　46　61　78　97　(　　)

① 102　　② 106
③ 110　　④ 114
⑤ 118

| 코레일 한국철도공사 / 수리능력

11 K중학교 2학년 A ~ F 6개의 학급이 체육대회에서 줄다리기 경기를 다음과 같은 토너먼트로 진행하려고 한다. 이때, A반과 B반이 모두 두 번의 경기를 거쳐 결승에서 만나게 되는 경우의 수는?

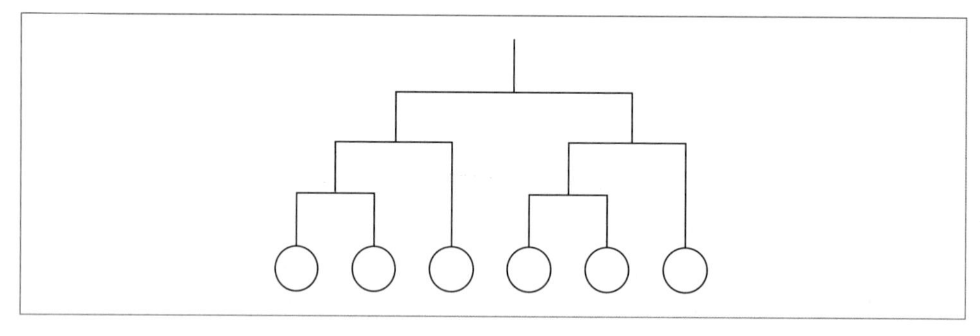

① 6가지　　② 24가지
③ 120가지　　④ 180가지
⑤ 720가지

12 다음은 연령대별로 도시와 농촌에서의 여가생활 만족도 평가 점수를 조사한 자료이다. 〈조건〉에 따라 빈칸 ㄱ ~ ㄹ에 들어갈 수를 순서대로 바르게 나열한 것은?

〈연령대별 도시 · 농촌 여가생활 만족도 평가〉

(단위 : 점)

구분	10대 미만	10대	20대	30대	40대	50대	60대	70대 이상
도시	1.6	ㄱ	3.5	ㄴ	3.9	3.8	3.3	1.7
농촌	1.3	1.8	2.2	2.1	2.1	ㄷ	2.1	ㄹ

※ 매우 만족 : 5점, 만족 : 4점, 보통 : 3점, 불만 : 2점, 매우 불만 : 1점

조건

- 도시에서 여가생활 만족도는 모든 연령대에서 같은 연령대의 농촌보다 높았다.
- 도시에서 10대의 여가생활 만족도는 농촌에서 10대의 2배보다 높았다.
- 도시에서 여가생활 만족도가 가장 높은 연령대는 40대였다.
- 농촌에서 여가생활 만족도가 가장 높은 연령대는 50대지만, 3점을 넘기지 못했다.

	ㄱ	ㄴ	ㄷ	ㄹ
①	3.8	3.3	2.8	3.5
②	3.5	3.3	3.2	3.5
③	3.8	3.3	2.8	1.5
④	3.5	4.0	3.2	1.5
⑤	3.8	4.0	2.8	1.5

13 가격이 500,000원일 때 10,000개가 판매되는 K제품이 있다. 이 제품의 가격을 10,000원 인상할 때마다 판매량은 160개 감소하고, 10,000원 인하할 때마다 판매량은 160개 증가한다. 이때, 총 판매금액이 최대가 되는 제품의 가격은?(단, 가격은 10,000원 단위로만 인상 또는 인하할 수 있다)

① 520,000원　② 540,000원

③ 560,000원　④ 580,000원

⑤ 600,000원

14 다음은 전자제품 판매업체 3사를 다섯 가지 항목으로 나누어 평가한 자료이다. 이를 토대로 3사의 항목별 비교 및 균형을 쉽게 파악할 수 있도록 나타낸 그래프로 옳은 것은?

〈전자제품 판매업체 3사 평가표〉

(단위 : 점)

구분	디자인	가격	광고 노출도	브랜드 선호도	성능
A사	4.1	4.0	2.5	2.1	4.6
B사	4.5	1.5	4.9	4.0	2.0
C사	2.5	4.5	0.6	1.5	4.0

①

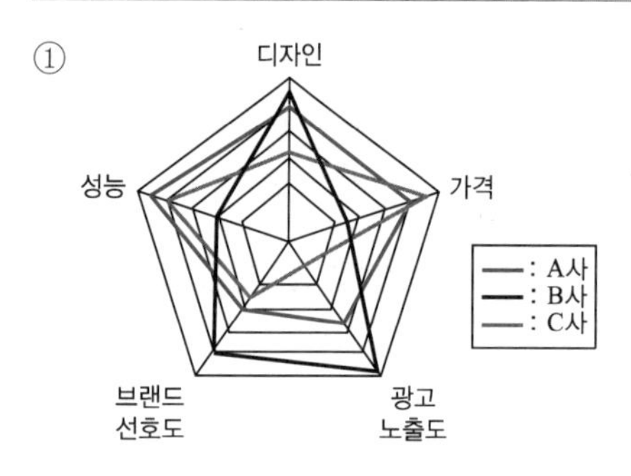

②

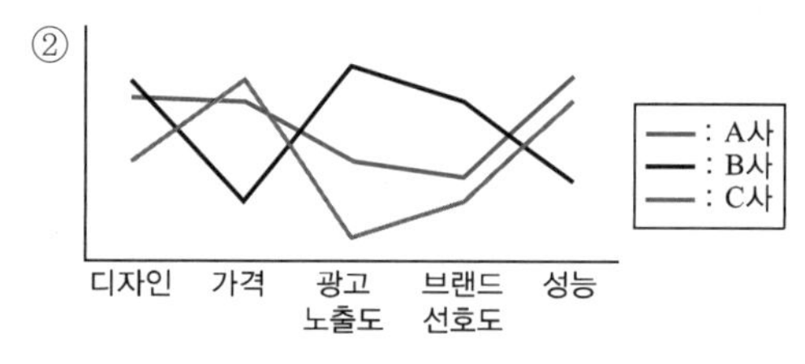

③

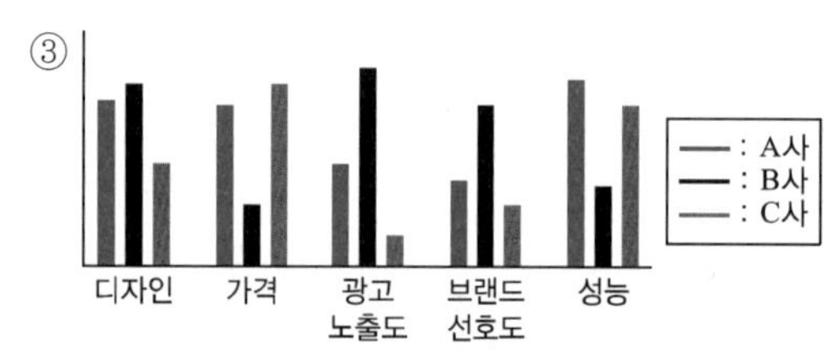

④

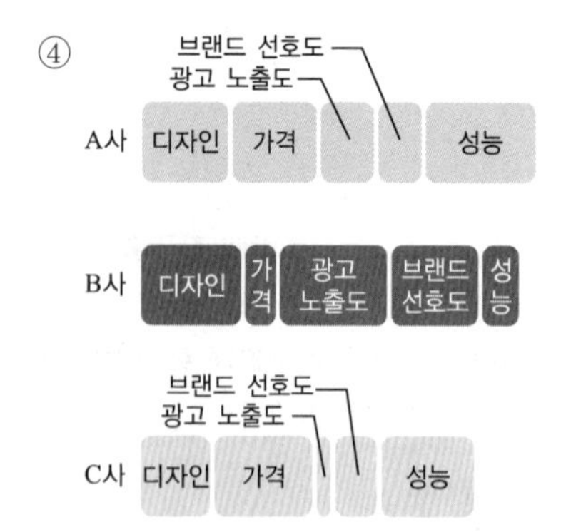

⑤

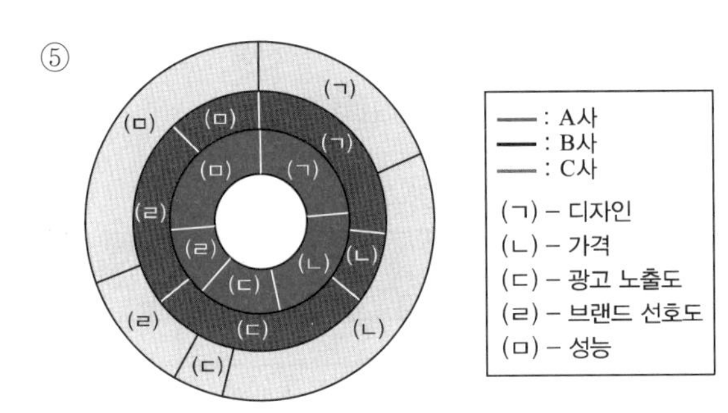

| 코레일 한국철도공사 / 수리능력

15 다음은 2023년 K톨게이트를 통과한 차량에 대한 자료이다. 이에 대한 설명으로 옳지 않은 것은?

〈2023년 K톨게이트 통과 차량〉

(단위 : 천 대)

구분	승용차			승합차			대형차		
	영업용	비영업용	합계	영업용	비영업용	합계	영업용	비영업용	합계
1월	152	3,655	3,807	244	2,881	3,125	95	574	669
2월	174	3,381	3,555	222	2,486	2,708	101	657	758
3월	154	3,909	4,063	229	2,744	2,973	139	837	976
4월	165	3,852	4,017	265	3,043	3,308	113	705	818
5월	135	4,093	4,228	211	2,459	2,670	113	709	822
6월	142	3,911	4,053	231	2,662	2,893	107	731	838
7월	164	3,744	3,908	237	2,721	2,958	117	745	862
8월	218	3,975	4,193	256	2,867	3,123	115	741	856
9월	140	4,105	4,245	257	2,913	3,170	106	703	809
10월	135	3,842	3,977	261	2,812	3,073	107	695	802
11월	170	3,783	3,953	227	2,766	2,993	117	761	878
12월	147	3,730	3,877	243	2,797	3,040	114	697	811

① 전체 승용차 수와 전체 승합차 수의 합이 가장 많은 달은 9월이고, 가장 적은 달은 2월이다.
② 4월을 제외하고 K톨게이트를 통과한 비영업용 승합차 수는 월별 300만 대 미만이었다.
③ 전체 대형차 수 중 영업용 대형차 수의 비율은 모든 달에서 10% 이상이다.
④ 영업용 승합차 수는 모든 달에서 영업용 대형차 수의 2배 이상이다.
⑤ 승용차가 가장 많이 통과한 달의 전체 승용차 수에 대한 영업용 승용차 수의 비율은 3% 이상이다.

※ 서울역 근처 K공사에 근무하는 A과장은 1월 10일에 팀원 4명과 함께 부산에 있는 출장지에 열차를 타고 가려고 한다. 다음 자료를 보고 이어지는 질문에 답하시오. [16~17]

〈서울역 → 부산역 열차 시간표〉

구분	출발시각	정차역	다음 정차역까지 소요시간	총주행시간	성인 1인당 요금
KTX	8:00	-	-	2시간 30분	59,800원
ITX-청춘	7:20	대전	40분	3시간 30분	48,800원
ITX-마음	6:40	대전, 울산	40분	3시간 50분	42,600원
새마을호	6:30	대전, 울산, 동대구	60분	4시간 30분	40,600원
무궁화호	5:30	대전, 울산, 동대구	80분	5시간 40분	28,600원

※ 위의 열차 시간표는 1월 10일 운행하는 열차 종류별로 승차권 구입이 가능한 가장 빠른 시간표이다.
※ 총주행시간은 정차·대기시간을 제외한 열차가 실제로 달리는 시간이다.

〈운행 조건〉

- 정차역에 도착할 때마다 대기시간 15분을 소요한다.
- 정차역에 먼저 도착한 열차가 출발하기 전까지 뒤에 도착한 열차는 정차역에 들어오지 않고 대기한다.
- 정차역에 먼저 도착한 열차가 정차역을 출발한 후, 5분 뒤에 대기 중인 열차가 정차역에 들어온다.
- 정차역에 2종류 이상의 열차가 동시에 도착하였다면, ITX-청춘 → ITX-마음 → 새마을호 → 무궁화호 순으로 정차역에 들어온다.
- 목적지인 부산역은 먼저 도착한 열차로 인한 대기 없이 바로 역에 들어온다.

| 코레일 한국철도공사 / 문제해결능력

16 다음 중 자료에 대한 설명으로 옳지 않은 것은?

① ITX-청춘보다 ITX-마음이 목적지에 더 빨리 도착한다.
② 부산역에 가장 늦게 도착하는 열차는 12시에 도착한다.
③ ITX-마음은 먼저 도착한 열차로 인한 대기시간이 없다.
④ 부산역에 가장 빨리 도착하는 열차는 10시 30분에 도착한다.
⑤ 무궁화호는 울산역, 동대구역에서 다른 열차로 인해 대기한다.

17 다음 〈조건〉에 따라 승차권을 구입할 때, A과장과 팀원 4명의 총요금은?

조건

- A과장과 팀원 1명은 7시 30분까지 K공사에서 사전 회의를 가진 후 출발하며, 출장 인원 모두 같이 이동할 필요는 없다.
- 목적지인 부산역에는 11시 30분까지 도착해야 한다.
- 열차 요금은 가능한 한 저렴하게 한다.

① 247,400원
② 281,800원
③ 312,800원
④ 326,400원
⑤ 347,200원

18 다음 글에서 알 수 있는 논리적 사고의 구성요소로 가장 적절한 것은?

A는 동업자 B와 함께 신규 사업을 시작하기 위해 기획안을 작성하여 논의하였다. 그러나 B는 신규 기획안을 읽고 시기나 적절성에 대해 부정적인 입장을 보였다. A가 B를 설득하기 위해 B의 의견들을 정리하여 생각해 보니 B는 신규 사업을 시작하는 데 있어 다른 경쟁사보다 늦게 출발하여 경쟁력이 부족하는 점 때문에 신규 사업에 부정적이라는 것을 알게 되었다. 이에 A는 경쟁력을 높이기 위한 다양한 아이디어를 추가로 제시하여 B를 다시 설득하였다.

① 설득
② 구체적인 생각
③ 생각하는 습관
④ 타인에 대한 이해
⑤ 상대 논리의 구조화

19 면접 참가자 A ~ E 5명은 〈조건〉과 같이 면접장에 도착했다. 동시에 도착한 사람은 없다고 할 때, 다음 중 항상 참인 것은?

조건

- B는 A 바로 다음에 도착했다.
- D는 E보다 늦게 도착했다.
- C보다 먼저 도착한 사람이 1명 있다.

① E는 가장 먼저 도착했다.
② B는 가장 늦게 도착했다.
③ A는 네 번째로 도착했다.
④ D는 가장 먼저 도착했다.
⑤ D는 A보다 먼저 도착했다.

20 다음 논리에서 나타난 형식적 오류로 옳은 것은?

- 전제 1 : TV를 오래 보면 눈이 나빠진다.
- 전제 2 : 철수는 TV를 오래 보지 않는다.
- 결론 : 그러므로 철수는 눈이 나빠지지 않는다.

① 사개명사의 오류
② 전건 부정의 오류
③ 후건 긍정의 오류
④ 선언지 긍정의 오류
⑤ 매개념 부주연의 오류

21 다음 글의 내용으로 적절하지 않은 것은?

K공단은 의사와 약사가 협력하여 지역주민의 안전한 약물 사용을 돕는 의·약사 협업 다제약물 관리사업을 6월 26일부터 서울 도봉구에서 시작했다고 밝혔다.
지난 2018년부터 K공단이 진행 중인 다제약물 관리사업은 10종 이상의 약을 복용하는 만성질환자를 대상으로 약물의 중복 복용과 부작용 등을 예방하기 위해 의약전문가가 약물관리 서비스를 제공하는 사업이다. 지역사회에서는 K공단에서 위촉한 자문 약사가 가정을 방문하여 대상자가 먹고 있는 일반 약을 포함한 전체 약을 대상으로 약물의 복용상태, 부작용, 중복 등을 종합적으로 검토하고 그 결과를 바탕으로 상담, 교육 및 처방조정 안내를 실시함으로써 약물관리가 이루어지고, 병원에서는 입원 및 외래환자를 대상으로 의사, 약사 등으로 구성된 다학제팀(전인적인 돌봄을 위해 의사, 간호사, 약사, 사회복지사 등 다양한 전문가들로 이루어진 팀)이 약물관리 서비스를 제공한다.
다제약물 관리사업 효과를 평가한 결과, 지역사회에서는 약물관리를 받은 사람의 복약순응도가 56.3% 개선되었고, 효능이 유사한 약물을 중복해서 복용하는 환자가 40.2% 감소되었다. 또한, 병원에서 제공된 다제약물 관리사업으로 응급실 방문 위험이 47%, 재입원 위험이 18% 감소되는 등의 효과를 확인하였다.
다만, 지역사회에서는 약사의 약물 상담결과가 의사의 처방조정에까지 반영되는 다학제 협업 시스템이 미흡하다는 의견이 제기되었다. 이러한 문제점의 개선을 위해 K공단은 도봉구 의사회와 약사회, 전문가로 구성된 지역협의체를 구성하고, 지난 4월부터 3회에 걸친 논의를 통해 의·약사 협업 모형을 개발하고, 사업 참여 의·약사 선정, 서비스 제공 대상자 모집 및 정보공유 방법 등의 현장 적용방안을 마련했다. 의사나 K공단이 선정한 약물관리 대상자는 자문 약사의 약물점검(필요시 의사 동행)을 받게 되며, 그 결과가 K공단의 정보 시스템을 통해 대상자의 단골 병원 의사에게 전달되어 처방 시 반영될 수 있도록 하는 것이 주요 골자이다. 지역 의·약사 협업 모형은 2023년 12월까지 도봉구 지역의 일차의료 만성질환관리 시범사업에 참여하는 의원과 자문 약사를 중심으로 우선 실시한다. 이후 사업의 효과성을 평가하고 부족한 점은 보완하여 다른 지역에도 확대 적용할 예정이다.

① K공단에서 위촉한 자문 약사는 환자가 먹는 약물을 조사하여 직접 처방할 수 있다.
② 다제약물 관리사업으로 인해 환자는 복용하는 약물의 수를 줄일 수 있다.
③ 다제약물 관리사업의 주요 대상자는 10종 이상의 약을 복용하는 만성질환자이다.
④ 다제약물 관리사업은 지역사회보다 병원에서 더 활발히 이루어지고 있다.

22 다음 문단 뒤에 이어질 내용을 논리적 순서대로 바르게 나열한 것은?

아토피 피부염은 만성적으로 재발하는 양상을 보이며 심한 가려움증을 동반하는 염증성 피부 질환으로, 연령에 따라 특징적인 병변의 분포와 양상을 보인다.

(가) 이와 같이 아토피 피부염은 원인을 정확히 파악할 수 없기 때문에 아토피 피부염의 진단을 위한 특이한 검사소견은 없으며, 임상 증상을 종합하여 진단한다. 기존에 몇 가지 국외의 진단기준이 있었으며, 2005년 대한아토피피부염학회에서는 한국인 아토피 피부염에서 특징적으로 관찰되는 세 가지 주진단 기준과 14가지 보조진단 기준으로 구성된 한국인 아토피 피부염 진단기준을 정하였다.

(나) 아토피 피부염 환자는 정상 피부에 비해 민감한 피부를 가지고 있으며 다양한 자극원에 의해 악화될 수 있으므로 앞의 약물치료와 더불어 일상생활에서도 이를 피할 수 있도록 노력해야 한다. 비누와 세제, 화학약품, 모직과 나일론 의류, 비정상적인 기온이나 습도에 대한 노출 등이 대표적인 피부 자극 요인들이다. 면제품 속옷을 입도록 하고, 세탁 후 세제가 남지 않도록 물로 여러 번 헹구도록 한다. 또한 평소 실내 온도, 습도를 쾌적하게 유지하는 것도 중요하다. 땀이나 자극성 물질을 제거하는 목적으로 미지근한 물에 샤워를 하는 것이 좋으며, 샤워 후에는 3분 이내에 보습제를 바르는 것이 좋다.

(다) 아토피 피부염을 진단받아 치료하기 위해서는 보습이 가장 중요하고, 피부 증상을 악화시킬 수 있는 자극원, 알레르겐 등을 피하는 것이 필요하다. 국소 치료제로는 국소 스테로이드제가 가장 기본적인 치료제이다. 국소 칼시뉴린 억제제도 효과적으로 사용되는 약제이며, 국소 스테로이드제 사용으로 발생 가능한 피부 위축 등의 부작용이 없다. 아직 국내에 들어오지는 않았으나 국소 포스포디에스테라제 억제제도 있다. 이 외에는 전신치료로 가려움증 완화를 위해 사용할 수 있는 항히스타민제가 있고, 필요시 경구 스테로이드제를 사용할 수 있다. 심한 아토피 피부염 환자에서는 면역 억제제가 사용된다. 광선치료(자외선치료)도 아토피 피부염 치료로 이용된다. 최근에는 아토피 피부염을 유발하는 특정한 사이토카인 신호 전달을 차단할 수 있는 생물학적제제인 두필루맙(Dupilumab)이 만성 중증 아토피 피부염 환자를 대상으로 사용되고 있으며, 치료 효과가 뛰어나다고 알려져 있다.

(라) 많은 연구에도 불구하고 아토피 피부염의 정확한 원인은 아직 밝혀지지 않았다. 현재까지는 피부 보호막 역할을 하는 피부장벽 기능의 이상, 면역체계의 이상, 유전적 및 환경적 요인 등이 복합적으로 상호작용한 결과 발생하는 것으로 보고 있다.

① (다) – (가) – (라) – (나)
② (다) – (나) – (라) – (가)
③ (라) – (가) – (나) – (다)
④ (라) – (가) – (다) – (나)

23 다음 글의 주제로 가장 적절한 것은?

> 한국인의 주요 사망 원인 중 하나인 뇌경색은 뇌혈관이 갑자기 폐쇄됨으로써 뇌가 손상되어 신경학적 이상이 발생하는 질병이다.
> 뇌경색의 발생 원인은 크게 분류하면 2가지가 있는데, 그중 첫 번째는 동맥경화증이다. 동맥경화증은 혈관의 중간층에 퇴행성 변화가 일어나서 섬유화가 진행되고 혈관의 탄성이 줄어드는 노화현상의 일종으로, 뇌로 혈류를 공급하는 큰 혈관이 폐쇄되거나 뇌 안의 작은 혈관이 폐쇄되어 발생하는 것이다. 두 번째는 심인성 색전으로, 심장에서 형성된 혈전이 혈관을 타고 흐르다 갑자기 뇌혈관을 폐쇄시켜 발생하는 것이다.
> 뇌경색이 발생하여 환자가 응급실에 내원한 경우, 폐쇄된 뇌혈관을 확인하기 위한 뇌혈관 조영 CT를 촬영하거나 손상된 뇌경색 부위를 좀 더 정확하게 확인해야 하는 경우에는 뇌 자기공명 영상(Brain MRI) 검사를 한다. 이렇게 시행한 검사에서 큰 혈관의 폐쇄가 확인되면 정맥 내에 혈전용해제를 투여하거나 동맥 내부의 혈전제거술을 시행하게 된다. 시술이 필요하지 않은 경우라면, 뇌경색의 악화를 방지하기 위하여 뇌경색 기전에 따라 항혈소판제나 항응고제 약물 치료를 하게 된다.
> 뇌경색의 원인 중 동맥경화증의 경우 여러 가지 위험 요인에 의하여 장시간 동안 서서히 진행된다. 고혈압, 당뇨, 이상지질혈증, 흡연, 과도한 음주, 비만 등이 위험 요인이며, 평소 이러한 원인이 있는 사람은 약물 치료 및 생활 습관 개선으로 위험 요인을 줄여야 한다. 특히 뇌경색이 한번 발병했던 사람은 재발 방지를 위한 약물을 지속적으로 복용하는 것이 필요하다.

① 뇌경색의 주요 증상
② 뇌경색 환자의 약물치료 방법
③ 뇌경색의 발병 원인과 치료 방법
④ 뇌경색이 발생했을 때의 조치사항

24 다음은 2019 ~ 2023년 건강보험료 부과 금액 및 1인당 건강보험 급여비에 대한 자료이다. 이에 대한 설명으로 옳지 않은 것은?

〈건강보험료 부과 금액 및 1인당 건강보험 급여비〉

구분	2019년	2020년	2021년	2022년	2023년
건강보험료 부과 금액(십억 원)	59,130	63,120	69,480	76,775	82,840
1인당 건강보험 급여비(원)	1,300,000	1,400,000	1,550,000	1,700,000	1,900,000

① 건강보험료 부과 금액과 1인당 건강보험 급여비는 모두 매년 증가하였다.
② 2020 ~ 2023년 동안 전년 대비 1인당 건강보험 급여비가 가장 크게 증가한 해는 2023년이다.
③ 2020 ~ 2023년 동안 전년 대비 건강보험료 부과 금액의 증가율은 항상 10% 미만이었다.
④ 2019년 대비 2023년의 1인당 건강보험 급여비는 40% 이상 증가하였다.

※ 다음 명제가 모두 참일 때, 빈칸에 들어갈 명제로 가장 적절한 것을 고르시오. [25~27]

| 국민건강보험공단 / 문제해결능력

25

- 잎이 넓은 나무는 키가 크다.
- 잎이 넓지 않은 나무는 덥지 않은 지방에서 자란다.
- ______________________________
- 따라서 더운 지방에서 자라는 나무는 열매가 많이 맺힌다.

① 잎이 넓지 않은 나무는 열매가 많이 맺힌다.

② 열매가 많이 맺히지 않는 나무는 키가 작다.

③ 벌레가 많은 지역은 열매가 많이 맺히지 않는다.

④ 키가 작은 나무는 덥지 않은 지방에서 자란다.

| 국민건강보험공단 / 문제해결능력

26

- 풀을 먹는 동물은 몸집이 크다.
- 사막에서 사는 동물은 물속에서 살지 않는다.
- ______________________________
- 따라서 물속에서 사는 동물은 몸집이 크다.

① 몸집이 큰 동물은 물속에서 산다.

② 물이 있으면 사막이 아니다.

③ 사막에 사는 동물은 몸집이 크다.

④ 풀을 먹지 않는 동물은 사막에 산다.

| 국민건강보험공단 / 문제해결능력

27

- 모든 1과 사원은 가장 실적이 많은 2과 사원보다 실적이 많다.
- 가장 실적이 많은 4과 사원은 모든 3과 사원보다 실적이 적다.
- 3과 사원 중 일부는 가장 실적이 많은 2과 사원보다 실적이 적다.
- 따라서 ______________________________

① 모든 2과 사원은 4과 사원 중 일부보다 실적이 적다.

② 어떤 1과 사원은 가장 실적이 많은 3과 사원보다 실적이 적다.

③ 어떤 3과 사원은 가장 실적이 적은 1과 사원보다 실적이 적다.

④ 1과 사원 중 가장 적은 실적을 올린 사원과 같은 실적을 올린 사원이 4과에 있다.

28 다음은 대한민국 입국 목적별 비자 종류의 일부이다. 외국인 A ~ D씨가 피초청자로서 입국할 때, 초청 목적에 따라 발급받아야 하는 비자의 종류를 바르게 짝지은 것은?(단, 비자면제 협정은 없는 것으로 가정한다)

〈대한민국 입국 목적별 비자 종류〉

- 외교·공무
  - 외교(A-1) : 대한민국 정부가 접수한 외국 정부의 외교사절단이나 영사기관의 구성원, 조약 또는 국제관행에 따라 외교사절과 동등한 특권과 면제를 받는 사람과 그 가족
  - 공무(A-2) : 대한민국 정부가 승인한 외국 정부 또는 국제기구의 공무를 수행하는 사람과 그 가족
- 유학·어학연수
  - 학사유학(D-2-2) : (전문)대학, 대학원 또는 특별법의 규정에 의하여 설립된 전문대학 이상의 학술기관에서 정규과정(학사)의 교육을 받고자 하는 자
  - 교환학생(D-2-6) : 대학 간 학사교류 협정에 의해 정규과정 중 일정 기간 동안 교육을 받고자 하는 교환학생
- 비전문직 취업
  - 제조업(E-9-1) : 외국인근로자의 고용에 관한 법률의 규정에 의한 국내 취업요건을 갖추어 제조업체에 취업하고자 하는 자
  - 농업(E-9-3) : 외국인근로자의 고용에 관한 법률의 규정에 의한 국내 취업요건을 갖추어 농업, 축산업 등에 취업하고자 하는 자
- 결혼이민
  - 결혼이민(F-6-1) : 한국에서 혼인이 유효하게 성립되어 있고, 우리 국민과 결혼생활을 지속하기 위해 국내 체류를 하고자 하는 외국인
  - 자녀양육(F-6-2) : 국민의 배우자(F-6-1) 자격에 해당하지 않으나 출생한 미성년 자녀(사실혼 관계 포함)를 국내에서 양육하거나 양육하려는 부 또는 모
- 치료요양
  - 의료관광(C-3-3) : 국내 의료기관에서 진료 또는 요양할 목적으로 입국하는 외국인 환자와 간병 등을 위해 동반입국이 필요한 동반가족 및 간병인(90일 이내)
  - 치료요양(G-1-10) : 국내 의료기관에서 진료 또는 요양할 목적으로 입국하는 외국인 환자와 간병 등을 위해 동반입국이 필요한 동반가족 및 간병인(1년 이내)

〈피초청자 초청 목적〉

피초청자	국적	초청 목적
A	말레이시아	부산에서 6개월가량 입원 치료가 필요한 아들의 간병(아들의 국적 또한 같음)
B	베트남	경기도 소재 O제조공장 취업(국내 취업요건을 모두 갖춤)
C	사우디아라비아	서울 소재 K대학교 교환학생
D	인도네시아	대한민국 개최 APEC 국제기구 정상회의 참석

	A	B	C	D
①	C-3-3	D-2-2	F-6-1	A-2
②	G-1-10	E-9-1	D-2-6	A-2
③	G-1-10	D-2-2	F-6-1	A-1
④	C-3-3	E-9-1	D-2-6	A-1

| 건강보험심사평가원 / 수리능력

29 다음과 같이 일정한 규칙으로 수를 나열할 때 빈칸에 들어갈 수로 옳은 것은?

• 6	13	8	8	144
• 7	11	7	4	122
• 8	9	6	2	100
• 9	7	5	1	( )

① 75 ② 79

③ 83 ④ 87

| 건강보험심사평가원 / 수리능력

30 두 주사위 A, B를 던져 나온 수를 각각 a, b라고 할 때, $a \neq b$일 확률은?

① $\frac{2}{3}$ ② $\frac{13}{18}$

③ $\frac{7}{9}$ ④ $\frac{5}{6}$

| 건강보험심사평가원 / 수리능력

31 어떤 상자 안에 빨간색 공 2개와 노란색 공 3개가 들어 있다. 이 상자에서 공 3개를 꺼낼 때, 빨간색 공 1개와 노란색 공 2개를 꺼낼 확률은?(단, 꺼낸 공은 다시 넣지 않는다)

① $\frac{1}{2}$ ② $\frac{3}{5}$

③ $\frac{2}{3}$ ④ $\frac{3}{4}$

| 건강보험심사평가원 / 수리능력

32 다음과 같이 둘레의 길이가 2,000m인 원형 산책로에서 오후 5시 정각에 A씨가 3km/h의 속력으로 산책로를 따라 걷기 시작했다. 30분 후 B씨는 A씨가 걸어간 반대 방향으로 7km/h의 속력으로 같은 산책로를 따라 달리기 시작했을 때, A씨와 B씨가 두 번째로 만날 때의 시각은?

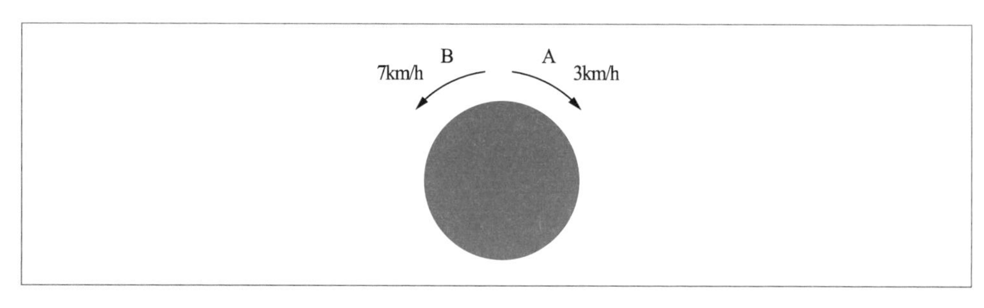

① 오후 6시 30분
② 오후 6시 15분
③ 오후 6시
④ 오후 5시 45분

| 건강보험심사평가원 / 정보능력

33 폴더 여러 개가 열려 있는 상태에서 다음과 같이 폴더를 나란히 보기 위해 화면을 분할하고자 할 때, 입력해야 할 단축키로 옳은 것은?

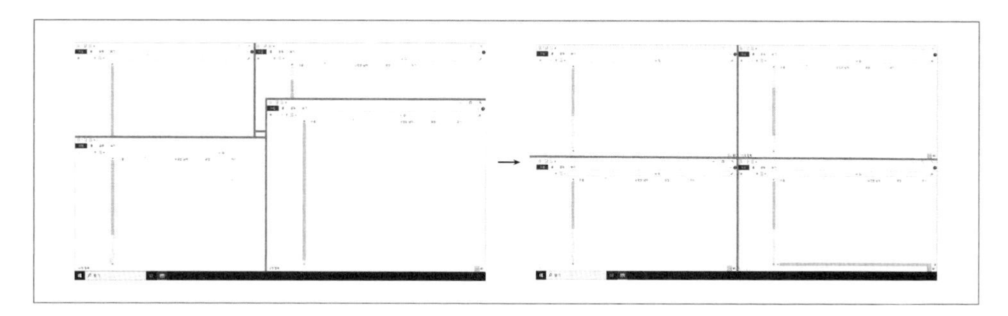

① 〈Shift〉+〈화살표 키〉
② 〈Ctrl〉+〈화살표 키〉
③ 〈Window 로고 키〉+〈화살표 키〉
④ 〈Alt〉+〈화살표 키〉

ㅣ 건강보험심사평가원 / 정보능력

34 다음 중 파일 여러 개가 열려 있는 상태에서 즉시 바탕화면으로 돌아가고자 할 때, 입력해야 할 단축키로 옳은 것은?

① 〈Window 로고 키〉+〈R〉

② 〈Window 로고 키〉+〈I〉

③ 〈Window 로고 키〉+〈L〉

④ 〈Window 로고 키〉+〈D〉

ㅣ 건강보험심사평가원 / 정보능력

35 엑셀 프로그램에서 "서울특별시 영등포구 홍제동"으로 입력된 텍스트를 "서울특별시 서대문구 홍제동"으로 수정하여 입력하고자 할 때, 입력해야 할 함수식으로 옳은 것은?

① =SUBSTITUTE("서울특별시 영등포구 홍제동","영등포","서대문")

② =IF("서울특별시 영등포구 홍제동"="영등포","서대문"," ")

③ =MOD("서울특별시 영등포구 홍제동","영등포","서대문")

④ =NOT("서울특별시 영등포구 홍제동","영등포","서대문")

※ 다음은 중학생 15명을 대상으로 한 달 용돈 금액을 조사한 자료이다. 이어지는 질문에 답하시오. [36~37]

	A	B
1	이름	금액(원)
2	강○○	30,000
3	권○○	50,000
4	고○○	100,000
5	김○○	30,000
6	김△△	25,000
7	류○○	75,000
8	오○○	40,000
9	윤○○	100,000
10	이○○	150,000
11	임○○	75,000
12	장○○	50,000
13	전○○	60,000
14	정○○	45,000
15	황○○	50,000
16	황△△	100,000

| 건강보험심사평가원 / 정보능력

36 다음 중 한 달 용돈이 50,000원 이상인 학생 수를 구하고자 할 때, 입력해야 할 함수식으로 옳은 것은?

① =MODE(B2:B16)

② =COUNTIF(B2:B16,">=50000")

③ =MATCH(50000,B2:B16,0)

④ =VLOOKUP(50000,$B$1:$B$16,1,0)

| 건강보험심사평가원 / 정보능력

37 다음 중 학생들이 받는 한 달 평균 용돈을 백 원 미만은 버림하여 구하고자 할 때, 입력해야 할 함수식으로 옳은 것은?

① =LEFT((AVERAGE(B2:B16)),2)

② =RIGHT((AVERAGE(B2:B16)),2)

③ =ROUNDUP((AVERAGE(B2:B16)),-2)

④ =ROUNDDOWN((AVERAGE(B2:B16)),-2)

38 S편의점을 운영하는 P씨는 개인사정으로 이번 주 토요일 하루만 오전 10시부터 오후 8시까지 직원들을 대타로 고용할 예정이다. 직원 A ~ D의 시급과 근무 가능 시간이 다음과 같을 때, 가장 적은 인건비는 얼마인가?

〈S편의점 직원 시급 및 근무 가능 시간〉

직원	시급	근무 가능 시간
A	10,000원	오후 12:00 ~ 오후 5:00
B	10,500원	오전 10:00 ~ 오후 3:00
C	10,500원	오후 12:00 ~ 오후 6:00
D	11,000원	오후 12:00 ~ 오후 8:00

※ 추가 수당으로 시급의 1.5배를 지급한다.
※ 직원 1명당 근무시간은 최소 2시간 이상이어야 한다.

① 153,750원
② 155,250원
③ 156,000원
④ 157,500원
⑤ 159,000원

39 다음은 S마트에 진열된 과일 7종의 판매량에 대한 자료이다. 30개 이상 팔린 과일의 개수를 구하기 위해 [C9] 셀에 입력해야 할 함수식으로 옳은 것은?

〈S마트 진열 과일 판매량〉

	A	B	C
1	번호	과일	판매량(개)
2	1	바나나	50
3	2	사과	25
4	3	참외	15
5	4	배	23
6	5	수박	14
7	6	포도	27
8	7	키위	32
9			

① =MID(C2:C8)
② =COUNTIF(C2:C8,">=30")
③ =MEDIAN(C2:C8)
④ =AVERAGEIF(C2:C8,">=30")
⑤ =MIN(C2:C8)

40 다음 〈보기〉 중 실무형 팔로워십을 가진 사람의 자아상으로 옳은 것을 모두 고르면?

보기

ㄱ. 기쁜 마음으로 과업을 수행
ㄴ. 판단과 사고를 리더에 의존
ㄷ. 조직의 운영 방침에 민감
ㄹ. 일부러 반대의견을 제시
ㅁ. 규정과 규칙에 따라 행동
ㅂ. 지시가 있어야 행동

① ㄱ, ㄴ
② ㄴ, ㄷ
③ ㄷ, ㅁ
④ ㄹ, ㅁ
⑤ ㅁ, ㅂ

41 다음 중 갈등의 과정 단계를 순서대로 바르게 나열한 것은?

ㄱ. 이성과 이해의 상태로 돌아가며 협상과정을 통해 쟁점이 되는 주제를 논의하고, 새로운 제안을 하고, 대안을 모색한다.
ㄴ. 설득보다는 강압적·위협적인 방법 등 극단적인 모습을 보이며 상대방의 생각이나 의견, 제안을 부정하고, 상대방은 그에 대한 반격으로 대응함으로써 자신들의 반격을 정당하게 생각한다.
ㄷ. 의견 불일치가 해소되지 않아 감정이 개입되어 상대방의 주장에 대한 문제점을 찾기 시작하고, 상대방의 입장은 부정하면서 자기주장만 하려고 한다.
ㄹ. 서로 간의 생각이나 신념, 가치관 차이로 인해 의견 불일치가 생겨난다.
ㅁ. 회피, 경쟁, 수용, 타협, 통합의 방법으로 서로 간의 견해를 일치하려 한다.

① ㄹ－ㄱ－ㄴ－ㄷ－ㅁ
② ㄹ－ㄴ－ㄷ－ㄱ－ㅁ
③ ㄹ－ㄷ－ㄴ－ㄱ－ㅁ
④ ㅁ－ㄱ－ㄴ－ㄷ－ㄹ
⑤ ㅁ－ㄹ－ㄴ－ㄷ－ㄱ

42 다음 〈보기〉 중 근로윤리의 덕목과 공동체윤리의 덕목을 바르게 구분한 것은?

보기

㉠ 근면	㉡ 봉사와 책임 의식
㉢ 준법	㉣ 예절과 존중
㉤ 정직	㉥ 성실

	근로윤리	공동체윤리
①	㉠, ㉡, ㉥	㉢, ㉣, ㉤
②	㉠, ㉢, ㉤	㉡, ㉣, ㉥
③	㉠, ㉤, ㉥	㉡, ㉢, ㉣
④	㉡, ㉣, ㉤	㉠, ㉢, ㉥
⑤	㉡, ㉤, ㉥	㉠, ㉢, ㉣

43 다음 중 B에 대한 A의 행동이 직장 내 괴롭힘에 해당하지 않는 것은?

① A대표는 B사원에게 본래 업무에 더해 개인적인 용무를 자주 지시하였고, B사원은 과중한 업무로 인해 근무환경이 악화되었다.

② A팀장은 업무처리 속도가 늦은 B사원만 업무에서 배제시키고 청소나 잡일만을 지시하였다. 이에 B사원은 고의적인 업무배제에 정신적 고통을 호소하였다.

③ A팀장은 기획의도와 맞지 않는다는 이유로 B사원에게 수차례 보완을 요구하였다. 계속해서 보완을 명령받은 B사원은 늘어난 업무량으로 인해 스트레스를 받아 휴직을 신청하였다.

④ A대리는 육아휴직 후 복직한 동기인 B대리를 다른 직원과 함께 조롱하고 무시하며 따돌렸다. 이에 B대리는 우울증을 앓았고 결국 퇴사하였다.

⑤ A대표는 실적이 부진하다는 이유로 B과장을 다른 직원이 보는 앞에서 욕설 등의 모욕감을 주었고 이에 B과장은 정신적 고통을 호소하였다.

| 서울교통공사 9호선 / 직업윤리

44 다음 중 S의 사례에서 볼 수 있는 직업윤리 의식으로 옳은 것은?

> 어릴 적부터 각종 기계를 분해하고 다시 조립하는 취미가 있던 S는 공대를 졸업한 뒤 로봇 엔지니어로 활동하고 있다. S는 자신의 직업이 적성에 꼭 맞는다고 생각하여 더 높은 성취를 위해 성실히 노력하고 있다.

① 소명 의식
② 봉사 의식
③ 책임 의식
④ 직분 의식
⑤ 천직 의식

| 서울교통공사 9호선 /자기개발능력

45 다음 중 경력개발의 단계별 내용으로 적절하지 않은 것은?

① 직업 선택 : 외부 교육 등 필요한 교육을 이수함
② 조직 입사 : 조직의 규칙과 규범에 대해 배움
③ 경력 초기 : 역량을 증대시키고 꿈을 추구해 나감
④ 경력 중기 : 이전 단계를 재평가하고 더 업그레이드된 꿈으로 수정함
⑤ 경력 말기 : 지속적으로 열심히 일함

| 한국남동발전 /수리능력

46 다음 10개의 수의 중앙값이 8일 때, 빈칸에 들어갈 수로 옳은 것은?

10	( )	6	9	9	7	8	7	10	7

① 6
② 7
③ 8
④ 9

ㅣ 한국남동발전 / 수리능력

47 1 ~ 200의 자연수 중에서 2, 3, 5 중 어느 것으로도 나누어떨어지지 않는 수는 모두 몇 개인가?

① 50개
② 54개
③ 58개
④ 62개

ㅣ 한국동서발전 / 수리능력

48 다음 그림과 같은 길의 A지점에서 출발하여 최단거리로 이동하여 B지점에 도착하는 경우의 수는?

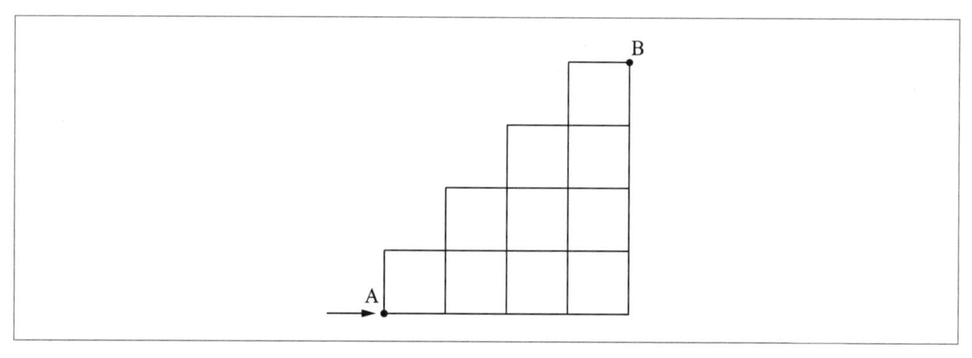

① 36가지
② 42가지
③ 48가지
④ 54가지

ㅣ 한국동서발전 / 수리능력

49 어떤 원형 시계가 4시 30분을 가리키고 있다. 이 시계의 시침과 분침이 만드는 작은 부채꼴의 넓이와 전체 원의 넓이의 비는 얼마인가?

① $\frac{1}{8}$
② $\frac{1}{6}$
③ $\frac{1}{4}$
④ $\frac{1}{2}$

50 다음은 2019 ~ 2023년 발전설비별 발전량에 대한 자료이다. 이에 대한 설명으로 옳은 것은?

〈발전설비별 발전량〉

(단위 : GWh)

구분	수력	기력	원자력	신재생	기타	합계
2019년	7,270	248,584	133,505	28,070	153,218	570,647
2020년	6,247	232,128	145,910	33,500	145,255	563,040
2021년	7,148	200,895	160,184	38,224	145,711	552,162
2022년	6,737	202,657	158,015	41,886	167,515	576,810
2023년	7,256	199,031	176,054	49,285	162,774	594,400

① 2020 ~ 2023년 동안 기력 설비 발전량과 전체 설비 발전량의 전년 대비 증감 추이는 같다.
② 2019 ~ 2023년 동안 수력 설비 발전량은 항상 전체 설비 발전량의 1% 미만이다.
③ 2019 ~ 2023년 동안 신재생 설비 발전량은 항상 전체 설비 발전량의 5% 이상이다.
④ 2019 ~ 2023년 동안 원자력 설비 발전량과 신재생 설비의 발전량은 전년 대비 꾸준히 증가하였다.
⑤ 2020 ~ 2023년 동안 전년 대비 전체 설비 발전량의 증가량이 가장 많은 해와 신재생 설비 발전량의 증가량이 가장 적은 해는 같다.

먼저 행동으로 옮기고 말을 하라.

- 스티븐 스필버그 -

PART 1

직업기초능력평가

CHAPTER 01

의사소통능력

합격 Cheat Key

의사소통능력은 평가하지 않는 대학병원 · 의료원이 없을 만큼 필기시험에서 중요도가 높은 영역으로, 세부 유형은 문서 이해, 문서 작성, 의사 표현, 경청, 기초 외국어로 나눌 수 있다. 문서 이해 · 문서 작성과 같은 지문에 대한 주제 찾기, 내용 일치 문제의 출제 비중이 높으며, 문서의 특성을 파악하는 문제도 출제되고 있다.

1 문제에서 요구하는 바를 먼저 파악하라!

의사소통능력에서 가장 중요한 것은 제한된 시간 안에 빠르고 정확하게 답을 찾아내는 것이다. 의사소통능력에서는 지문이 아니라 문제가 주인공이므로 지문을 보기 전에 문제를 먼저 파악해야 하며, 문제에 따라 전략적으로 빠르게 풀어내는 연습을 해야 한다.

2 잠재되어 있는 언어 능력을 발휘하라!

세상에 글은 많고 우리가 학습할 수 있는 시간은 한정적이다. 이를 극복할 수 있는 방법은 다양한 글을 접하는 것이다. 실제 시험장에서 어떤 내용의 지문이 나올지 아무도 예측할 수 없으므로 평소에 신문, 소설, 보고서 등 여러 글을 접하는 것이 필요하다.

3 상황을 가정하라!

업무 수행에 있어 상황에 따른 언어 표현은 중요하다. 같은 말이라도 상황에 따라 다르게 해석될 수 있기 때문이다. 그런 의미에서 자신의 의견을 효과적으로 전달할 수 있는 능력을 평가하는 것이다. 업무를 수행하면서 발생할 수 있는 여러 상황을 가정하고 그에 따른 올바른 언어표현을 정리하는 것이 필요하다.

4 말하는 이의 입장에서 생각하라!

잘 듣는 것 또한 하나의 능력이다. 상대방의 이야기에 귀 기울이고 공감하는 태도는 업무를 수행하는 관계 속에서 필요한 요소이다. 그런 의미에서 다양한 상황에서 듣는 능력을 평가하는 것이다. 말하는 이가 요구하는 듣는 이의 태도를 파악하고, 이에 따른 판단을 할 수 있도록 언제나 말하는 사람의 입장이 되는 연습이 필요하다.

대표기출유형

01 문서 내용 이해

| 유형분석 |

- 주어진 지문을 읽고 선택지를 고르는 전형적인 독해 문제이다.
- 지문은 주로 신문기사(보도자료 등)나 업무 보고서, 시사 등이 제시된다.
- 공사공단에 따라 자사와 관련된 내용의 기사나 법조문, 보고서 등이 출제되기도 한다.

다음 글의 내용으로 적절하지 않은 것은?

물가 상승률은 일반적으로 가격 수준의 상승 속도를 나타내며, 소비자 물가지수(CPI)와 같은 지표를 사용하여 측정된다. 높은 물가 상승률은 소비재와 서비스의 가격이 상승하고, 돈의 구매력이 감소한다. 이는 소비자들이 더 많은 돈을 지출하여 물가 상승에 따른 가격 상승을 감수해야 함을 의미한다.
물가 상승률은 경제에 다양한 영향을 미친다. 먼저 소비자들의 구매력이 저하되므로 가계소득의 실질 가치가 줄어든다. 이는 소비 지출의 감소와 경기 둔화를 초래할 수 있다. 또한 물가 상승률은 기업의 의사결정에도 영향을 준다. 예를 들어 높은 물가 상승률은 이자율의 상승과 함께 대출 조건을 악화시키므로 기업들은 생산 비용 상승과 이로 인한 이윤 감소에 직면하게 된다.
정부와 중앙은행은 물가 상승률을 통제하기 위해 다양한 금융 정책을 사용하며, 대표적으로 세금 조정, 통화량 조절, 금리 조정 등이 있다.
물가 상승률은 경제 활동에 큰 영향을 주는 중요한 요소이므로 정부, 기업, 투자자 및 개인은 이를 주의 깊게 모니터링하고 전망을 평가하는 데 활용해야 한다. 또한 소비자의 구매력과 경기 상황에 직접적·간접적인 영향을 주므로 경제 주체들은 물가 상승률의 변동에 대응하여 적절한 전략을 수립해야 한다.

① 지나친 물가 상승은 소비 심리를 위축시킨다.
② 정부와 중앙은행이 실행하는 금융 정책의 목적은 물가 안정성을 유지하는 것이다.
③ 중앙은행의 금리 조정으로 지나친 물가 상승을 진정시킬 수 있다.
④ 소비재와 서비스의 가격이 상승하므로 기업의 입장에서는 물가 상승률이 커질수록 이득이다.
⑤ 물가 상승률은 경제 활동에 큰 영향을 주는 중요한 요소이다.

정답 ④
높은 물가 상승률은 이자율의 상승과 함께 대출 조건을 악화시키므로 기업들은 생산 비용 상승과 이로 인한 이윤 감소에 직면하게 된다.

풀이 전략!

주어진 선택지에서 키워드를 체크한 후, 지문의 내용과 비교해 가면서 내용의 일치 유무를 빠르게 판단한다.

대표기출유형 01 기출응용문제

01 다음 글의 내용으로 가장 적절한 것은?

> 음악에서 화성이나 멜로디가 하나의 음 또는 하나의 화음을 중심으로 일정한 체계를 유지하는 것을 조성(調性)이라 한다. 조성을 중심으로 한 음악은 서양음악에 지배적인 영향을 미쳤는데, 여기에서 벗어나 자유롭게 표현하고 싶은 음악가의 열망이 무조(無調) 음악을 탄생시켰다. 무조 음악에서는 한 옥타브 안의 12음 각각에 동등한 가치를 두어 음들을 자유롭게 사용하였다. 이로 인해 무조 음악은 표현의 자유를 누리게 되었지만 조성이 주는 체계성을 잃게 되었다. 악곡의 형식을 유지하는 가장 기초적인 뼈대가 흔들린 것이다. 이와 같은 상황 속에서 무조 음악이 지닌 자유로움에 체계성을 더하고자 고민한 작곡가 쇤베르크는 '12음 기법'이라는 독창적인 작곡 기법을 만들어 냈다. 쇤베르크의 12음 기법은 12음을 한 번씩 사용하여 만든 기본 음렬(音列)에 이를 '전위', '역행', '역행 전위'의 방법으로 파생시킨 세 가지 음렬을 더해 악곡을 창작하는 체계적인 작곡 기법이다.

① 조성은 하나의 음으로 여러 음을 만드는 것을 말한다.
② 무조 음악은 조성이 발전한 형태라고 말할 수 있다.
③ 무조 음악은 한 옥타브 안의 음 각각에 가중치를 두어서 사용했다.
④ 조성은 체계성을 추구하고, 무조 음악은 자유로움을 추구한다.
⑤ 쇤베르크의 12음 기법은 무조 음악과 조성 모두에서 벗어나고자 한 작곡 기법이다.

※ 다음 글의 내용으로 적절하지 않은 것을 고르시오. [2~3]

02

> 대폭발 우주론에서는 우주가 약 137억 년 전 밀도와 온도가 매우 높은 상태의 대폭발로부터 시작하였다고 본다. 대폭발 초기 3분 동안 광자, 전자, 양성자(수소 원자핵) 및 헬륨 원자핵이 만들어졌다. 양(+)의 전하를 가지고 있는 양성자 및 헬륨 원자핵은 음(−)의 전하를 가지고 있는 전자와 결합하여 수소 원자와 헬륨 원자를 만들려고 하지만 온도가 높은 상태에서는 전자가 매우 빠른 속도로 움직이기 때문에 원자핵에 쉽게 붙들리지 않는다. 따라서 우주 탄생 초기에는 전자가 양성자에 붙들리지 않은 채 자유롭게 우주공간을 움직여 다닐 수 있었다. 이후에 우주의 온도가 3,000K 아래로 내려가 자유 전자가 양성자 및 헬륨 원자핵에 붙들려 결합되면서 수소 원자와 헬륨 원자가 만들어졌다. 당시의 온도가 3,000K였던 우주는 팽창과 함께 계속 식어서 현재 2.7K까지 내려갔다.

① 우주가 매우 오래전 밀도와 온도가 높은 상태의 대폭발로부터 시작되었다고 보는 것이 대폭발 우주론이다.
② 양성자와 헬륨 원자핵은 양의 전하를 가지고 있다.
③ 수소 원자와 헬륨 원자는 양성자와 헬륨 원자핵이 결합하여 만들어진다.
④ 온도가 높아질수록 수소 원자와 헬륨 원자는 만들어지지 않는다.
⑤ 자유 전자는 양성자에 붙들리지 않은 채 자유롭게 우주공간을 움직일 수 있는 전자이다.

03

골격근에서 전체 근육은 근육섬유를 뼈에 연결시키는 주변 조직인 힘줄과 결합조직을 모두 포함한다. 골격근의 근육섬유가 수축할 때 전체 근육의 길이가 항상 줄어드는 것은 아니다. 근육 수축의 종류 중 근육섬유가 수축함에 따라 전체 근육의 길이가 변화하는 것을 '등장수축'이라 하는데, 등장수축은 근육섬유 수축과 함께 전체 근육의 길이가 줄어드는 '동심 등장수축'과 전체 근육의 길이가 늘어나는 '편심 등장수축'으로 나뉜다.
반면에 근육섬유가 수축함에도 불구하고 전체 근육의 길이가 변하지 않는 수축을 '등척수축'이라고 한다. 예를 들어 아령을 손에 들고 팔꿈치의 각도를 일정하게 유지하고 있는 상태에서 위팔의 이두근 근육섬유는 끊임없이 수축하고 있지만, 이 근육에서 만드는 장력이 근육에 걸린 부하량, 즉 아령의 무게와 같아 전체 근육의 길이가 변하지 않기 때문에 등척수축을 하는 것이다. 등척수축은 골격근의 주변 조직과 근육섬유 내에 있는 탄력섬유의 작용에 의해 일어난다. 근육에 부하가 걸릴 때, 이 부하를 견디기 위해 탄력섬유가 늘어나기 때문에 근육섬유는 수축하지만 전체 근육의 길이는 변하지 않는 등척수축이 일어날 수 있다.

① 등장수축에서는 근육섬유가 수축할 때, 전체 근육 길이가 줄어든다.
② 등척수축에서는 근육섬유가 수축할 때, 전체 근육 길이가 변하지 않는다.
③ 등척수축은 탄력섬유의 작용에 의해 일어난다.
④ 골격근은 힘줄과 결합조직을 모두 포함한다.
⑤ 근육에 부하가 걸릴 때, 부하를 견디기 위해 탄력섬유가 늘어난다.

04 다음 글의 내용으로 가장 적절한 것은?

포화지방산에서 나타나는 탄소 결합 형태는 연결된 탄소끼리 모두 단일 결합하는 모습을 띤다. 이때 각각의 탄소에는 수소가 두 개씩 결합한다. 이 결합 형태는 지방산 분자의 모양을 일자형으로 만들어 이웃하는 지방산 분자들이 조밀하게 연결될 수 있으므로, 분자 간 인력이 높아 지방산 분자들이 단단하게 뭉치게 된다. 이 인력을 느슨하게 만들려면 많은 열에너지가 필요하다. 따라서 이 지방산을 함유한 지방은 녹는점이 높아 상온에서 고체로 존재하게 된다. 그리고 이 지방산 분자에는 탄소 사슬에 수소가 충분히 결합되어, 수소가 분자 내에 포화되어 있으므로 포화지방산이라 부르며, 이것이 들어 있는 지방을 포화지방이라고 한다. 포화지방은 체내의 장기 주변에 쌓여 장기를 보호하고 체내에 저장되어 있다가 에너지로 전환되어 몸에 열량을 내는 데 이용된다. 그러나 이 지방이 저밀도 단백질과 결합하면, 콜레스테롤이 혈관 내부에 쌓여 혈액의 흐름을 방해하고 혈관 내부의 압력을 높여 심혈관계 질병을 유발하는 것으로 알려져 있다.

① 포화지방산에서 나타나는 탄소 결합은 각각의 탄소에 수소가 두 개씩 결합하므로 다중 결합한다고 할 수 있다.
② 탄소에 수소가 두 개씩 결합하는 형태는 열에너지가 많아서 지방산 분자들이 단단하게 뭉치게 된다.
③ 분자 간 인력을 느슨하게 하면 지방산 분자들의 연결이 조밀해진다.
④ 포화지방은 포화지방산이 들어 있는 지방을 가리킨다.
⑤ 포화지방이 체내에 저장되면 콜레스테롤이 혈관 내부에 쌓여 흐름을 방해하고 혈관 내부의 압력을 높여 질병을 유발하므로 몸에 좋지 않다.

PART 1

02 글의 주제 · 제목

| 유형분석 |

- 주어진 지문을 파악하여 전달하고자 하는 핵심 주제나 제목을 고르는 문제이다.
- 정보를 종합하고 중요한 내용을 구별하는 능력이 필요하다.
- 설명문부터 주장, 반박문까지 다양한 성격의 지문이 제시되므로 글의 성격별 특징을 알아 두는 것이 좋다.

다음 글의 주제로 가장 적절한 것은?

멸균이란 곰팡이, 세균, 박테리아, 바이러스 등 모든 미생물을 사멸시켜 무균 상태로 만드는 것을 의미한다. 멸균 방법에는 물리적, 화학적 방법이 있으며, 멸균 대상의 특성에 따라 적절한 멸균 방법을 선택하여 실시할 수 있다. 먼저 물리적 멸균법에는 열이나 화학약품을 사용하지 않고 여과기를 이용하여 세균을 제거하는 여과법, 병원체를 불에 태워 없애는 소각법, 100℃에서 10 ~ 20분간 물품을 끓이는 자비소독법, 미생물을 자외선에 직접 노출시키는 자외선 소독법, 160 ~ 170℃의 열에서 1 ~ 2시간 동안 건열 멸균기를 사용하는 건열법, 포화된 고압증기 형태의 습열로 미생물을 파괴시키는 고압증기 멸균법 등이 있다. 다음으로 화학적 멸균법은 화학약품이나 가스를 사용하여 미생물을 파괴하거나 성장을 억제하는 방법으로, E.O 가스, 알코올, 염소 등 여러 가지 화학약품이 사용된다.

① 멸균의 중요성
② 뛰어난 멸균 효과
③ 다양한 멸균 방법
④ 멸균 시 발생할 수 있는 부작용
⑤ 멸균 시 사용하는 약품의 종류

정답 ③

제시문에서는 멸균에 대해 언급하며, 멸균 방법을 물리적 · 화학적으로 구분하여 다양한 멸균 방법에 대해 설명하고 있다. 따라서 글의 주제로는 ③이 가장 적절하다.

풀이 전략!

'결국', '즉', '그런데', '그러나', '그러므로' 등의 접속어 뒤에 주제가 드러나는 경우가 많다는 것에 주의하면서 지문을 읽는다.

대표기출유형 02 기출응용문제

01 다음 기사문의 제목으로 가장 적절한 것은?

> 지난 달 17일 첫 홍역의심환자(남자 / 41세, 중국유입사례로 확인, 질병관리본부) 신고 이후 병원 내 접촉자로 추정되는 2명(여자 / 23세, 여자 / 51세)이 추가 확진되어 현재 격리 치료중이다.
> 이에 따라 감염병 관리 정보시스템을 활용해 관련 기관과 민간전문가 간 긴급 영상회의를 갖고 환자・의심환자 및 접촉자 관리 강화, 해당 의료기관 의료진 중 홍역 예방 접종력(2회)이 확인되지 않은 사람을 대상으로 임시 예방접종을 시행하기로 했다.
> 홍역 유행 차단을 위해 현재 의료기관 내 접촉자와 일반 접촉자 352명을 대상으로 모니터링을 실시하는 한편, 병원과 신속대응 체계를 구축했다. 추가 환자・접촉자가 있는지 추가 확인을 실시하고, 의심증상자 발생 시 출근 및 등교 중지 등의 조치를 시행하고 있다. 이 밖에도 모든 의료기관에 발열, 발진이 동반된 환자 진료 시 홍역 여부를 주의 깊게 관찰하고, 홍역이 의심되는 경우 격리치료 및 관할 보건소에 즉시 신고해 줄 것을 요청하였다.
> 관계자는 "최근 서울에서도 3명의 홍역환자가 발생했고, 유럽・일본 등에서도 홍역 유행이 지속되고 있어 국내유입 가능성이 커지고 있다."면서 "홍역은 호흡기나 비말(침방울 등), 공기를 통해 전파되므로 감염예방을 위해 손씻기, 기침예절 지키기 등 개인위생을 철저히 준수하고, 발열 등 의심 증상이 있는 경우 출근・등교를 중지해야 한다."라고 당부했다.
> 홍역은 예방접종으로 예방이 가능하므로 표준 예방접종 일정에 따라 접종을 완료하고, 특히 유럽 등 해외여행을 계획하고 있는 경우에는 사전 예방접종을 반드시 확인해야 한다.
> 유럽 등 여행 후 홍역 의심 증상(발열, 발진, 기침, 콧물, 결막염 등)이 발생한 경우 다른 사람과의 접촉을 최소화하고 관할 보건소 또는 질병관리본부 콜센터에 문의하여 안내에 따라 병원에 방문해 줄 것을 거듭 당부하였다.

① 홍역환자 발생, 전파 차단 조치 나서
② 홍역환자 3명 발생, 초기 대응 미흡해
③ 감염병 관리 정보 시스템 가동
④ 홍역, 예방접종으로 예방 가능
⑤ 홍역과 인류의 과거와 미래

02 다음 글의 제목으로 가장 적절한 것은?

코로나19의 지역 감염이 확산됨에 따라 감염병 위기경보 수준이 '경계'에서 '심각'으로 격상되었다. 이처럼 감염병 위기 단계가 높아지면 무엇이 달라질까?
감염병 위기경보 수준은 '관심', '주의', '경계', '심각'의 4단계로 나뉘며, 각 단계에 따라 정부의 주요 대응 활동이 달라진다. 먼저, 해외에서 신종감염병이 발생하여 유행하거나 국내에서 원인불명 또는 재출현 감염병이 발생하면 '관심' 단계의 위기경보가 발령된다. '관심' 단계에서 질병관리본부는 대책반을 운영하여 위기 징후를 모니터링하고, 필요할 경우 현장 방역 조치와 방역 인프라를 가동한다. 해외에서의 신종감염병이 국내로 유입되거나 국내에서 원인불명 또는 재출현 감염병이 제한적으로 전파되면 '주의' 단계가 된다. '주의' 단계에서는 질병관리본부의 중앙방역대책본부가 설치되어 운영되며, 유관기관은 협조체계를 가동한다. 또한 '관심' 단계에서 가동된 현장 방역 조치와 방역 인프라, 모니터링 및 감시 시스템은 더욱 강화된다. 국내로 유입된 해외의 신종감염병이 제한적으로 전파되거나 국내에서 발생한 원인불명 또는 재출현 감염병이 지역 사회로 전파되면 '경계' 단계로 격상된다. '경계' 단계에서는 중앙방역대책본부의 운영과 함께 보건복지부 산하에 중앙사고수습본부가 설치된다. 필요할 경우 총리 주재하에 범정부 회의가 개최되고, 행정안전부는 범정부 지원본부의 운영을 검토한다. 마지막으로 해외의 신종감염병이 국내에서 지역사회 전파 및 전국 확산을 일으키거나 국내 원인불명 또는 재출현 감염병이 전국적으로 확산되면 위기경보의 가장 높은 단계인 '심각' 단계로 격상된다. 이 단계에서는 범정부적 총력 대응과 함께 필요할 경우 중앙재난안전대책본부를 운영하게 된다. 이때 '경계' 단계에서의 총리 주재하에 범정부 회의가 이루어지던 방식은 중앙재난안전대책본부가 대규모 재난의 예방・대비・대응・복구 등에 관한 사항을 총괄하고 조정하는 방식으로 달라진다.

① 코로나19 감염 확산에 따른 대응 방안
② 감염병 위기경보 단계 상향에 따른 국민 행동수칙 변화
③ 시간에 따른 감염병 위기경보 단계의 변화
④ 위기경보 '심각' 단계 상향에 따른 정부의 특별 지원
⑤ 감염병 위기경보 단계에 따른 정부의 대응 변화

03 다음 글의 주제로 가장 적절한 것은?

현재 우리나라의 진료비 지불제도 중 가장 주도적으로 시행되는 지불제도는 행위별수가제이다. 행위별수가제는 의료기관에서 의료인이 제공한 의료서비스(행위, 약제, 치료 재료 등)에 대해 서비스별로 가격(수가)을 정하여 사용량과 가격에 의해 진료비를 지불하는 제도로, 의료보험 도입 당시부터 채택하고 있는 지불제도이다. 그러나 최근 관련 전문가들로부터 이러한 지불제도를 개선해야 한다는 목소리가 많이 나오고 있다.
조사에 의하면 우리나라의 국민의료비를 증대시키는 주요 원인은 고령화로 인한 진료비 증가와 행위별수가제로 인한 비용의 무한 증식이다. 현재 우리나라의 국민의료비는 OECD 회원국 중 최상위를 기록하고 있으며 앞으로 더욱 심화될 것으로 예측된다. 특히 행위별수가제는 의료행위를 할수록 지불되는 진료비가 증가하므로 CT, MRI 등 영상검사를 중심으로 의료 남용이나 과다 이용 문제가 발생하고 있고, 병원의 이익 증대를 위하여 환자에게는 의료비 부담을, 의사에게는 업무 부담을, 건강보험에는 재정 부담을 증대시키고 있다.
이러한 행위별수가제의 문제점을 개선하기 위해 일부 질병군에서는 환자가 입원해서 퇴원할 때까지 발생하는 진료에 대하여 질병마다 미리 정해진 금액을 내는 제도인 포괄수가제를 시행 중이며, 요양병원, 보건기관에서는 입원 환자의 질병, 기능 상태에 따라 입원 1일당 정액수가를 적용하는 정액수가제를 병행하여 실시하고 있지만 비용 산정의 경직성, 의사 비용과 병원 비용의 비분리 등 여러 가지 문제점이 있어 현실적으로 효과를 내지 못하고 있다는 지적이 나오고 있다.
기획재정부와 보건복지부는 시간이 지날수록 건강보험 적자가 계속 증대되어 머지않아 고갈될 위기에 있다고 발표하였다. 당장 행위별수가제를 전면적으로 폐지할 수는 없으므로 기존의 다른 수가제의 문제점을 개선하여 확대하는 등 의료비 지불방식의 다변화가 구조적으로 진행되어야 할 것이다.

① 신포괄수가제의 정의
② 행위별수가제의 한계점
③ 의료비 지불제도의 역할
④ 건강보험의 재정 상황
⑤ 다양한 의료비 지불제도 소개

PART 1

04 다음 글에서 필자가 주장하는 핵심 내용으로 가장 적절한 것은?

> 현대 사회는 대중 매체의 영향을 많이 받는 사회이며, 그중에서도 텔레비전의 영향은 거의 절대적입니다. 언어 또한 텔레비전의 영향을 많이 받습니다. 그런데 텔레비전의 언어는 우리의 언어 습관을 부정적인 방향으로 흐르게 하고 있습니다.
> 텔레비전은 시청자들의 깊이 있는 사고보다는 감각적 자극에 호소하는 전달 방식을 사용하고 있습니다. 또 현대 자본주의 사회에서의 텔레비전 방송은 상업주의에 편승하여 대중을 붙잡기 위한 방편으로 쾌락과 흥미 위주의 언어를 무분별하게 사용합니다. 결국 텔레비전은 대중의 이성적 사고 과정을 마비시켜 오염된 언어 습관을 무비판적으로 수용하도록 만듭니다. 그렇기 때문에 언어 사용을 통해 발전시킬 수 있는 상상적 사고를 기대하기 어렵게 하며, 창조적인 언어 습관보다는 단편적인 언어 습관을 갖게 만듭니다.
> 따라서 좋은 말 습관의 형성을 위해서는 또 다른 문화 매체가 필요합니다. 이러한 문제의 대안으로 문학 작품 독서를 제시하려고 합니다. 문학은 작가적 현실을 언어를 매개로 형상화한 예술입니다. 작가적 현실을 작품으로 형상화하기 위해서는 작가의 복잡한 사고 과정을 거치듯이, 작품을 바르게 이해·해석·평가하기 위해서는 독자의 상상적 사고를 거치게 됩니다. 또한 문학은 아름다움을 지향하는 언어 예술로서 정제된 언어를 사용하므로 문학 작품 감상을 통해 습득된 언어 습관은 아름답고 건전하리라 믿습니다.

① 쾌락과 흥미 위주의 언어 습관을 지양하고 사고 능력을 기를 수 있는 언어 습관을 길러야 한다.
② 사고 능력을 기르고 건전한 언어 습관을 길들이기 위해서 문학 작품 독서가 필요하다.
③ 바른 언어 습관의 형성과 건전하고 창의적인 사고를 위해 텔레비전을 멀리 해야 한다.
④ 언어는 자신의 사상을 표현하는 매체일 뿐만 아니라 그것을 사용하는 사람의 인격을 가늠하는 척도이므로 바른 언어 습관이 중요하다.
⑤ 대중 매체가 개인의 언어 습관과 사고 과정에 미치는 영향이 절대적이므로 대중 매체에서 문학작품을 다뤄야 한다.

05 다음 글의 제목으로 가장 적절한 것은?

20세기 한국 사회는 내부 노동시장에 의존한 평생직장 개념을 갖고 있었으나, 1997년 외환 위기 이후 인력 관리의 유연성이 향상되면서 그것은 사라지기 시작하였다. 기업은 필요한 우수 인력을 적기에 외부 노동시장에서 채용하고, 저숙련 인력은 주변화하여 비정규직을 계속 늘려간다는 전략을 구사하고 있다. 이러한 기업의 인력 관리 방식에 따라서 실업률은 계속 하락하는 동시에 주당 18시간 미만으로 일하는 불완전 취업자가 많이 증가하고 있다.
이러한 현상은 우리나라의 경제가 지식 기반 산업 위주로 점차 바뀌고 있음을 말해 준다. 지식 기반 산업이 주도하는 경제 체제에서는 고급 지식을 갖거나 숙련된 노동자가 더욱 높은 임금을 받게 된다. 다시 말해, 지식 기반 경제로의 이행은 지식 격차에 의한 소득 불평등 심화를 의미한다. 우수한 기술과 능력을 갖춘 핵심 인력은 능력 개발 기회를 얻게 되어 '고급 기술 → 높은 임금 → 양질의 능력 개발 기회'의 선순환 구조를 갖지만, 비정규직・장기 실업자 등 주변 인력은 악순환을 겪을 수밖에 없다. 이러한 '양극화' 현상을 국가가 적절히 통제하지 못할 경우, 사회 계급 간의 간극은 더욱 확대될 것이다. 결국 고도 기술 사회가 온다고 해도 자본주의 사회 체제가 지속되는 한, 사회 불평등 현상은 여전히 계급 간 균열선을 따라 존재하게 될 것이다. 국가가 포괄적 범위에서 강력하게 사회 정책적 개입을 추진하면 현재보다 계급 간 차이를 축소시킬 수 있겠지만 아주 없애지는 못할 것이다.
사회 불평등 현상은 나라들 사이에서도 발견된다. 각국 간 발전 격차가 지속 확대되면서 전 지구적 생산의 재배치는 이미 20세기 중엽부터 진행됐다. 정보통신 기술은 지구의 자전 주기와 공간적 거리를 '장애물'에서 '이점'으로 변모시켰고 그 결과, 전 지구적 노동시장이 탄생하였다. 기업을 비롯한 각 사회 조직은 국경을 넘어 인력을 충원하고 재화와 용역을 구매하고 있으며, 개인들도 인터넷을 통해 이러한 흐름에 동참하고 있다. 생산 기능은 저개발국으로 이전되고, 연구・개발・마케팅 기능은 선진국으로 모여드는 경향이 지속・강화되어, 나라 간 정보 격차가 확대되고 있다. 유비쿼터스 컴퓨팅 기술에 의거하여 전 지구 사회를 잇는 지역 간 분업은 앞으로 더욱 활발해질 것이다. 나라 간의 경제적 불평등 현상은 국제 자본 이동과 국제 노동 이동으로 표출되고 있다. 노동 집약적 부문의 국내 기업이 해외로 생산 기지를 옮기는 현상에서 나아가, 초국적 기업화 현상이 본격적으로 대두되고 있다. 전 지구에 걸친 외부 용역 대치가 이루어지고, 콜센터를 외국으로 옮기는 현상도 보편화될 것이다.

① 국가 간 노동 인력의 이동이 가져오는 폐해
② 사회 계급 간 불평등 심화 현상의 해소 방안
③ 지식 기반 산업 사회에서의 노동시장의 변화
④ 선진국과 저개발국 간의 격차 축소 정책의 필요성
⑤ 저개발국에서 나타나는 사회 불평등 현상

03 문단 나열

| 유형분석 |

- 각 문단의 내용을 파악하고 논리적 순서에 맞게 배열하는 복합적인 문제이다.
- 전체적인 글의 흐름을 이해하는 것이 중요하며, 각 문장의 지시어나 접속어에 주의한다.

다음 문단을 논리적 순서대로 바르게 나열한 것은?

(가) 여기에 반해 동양에서는 보름달에 좋은 이미지를 부여한다. 예를 들어 우리나라의 처녀귀신이나 도깨비는 달빛이 흐린 그믐 무렵에나 활동하는 것이다. 그런데 최근에는 동서양의 개념이 마구 뒤섞여 보름달을 배경으로 악마의 상징인 늑대가 우는 광경이 동양의 영화에 나오기도 한다.

(나) 동양에서 달은 '음(陰)'의 기운을, 해는 '양(陽)'의 기운을 상징한다는 통념이 자리를 잡았다. 그래서 달을 '태음', 해를 '태양'이라고 불렀다. 동양에서는 해와 달의 크기가 같은 덕에 음과 양도 동등한 자격을 갖춘다. 즉, 음과 양은 어느 하나가 좋고 다른 하나는 나쁜 것이 아니라 서로 보완하는 관계를 이루는 것이다.

(다) 옛날부터 형성된 이러한 동서양 간의 차이는 오늘날까지 영향을 끼치고 있다. 동양에서는 달이 밝으면 달맞이를 하는데, 서양에서는 달맞이를 자살 행위처럼 여기고 있다. 특히 보름달은 서양인들에게 거의 공포의 상징과 같은 존재이다. 예를 들어 13일의 금요일에 보름달이 뜨게 되면 사람들이 외출조차 꺼린다.

(라) 하지만 서양의 경우는 다르다. 서양에서 낮은 신이, 밤은 악마가 지배한다는 통념이 자리를 잡았다. 따라서 밤의 상징인 달에 좋지 않은 이미지를 부여하게 되었다. 이는 해와 달의 명칭을 보면 알 수 있다. 라틴어로 해를 'Sol', 달을 'Luna'라고 하는데 정신병을 뜻하는 단어 'Lunacy'의 어원이 바로 'Luna'이다.

① (가) – (나) – (라) – (다)
② (나) – (라) – (가) – (다)
③ (나) – (라) – (다) – (가)
④ (다) – (가) – (나) – (라)
⑤ (다) – (나) – (라) – (가)

정답 ③

제시문은 동양과 서양에서 서로 다른 의미를 부여하고 있는 달에 대해 설명하고 있는 글이다. 따라서 (나) 동양에서 나타나는 해와 달의 의미 → (라) 동양과 상반되는 서양에서의 해와 달의 의미 → (다) 최근까지 지속되고 있는 달에 대한 서양의 부정적 의미 → (가) 동양에서의 변화된 달의 이미지의 순으로 나열하는 것이 적절하다.

풀이 전략!

상대적으로 시간이 부족하다고 느낄 때는 선택지를 참고하여 문장의 순서를 생각해 본다.

대표기출유형 03 기출응용문제

※ 다음 문단을 논리적 순서대로 바르게 나열한 것을 고르시오. [1~3]

01

(가) 고창 갯벌은 서해안에 발달한 갯벌로서 다양한 해양 생물의 산란・서식지이며, 어업인들의 삶의 터전으로 많은 혜택을 주었다. 그러나 최근 축제식 양식과 육상에서부터 오염원 유입 등으로 인한 환경 변화로 체계적인 이용・관리 방안이 지속적으로 요구됐다.

(나) 정부는 전라북도 고창 갯벌 약 11.8km^{2}를 '습지보전법'에 의한 '습지보호지역'으로 지정하며 고시한다고 밝혔다. 우리나라에서 일곱 번째로 지정되는 고창 갯벌은 칠면초・나문재와 같은 다양한 식물이 자생하고, 천연기념물인 황조롱이와 멸종 위기종을 포함한 46종의 바닷새가 서식하는, 생물 다양성이 풍부하며 보호 가치가 큰 지역으로 나타났다.

(다) 정부는 이번 습지보호지역으로 지정된 고창 갯벌을 람사르 습지로 등록할 계획이며, 제2차 연안습지 기초 조사를 실시하여 보전 가치가 높은 갯벌뿐만 아니라 훼손된 갯벌에 대한 관리도 강화해 나갈 계획이다.

(라) 습지보호지역으로 지정되면 이 지역에서 공유수면 매립, 골재 채취 등의 갯벌 훼손 행위는 금지되나, 지역 주민이 해오던 어업 활동이나 갯벌 이용 행위에는 특별한 제한이 없다.

① (가) – (나) – (다) – (라)
② (가) – (라) – (나) – (다)
③ (나) – (가) – (라) – (다)
④ (다) – (가) – (나) – (라)
⑤ (라) – (나) – (가) – (다)

02

(가) 예후가 좋지 못한 암으로 여겨져 왔던 식도암도 정기적 내시경검사로 조기에 발견하여 수술 등 적절한 치료를 받을 경우 치료 성공률을 높일 수 있는 것으로 밝혀졌다.

(나) 이처럼 조기에 발견해 수술을 받을수록 치료 효과가 높음에도 불구하고 실제로 K병원에서 식도암 수술을 받은 환자 중 초기에 수술을 받은 환자는 25%에 불과했으며, 어느 정도 식도암이 진행된 경우 60%가 수술을 받은 것으로 조사됐다.

(다) 식도암을 치료하기 위해서는 50세 이상의 남자라면 매년 정기적으로 내시경검사, 식도조영술, CT 촬영 등 검사를 통해 식도암을 조기에 발견하는 것이 중요하다.

(라) 서구화된 식습관으로 인해 식도암은 남성 중 6번째로 많이 발생하고 있으며, 전체 인구 10만 명당 3명이 사망하는 것으로 나타났다.

(마) K병원 교수팀이 식도암 진단 후 수술을 받은 808명을 대상으로 추적 조사한 결과, 발견 당시 초기에 치료할 경우 생존율이 높았지만, 반대로 말기에 치료할 경우 치료 성공률과 생존율 모두 크게 떨어지는 것으로 나타났다고 밝혔다.

① (가) – (나) – (다) – (라) – (마)
② (다) – (나) – (라) – (마) – (가)
③ (다) – (라) – (나) – (마) – (가)
④ (라) – (가) – (마) – (나) – (다)
⑤ (라) – (다) – (마) – (나) – (가)

03

(가) 킬러 T세포는 혈액이나 림프액을 타고 몸속 곳곳을 순찰하는 일을 담당하는 림프 세포의 일종이다. 킬러 T세포는 감염된 세포를 직접 공격하는데, 세포 하나하나를 점검하여 바이러스에 감염된 세포를 찾아낸다. 이 과정에서 바이러스에 감염된 세포가 킬러 T세포에게 발각이 되면 죽게 된다. 그렇다면 킬러 T세포는 어떤 방법으로 바이러스에 감염된 세포를 파괴할까?
(나) 지금도 우리 몸의 이곳저곳에서는 비정상적인 세포분열이나 바이러스 감염이 계속되고 있다. 하지만 우리 몸에 있는 킬러 T세포가 병든 세포를 찾아내 파괴하는 메커니즘이 정상적으로 작동하고 있는 한 건강한 상태를 유지할 수 있다. 이렇듯 면역 시스템은 우리 몸을 지켜주는 수호신이다. 또한 우리 몸이 유기적으로 잘 짜인 구조임을 보여주는 좋은 예라고 할 수 있다.
(다) 그 다음 킬러 T세포가 활동한다. 킬러 T세포는 자기 표면에 있는 TCR(T세포 수용체)을 통해 세포의 밖으로 나온 MHC와 펩티드 조각이 결합해 이루어진 구조를 인식함으로써 바이러스 감염 여부를 판단한다. 만약 MHC와 결합된 펩티드가 바이러스 단백질의 것이라면 T세포는 활성화되면서 세포를 공격하는 단백질을 감염된 세포 속으로 보낸다. 이렇게 T세포의 공격을 받은 세포는 곧 죽게 되며 그 안의 바이러스 역시 죽음을 맞이하게 된다.
(라) 우리 몸은 자연적 치유의 기능을 가지고 있다. 자연적 치유는 우리 몸에 바이러스(항원)가 침투하더라도 외부의 도움 없이 이겨낼 수 있는 면역 시스템을 가지고 있다는 것을 의미한다. 그런데 이러한 면역 시스템에 관여하는 세포 중에서 매우 중요한 역할을 하는 세포가 있다. 그것은 바로 바이러스에 감염된 세포를 직접 찾아내 제거하는 킬러 T세포(Killer T Cells)이다.
(마) 면역 시스템에서 먼저 활동을 시작하는 것은 세포 표면에 있는 MHC(주요 조직 적합성 유전자 복합체)이다. MHC는 꽃게 집게발 모양의 단백질 분자로 세포 안에 있는 단백질 조각을 세포 표면으로 끌고 나오는 역할을 한다. 본래 세포 속에는 자기 단백질이 대부분이지만, 바이러스에 감염되면 원래 없던 바이러스 단백질이 세포 안에 만들어진다. 이렇게 만들어진 자기 단백질과 바이러스 단백질은 단백질 분해효소에 의해 펩티드 조각으로 분해되어 세포 속을 떠돌아다니다가 MHC와 결합해 세포 표면으로 배달되는 것이다.

① (가) – (나) – (마) – (라) – (다)
② (나) – (다) – (가) – (라) – (마)
③ (다) – (가) – (마) – (나) – (라)
④ (라) – (가) – (마) – (다) – (나)
⑤ (라) – (나) – (가) – (다) – (마)

04 다음 제시된 문단을 읽고, 이어질 문단을 논리적 순서대로 바르게 나열한 것은?

청바지는 모든 사람이 쉽게 애용할 수 있는 옷이다. 말 그대로 캐주얼의 대명사인 청바지는 내구력과 범용성 면에서 다른 옷에 비해 뛰어나고, 패션적으로도 무난하다는 점에서 옷의 혁명이라 일컬을 만하다. 그러나 청바지의 시초는 그렇지 않았다.

(가) 청바지의 시초는 광부들의 옷으로 알려졌다. 정확히 말하자면 텐트용으로 주문받은 천을 실수로 푸른색으로 염색한 바람에 텐트납품계약이 무산되자, 재고가 되어 버린 질긴 천을 광부용 옷으로 변용해 보자는 아이디어에 의한 것이다.

(나) 청바지의 패션 아이템화는 한국에서도 크게 다르지 않다. 나팔바지, 부츠컷, 배기 팬츠 등 다양한 변용이 있으나, 세대차라는 말이 무색할 만큼 과거의 사진이나 현재의 사진이나 많은 사람이 청바지를 캐주얼한 패션 아이템으로 활용하는 것을 볼 수 있다.

(다) 비록 시작은 그리하였지만, 청바지는 이후 패션 아이템으로 선풍적인 인기를 끌었다. 과거 유명한 서구 남성 배우들의 아이템에는 꼭 청바지가 있었다고 해도 과언이 아니며, 그 예로는 제임스 딘이 있다.

(라) 다만, 청바지는 주재료인 데님의 성질로 활동성을 보장하기 어려웠던 부분을 단점으로 들 수 있겠으나, 2000년대 들어 스판덱스가 첨가된 청바지가 사용되기 시작하면서 그러한 문제도 해결되어, 전천후 의류로 기능하고 있다.

① (가) – (다) – (나) – (라)
② (가) – (다) – (라) – (나)
③ (다) – (가) – (나) – (라)
④ (다) – (가) – (라) – (나)
⑤ (라) – (다) – (가) – (나)

04 경청 · 의사 표현

| 유형분석 |

- 주로 특정 상황을 제시한 뒤 올바른 경청 방법을 묻는 형태의 문제이다.
- 경청과 관련한 이론에 대해 묻거나 몇 개의 대화문 중에서 올바른 경청 자세로 이루어진 것을 고르는 유형으로도 출제된다.

다음 중 의사소통에 대한 설명으로 적절하지 않은 것은?

① 두 사람 이상의 사람들 사이에서 일어나는 의사의 전달이 이루어지는 것이다.
② 적절한 의사소통을 조직 내에서 형성한다는 것은 결코 쉬운 일이 아니다.
③ 직업생활의 의사소통은 정보를 전달하려는 목적만을 가지고 있다.
④ 의사소통에서 상대방이 어떻게 받아들일 것인가에 대한 고려가 바탕이 되어야 한다.
⑤ 의사소통이 이루어져 상호간에 공감하게 된다면 직장의 팀워크는 높아질 수 있다.

정답 ③

직업생활에 있어서의 의사소통이란 공식적인 조직 안에서의 의사소통을 의미한다. 직업생활에서의 의사소통은 조직의 생산성을 높이고, 사기를 진작시키고 정보를 전달하며, 설득하려는 목적이 있다.

풀이 전략!

별다른 암기 없이도 풀 수 있는 문제가 대부분이지만, 올바른 경청을 방해하는 요인이나 경청훈련 등에 대한 내용은 미리 숙지하고 있는 것이 좋다.

대표기출유형 04 기출응용문제

01 **P대리는 잘못된 의사소통 방식으로 회사 내 후배 직원들로부터 좋지 않은 평가를 받고 있다. 다음 중 L부장이 P대리에게 해줄 조언으로 적절하지 않은 것은?**

① 강압적인 명령 어투는 후배 직원들의 반항을 일으키는 불씨가 될 수 있으므로 명령하는 듯한 말은 사용하지 않는 것이 좋아.
② 후배 직원들의 잘못을 비판하기보다는 먼저 칭찬할 모습을 찾아보는 것도 좋은 방법이지.
③ 후배 직원이 말하는게 마음에 들지 않더라도 경청하도록 연습해 보는 것은 어떨까?
④ 중의적인 표현은 상대방의 기분을 상하게 할 수 있으므로 단정적인 말을 사용하는 것이 좋아.
⑤ 후배 직원들에게 자주 질문하고, 그들의 이야기에 귀를 기울여 들어주려고 노력해 보는 것도 좋겠어.

PART 1

02 **다음 중 효과적인 경청 방법에 대한 설명으로 적절하지 않은 것은?**

① 대화를 하는 동안 시간 간격이 있으면, 다음에 무엇을 말할 것인가를 추측하려고 노력해야 한다.
② 상대방이 전달하려는 메시지가 무엇인가를 생각해보고 자신의 삶, 목적, 경험과 관련지어 본다.
③ 대화 도중에 주기적으로 대화의 내용을 요약하면 상대방이 전달하려는 메시지를 이해하고, 사상과 정보를 예측하는 데 도움이 된다.
④ 말하는 사람의 모든 것에 집중해서 적극적으로 들어야 하며, 말하는 사람의 속도와 말을 이해하는 속도 사이에 발생하는 간격을 메우는 방법을 학습해야 한다.
⑤ 상대방이 말하는 사이에 질문을 하면 질문에 대한 답이 즉각적으로 이루어질 수 없으므로 되도록 질문하지 않고 상대방의 이야기에 집중한다.

03 다음 〈보기〉는 K사원의 고민에 대한 A～E사원의 반응이다. A～E사원의 경청을 방해하는 요인이 잘못 연결된 것은?

> K사원 : P부장님이 새로 오시고부터 일하기가 너무 힘들어. 내가 하는 일 하나하나 지적하시고, 매일매일 체크하셔. 마치 내가 초등학생 때 담임선생님께 숙제를 검사받는 것 같은 기분이야. 일을 맡기셨으면 믿고 기다려 주셨으면 좋겠어.

보기

A사원 : 매일매일 체크하신다는 건 네가 일을 못한 부분이 많아서 아닐까 생각이 들어. 너의 행동도 뒤돌아보는 것이 좋을 것 같아.
B사원 : 내가 생각하기엔 네가 평소에도 예민한 편이라 P부장님의 행동을 너무 예민하게 받아들이는 것 같아. 부정적이게만 보지 말고 좋게 생각해 봐.
C사원 : 너의 말을 들으니 P부장님이 너를 너무 못 믿는 것 같네. 직접 대면해서 이 문제에 대해 따져보는 게 좋을 것 같아. 계속 듣고만 있을 수는 없잖아, 안 그래?
D사원 : 기분 풀고 우리 맛있는 거나 먹으러 가자. 회사 근처에 새로 생긴 파스타집 가봤어? 정말 맛있더라. 먹으면 기분이 풀릴 거야.
E사원 : P부장님 왜 그러신다니? 마음 넓은 네가 참아.

① A사원 – 짐작하기
② B사원 – 판단하기
③ C사원 – 언쟁하기
④ D사원 – 슬쩍 넘어가기
⑤ E사원 – 비위 맞추기

04 **다음은 새로 부임한 김과장에 대한 직원들의 대화 내용이다. 키슬러의 대인관계 의사소통에 따를 때, 김과장에게 해줄 조언으로 가장 적절한 것은?**

직원 A : 최과장님이 본사로 발령나시면서 홍보팀에 과장님이 새로 부임하셨다며, 어떠셔? 계속 지방에 출장 중이어서 이번에 처음 뵙는데 궁금하네.

직원 B : 김과장님? 음. 되게 능력이 있으시다고 들었어. 회사에서 상당한 연봉을 제시해 직접 스카우트하셨다고 들었거든. 근데 좀 직원들에게 관심이 너무 많으셔.

직원 C : 맞아. 최과장님은 업무를 지시하시고 나서는 우리가 보고할 때까지 아무 간섭 안 하시고 보고 후에 피드백을 주셔서 일하는 중에는 부담이 덜했잖아. 근데 새로 온 김과장님은 업무 중간 중간에 어디까지 했냐? 어떻게 처리되었냐? 이렇게 해야 한다. 저렇게 해야 한다. 계속 말씀하셔서 너무 눈치 보여. 물론 바로바로 피드백을 받을 수 있어 수정이 수월하긴 하지만 말이야.

직원 B : 맞아. 그것도 그거지만 나는 회식 때마다 이전 회사에서 했던 프로젝트에 대해 계속 자랑하셔서 이젠 그 대사도 외울 지경이야. 물론 김과장님의 능력이 출중하다는 건 우리도 알기는 하지만….

① 독단적으로 결정하시면 대인 갈등을 겪으실 수도 있으니 직원들과의 상의가 필요합니다.

② 자신만 생각하지 마시고, 타인에게 관심을 갖고 배려해 주세요.

③ 직원들과 어울리지 않으시고 혼자 있는 것만 선호하시면 대인관계를 유지하기 어려워요.

④ 인정이 많으신 것은 좋으나 직원들의 요구를 적절하게 거절할 필요성이 있어요.

⑤ 타인에 대한 높은 관심과 인정받고자 하는 욕구는 낮출 필요성이 있어요.

CHAPTER 02

수리능력

합격 Cheat Key

수리능력은 사칙 연산 · 통계 · 확률의 의미를 정확하게 이해하고 이를 업무에 적용하는 능력으로, 기초 연산과 기초 통계, 도표 분석 및 작성의 문제 유형으로 출제된다. 수리능력 역시 채택하지 않는 대학병원 · 의료원이 거의 없을 만큼 필기시험에서 중요도가 높은 영역이다.

특히, 난이도가 높은 대학병원 · 의료원의 시험에서는 도표 분석, 즉 자료 해석 유형의 문제가 많이 출제되고 있고, 응용 수리 역시 꾸준히 출제하는 대학병원 · 의료원이 많기 때문에 기초 연산과 기초 통계에 대한 공식의 암기와 자료 해석 능력을 기를 수 있는 꾸준한 연습이 필요하다.

1 응용 수리의 공식은 반드시 암기하라!

응용 수리는 대학병원 · 의료원마다 출제되는 문제는 다르지만, 사용되는 공식은 비슷한 경우가 많으므로 자주 출제되는 공식을 반드시 암기하여야 한다. 문제에서 묻는 것을 정확하게 파악하여 그에 맞는 공식을 적절하게 적용하는 꾸준한 노력과 공식을 암기하는 연습이 필요하다.

2 자료의 해석은 자료에서 즉시 확인할 수 있는 지문부터 확인하라!

수리능력 중 도표 분석, 즉 자료 해석 능력은 많은 시간을 필요로 하는 문제가 출제되므로, 증가・감소 추이와 같이 눈으로 확인이 가능한 지문을 먼저 확인한 후 복잡한 계산이 필요한 지문을 확인하는 방법으로 문제를 풀이한다면 시간을 조금이라도 아낄 수 있다. 또한, 여러 가지 보기가 주어진 문제 역시 지문을 잘 확인하고 문제를 풀이한다면 불필요한 계산을 생략할 수 있으므로 항상 지문부터 확인하는 습관을 들여야 한다.

3 도표 작성에서 지문에 작성된 도표의 제목을 반드시 확인하라!

도표 작성은 하나의 자료 혹은 보고서와 같은 수치가 표현된 자료를 도표로 작성하는 형식으로 출제되는데, 대체로 표보다는 그래프를 작성하는 형태로 많이 출제된다. 지문을 살펴보면 각 지문에서 주어진 도표에도 소제목이 있는 경우가 대부분이다. 이때, 자료의 수치와 도표의 제목이 일치하지 않는 경우 함정이 존재하는 문제일 가능성이 높으므로 도표의 제목을 반드시 확인하는 것이 중요하다.

01 응용 수리

| 유형분석 |

- 문제에서 제공하는 정보를 파악한 뒤, 사칙연산을 활용하여 계산하는 전형적인 수리문제이다.
- 문제를 풀기 위한 정보가 산재되어 있는 경우가 많으므로 주어진 조건 등을 꼼꼼히 확인해야 한다.

세희네 가족의 올해 휴가비용은 작년 대비 교통비는 15%, 숙박비는 24% 증가하였고, 전체 휴가비용은 20% 증가하였다. 작년 전체 휴가비용이 36만 원일 때, 올해 숙박비는?(단, 전체 휴가비용은 교통비와 숙박비의 합이다)

① 160,000원
② 184,000원
③ 200,000원
④ 248,000원
⑤ 268,000원

정답 ④

작년 교통비를 x원, 숙박비를 y원이라 하자.

$1.15x+1.24y=1.2(x+y)$ ⋯ ㉠

$x+y=36$ ⋯ ㉡

㉠과 ㉡을 연립하면 $x=16$, $y=20$이다.

따라서 올해 숙박비는 $20\times1.24=24.8$만 원이다.

풀이 전략!

문제에서 묻는 바를 정확하게 확인한 후, 필요한 조건 또는 정보를 구분하여 신속하게 풀어 나간다. 단, 계산에 착오가 생기지 않도록 유의한다.

대표기출유형 01 기출응용문제

01 정주는 집에서 4km 떨어진 영화관까지 150m/min의 속도로 자전거를 타고 가다가 중간에 내려서 50m/min의 속도로 걸어갔다. 집에서 영화관까지 도착하는 데 30분이 걸렸을 때, 정주가 걸어간 시간은 몇 분인가?

① 5분 ② 7분
③ 10분 ④ 15분
⑤ 17분

02 수학시험에서 동일이는 101점, 나경이는 105점, 윤진이는 108점을 받았다. 천희의 점수까지 합한 네 명의 수학시험 점수 평균이 105점일 때, 천희의 수학시험 점수는?

① 105점 ② 106점
③ 107점 ④ 108점
⑤ 109점

03 K병원은 상반기 공채에서 9명의 신입사원을 채용하였고, 신입사원 교육을 위해 A ~ C 세 개의 조로 나누기로 하였다. 신입사원들을 한 조에 3명씩 배정한다고 할 때, 3개의 조로 나누는 경우의 수는?

① 1,240가지 ② 1,460가지
③ 1,680가지 ④ 1,800가지
⑤ 1,930가지

04

K고등학교 운동장은 다음과 같이 양 끝이 반원 모양이다. 한 학생이 운동장 가장자리를 따라 한 바퀴를 달린다고 할 때, 학생이 달린 거리는 몇 m인가?(단, 원주율 $\pi \fallingdotseq 3$으로 계산한다)

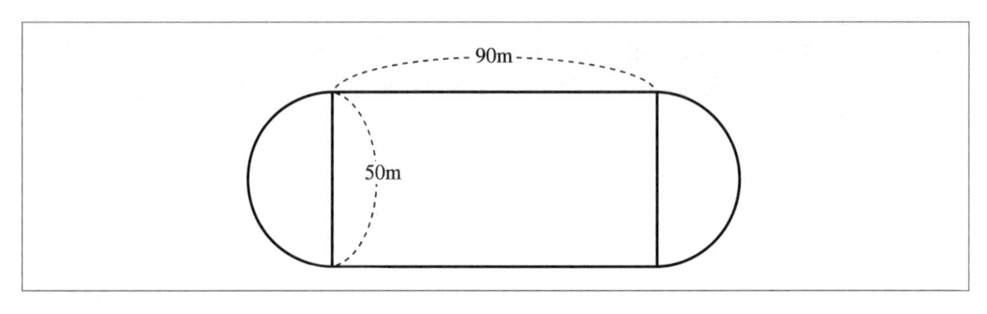

① 300m
② 310m
③ 320m
④ 330m
⑤ 340m

05

새로 얻은 직장의 가까운 곳에 자취를 시작하게 된 한별이는 도어 록의 비밀번호를 새로 설정하려고 한다. 한별이의 도어 록 번호판은 다음과 같이 0을 제외한 $1 \sim 9$ 숫자로 되어 있다. 비밀번호를 서로 다른 4개의 숫자로 구성한다고 할 때, 5와 6을 제외하고, 1과 8이 포함된 4자리 숫자로 만들 확률은?

〈도어 록 비밀번호〉

1 2 3
4 5 6
7 8 9

① $\frac{5}{63}$
② $\frac{2}{21}$
③ $\frac{1}{7}$
④ $\frac{10}{63}$
⑤ $\frac{13}{63}$

06 동전을 던져 앞면이 나오면 $+2$만큼 이동하고, 뒷면이 나오면 -1만큼 이동하는 게임을 하려고 한다. 동전을 5번 던져서 다음 수직선 위의 A가 4지점으로 이동할 확률은?

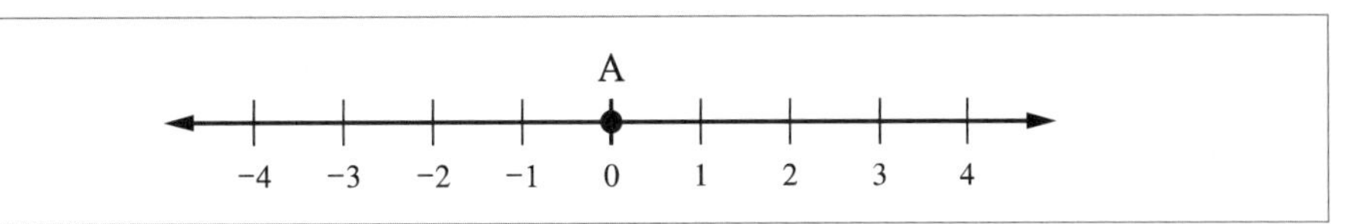

① $\frac{3}{32}$
② $\frac{5}{32}$
③ $\frac{1}{4}$
④ $\frac{5}{16}$
⑤ $\frac{7}{16}$

07 A대리는 이번 출장을 위해 KTX 표를 미리 구매하여 40% 할인된 가격에 구매하였다. 하지만 출장 일정이 바뀌어서 하루 전날 표를 취소하였다. 환불 규정에 따라 16,800원을 돌려받았을 때, 할인되지 않은 KTX 표의 가격은 얼마인가?

〈환불 규정〉

- 2일 전 : 구매 가격의 100%
- 1일 전부터 열차 출발 전 : 구매 가격의 70%
- 열차 출발 후 : 구매 가격의 50%

① 40,000원
② 48,000원
③ 56,000원
④ 67,200원
⑤ 70,000원

02 통계 분석

| 유형분석 |

- 주어진 자료를 통해 문제에서 주어진 특정한 값을 찾고, 자료의 변동량을 구할 수 있는지 평가하는 유형이다.
- 각 그래프의 선이 어떤 항목을 의미하는지와 단위를 정확히 확인한다.
- 계산없이 눈으로 확인할 수 있는 내용(증감추이)이 있는지 확인한다.

다음은 K마트의 과자 종류에 따른 가격을 나타낸 표이다. K마트는 A ~ C과자에 기획 상품 할인을 적용하여 팔고 있다. A ~ C과자를 정상가로 각각 2봉지씩 구매할 수 있는 금액을 가지고 각각 2봉지씩 할인된 가격으로 구매 후 A과자를 더 산다고 할 때, A과자를 몇 봉지를 더 살 수 있는가?

〈과자별 가격 및 할인율〉

구분	A과자	B과자	C과자
정상가	1,500원	1,200원	2,000원
할인율	20%		40%

① 5봉지
② 4봉지
③ 3봉지
④ 2봉지
⑤ 1봉지

정답 ④

정상가로 A, B, C과자를 2봉지씩 구매할 수 있는 금액은 $(1,500+1,200+2,000)\times2=4,700\times2=9,400$원이다. 이 금액으로 A, B, C과자를 할인된 가격으로 2봉지씩 구매하고 남은 금액은 $9,400-\{(1,500+1,200)\times0.8+2,000\times0.6\}\times2=9,400-3,360\times2=9,400-6,720=2,680$원이다. 따라서 남은 금액으로 A과자를 $\frac{2,680}{1,500\times0.8}\fallingdotseq2.23$, 즉 2봉지 더 구매할 수 있다.

풀이 전략!

통계와 관련된 기본적인 공식은 반드시 암기해 두도록 하며, 이를 활용한 다양한 문제를 풀어보면서 풀이방법을 습득하는 연습이 필요하다.

대표기출유형 02 기출응용문제

01 한별이가 회사 근처로 이사를 하고 처음으로 수도세 고지서를 받은 결과, 한 달 동안 사용한 수도량의 요금이 17,000원이었다. 다음 수도 사용요금 요율표를 참고할 때, 한별이가 한 달 동안 사용한 수도량은 몇 m^3인가?(단, 구간 누적요금을 적용한다)

〈수도 사용요금 요율표〉

(단위 : 원)

구분	사용 구분(m^3)	m^3당 단가
수도	0～30 이하	300
	30 초과 50 이하	500
	50 초과	700
기본료		2,000

① $22m^3$ ② $32m^3$
③ $42m^3$ ④ $52m^3$
⑤ $62m^3$

02 다음은 가야 문화재 발굴단에서 실시한 2021～2023년의 발굴 작업 현황을 나타낸 자료이다. 가장 비용이 많이 든 연도와 그 비용은?

〈발굴 작업 현황〉

(단위 : 건)

구분	2021년	2022년	2023년
정비 발굴	21	23	19
순수 발굴	10	4	12
수중 발굴	13	18	7

※ 발굴 작업 1건당 비용은 정비 발굴 12만 원, 순수 발굴 3만 원, 수중 발굴 20만 원이다.

① 2021년, 542만 원 ② 2021년, 642만 원
③ 2022년, 648만 원 ④ 2022년, 758만 원
⑤ 2023년, 404만 원

03 반도체 부품 회사에서 근무하는 A사원은 월별 매출 현황에 대한 보고서를 작성 중이었다. 그런데 실수로 파일이 삭제되어 기억나는 매출액만 다시 작성하였다. A사원이 기억하는 월평균 매출액은 35억 원이고, 상반기의 월평균 매출액은 26억 원이었다. 다음 중 남아 있는 매출 현황을 통해 상반기 평균 매출 대비 하반기 평균 매출의 증감액을 바르게 구한 것은?

〈월별 매출 현황〉

(단위 : 억 원)

1월	2월	3월	4월	5월	6월	7월	8월	9월	10월	11월	12월	평균
	10	18	36				35	20	19			35

① 12억 원 증가
② 12억 원 감소
③ 18억 원 증가
④ 18억 원 감소
⑤ 20억 원 증가

04 K회사에서는 매년 다량의 반도체 부품을 가공하고 있다. 이 가공 과정은 각 부품에서 P공정을 거치고 양품에 한해 D공정을 거치게 된다. 2023년까지의 가공 현황을 통해 구한 공정별 수율(Yield)이 다음과 같을 때, 2024년에 1,000만 개의 부품 중 두 공정을 거친 뒤 얻을 수 있는 양품 수의 기댓값은?

구분	P공정	D공정
수율(Yield)	97%	95%

※ (수율)=(양품 수)÷(전체 수)

① 9,210,000개
② 9,211,000개
③ 9,212,000개
④ 9,214,000개
⑤ 9,215,000개

05 정희는 5명으로 구성된 총무팀에서 비품을 담당하고 있다. 비품을 신청할 때가 되어 다음과 같이 비품을 주문하려고 하는데, 정해진 예산은 25,000원이다. 다음 비품을 모두 주문하고 남은 돈으로 1자루에 250원짜리 볼펜을 주문한다고 할 때, 볼펜 몇 타를 살 수 있겠는가?(단, 볼펜 1타는 볼펜 12자루이다)

〈주문 비품 목록〉

물품	가격	개수
지우개	500원	총무팀 인원 수
계산기	5,700원	1개
형광펜	600원	3개

① 2타
② 3타
③ 4타
④ 5타
⑤ 6타

06 다음은 중성세제 브랜드별 용량 및 가격을 정리한 표이다. 브랜드마다 용량에 대한 가격을 조정했을 때, 브랜드별 판매 가격 및 용량의 변경 전과 변경 후에 대한 판매 금액 차이가 바르게 연결된 것은?

〈브랜드별 중성세제 판매 가격 및 용량〉

(단위 : 원, L)

구분		1L당 가격	용량		1L당 가격	용량
A브랜드	변경 전	8,000	1.3	변경 후	8,200	1.2
B브랜드		7,000	1.4		6,900	1.6
C브랜드		3,960	2.5		4,000	2.0
D브랜드		4,300	2.4		4,500	2.5

	A브랜드	B브랜드	C브랜드	D브랜드
①	550원 증가	1,220원 감소	2,000원 증가	930원 증가
②	550원 감소	1,240원 증가	1,900원 증가	930원 증가
③	560원 감소	1,240원 증가	1,900원 감소	930원 증가
④	560원 증가	1,240원 감소	2,000원 감소	900원 감소
⑤	560원 감소	1,220원 증가	1,900원 감소	900원 감소

03 | 자료 이해

| 유형분석 |

- 제시된 자료를 분석하여 선택지의 정답 유무를 판단하는 문제이다.
- 표의 수치 등을 통해 변화량이나 증감률, 비중 등을 비교하여 판단하는 문제가 자주 출제된다.
- 지원하고자 하는 기업이나 산업과 관련된 자료 등이 문제의 자료로 많이 다뤄진다.

다음은 K시의 최근 10년간 교권침해 발생현황에 대한 그래프이다. 이에 대한 설명으로 옳은 것을 〈보기〉에서 모두 고르면?

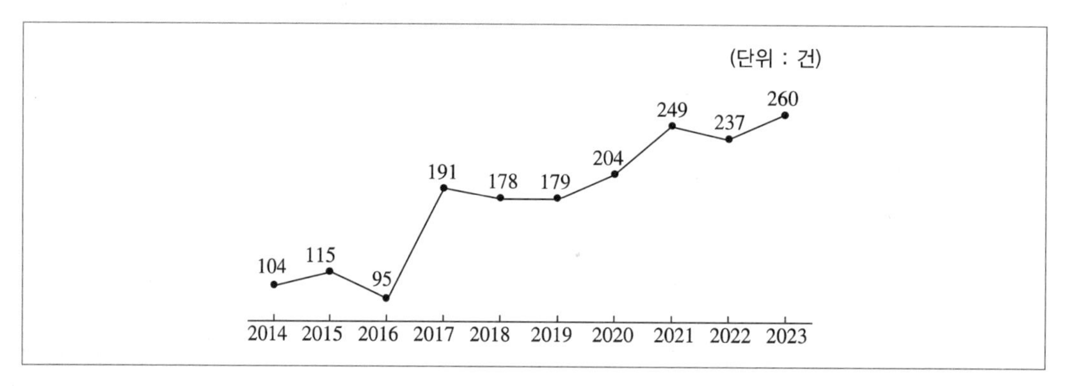

보기

㉠ 교권침해의 발생건수가 가장 급격하게 증가한 때는 2016년과 2017년이다.
㉡ 2023년 교권침해 발생건수는 2014년에 비해 156건 증가했다.
㉢ 2015년과 2016년 사이에서만 교권침해 발생건수가 단기적으로 줄어들었다.
㉣ 교권침해의 발생건수가 200건을 초과한 것은 2020년부터이다.

① ㉠, ㉡　　② ㉠, ㉡, ㉢
③ ㉠, ㉡, ㉣　　④ ㉠, ㉢, ㉣

정답 ③

오답분석

㉢ 그래프를 보면 2015년과 2016년 사이에서만 교권침해 발생건수가 단기적으로 줄어든 것이 아니라 2017년과 2018년, 2021년과 2022년 사이에도 교권침해 발생건수가 단기적으로 줄어들었음을 알 수 있다.

풀이 전략!

평소 변화량이나 증감률, 비중 등을 구하는 공식을 알아두고 있어야 하며, 지원하는 기업이나 산업에 관한 자료 등을 확인하여 비교하는 연습 등을 한다.

대표기출유형 03 기출응용문제

01 다음은 2023년 항목별 상위 7개 동의 자산규모를 나타낸 자료이다. 이에 대한 설명으로 옳은 것은?

〈2023년 항목별 상위 7개 동의 자산규모〉

순위 \ 구분	총자산(조 원)		부동산자산(조 원)		예금자산(조 원)		가구당 총자산(억 원)	
	동명	규모	동명	규모	동명	규모	동명	규모
1	여의도동	24.9	대치동	17.7	여의도동	9.6	을지로동	51.2
2	대치동	23.0	서초동	16.8	태평로동	7.0	여의도동	26.7
3	서초동	22.6	압구정동	14.3	을지로동	4.5	압구정동	12.8
4	반포동	15.6	목동	13.7	서초동	4.3	도곡동	9.2
5	목동	15.5	신정동	13.6	역삼동	3.9	잠원동	8.7
6	도곡동	15.0	반포동	12.5	대치동	3.1	이촌동	7.4
7	압구정동	14.4	도곡동	12.3	반포동	2.5	서초동	6.4

※ (총자산)=(부동산자산)+(예금자산)+(증권자산)

※ (가구 수)$=\frac{\text{(총자산)}}{\text{(가구당 총자산)}}$

① 압구정동의 가구 수는 여의도동의 가구 수보다 적다.
② 이촌동의 가구 수는 2만 가구 이상이다.
③ 대치동의 증권자산은 서초동의 증권자산보다 많다.
④ 여의도동의 증권자산은 최소 4조 원 이상이다.
⑤ 도곡동의 총자산 대비 부동산자산의 비율은 목동보다 높다.

※ 다음은 2023년 지역별 에너지원 소비량을 나타낸 자료이다. 이어지는 질문에 답하시오. [2~3]

〈지역별 에너지원 소비량〉

[단위 : 만 톤(ton), 만 토(toe)]

구분	석탄	석유	천연가스	수력·풍력	원자력
서울	885	2,849	583	2	574
인천	1,210	3,120	482	4	662
경기	2,332	2,225	559	3	328
대전	1,004	998	382	0.5	112
강원	3,120	1,552	101	28	53
부산	988	1,110	220	6	190
충청	589	1,289	88	4	62
전라	535	1,421	48	2	48
경상	857	1,385	58	2	55
대구	1,008	1,885	266	1	258
울산	552	888	53	1.6	65
광주	338	725	31	1	40
제주	102	1,420	442	41	221
합계	13,520	20,867	3,313	96	2,668

02 다음 〈보기〉 중 지역별 에너지원 소비량에 대한 설명으로 옳은 것을 모두 고르면?

보기

ㄱ. 석유와 천연가스, 원자력의 소비량 상위 3개 지역은 동일하다.
ㄴ. 강원의 소비량 1위인 에너지원은 총 2가지이다.
ㄷ. 석유의 소비량이 가장 많은 지역의 소비량은 가장 적은 지역의 소비량의 4배 이상이다.
ㄹ. 수력·풍력의 소비량 상위 5개 지역의 소비량의 합은 전체 소비량의 90% 이상을 차지한다.

① ㄱ, ㄴ
② ㄱ, ㄷ
③ ㄱ, ㄹ
④ ㄴ, ㄷ
⑤ ㄷ, ㄹ

03 **에너지원별 소비량이 가장 적은 지역의 소비량이 전체 소비량에서 차지하는 비율을 구해 그 비율이 큰 순서대로 에너지원을 바르게 나열한 것은?(단, 소수점 셋째 자리에서 반올림한다)**

① 원자력 – 석유 – 천연가스 – 석탄 – 수력・풍력
② 석유 – 천연가스 – 원자력 – 석탄 – 수력・풍력
③ 석유 – 원자력 – 석탄 – 천연가스 – 수력・풍력
④ 석유 – 원자력 – 천연가스 – 수력・풍력 – 석탄
⑤ 석유 – 원자력 – 천연가스 – 석탄 – 수력・풍력

PART 1

04 **다음은 국가별 무역수지에 대한 자료이다. 이에 대한 설명으로 옳지 않은 것은?**

〈국가별 무역수지 현황〉

(단위 : 백만 USD)

구분	한국	그리스	노르웨이	뉴질랜드	대만	독일	러시아	미국
7월	40,882	2,490	7,040	2,825	24,092	106,308	22,462	125,208
8월	40,125	2,145	7,109	2,445	24,629	107,910	23,196	116,218
9월	40,846	2,656	7,067	2,534	22,553	118,736	25,432	122,933
10월	41,983	2,596	8,005	2,809	26,736	111,981	24,904	125,142
11월	45,309	2,409	8,257	2,754	25,330	116,569	26,648	128,722
12월	45,069	2,426	8,472	3,088	25,696	102,742	31,128	123,557

① 한국 무역수지의 전월 대비 증가량이 가장 많았던 달은 11월이다.
② 뉴질랜드의 무역수지는 8월 이후 지속해서 증가하였다.
③ 그리스의 12월 무역수지의 전월 대비 증가율은 약 0.7%이다.
④ 10월부터 12월 사이 한국의 무역수지 변화 추이와 같은 양상을 보이는 나라는 2개국이다.
⑤ 12월 무역수지가 7월 대비 감소한 나라는 그리스, 독일, 미국이다.

CHAPTER 03

문제해결능력

합격 Cheat Key

문제해결능력은 업무를 수행하면서 여러 가지 문제 상황이 발생하였을 때, 창의적이고 논리적인 사고를 통하여 이를 올바르게 인식하고 적절히 해결하는 능력으로, 하위 능력에는 사고력과 문제처리능력이 있다.

문제해결능력은 NCS 기반 채용을 진행하는 대다수의 대학병원·의료원에서 채택하고 있으며, 다양한 자료와 함께 출제되는 경우가 많아 어렵게 느껴질 수 있다. 특히, 난이도가 높은 문제로 자주 출제되기 때문에 다른 영역보다 더 많은 노력이 필요할 수는 있지만 그렇기에 차별화를 할 수 있는 득점 영역이므로 포기하지 말고 꾸준하게 노력해야 한다.

1 질문의 의도를 정확하게 파악하라!

문제해결능력은 문제에서 무엇을 묻고 있는지 정확하게 파악하여 먼저 풀이 방향을 설정하는 것이 가장 효율적인 방법이다. 특히, 조건이 주어지고 답을 찾는 창의적·분석적인 문제가 주로 출제되고 있기 때문에 처음에 정확한 풀이 방향이 설정되지 않는다면 문제를 제대로 풀지 못하게 되므로 첫 번째로 출제 의도 파악에 집중해야 한다.

2 중요한 정보는 반드시 표시하라!

출제 의도를 정확히 파악하기 위해서는 문제의 중요한 정보를 반드시 표시하거나 메모하여 하나의 조건, 단서도 잊고 넘어가는 일이 없도록 해야 한다. 실제 시험에서는 시간의 압박과 긴장감으로 정보를 잘못 적용하거나 잊어버리는 실수가 많이 발생하므로 사전에 충분한 연습이 필요하다.

3 반복 풀이를 통해 취약 유형을 파악하라!

문제해결능력은 특히 시간관리가 중요한 영역이다. 따라서 정해진 시간 안에 고득점을 할 수 있는 효율적인 문제 풀이 방법을 찾아야 한다. 이때, 반복적인 문제 풀이를 통해 자신이 취약한 유형을 파악하는 것이 중요하다. 정확하게 풀 수 있는 문제부터 빠르게 풀고 취약한 유형은 나중에 푸는 효율적인 문제 풀이를 통해 최대한 고득점을 맞는 것이 중요하다.

01 명제 추론

| 유형분석 |

- 주어진 문장을 토대로 논리적으로 추론하여 참 또는 거짓을 구분하는 문제이다.
- 대체로 연역추론을 활용한 명제 문제가 출제된다.
- 자료를 제시하고 새로운 결과나 자료에 주어지지 않은 내용을 추론해 가는 형식의 문제가 출제된다.

K공사는 공휴일 세미나 진행을 위해 인근의 가게 A ~ F에서 필요한 물품을 구매하고자 한다. 다음 〈조건〉을 참고할 때, 공휴일에 영업하는 가게의 수는?

조건

- C는 공휴일에 영업하지 않는다.
- B가 공휴일에 영업하지 않으면, C와 E는 공휴일에 영업한다.
- E 또는 F가 영업하지 않는 날이면, D는 영업한다.
- B가 공휴일에 영업하면, A와 E는 공휴일에 영업하지 않는다.
- B와 F 중 한 곳만 공휴일에 영업한다.

① 2곳 ② 3곳
③ 4곳 ④ 5곳
⑤ 6곳

정답 ①

주어진 조건을 순서대로 논리 기호화하면 다음과 같다.

- 첫 번째 조건 : $\sim C$
- 두 번째 조건 : $\sim B \rightarrow (C \wedge E)$
- 세 번째 조건 : $(\sim E \vee \sim F) \rightarrow D$
- 네 번째 조건 : $B \rightarrow (\sim A \wedge \sim E)$

첫 번째 조건이 참이므로 두 번째 조건의 대우[$(\sim C \vee \sim E) \rightarrow B$]에 따라 B는 공휴일에 영업한다. 이때 네 번째 조건에 따라 A와 E는 영업하지 않고, 다섯 번째 조건에 따라 F도 영업하지 않는다. 마지막으로 세 번째 조건에 따라 D는 영업한다. 따라서 공휴일에 영업하는 가게는 B와 D 2곳이다.

풀이 전략!

조건과 관련한 기본적인 논법에 대해서는 미리 학습해 두며, 이를 바탕으로 각 문장에 있는 핵심단어 또는 문구를 기호화하여 정리한 후, 선택지와 비교하여 참 또는 거짓을 판단한다. 또한, 이를 바탕으로 문제에서 구하고자 하는 내용을 추론 및 분석한다.

대표기출유형 01 기출응용문제

01 K공사의 갑 ~ 정 네 명은 각각 다른 팀에 근무하고 있으며, 각 팀은 2층, 3층, 4층, 5층에 위치하고 있다. 다음 〈조건〉을 참고할 때, 항상 참인 것은?

> **조건**
> - 갑, 을, 병, 정 중 2명은 부장, 1명은 과장, 1명은 대리이다.
> - 대리의 사무실은 을보다 높은 층에 있다.
> - 을은 과장이다.
> - 갑은 대리가 아니다.
> - 갑의 사무실이 가장 높다.

① 부장 중 한 명은 반드시 2층에 근무한다.
② 갑은 부장이다.
③ 대리는 4층에 근무한다.
④ 을은 2층에 근무한다.
⑤ 병은 대리이다.

02 다음 〈조건〉에 따라 오피스텔 입주민들이 쓰레기를 배출한다고 할 때, 옳지 않은 것은?

> **조건**
> - 5개 동 주민들은 모두 다른 날에 쓰레기를 버린다.
> - 쓰레기 배출은 격일로 이루어진다.
> - 5개 동 주민들은 A동, B동, C동, D동, E동 순서대로 쓰레기를 배출한다.
> - 규칙은 A동이 첫째 주 일요일에 쓰레기를 배출하는 것으로 시작한다.

① A와 E는 같은 주에 쓰레기를 배출할 수 있다.
② 10주 차 일요일에는 A동이 쓰레기를 배출한다.
③ A동은 모든 요일에 쓰레기를 배출한다.
④ 2주에 걸쳐 쓰레기를 2회 배출할 수 있는 동은 두 개 동이다.
⑤ B동이 처음으로 수요일에 쓰레기를 버리는 주는 8주 차이다.

03 이웃해 있는 10개의 건물에 초밥가게, 옷가게, 신발가게, 편의점, 약국, 카페가 있다. 카페가 3번째 건물에 있을 때, 다음 〈조건〉을 토대로 항상 옳은 것은?(단, 한 건물에 한 가지 업종만 들어갈 수 있다)

조건

- 초밥가게는 카페보다 앞에 있다.
- 초밥가게와 신발가게 사이에 건물이 6개 있다.
- 옷가게는 편의점과 인접해 있지 않고, 신발가게와 인접해 있다.
- 신발가게 뒤에는 아무것도 없는 건물이 2개 있다.
- 2번째와 4번째 건물은 아무것도 없는 건물이다.
- 편의점과 약국은 인접해 있다.

① 카페와 옷가게는 인접해 있다.
② 초밥가게와 약국 사이에 2개의 건물이 있다.
③ 편의점은 6번째 건물에 있다.
④ 신발가게는 8번째 건물에 있다.
⑤ 옷가게는 5번째 건물에 있다.

04 K병원의 A ~ D 네 부서에 한 명씩 신입사원을 선발하였다. 지원자는 총 5명이었으며, 선발 결과에 대해 다음과 같이 진술하였다. 이 중 1명의 진술만 거짓으로 밝혀졌을 때, 항상 옳은 것은?

지원자 1 : 지원자 2가 A부서에 선발되었다.
지원자 2 : 지원자 3은 A 또는 D부서에 선발되었다.
지원자 3 : 지원자 4는 C부서가 아닌 다른 부서에 선발되었다.
지원자 4 : 지원자 5는 D부서에 선발되었다.
지원자 5 : 나는 D부서에 선발되었는데, 지원자 1은 선발되지 않았다.

① 지원자 1은 B부서에 선발되었다.
② 지원자 2는 A부서에 선발되었다.
③ 지원자 3은 D부서에 선발되었다.
④ 지원자 4는 B부서에 선발되었다.
⑤ 지원자 5는 C부서에 선발되었다.

05 이번 학기에 4개의 강좌 A ~ D가 새로 개설되어 강의 지원자 甲 ~ 戊 중 4명에게 각 한 강좌씩 맡기려 한다. 배정 결과를 궁금해 하는 5명은 아래와 같이 예측했다. 배정 결과를 보니 이 중 한 명의 예측만 틀리고, 나머지는 옳은 예측이었다. 다음 중 바르게 추론한 것은?

> 甲 : 乙이 A강좌를 담당하고 丙은 강좌를 맡지 않을 것이다.
> 乙 : 丙이 B강좌를 담당할 것이다.
> 丙 : 丁은 D가 아닌 다른 강좌를 담당할 것이다.
> 丁 : 戊가 D강좌를 담당할 것이다.
> 戊 : 乙의 예측은 틀릴 것이다.

① 甲은 A강좌를 담당한다.
② 乙은 C강좌를 담당한다.
③ 丙은 강좌를 맡지 않는다.
④ 丁은 D강좌를 담당한다.
⑤ 戊는 B강좌를 담당한다.

PART 1

02 규칙 적용

| 유형분석 |

- 주어진 상황과 규칙을 종합적으로 활용하여 풀어 가는 문제이다.
- 일정, 비용, 순서 등 다양한 내용을 다루고 있어 유형을 한 가지로 단일화하기 어렵다.

A팀과 B팀은 보안등급 상에 해당하는 문서를 나누어 보관하고 있다. 이에 따라 두 팀은 보안을 위해 아래와 같은 규칙에 따라 각 팀의 비밀번호를 지정하였다. 다음 중 A팀과 B팀에 들어갈 수 있는 암호배열은?

〈규칙〉

- 1 ~ 9까지의 숫자로 (한 자릿수)×(두 자릿수)=(세 자릿수)=(두 자릿수)×(한 자릿수) 형식의 비밀번호로 구성한다.
- 가운데에 들어갈 세 자릿수의 숫자는 156이며 숫자는 중복 사용할 수 없다. 즉, 각 팀의 비밀번호에 1, 5, 6이란 숫자가 들어가지 않는다.

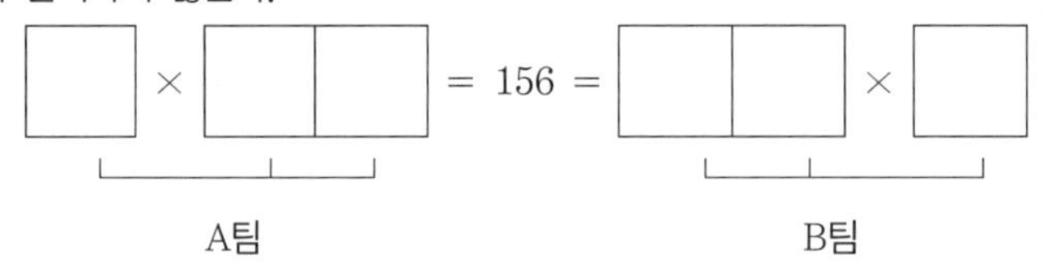

① 23
② 27
③ 29
④ 37
⑤ 39

정답 ⑤

규칙에 따라 사용할 수 있는 숫자는 1, 5, 6을 제외한 나머지 2, 3, 4, 7, 8, 9의 총 6개이다. (한 자릿수)×(두 자릿수)=156이 되는 수를 알기 위해서는 156의 소인수를 구해보면 된다. 156의 소인수는 3, 2^2, 13으로 여기서 156이 되는 수의 곱 중에 조건을 만족하는 것은 2×78과 4×39이다. 따라서 선택지 중에 A팀 또는 B팀에 들어갈 수 있는 암호배열은 39이다.

풀이 전략!

문제에 제시된 조건이나 규칙을 정확히 파악한 후, 선택지나 상황에 적용하여 문제를 풀어 나간다.

대표기출유형 02 기출응용문제

01 K사는 신제품의 품번을 다음과 같은 규칙에 따라 정한다고 한다. 제품에 설정된 임의의 영단어가 'INTELLECTUAL'이라면 이 제품의 품번으로 옳은 것은?

〈규칙〉

1단계 : 알파벳 A～Z를 숫자 1, 2, 3, …으로 변환하여 계산한다.
2단계 : 제품에 설정된 임의의 영단어를 숫자로 변환한 값의 합을 구한다.
3단계 : 임의의 영단어 속 자음의 합에서 모음의 합을 뺀 값의 절댓값을 구한다.
4단계 : 2단계와 3단계의 값을 더한 다음 4로 나누어 2단계의 값에 더한다.
5단계 : 4단계의 값이 정수가 아닐 경우에는 소수점 첫째 자리에서 버림한다.

① 120　② 140
③ 160　④ 180
⑤ 200

02 다음 그림과 같이 검은색 바둑돌과 흰색 바둑돌을 교대로 개수를 늘려가며 삼각형 모양으로 배열하고 있다. 37번째에 배열되는 바둑돌 중 개수가 많은 바둑돌의 종류와 바둑돌 개수 차이를 순서대로 바르게 나열한 것은?

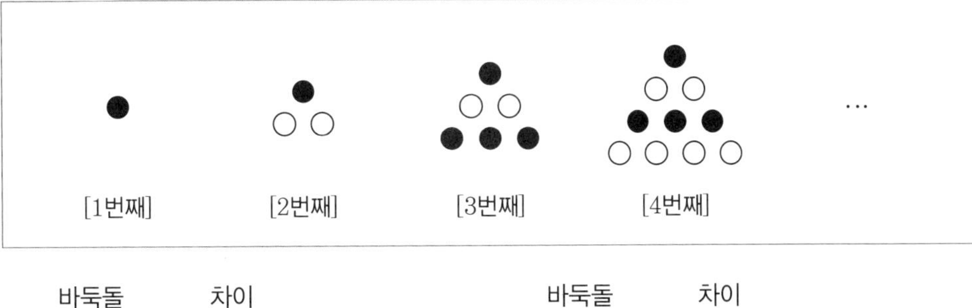

	바둑돌	차이
①	검은색	18개
②	검은색	19개
③	검은색	20개
④	흰색	18개
⑤	흰색	19개

03 A ~ E 5명이 순서대로 퀴즈게임을 해서 벌칙을 받을 사람 1명을 선정하고자 한다. 다음 게임 규칙과 결과에 근거할 때, 〈보기〉 중 항상 옳은 것을 모두 고르면?

• 규칙
 – A → B → C → D → E 순서대로 퀴즈를 1개씩 풀고, 모두 한 번씩 퀴즈를 풀고 나면 한 라운드가 끝난다.
 – 퀴즈 2개를 맞힌 사람은 벌칙에서 제외되고, 다음 라운드부터는 게임에 참여하지 않는다.
 – 라운드를 반복하여 맨 마지막까지 남는 한 사람이 벌칙을 받는다.
 – 벌칙에서 제외되는 4명이 확정되면 라운드 중이라도 더 이상 퀴즈를 출제하지 않으며, 이 외에는 라운드 끝까지 퀴즈를 출제한다.
 – 게임 중 동일한 문제는 출제하지 않는다.

• 결과
3라운드에서 A는 참가자 중 처음으로 벌칙에서 제외되었고, 4라운드에서는 오직 B만 벌칙에서 제외되었으며, 벌칙을 받을 사람은 5라운드에서 결정되었다.

보기

ㄱ. 5라운드까지 참가자들이 정답을 맞힌 퀴즈는 총 9개이다.
ㄴ. 게임이 종료될 때까지 총 22개의 퀴즈가 출제되었다면, E는 5라운드에서 퀴즈의 정답을 맞혔다.
ㄷ. 게임이 종료될 때까지 총 21개의 퀴즈가 출제되었다면, 퀴즈를 푸는 순서가 벌칙을 받을 사람 선정에 영향을 미친 것으로 볼 수 있다.

① ㄱ
② ㄴ
③ ㄱ, ㄷ
④ ㄴ, ㄷ
⑤ ㄱ, ㄴ, ㄷ

04 **다음 글을 근거로 판단할 때, 그림 2의 정육면체 아랫면에 쓰인 36개 숫자의 합은?**

정육면체인 하얀 블록 5개와 검은 블록 1개를 일렬로 붙인 막대 30개를 만든다. 각 막대의 윗면에는 가장 위에 있는 블록부터, 아랫면에는 가장 아래에 있는 블록부터 세어 검은 블록이 몇 번째 블록인지를 나타내는 숫자를 쓴다. 이런 규칙에 따르면 그림 1의 예에서는 윗면에 2를, 아랫면에 5를 쓰게 된다. 다음으로 검은 블록 없이 하얀 블록 6개를 일렬로 붙인 막대를 6개 만든다. 검은 블록이 없으므로 윗면과 아랫면 모두에 0을 쓴다.
이렇게 만든 36개의 막대를 붙여 그림 2와 같은 큰 정육면체를 만들었더니, 윗면에 쓰인 36개 숫자의 합이 109였다.

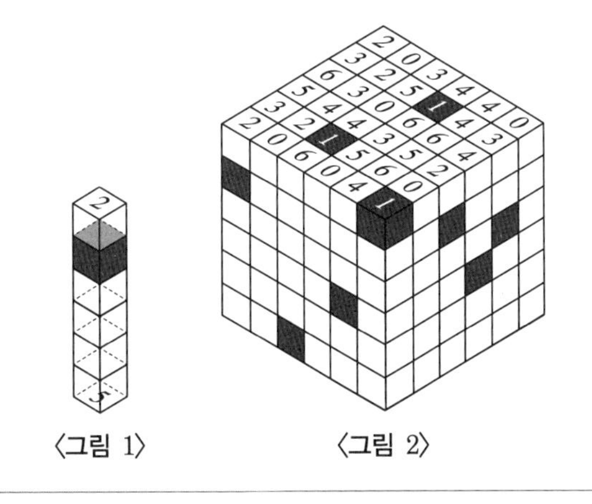
〈그림 1〉 〈그림 2〉

① 97
② 100
③ 101
④ 103
⑤ 104

03 자료 해석

| 유형분석 |

- 주어진 자료를 해석하고 활용하여 풀어가는 문제이다.
- 꼼꼼하고 분석적인 접근이 필요한 다양한 자료들이 출제된다.

다음 중 정수장 수질검사 현황에 대해 바르게 설명한 사람은?

〈정수장 수질검사 현황〉

급수 지역	항목						검사결과	
	일반세균 100 이하 (CFU/mL)	대장균 불검출 (수/100mL)	NH3-N 0.5 이하 (mg/L)	잔류염소 4.0 이하 (mg/L)	구리 1 이하 (mg/L)	망간 0.05 이하 (mg/L)	적합	기준 초과
함평읍	0	불검출	불검출	0.14	0.045	불검출	적합	없음
이삼읍	0	불검출	불검출	0.27	불검출	불검출	적합	없음
학교면	0	불검출	불검출	0.13	0.028	불검출	적합	없음
엄다면	0	불검출	불검출	0.16	0.011	불검출	적합	없음
나산면	0	불검출	불검출	0.12	불검출	불검출	적합	없음

① A사원 : 함평읍의 잔류염소는 가장 낮은 수치를 보였고, 기준치에 적합하네.
② B사원 : 모든 급수지역에서 일반세균이 나오지 않았어.
③ C사원 : 기준치를 초과한 곳은 없었지만 적합하지 않은 지역은 있어.
④ D사원 : 대장균과 구리가 검출되면 부적합 판정을 받는구나.
⑤ E사원 : 구리가 검출되지 않은 지역은 세 곳이야.

정답 ②

오답분석

① 잔류염소에서 가장 낮은 수치를 보인 지역은 나산면(0.12mg/L)이고, 함평읍(0.14mg/L)은 세 번째로 낮다.
③ 기준치를 초과한 곳도 없고, 모두 적합 판정을 받았다.
④ 함평읍과 학교면, 엄다면은 구리가 검출되었지만 적합 판정을 받았다.
⑤ 구리가 검출되지 않은 지역은 이삼읍과 나산면으로 두 곳이다.

풀이 전략!

문제 해결을 위해 필요한 정보가 무엇인지 먼저 파악한 후, 제시된 자료를 분석적으로 읽고 해석한다.

대표기출유형 03 기출응용문제

01 **갑돌이는 해외에서 1개당 1,000달러인 시계를 2개를 구매하여 세관신고 없이 밀반입하려고 하였으나 결국 걸리고 말았다. 다음은 이와 같이 밀반입하려는 사람들을 방지하기 위해 마련된 정책 변경 기사이다. 이에 대해 적절하지 않은 설명을 한 사람은?**

> 올해부터 해외에서 600달러 이상 신용카드로 물건을 사거나 현금을 인출하면 그 내역이 세관에 실시간으로 통보된다. 여행객 등이 600달러 이상의 구매 한도를 넘기게 되면 국내 입국 시 세관에 자진 신고를 해야 한다.
> 기존의 관세청은 분기별로 5,000달러 이상 물품을 해외에서 구매한 경우, 여신전문금융업법에 따라 신용카드업자·여신전문금융업협회가 매년 1월 31일, 4월 30일, 7월 31일, 10월 31일 국세청에 그 내역을 제출해 왔다.
> 그러나 올해부터는 관세청이 분기마다 통보를 받지 않고, 실시간으로 구매 내역을 넘겨 받을 수 있다. 신용카드 결제뿐 아니라 해외에 머물며 600달러 이상 현금을 인출하는 것도 마찬가지로 통보 대상에 해당한다. 관세청은 이러한 제도를 오는 4월부터 적용할 계획이다.

① A : 갑돌이가 현지에서 현금을 인출하지 않고 가져간 현금으로만 물건을 결제하였다면, 세관에 신고하지 않아도 되는군.
② B : 해외에서 구매한 총금액이 600달러보다 낮으면 세관에 신고할 필요가 없겠군.
③ C : 갑돌이가 5월에 해외에 체류하며 신용카드로 같은 소비를 했다면 관세청에 실시간으로 통보되겠군.
④ D : 3월에 해외에서 5,000달러 이상을 신용카드로 사용한다면 4월에 국세청에 내역이 넘어가겠군.
⑤ E : 가족들끼리 여행하고 있을 때 여러 사람이 나누어 카드를 사용한다면 관세청에 내역이 들어가지 않을 수도 있겠군.

PART 1

02 K사 인사팀 직원인 A씨는 사내 설문조사를 통해 요즘 사람들이 연봉보다는 일과 삶의 균형을 더 중요시하고 직무의 전문성을 높이고 싶어 한다는 결과를 도출했다. 다음 중 설문조사 결과와 K사 임직원의 근무여건에 대한 자료를 참고하여 인사제도를 합리적으로 변경한 것은?

〈임직원 근무여건〉

구분	주당 근무 일수(평균)	주당 근무시간(평균)	직무교육 여부	퇴사율
정규직	6일	52시간 이상	○	17%
비정규직 1	5일	40시간 이상	○	12%
비정규직 2	5일	20시간 이상	×	25%

① 정규직의 연봉을 7% 인상한다.

② 정규직을 비정규직으로 전환한다.

③ 비정규직 1의 직무교육을 비정규직 2와 같이 조정한다.

④ 정규직의 주당 근무시간을 비정규직 1과 같이 조정하고 비정규직 2의 직무교육을 시행한다.

⑤ 비정규직 2의 근무 일수를 정규직과 같이 조정한다.

03 K병원은 현재 모든 사원과 연봉 협상을 하는 중이다. 연봉은 전년도 성과지표에 따라서 결정되고 직원들의 성과지표가 다음과 같을 때, 가장 많은 연봉을 받을 사원은 누구인가?

〈성과지표별 가중치〉

(단위 : 원)

성과지표	수익 실적	업무 태도	영어 실력	동료 평가	발전 가능성
가중치	3,000,000	2,000,000	1,000,000	1,500,000	1,000,000

〈사원별 성과지표 결과〉

구분	수익 실적	업무 태도	영어 실력	동료 평가	발전 가능성
A사원	3	3	4	4	4
B사원	3	3	3	4	4
C사원	5	2	2	3	2
D사원	3	3	2	2	5
E사원	4	2	5	3	3

※ (당해 연도 연봉)=3,000,000원+(성과금)

※ 성과금은 각 성과지표와 그에 해당하는 가중치를 곱한 뒤 모두 더한다.

※ 성과지표의 평균이 3.5 이상인 경우 당해 연도 연봉에 1,000,000원이 추가된다.

① A사원

② B사원

③ C사원

④ D사원

⑤ E사원

04 K공단에서 근무하고 있는 김인턴은 경기본부로 파견 근무를 나가고자 한다. 〈조건〉에 따라 파견일을 결정할 때, 다음 중 김인턴이 경기본부 파견 근무를 갈 수 있는 기간으로 옳은 것은?

〈10월 달력〉

일요일	월요일	화요일	수요일	목요일	금요일	토요일
				1	2	3
4	5	6	7	8	9	10
11	12	13	14	15	16	17
18	19	20	21	22	23	24
25	26	27	28	29	30	31

조건

- 김인턴은 10월 중에 경기본부로 파견 근무를 나간다.
- 파견 근무는 2일 동안 진행되며, 이틀 동안 연이어 진행하여야 한다.
- 파견 근무는 주중에만 진행된다.
- 김인턴은 10월 1일부터 10월 7일까지 연수에 참석하므로 해당 기간에는 근무를 진행할 수 없다.
- 김인턴은 10월 27일부터는 부서이동을 하므로, 27일부터는 파견 근무를 포함한 모든 담당 업무를 후임자에게 인계하여야 한다.
- 김인턴은 목요일마다 H본부로 출장을 가며, 출장일에는 파견 근무를 수행할 수 없다.

① 10월 6～7일
② 10월 11～12일
③ 10월 14～15일
④ 10월 20～21일
⑤ 10월 27～28일

PART 1

대표기출유형

04 SWOT 분석

| 유형분석 |

- 상황에 대한 환경 분석 결과를 통해 주요 과제를 도출하는 문제이다.
- 주로 3C 분석 또는 SWOT 분석을 활용한 문제들이 출제되고 있으므로 해당 분석도구에 대한 사전 학습이 요구된다.

다음 설명을 참고하였을 때 〈보기〉의 L자동차가 취할 수 있는 전략으로 가장 적절한 것은?

'SWOT'는 Strength(강점), Weakness(약점), Opportunity(기회), Threat(위협)의 머리글자를 따서 만든 단어로, 경영 전략을 세우는 방법론이다. SWOT로 도출된 조직의 내·외부 환경을 분석하고, 이 결과를 통해 대응전략을 구상할 수 있다. 'SO전략'은 기회를 활용하기 위해 강점을 사용하는 전략이고, 'WO전략'은 약점을 보완 또는 극복하여 시장의 기회를 활용하는 전략이다. 'ST전략'은 위협을 피하기 위해 강점을 활용하는 방법이며, 'WT전략'은 위협요인을 피하기 위해 약점을 보완하는 전략이다.

보기

- 새로운 정권의 탄생으로 자동차 업계 내 새로운 바람이 불 것으로 예상된다. A당선인이 이번 선거에서 친환경차 보급 확대를 주요 공약으로 내세웠고, 공약에 따라 공공기관용 친환경차 비율을 70%로 상향시키기로 하고, 친환경차 보조금 확대 등을 통해 친환경차 보급률을 높이겠다는 계획을 세웠다. 또한 최근 환경을 생각하는 국민 의식의 향상과 친환경차의 연비 절감 부분이 친환경차 구매 욕구 상승에 기여하고 있다.
- L자동차는 기존의 전기자동차 모델들을 꾸준히 출시하여 성장세가 두드러지고 있는 데다가 고객들의 다양한 구매 욕구를 충족시킬 만한 전기자동차 상품의 다양성을 확보하였다. 또한, L자동차의 전기자동차 미국 수출이 증가하고 있는 만큼 앞으로의 전망도 밝을 것으로 예상된다.

① SO전략　　② WO전략
③ ST전략　　④ WT전략

정답 ①

- Strength(강점) : L자동차는 전기자동차 모델들을 꾸준히 출시하여 성장세가 두드러지고 있는 데다가 고객들의 다양한 구매 욕구를 충족시킬 만한 전기자동차 상품의 다양성을 확보하였다.
- Opportunity(기회) : 새로운 정권에서 친환경차 보급 확대에 적극 나설 것으로 보인다는 점과 환경을 생각하는 국민 의식의 향상과 친환경차의 연비 절감 부분이 친환경차 구매 욕구 상승에 기여하고 있으며 L자동차의 미국 수출이 증가하고 있다.

따라서 해당 기사를 분석하면 SO전략이 가장 적절하다.

풀이 전략!

문제에 제시된 분석도구를 확인한 후, 분석 결과를 종합적으로 판단하여 각 선택지의 전략 과제와 일치 여부를 판단한다.

대표기출유형 04 기출응용문제

01 다음 중 SWOT 분석에 대한 설명으로 적절하지 않은 것은?

〈SWOT 분석〉

강점, 약점, 기회, 위협요인을 분석·평가하고 이들을 서로 연관 지어 전략을 개발하고 문제해결 방안을 개발하는 방법이다.

	강점 (Strengths)	약점 (Weaknesses)
기회 (Opportunities)	SO	WO
위협 (Threats)	ST	WT

① 강점과 약점은 외부 환경요인에 해당하며, 기회와 위협은 내부 환경요인에 해당한다.
② SO전략은 강점을 살려 기회를 포착하는 전략을 의미한다.
③ ST전략은 강점을 살려 위협을 회피하는 전략을 의미한다.
④ WO전략은 약점을 보완하여 기회를 포착하는 전략을 의미한다.
⑤ WT전략은 약점을 보완하여 위협을 회피하는 전략을 의미한다.

02 다음은 K섬유회사에 대한 SWOT 분석 결과이다. 분석에 따른 대응 전략으로 적절한 것을 〈보기〉에서 모두 고르면?

〈K섬유회사 SWOT 분석 결과〉

S 강점	W 약점
• 첨단 신소재 관련 특허 다수 보유	• 신규 생산 설비 투자 미흡 • 브랜드의 인지도 부족
O 기회	**T 위협**
• 고기능성 제품에 대한 수요 증가 • 정부 주도의 문화 콘텐츠 사업 지원	• 중저가 의류용 제품의 공급 과잉 • 저임금의 개발도상국과 경쟁 심화

보기

ㄱ. SO전략으로 첨단 신소재를 적용한 고기능성 제품을 개발한다.
ㄴ. ST전략으로 첨단 신소재 관련 특허를 개발도상국의 경쟁업체에 무상 이전한다.
ㄷ. WO전략으로 문화 콘텐츠와 디자인을 접목한 신규 브랜드 개발을 통해 적극적으로 마케팅 한다.
ㄹ. WT전략으로 기존 설비에 대한 재투자를 통해 대량생산 체제로 전환한다.

① ㄱ, ㄷ
② ㄱ, ㄹ
③ ㄴ, ㄷ
④ ㄴ, ㄹ
⑤ ㄷ, ㄹ

03 **다음은 국내 금융기관에 대한 SWOT 분석 자료이다. 이를 통해 SWOT 전략을 세운다고 할 때, 〈보기〉 중 전략과 그 내용이 바르게 연결된 것을 모두 고르면?**

> 국내 대부분의 예금과 대출을 국내 은행이 차지하고 있을 정도로 국내 금융기관에 대한 우리나라 국민들의 충성도는 높은 편이다. 또한 국내 금융기관은 철저한 신용 리스크 관리로 해외 금융기관과 비교해 자산건전성 지표가 매우 우수한 편이다. 시장 리스크 관리도 해외 선진 금융기관 수준에 도달한 것으로 평가받는다. 국내 금융기관은 외환위기와 글로벌 금융위기 등을 거치며 꾸준히 자산건전성을 강화해왔기 때문이다.
> 그러나 은행과 이자 이익에 수익이 편중돼 있다는 점은 국내 금융기관의 가장 큰 약점이 된다. 대부분 예금과 대출 거래 중심의 영업구조로 되어 있기 때문이다. 취약한 해외 비즈니스도 문제로 들 수 있다. 최근 동남아 시장을 중심으로 해외 진출에 박차를 가하고 있지만, 아직은 눈에 띄는 성과가 많지 않은 상황이다.
> 많은 어려움에도 불구하고 국내 금융기관의 발전 가능성은 아직 무궁무진하다. 우선 해외 시장으로 눈을 돌리면 다양한 기회가 열려있다. 전 세계 신용·단기 자금 확대, 글로벌 무역 회복세로 국내 금융기관의 해외 진출 여건은 양호한 편이다. 따라서 해외 시장 개척을 통해 어떻게 신규 수익원을 확보하느냐가 성장의 새로운 기회로 작용할 전망이다. IT 기술 발달에 따른 핀테크의 등장도 새로운 기회가 될 수 있다. 국내의 발달된 인터넷과 모바일뱅킹 서비스, IT 인프라를 활용한 새로운 수익 창출 가능성이 열려 있는 것이다.
> 역설적으로 핀테크의 등장은 오히려 국내 금융기관의 발목을 잡을 수 있다. 블록체인 기술에 기반한 암호화폐, 간편결제와 송금, 로보어드바이저, 인터넷 은행, P2P 대출 등 다양한 핀테크 분야의 새로운 서비스들이 기존 금융 서비스의 대체재로서 출현하고 있기 때문이다. 금융시장 개방에 따른 글로벌 금융기관과의 경쟁 심화도 넘어야 할 산이다. 특히 중국 은행을 비롯한 중국 금융이 급성장하고 있어 이에 대한 대비책 마련이 시급하다.

보기

> ㉠ SO전략 : 높은 국내 시장점유율을 기반으로 국내 핀테크 사업에 진출한다.
> ㉡ WO전략 : 위기관리 역량을 강화하여 해외 금융시장에 진출한다.
> ㉢ ST전략 : 해외 금융기관과 비교해 우수한 자산건전성을 강조하여 글로벌 금융기관과의 경쟁에서 우위를 차지한다.
> ㉣ WT전략 : 해외 비즈니스 역량을 강화하여 해외 금융시장에 진출한다.

① ㉠, ㉡
② ㉠, ㉢
③ ㉡, ㉢
④ ㉡, ㉣
⑤ ㉢, ㉣

PART 1

CHAPTER 04

자원관리능력

합격 Cheat Key

자원관리능력은 현재 NCS 기반 채용을 진행하는 많은 대학병원・의료원에서 핵심영역으로 자리 잡아, 일부를 제외한 대부분의 시험에서 출제되고 있다.

세부 유형은 비용 계산, 해외파견 지원금 계산, 주문 제작 단가 계산, 일정 조율, 일정 선정, 행사 대여 장소 선정, 최단거리 구하기, 시차 계산, 소요시간 구하기, 해외파견 근무 기준에 부합하는 또는 부합하지 않는 직원 고르기 등으로 나눌 수 있다.

1 시차를 먼저 계산하라!

시간 자원 관리의 대표유형 중 시차를 계산하여 일정에 맞는 항공권을 구입하거나 회의시간을 구하는 문제에서는 각각의 나라 시간을 한국 시간으로 전부 바꾸어 계산하는 것이 편리하다. 조건에 맞는 나라들의 시간을 전부 한국 시간으로 바꾸고 한국 시간과의 시차만 더하거나 빼면 시간을 단축하여 풀 수 있다.

2 선택지를 잘 활용하라!

계산을 해서 값을 요구하는 문제 유형에서는 선택지를 먼저 본 후 자리 수가 몇 단위로 끝나는지 확인해야 한다. 예를 들어 412,300원, 426,700원, 434,100원인 선택지가 있다고 할 때, 제시된 조건에서 100원 단위로 나올 수 있는 항목을 찾아 그 항목만 계산하는 방법이 있다. 또한, 일일이 계산하는 문제가 많다. 예를 들어 640,000원, 720,000원, 810,000원 등의 수를 이용해 푸는 문제가 있다고 할 때, 만 원 단위를 절사하고 계산하여 64, 72, 81처럼 요약하는 방법이 있다.

3 최적의 값을 구하는 문제인지 파악하라!

물적 자원 관리의 대표유형에서는 제한된 자원 내에서 최대의 만족 또는 이익을 얻을 수 있는 방법을 강구하는 문제가 출제된다. 이때, 구하고자 하는 값을 x, y로 정하고 연립방정식을 이용해 x, y 값을 구한다. 최소 비용으로 목표생산량을 달성하기 위한 업무 및 인력 할당, 정해진 시간 내에 최대 이윤을 낼 수 있는 업체 선정, 정해진 인력으로 효율적 업무 배치 등을 구하는 문제에서 사용되는 방법이다.

4 각 평가항목을 비교하라!

인적 자원 관리의 대표유형에서는 각 평가항목을 비교하여 기준에 적합한 인물을 고르거나, 저렴한 업체를 선정하거나, 총점이 높은 업체를 선정하는 문제가 출제된다. 이런 유형은 평가항목에서 가격이나 점수 차이에 영향을 많이 미치는 항목을 찾아 $1 \sim 2$개의 선택지를 삭제하고, 남은 $3 \sim 4$개의 선택지만 계산하여 시간을 단축할 수 있다.

01 | 시간 계획

| 유형분석 |

- 시간 자원과 관련된 다양한 정보를 활용하여 풀어 가는 유형이다.
- 대체로 교통편 정보나 국가별 시차 정보가 제공되며, 이를 근거로 '현지 도착시간 또는 약속된 시간 내에 도착하기 위한 방안'을 고르는 문제가 출제된다.

해외영업부 A대리는 B부장과 함께 샌프란시스코에 출장을 가게 되었다. 샌프란시스코의 시각은 한국보다 16시간 느리고, 비행시간은 10시간 25분일 때 샌프란시스코 현지 시각으로 11월 17일 오전 10시 35분에 도착하는 비행기를 타려면 한국 시각으로 인천공항에 몇 시까지 도착해야 하는가?

구분	날짜	출발 시각	비행 시간	날짜	도착 시각
인천 → 샌프란시스코	11월 17일		10시간 25분	11월 17일	10:35
샌프란시스코 → 인천	11월 21일	17:30	12시간 55분	11월 22일	22:25

※ 단, 비행기 출발 한 시간 전에 공항에 도착해 티켓팅을 해야 한다.

① 12:10
② 13:10
③ 14:10
④ 15:10
⑤ 16:10

정답 ④

인천에서 샌프란시스코까지 비행 시간은 10시간 25분이므로, 샌프란시스코 도착 시각에서 거슬러 올라가면 샌프란시스코 시각으로 00시 10분에 출발한 것이 된다. 이때 한국은 샌프란시스코보다 16시간 빠르기 때문에 한국 시각으로는 16시 10분에 출발한 것이다. 하지만 비행기 티켓팅을 위해 출발 한 시간 전에 인천공항에 도착해야 하므로 15시 10분까지 공항에 가야 한다.

풀이 전략!

문제에서 묻는 것을 정확히 파악한다. 특히 제한사항에 대해서는 빠짐없이 확인해 두어야 한다. 이후 제시된 정보(시차 등)에서 필요한 것을 선별하여 문제를 풀어 간다.

대표기출유형 01 기출응용문제

01 세계 표준시는 본초 자오선인 0°를 기준으로 동서로 각각 180°, 360°로 나누어져 있으며 경도 15°마다 1시간의 시차가 생긴다. 동경 135°인 우리나라가 3월 14일 현재 오후 2시일 때, 동경 120°인 중국은 같은 날 오후 1시이고, 서경 75°인 뉴욕은 같은 날 자정이다. 이를 바탕으로 우리나라가 4월 14일 오전 6시일 때, 서경 120°인 LA의 시각은 언제인가?

① 4월 13일, 오후 1시
② 4월 13일, 오후 5시
③ 4월 13일, 오후 9시
④ 4월 14일, 오전 3시
⑤ 4월 14일, 오전 5시

02 다음은 효율적인 시간 관리를 위한 10가지 유의사항을 나타낸 것이다. 유의사항 중 틀린 내용은 모두 몇 가지인가?

〈효율적인 시간 관리를 위한 10가지 유의사항〉

- 규모가 큰 업무나 등가의 업무는 따로 처리하라.
- 의도적으로 외부의 방해를 받아들여라.
- 회의 시간을 제한하고 안건마다 기한을 설정하라.
- 모든 업무에 대해 우선순위를 설정하라.
- 가능한 한 정말로 중요한 것만 하라.
- 위임 가능성을 충분히 활용하라.
- 큰 규모의 업무는 한 번에 해결하라.
- A급 과제의 처리 기한은 자신에게 가장 적합하게 설정하라.
- 중점 과제는 나중에 처리하라.
- 능률을 고려하여 계획을 세워라.

① 1가지
② 2가지
③ 3가지
④ 4가지
⑤ 5가지

※ 다음 4월 달력을 참고하여 이어지는 질문에 답하시오. [3~4]

〈4월〉

월요일	화요일	수요일	목요일	금요일	토요일	일요일
		1	2	3	4	5
6	7	8	9	10	11	12
13	14	15 선거일	16	17	18	19
20	21	22	23	24	25	26
27	28	29	30			

03 K병원은 〈조건〉에 따라 4월 내로 가능한 빠르게 신입사원 채용시험을 진행한다고 할 때, 다음 중 필기시험과 면접시험 날짜를 순서대로 바르게 나열한 것은?

조건

- 최근 발생한 전염병으로 인해 K병원은 4월 10일까지 휴무하기로 결정하였으나, 직원 중 한 명이 확진자로 판정받아 기존 휴무 기간에서 일주일 더 연장하기로 결정하였다.
- K병원의 신입사원 채용시험은 필기시험과 면접시험으로 이루어지며, 각각 하루씩 소요된다. 필기시험 후 2일 동안 필기시험 결과를 바탕으로 면접시험 진행자를 선별해 필기시험일로부터 3일이 되는 날 면접시험 해당자에게 면접대상자임을 고지한 후 고지한 날로부터 2일이 되는 날 면접시험을 진행한다(단, 필기시험과 면접시험의 시험일이 월요일, 토요일, 일요일 및 법정공휴일인 경우 그 다음날로 한다).

	필기시험	면접시험
①	21일	28일
②	21일	29일
③	22일	28일
④	22일	29일
⑤	28일	29일

04 K병원은 채용시험에 최종 합격한 신입사원을 〈조건〉에 따라 각 부서에 배치하려 한다. 다음 중 신입사원이 소속 부서로 출근하는 날은 언제인가?(단, 면접시험일은 03번 문제를 통해 결정된 날짜이며, 토 · 일요일에는 병원 근무를 하지 않는다)

조건

- 면접시험일 이틀 뒤에 최종 합격자를 발표한다.
- 최종 합격자는 합격자 발표일 그 다음 주 월요일에 첫 출근을 한다.
- 최종 합격자는 첫 출근일을 포함하여 2주간 신입사원 교육을 받는다.
- 신입사원 교육이 끝난 뒤 이틀 동안의 회의를 통해 신입사원의 배치를 결정한다.
- 부서 배치가 결정되면 신입사원은 그 다음 주 월요일부터 소속 부서로 출근한다.

① 5월 4일
② 5월 11일
③ 5월 18일
④ 5월 20일
⑤ 5월 25일

05 다음 〈보기〉 중 시간계획에 대한 설명으로 옳지 않은 것을 모두 고르면?

보기

㉠ 시간계획을 너무 자세하게 세우거나, 너무 간략하게 세우는 것은 좋지 않다.
㉡ 실현가능한 시간계획을 세우는 것이 중요하다.
㉢ 시간계획을 따르는 것이 가장 중요하므로 무슨 일이 있어도 계획에 따라 실천해야 한다.
㉣ 시간계획을 효과적으로 세운다면 실제 행동할 때와 차이가 거의 발생하지 않는다.
㉤ 자유로운 여유 시간은 시간계획에 포함되지 않는다.

① ㉠, ㉢
② ㉡, ㉢
③ ㉢, ㉣
④ ㉢, ㉤
⑤ ㉢, ㉣, ㉤

02 | 비용 계산

| 유형분석 |

- 예산 자원과 관련된 다양한 정보를 활용하여 문제를 풀어간다.
- 대체로 한정된 예산 내에서 수행할 수 있는 업무 및 예산 가격을 묻는 문제가 출제된다.

연봉 실수령액을 구하는 식이 〈보기〉와 같을 때, 연봉이 3,480만 원인 A씨의 연간 실수령액은?(단, 원 단위는 절사한다)

보기

- (연봉 실수령액)=(월 실수령액)×12
- (월 실수령액)=(월 급여)−[(국민연금)+(건강보험료)+(고용보험료)+(장기요양보험료)+(소득세)+(지방세)]
- (국민연금)=(월 급여)×4.5%
- (건강보험료)=(월 급여)×3.12%
- (고용보험료)=(월 급여)×0.65%
- (장기요양보험료)=(건강보험료)×7.38%
- (소득세)=68,000원
- (지방세)=(소득세)×10%

① 30,944,400원
② 31,078,000원
③ 31,203,200원
④ 32,150,800원
⑤ 32,497,600원

정답 ①

A씨의 월 급여는 3,480만÷12=290만 원이다.
국민연금, 건강보험료, 고용보험료를 제외한 금액을 계산하면
290만−[290만×(0.045+0.0312+0.0065)]
→ 290만−(290만×0.0827)
→ 290만−239,830=2,660,170원
- 장기요양보험료 : (290만×0.0312)×0.0738≒6,670원(∵ 원 단위 이하 절사)
- 지방세 : 68,000×0.1=6,800원

따라서 A씨의 월 실수령액은 2,660,170−(6,670+68,000+6,800)=2,578,700원이고, 연간 실수령액은 2,578,700×12=30,944,400원이다.

풀이 전략!

제한사항인 예산을 고려하여 문제에서 묻는 것을 정확히 파악한 후, 제시된 정보에서 필요한 것을 선별하여 문제를 풀어간다.

01 K공단은 대전시와 함께 4차 산업혁명 대비 청년고용지원정책 학술대회를 개최하고자 한다. 학술대회 프로그램과 기념품별 단가 및 제공대상이 다음과 같을 때, 기념품 제작에 필요한 총비용은 얼마인가?

〈4차 산업혁명 대비 청년고용지원정책 학술대회〉

시간	프로그램		비고
13:00 ~ 13:30	개회식 축사		대전시 부시장
13:40 ~ 14:20	강연	4차 산업혁명과 노동시장	○○대학교 B교수
14:30 ~ 15:10		공공부문주도 고용촉진	□□대학교 C교수
15:20 ~ 16:00		진화하는 고용정책	대전시 공무원 A
16:10 ~ 19:00	발표회		25명(참가자)
19:00 ~ 20:10	만찬		-
20:20 ~ 21:00	시상식		대상 1명, 금상 1명, 은상 1명, 동상 2명

※ 위 표에 언급되지 않은 참석자는 없다.

※ 축사나 강연을 한 사람은 참가자에 포함되지 않는다.

〈기념품별 단가 및 제공대상〉

품목	단가	제공대상
대상 트로피	98,000원/개	대상 수상자
금상 트로피	82,000원/개	금상 수상자
은상 트로피	76,000원/개	은상 수상자
동상 트로피	55,000원/개	동상 수상자
머그컵	5,500원/개	연사 전원, 수상자 전원
손수건	3,200원/개	연사 전원, 참가자 전원
에코백	2,400원/장	참가자 전원

① 501,250원
② 525,750원
③ 546,600원
④ 568,300원
⑤ 584,200원

02 Q병원 직원 10명이 부산으로 1박 2일 세미나에 가려고 한다. 부산에는 목요일 점심 전에 도착하고, 다음날 점심을 먹고 3시에 서울로 돌아오기로 계획했다. 다음은 호텔별 비용 현황과 호텔 선호도에 대한 자료이다. 아래 〈조건〉을 보고 남직원과 여직원에게 사용되는 출장비용은 각각 얼마인가?

〈호텔별 비용 현황〉

구분	K호텔		M호텔		H호텔		W호텔	
숙박비	평일	주말	평일	주말	평일	주말	평일	주말
	17만 원	30만 원	12만 원	23만 원	15만 원	29만 원	15만 원	22만 원
식비	1만 원(중·석식, 조식은 숙박비에 포함)		7,000원 (조·중식) 9,000원 (석식)		8,000원 (조·중·석식)		7,500원 (조·중·석식)	
거리	20분		12분		30분		10분	
비고	1인실 또는 2인실 가능		1인실만 가능		2인실 이상 가능		2인실 이상 가능	

※ 거리는 역에서 호텔까지의 버스로 이동시간이다.

〈호텔 선호도〉

구분	K호텔	M호텔	H호텔	W호텔
남자	B	B	C	A
여자	A	B	B	C

※ A ~ C등급에서 A등급이 제일 높다.

조건

- 방은 2인 1실로 사용한다.
- 남자는 6명, 여자는 4명이다.
- 남자와 여자 모두 식사를 가능한 다 한다.
- 남자는 선호도가 B등급 이상이고, 숙박비용과 식비가 저렴한 호텔로 정한다.
- 여자는 선호도가 B등급 이상이고, 역에서 거리가 가장 가까운 호텔로 정한다.

	남자	여자
①	540,000원	428,000원
②	630,000원	428,000원
③	630,000원	460,000원
④	690,000원	460,000원
⑤	690,000원	510,000원

03 A팀장은 6월부터 10월까지 매월 천안에서 열리는 직무교육에 참석하기 위해 숙소를 예약해야 한다. A팀장이 다음 〈조건〉에 따라 예약 사이트 M투어, H트립, S닷컴, T호텔스 중 한 곳을 통해 숙소를 예약하고자 할 때, A팀장이 이용할 예약 사이트와 6월부터 10월까지의 총숙박비용이 바르게 연결된 것은?

〈예약 사이트별 예약 정보〉

예약 사이트	가격(원/1박)	할인행사
M투어	120,500	3박 이용 시(연박 아니어도 3박 기록 있으면 유효) 다음 달에 30% 할인 쿠폰 1매 제공
H트립	111,000	6월부터 8월 사이 1박 이상 숙박 이용내역이 있을 시 10% 할인
S닷컴	105,500	2박 이상 연박 시 10,000원 할인
T호텔스	105,000	멤버십 가입 시 1박당 10% 할인(멤버십 가입비 20,000원)

조건

- 직무교육을 위해 6월부터 10월까지 매월 1박 2일로 숙소를 예약한다.
- 숙소는 항상 K호텔을 이용한다.
- A팀장은 6월부터 10월까지 총 5번의 숙박비용의 합을 최소화하고자 한다.

	예약 사이트	총숙박비용
①	M투어	566,350원
②	H트립	492,500원
③	H트립	532,800원
④	S닷컴	527,500원
⑤	T호텔스	492,500원

03 품목 확정

| 유형분석 |

- 물적 자원과 관련된 다양한 정보를 활용하여 풀어 가는 문제이다.
- 주로 공정도 · 제품 · 시설 등에 대한 가격 · 특징 · 시간 정보가 제시되며, 이를 종합적으로 고려하는 문제가 출제된다.

K공사에 근무하는 김대리는 사내시험에서 2점짜리 문제를 8개, 3점짜리 문제를 10개, 5점짜리 문제를 6개를 맞혀 총 76점을 맞았다. 다음을 통해 최대리가 맞힌 문제의 총개수는 몇 개인가?

〈사내시험 규정〉

문제 수 : 43문제
만점 : 141점
- 2점짜리 문제 수는 3점짜리 문제 수보다 12문제 적다.
- 5점짜리 문제 수는 3점짜리 문제 수의 절반이다.

- 최대리가 맞힌 2점짜리 문제의 개수는 김대리와 동일하다.
- 최대리의 점수는 총 38점이다.

① 14개
② 15개
③ 16개
④ 17개
⑤ 18개

정답 ①

최대리는 2점짜리 문제를 김대리가 맞힌 개수만큼 맞혔으므로 8개, 즉 16점을 획득했다. 최대리가 맞힌 3점짜리와 5점짜리 문제를 합하면 38−16=22점이 나와야 한다. 3점과 5점의 합으로 22가 나오기 위해서는 3점짜리는 4문제, 5점짜리는 2문제를 맞혀야 한다.
따라서 최대리가 맞힌 문제의 총개수는 8개(2점짜리)+4개(3점짜리)+2개(5점짜리)=14개이다.

풀이 전략!

문제에서 묻고자 하는 바를 정확히 파악하는 것이 중요하다. 문제에서 제시한 물적 자원의 정보를 문제의 의도에 맞게 선별하면서 풀어 간다.

대표기출유형 03 기출응용문제

01 물적 자원관리 과정 중 같은 단계의 특성끼리 바르게 연결된 것은?

① 반복 작업 방지, 물품 활용의 편리성
② 통일성의 원칙, 물품의 형상
③ 물품의 소재, 물품 활용의 편리성
④ 물품의 소재, 유사성의 원칙
⑤ 물품의 형상, 유사성의 원칙

02 RFID 기술이 확산됨에 따라 K유통업체는 RFID를 물품관리시스템에 도입하여 긍정적인 효과를 얻고 있다. 다음 중 RFID에 대한 설명으로 적절하지 않은 것은?

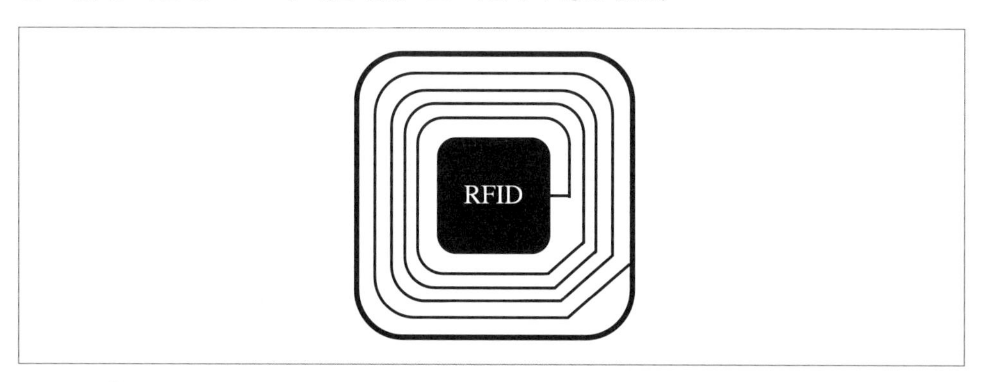

① 바코드와 달리 물체에 직접 접촉하지 않고도 데이터를 인식할 수 있다.
② 여러 개의 정보를 동시에 인식하거나 수정할 수 있다.
③ 바코드에 비해 많은 양의 데이터를 허용한다.
④ 데이터를 읽는 속도가 매우 빠르며, 데이터의 신뢰도 또한 높다.
⑤ 종류에 따라 반복적으로 데이터를 기록할 수 있으나, 반영구적으로 이용할 수는 없다.

03 K회사 마케팅 팀장은 팀원 50명에게 연말 선물을 하기 위해 물품을 구매하려고 한다. 다음은 업체별 품목 가격과 팀원들의 품목 선호도를 나타낸 자료이다. 〈조건〉을 토대로 팀장이 구매하는 물품과 업체를 바르게 짝지은 것은?

〈업체별 품목 금액〉

구분		한 벌당 가격(원)
A업체	티셔츠	6,000
	카라 티셔츠	8,000
B업체	티셔츠	7,000
	후드 집업	10,000
	맨투맨	9,000

〈구성원 품목 선호도〉

순위	품목
1	카라 티셔츠
2	티셔츠
3	후드 집업
4	맨투맨

조건

- 구성원의 선호도를 우선으로 품목을 선택한다.
- 구매 금액이 총 30만 원 이상이면 총금액에서 5% 할인을 해준다.
- 차순위 품목이 1순위 품목보다 총금액이 20% 이상 저렴하면 차순위를 선택한다.

① 티셔츠, A업체
② 카라 티셔츠, A업체
③ 티셔츠, B업체
④ 후드 집업, B업체
⑤ 맨투맨, B업체

04 **Z회사는 현재 22,000원에 판매하고 있는 A제품의 판매 이익을 높이기 위해 다양한 방식을 고민하고 있다. 다음 A제품에 대한 정보를 참고할 때, A제품의 판매 이익을 가장 많이 높일 수 있는 방법으로 옳은 것은?**

〈A제품 정보〉

• 개당 소요 비용

재료비	생산비	광고비
2,500원	4,000원	1,000원

• A/S 관련 사항
- 고객의 무료 A/S요청 시 회사는 1회당 3,000원을 부담해야 한다.
- 무료 A/S는 구매 후 단 1회에 한해 제공된다.
- 판매되는 제품 중 무료 A/S가 요구되는 제품의 비율은 15%이다.

• (판매 이익)=(판매량)×(판매가격)−[(재료비)+(생산비)+(광고비)+{(A/S 부담 비용)×(A/S 비율)}]

① 재료비를 25% 감소시킨다.
② 생산비를 10% 감소시킨다.
③ 광고비를 50% 감소시킨다.
④ A/S 부담 비용을 20% 감소시킨다.
⑤ A/S 비율을 5%p 감소시킨다.

PART 1

04 | 인원 선발

| 유형분석 |

- 인적 자원과 관련된 다양한 정보를 활용하여 풀어 가는 문제이다.
- 주로 근무명단, 휴무일, 업무할당 등의 주제로 다양한 정보를 활용하여 종합적으로 풀어 가는 문제가 출제된다.

다음 자료를 토대로 하루 동안 고용할 수 있는 최대 인원은?

구분	항목	금액
총예산	본예산	500,000원
	예비비	100,000원
고용비	1인당 수당	50,000원
	산재보험료	(수당)×0.504%
	고용보험료	(수당)×1.3%

① 10명　② 11명
③ 12명　④ 13명
⑤ 14명

정답 ②

(하루 1인당 고용비)=(1인당 수당)+(산재보험료)+(고용보험료)
=50,000+(50,000×0.504%)+(50,000×1.3%)
=50,000+252+650=50,902원
(하루에 고용할 수 있는 인원 수)=[(본예산)+(예비비)]÷(하루 1인당 고용비)
=600,000÷50,902≒11.8
따라서 하루 동안 고용할 수 있는 최대 인원은 11명이다.

풀이 전략!

문제에서 신입사원 채용이나 인력배치 등의 주제가 출제될 경우에는 주어진 규정 혹은 규칙을 꼼꼼히 확인하여야 한다. 이를 근거로 각 선택지가 어긋나지 않는지 검토하며 문제를 풀어 간다.

대표기출유형 04 기출응용문제

01 다음은 팀원들을 적절한 위치에 효과적으로 배치하기 위한 3가지 원칙에 대한 글이다. 빈칸 ㉠ ~ ㉣에 들어갈 말을 바르게 연결한 것은?

> ___㉠___는 개인에게 능력을 발휘할 수 있는 기회와 장소를 부여하고, 그 성과를 바르게 평가한 뒤 평가된 실적에 대해 그에 상응하는 보상을 주는 원칙을 말한다. 이때, 미래에 개발 가능한 능력까지도 함께 고려해야 한다. 반면, ___㉡___는 팀의 효율성을 높이기 위해 팀원을 그의 능력이나 성격 등과 가장 적합한 위치에 배치하여 팀원 개개인의 능력을 최대로 발휘해 줄 것을 기대하는 것이다. 즉, 작업이나 직무가 요구하는 요건과 개인이 보유하고 있는 조건이 서로 균형 있고 적합하게 대응되어야 한다. 결국 ___㉢___는 ___㉣___의 하위개념이라고 할 수 있다.

	㉠	㉡	㉢	㉣
①	능력주의	적재적소주의	적재적소주의	능력주의
②	능력주의	적재적소주의	능력주의	적재적소주의
③	적재적소주의	능력주의	능력주의	적재적소주의
④	적재적소주의	능력주의	적재적소주의	능력주의
⑤	능력주의	균형주의	균형주의	능력주의

PART 1

※ 다음은 P병원의 인재 채용 조건과 입사를 지원한 A ~ E 다섯 명의 지원자에 대한 자료이다. 이어지는 질문에 답하시오. [2~3]

〈인재 채용 조건〉

- 직원의 평균 연령대를 고려하여 1986년 이후 출생자만 채용한다.
- 경영 · 경제 · 회계 · 세무학 전공자이면서 2년 이상의 경력을 지닌 지원자만 채용한다.
- 지원자의 예상 출퇴근 소요시간을 10분당 1점, 희망연봉을 100만 원당 1점으로 계산하여 총평가 점수가 낮은 사람의 순으로 채용을 고려한다.

〈A ~ E지원자의 상세 정보〉

구분	A	B	C	D	E
출생연도	1988년	1982년	1993년	1990년	1994년
전공학과	경제학과	경영학과	회계학과	영문학과	세무학과
경력	5년	8년	2년	3년	1년
예상 출퇴근 소요시간	1시간	40분	1시간 30분	20분	30분
희망연봉	3,800만 원	4,200만 원	3,600만 원	3,000만 원	3,200만 원

02 A ~ E 다섯 명의 지원자 중 단 1명을 채용한다고 할 때, 다음 중 P병원이 채용할 사람은?

① A
② B
③ C
④ D
⑤ E

03 P병원의 인재 채용 조건이 다음과 같이 변경되어 A ~ E 다섯 명의 지원자 중 단 1명을 채용한다고 할 때, 다음 중 P병원이 채용할 사람은?

〈인재 채용 조건〉

- 직원들과의 관계를 고려하여 1991년 이후 출생자만 채용한다.
- 2년 이상의 경력자라면 전공과 상관없이 채용한다(단, 2년 미만의 경력자는 경영 · 경제 · 회계 · 세무학을 전공해야만 한다).
- 지원자의 예상 출퇴근 소요시간을 10분당 3점, 희망연봉을 100만 원당 2점으로 계산하여 평가한다. 이때, 경력 1년당 5점을 차감하며, 경영 · 경제 · 회계 · 세무학 전공자의 경우 30점을 차감한다. 총평가 점수가 낮은 사람의 순으로 채용을 고려한다.

① A
② B
③ C
④ D
⑤ E

※ 다음은 K병원의 상반기 공개채용을 통해 채용된 신입사원 정보와 부서별 팀원 선호사항에 대한 자료이다. 이어지는 질문에 답하시오. [4~5]

〈신입사원 정보〉

성명	성별	경력	어학 능력	전공	운전면허	필기점수	면접점수
장경인	남자	3년	–	회계학과	○	80점	77점
이유지	여자	–	영어, 일본어	영문학과	○	76점	88점
이현지	여자	5년	일본어	국어국문학과	○	90점	83점
김리안	남자	1년	중국어	컴퓨터학과	×	84점	68점
강주환	남자	7년	영어, 중국어, 프랑스어	영문학과	○	88점	72점

〈부서별 팀원 선호사항〉

- 회계팀 : 경영학, 경제학, 회계학 전공자와 운전면허 소지자를 선호함
- 운영팀 : 일본어 능통자와 운전면허 소지자를 선호하며, 면접점수를 중요시함
- 고객팀 : 경력 사항을 중요시하되, 남성보다 여성을 선호함
- 기획팀 : 다양한 언어 사용자를 선호함
- 인사팀 : 컴퓨터 활용 능력이 뛰어난 사람을 선호함

04 부서별 팀원 선호사항을 고려하여 신입사원을 배치한다고 할 때, 해당 부서에 따른 신입사원의 배치가 가장 적절한 것은?

① 회계팀 – 김리안
② 운영팀 – 강주환
③ 인사팀 – 장경인
④ 기획팀 – 이유지
⑤ 고객팀 – 이현지

05 신입사원을 부서별로 배치할 때 다음과 같은 부서 배치 기준이 정해진다면, 어느 부서에도 배치될 수 없는 신입사원은?

〈부서 배치 기준〉

- 회계팀 : 경영학, 경제학, 회계학, 통계학 중 하나를 반드시 전공해야 한다.
- 운영팀 : 면접점수가 85점 이상이어야 한다.
- 고객팀 : 5년 이상의 경력을 지녀야 한다.
- 기획팀 : 영어를 사용할 수 있어야 한다.
- 인사팀 : 필기점수가 85점 이상이어야 한다.

① 장경인
② 이유지
③ 이현지
④ 김리안
⑤ 강주환

PART 1

CHAPTER 05

정보능력

합격 Cheat Key

정보능력은 업무를 수행함에 있어 기본적인 컴퓨터를 활용하여 필요한 정보를 수집, 분석, 활용하는 능력을 의미한다. 또한 업무와 관련된 정보를 수집하고, 이를 분석하여 의미 있는 정보를 얻는 능력이다. 국가직무능력표준에 따르면 정보능력의 세부 유형은 컴퓨터 활용·정보 처리로 나눌 수 있다.

1 평소에 컴퓨터 활용 스킬을 틈틈이 익혀라!

윈도우(OS)에서 어떠한 설정을 할 수 있는지, 응용프로그램(엑셀 등)에서 어떠한 기능을 활용할 수 있는지를 평소에 직접 사용해 본다면 문제를 보다 수월하게 해결할 수 있다. 여건이 된다면 컴퓨터 활용 능력에 관련된 자격증 공부를 하는 것도 이론과 실무를 익히는 데 도움이 될 것이다.

2 문제의 규칙을 찾는 연습을 하라!

일반적으로 코드체계나 시스템 논리체계를 제공하고 이를 분석하여 문제를 해결하는 유형이 출제된다. 이러한 문제는 문제해결능력과 같은 맥락으로 규칙을 파악하여 접근하는 방식으로 연습이 필요하다.

3 현재 보고 있는 그 문제에 집중하라!

정보능력의 모든 것을 공부하려고 한다면 양이 너무나 방대하다. 그렇기 때문에 수험서에서 본인이 현재 보고 있는 문제들을 집중적으로 공부하고 기억하려고 해야 한다. 그러나 엑셀의 함수 수식, 연산자 등 암기를 필요로 하는 부분들은 필수적으로 암기를 해서 출제가 되었을 때 오답률을 낮출 수 있도록 한다.

4 사진 · 그림을 기억하라!

컴퓨터 활용 능력을 파악하는 영역이다 보니 컴퓨터 속 옵션, 기능, 설정 등의 사진 · 그림이 문제에 같이 나오는 경우들이 있다. 그런 부분들은 직접 컴퓨터를 통해서 하나하나 확인을 하면서 공부한다면 더 기억에 잘 남게 된다. 조금 귀찮더라도 한 번씩 클릭하면서 확인을 해보도록 한다.

01 정보 이해

| 유형분석 |

- 정보능력 전반에 대한 이해를 확인하는 문제이다.
- 정보능력 이론이나 새로운 정보 기술에 대한 문제가 자주 출제된다.

다음 중 정보의 가공 및 활용에 대한 설명으로 옳지 않은 것은?

① 정보는 원형태 그대로 혹은 가공하여 활용할 수 있다.
② 수집된 정보를 가공하여 다른 형태로 재표현하는 방법도 가능하다.
③ 정적정보의 경우, 이용한 이후에도 장래활용을 위해 정리하여 보존한다.
④ 비디오테이프에 저장된 영상정보는 동적정보에 해당한다.
⑤ 동적정보는 입수하여 처리 후에는 해당 정보를 즉시 폐기해도 된다.

정답 ④
저장매체에 저장된 자료는 시간이 지나도 언제든지 동일한 형태로 재생이 가능하므로 정적정보에 해당한다.

오답분석
① 정보는 원래 형태 그대로 활용하거나, 분석, 정리 등 가공하여 활용할 수 있다.
② 정보를 가공하는 것뿐 아니라 일정한 형태로 재표현하는 것도 가능하다.
③ 시의성이 사라지면 정보의 가치가 떨어지는 동적정보와 달리 정적정보의 경우, 이용 후에도 장래에 활용을 하기 위해 정리하여 보존하는 것이 좋다.
⑤ 동적정보의 특징은 입수 후 처리한 경우에는 폐기하여도 된다는 것이다. 오히려 시간의 경과에 따라 시의성이 점점 떨어지는 동적정보를 축적하는 것은 비효율적이다.

풀이 전략!

자주 출제되는 정보능력 이론을 확인하고, 확실하게 암기해야 한다. 특히 새로운 정보 기술이나 컴퓨터 전반에 대해 관심을 가지는 것이 좋다.

대표기출유형 01 기출응용문제

01 다음 글의 빈칸에 공통으로 들어갈 단어로 가장 적절한 것은?

> ________은/는 '언제 어디에나 존재한다.'는 뜻의 라틴어로, 사용자가 컴퓨터나 네트워크를 의식하지 않고 장소에 상관없이 자유롭게 네트워크에 접속할 수 있는 환경을 말한다. 그리고 컴퓨터 관련 기술이 생활 구석구석에 스며들어 있음을 뜻하는 '퍼베이시브 컴퓨팅(Pervasive Computing)'과 같은 개념이다.
> ________화가 이루어지면 가정·자동차는 물론, 심지어 산 꼭대기에서도 정보기술을 활용할 수 있고, 네트워크에 연결되는 컴퓨터 사용자의 수도 늘어나 정보기술산업의 규모와 범위도 그만큼 커지게 된다. 그러나 ________ 네트워크가 이루어지기 위해서는 광대역통신과 컨버전스 기술의 일반화, 정보기술 기기의 저가격화 등 정보기술의 고도화가 전제되어야 한다. 그러나 ________은/는 휴대성과 편의성뿐 아니라 시간과 장소에 구애받지 않고도 네트워크에 접속할 수 있다는 장점 때문에 현재 세계적인 개발 경쟁이 일고 있다.

① 유비쿼터스(Ubiquitous)
② AI(Artificial Intelligence)
③ 딥 러닝(Deep Learning)
④ 블록체인(Block Chain)
⑤ P2P(Peer to Peer)

02 다음 중 컴퓨터 바이러스에 대한 설명으로 옳지 않은 것은?

① 사용자가 인지하지 못한 사이 자가 복제를 통해 다른 정상적인 프로그램을 감염시켜 해당 프로그램이나 다른 데이터 파일 등을 파괴한다.
② 보통 소프트웨어 형태로 감염되나 메일이나 첨부파일은 감염의 확률이 매우 낮다.
③ 인터넷의 공개 자료실에 있는 파일을 다운로드하여 설치할 때 감염될 수 있다.
④ 온라인 채팅이나 인스턴트 메신저 프로그램을 통해서 전파되기도 한다.
⑤ 소프트웨어뿐만 아니라 하드웨어의 성능에도 영향을 미칠 수 있다.

02 엑셀 함수

| 유형분석 |

- 컴퓨터 활용과 관련된 상황에서 문제를 해결하기 위한 행동이 무엇인지 묻는 문제이다.
- 주로 업무수행 중에 많이 활용되는 대표적인 엑셀 함수(COUNTIF, ROUND, MAX, SUM, COUNT, AVERAGE …)가 출제된다.
- 종종 엑셀시트를 제시하여 각 셀에 들어갈 함수식이 무엇인지 고르는 문제가 출제되기도 한다.

다음 시트에서 판매수량과 추가판매의 합계를 구하기 위해서 [B6] 셀에 들어갈 수식으로 옳은 것은?

	A	B	C
1	일자	판매수량	추가판매
2	06월19일	30	8
3	06월20일	48	
4	06월21일	44	
5	06월22일	42	12
6	합계	184	

① =SUM(B2,C2,C5)
② =LEN(B2:B5, 3)
③ =COUNTIF(B2:B5,">=12")
④ =SUM(B2:B5)
⑤ =SUM(B2:B5,C2,C5)

정답 ⑤

「=SUM(합계를 구할 처음 셀:합계를 구할 마지막 셀)」으로 표시해야 한다. 판매수량과 추가판매를 더하는 것은 비연속적인 셀을 더하는 것이므로 연속하는 영역을 입력하고 ','로 구분해 준 다음 영역을 다시 지정해야 한다. 따라서 [B6] 셀에 작성해야 할 수식으로는 「=SUM(B2:B5,C2,C5)」이 옳다.

풀이 전략!

제시된 상황에서 사용할 엑셀 함수가 무엇인지 파악한 후, 선택지에서 적절한 함수식을 골라 식을 만들어야 한다. 평소 대표적으로 문제에 자주 출제되는 몇몇 엑셀 함수를 익혀두면 풀이시간을 단축할 수 있다.

대표기출유형 02 기출응용문제

※ 귀하는 지점별 매출 및 매입 현황을 정리하고 있다. 다음 자료를 보고 이어지는 질문에 답하시오. [1~2]

	A	B	C	D	E	F
1	지점명	매출	매입			
2	주안점	2,500,000	1,700,000			
3	동암점	3,500,000	2,500,000		최대 매출액	
4	간석점	7,500,000	5,700,000		최소 매출액	
5	구로점	3,000,000	1,900,000			
6	강남점	4,700,000	3,100,000			
7	압구정점	3,000,000	1,500,000			
8	선학점	2,500,000	1,200,000			
9	선릉점	2,700,000	2,100,000			
10	교대점	5,000,000	3,900,000			
11	서초점	3,000,000	1,900,000			
12	합계					

01 다음 중 매출과 매입의 합계를 구할 때 사용할 함수는?

① REPT
② CHOOSE
③ SUM
④ AVERAGE
⑤ DSUM

02 다음 중 [F3] 셀을 구하는 함수식으로 옳은 것은?

① =MIN(B2:B11)
② =MAX(B2:C11)
③ =MIN(C2:C11)
④ =MAX(C2:C11)
⑤ =MAX(B2:B11)

03 프로그램 언어(코딩)

| 유형분석 |

- 프로그램의 실행 결과를 코딩을 통해 파악하여 이를 풀이하는 문제이다.
- 대체로 문제에서 규칙을 제공하고 있으며, 해당 규칙을 적용하여 새로운 코드번호를 만들거나 혹은 만들어진 코드번호를 해석하는 등의 문제가 출제된다.

다음 C 프로그램의 실행 결과에서 p의 값으로 옳은 것은?

```
#include <stdio.h>
int main()
{
    int x, y, p;
    x = 3;
    y = x ++;
    printf("x = %d y = %d\n", x, y);
    x = 10;
    y = ++x;
    printf("x = %d y = %d\n", x, y);
    p = ++x++y++;
    printf("x = %d y = %d\n", x, y);
    printf("p = %d\n", p);
    return 0;
 }
```

① p=22 ② p=23

③ p=24 ④ p=25

정답 ②

x값을 1 증가하여 x에 저장하고, 변경된 x값과 y값을 덧셈한 결과를 p에 저장한 후 y값을 1 증가하여 y에 저장한다.
따라서 x=10+1=11, y=x+1=12 → p=x+y=23이다.

풀이 전략!

문제에서 실행 프로그램 내용이 주어지면 핵심 키워드를 확인한다. 코딩 프로그램을 통해 요구되는 내용을 알아맞혀 정답 유무를 판단한다.

대표기출유형 03 기출응용문제

01 다음 프로그램을 실행하면 [2]로 결과가 나오도록 작성하려고 한다. 빈칸 ㉠, ㉡에 들어갈 명령어를 순서대로 바르게 나열한 것은?

```
#include <stdio.h>
main()
{
    int num = 2;

        ___㉠___ (num)            {
        ___㉡___ 1:
                printf("1₩n");
                break;

        ___㉡___ 2:
                printf("2₩n");
                break;

        ___㉡___ 3:
                printf("3₩n");
                break;
        default:
                printf("1, 2, 3 중에서 하나를 입력해 주세요.");
                break;
        }
}
```

	㉠	㉡
①	if	case
②	if	else
③	switch	else
④	switch	case
⑤	switch	break

PART 1

02 다음 프로그램의 실행 결과로 옳은 것은?

```
#include <stdio.h>
void main() {
    int temp = 0;
    int i = 10;

    temp = i++;
    temp = i--;

    printf("%d, %d", temp, i);
}
```

① 10, 10
② 11, 10
③ 11, 11
④ 10, 11
⑤ 0, 10

03 다음 파이썬 프로그램의 실행 결과로 옳은 것은?

```
>>> print ("1", "2", "3", "4", "5")
```

① 1
② 12345
③ 122333444555
④ 1 2 3 4 5
⑤ 1, 2, 3, 4, 5

04 다음 프로그램의 실행 결과로 옳은 것은?

```
#include 〈stdio.h〉

void func(void);
int a = 5;

int main(void)
{
        a = 10;
        func();
        printf("%d", a);

        return 0;
}

void func(void)
{
        a = 15;
}
```

① 2
② 5
③ 10
④ 15
⑤ 50

PART 1

CHAPTER 06

대인관계능력

합격 Cheat Key

대인관계능력은 직장생활에서 접촉하는 사람들과 원만한 관계를 유지하고 조직구성원들에게 도움을 줄 수 있으며 조직 내부 및 외부의 갈등을 원만히 해결하고 고객의 요구를 충족할 수 있는 능력을 의미한다. 또한, 직장생활을 포함한 일상에서 스스로를 관리하고 개발하는 능력을 말한다. 세부 유형은 팀워크, 갈등 관리, 협상, 고객 서비스로 나눌 수 있다.

1 일반적인 수준에서 판단하라!

일상생활에서의 대인관계를 생각하면서 문제에 접근하면 어렵지 않게 풀 수 있다. 그러나 수험생들 입장에서 직장 내에서의 상황, 특히 역할(직위)에 따른 대인관계를 묻는 문제는 까다롭게 느껴질 수 있고 일상과는 차이가 있을 수 있기 때문에 이런 유형에 대해서는 따로 알아둘 필요가 있다.

2 이론을 먼저 익혀라!

대인관계능력 이론을 접목한 문제가 종종 출제된다. 물론 상식 수준에서도 풀 수 있지만 정확하고 신속하게 해결하기 위해서는 이론을 정독한 후 자주 출제되는 부분들은 암기를 필수로 해야 한다. 자주 출제되는 부분은 리더십과 멤버십의 차이, 단계별 협상 과정, 고객 불만 처리 프로세스 등이 있다.

3 실제 업무에 대한 이해를 높여라!

출제되는 문제의 수는 많지 않으나, 고객과의 접점에 있는 서비스직군 시험에 출제될 가능성이 높은 영역이다. 특히 상황 제시형 문제들이 많이 출제되므로 실제 업무에 대한 이해를 높여야 한다.

4 애매한 유형의 빈출 문제, 선택지를 파악하라!

대인관계능력의 출제 문제들을 보면 이것도 맞고, 저것도 맞는 것 같은 선택지가 많다. 하지만 정답은 하나이다. 출제자들은 대인관계능력이란 공부를 통해 얻는 것이 아닌 본인의 독립적인 성품으로부터 자연스럽게 나오는 것이라고 생각한다. 수험생들이 선택하는 보기로 그 수험생들을 파악한다. 그러므로 대인관계능력은 빈출 유형의 문제와 선택지를 파악하고 가는 것이 애매한 문제들의 정답률을 높이는 데 도움이 될 것이다. 내가 맞다고 생각하는 선택지가 답이 아닐 가능성이 있기 때문이다.

01 팀워크

| 유형분석 |

- 팀워크에 대한 이해를 묻는 문제가 자주 출제된다.
- 직장 내 상황 중에서 구성원으로서 팀워크를 위해 어떤 행동을 해야 하는지 묻는 문제가 출제되기도 한다.

다음 사례에서 알 수 있는 효과적인 팀의 특징으로 가장 적절한 것은?

A, B, C가 함께 운영 중인 커피전문점은 현재 매출이 꾸준히 상승하고 있다. 매출 상승의 원인을 살펴보면 우선, A, B, C는 각자 자신이 해야 할 일이 무엇인지 정확하게 알고 있다. A는 커피를 제조하고 있으며, B는 디저트를 담당하고 있다. 그리고 C는 계산 및 매장관리를 전반적으로 맡고 있다. A는 고객들이 다시 생각나게 할 수 있는 독창적인 커피 맛을 위해 커피 블렌딩을 연구하고 있으며, B는 커피와 적합하고, 고객들의 연령에 맞는 다양한 디저트를 개발 중이다. 그리고 C는 A와 B가 자신의 업무에 집중할 수 있도록 적극적으로 지원하고 있다. 이처럼 A, B, C는 서로의 업무를 이해하면서 즐겁게 일하고 있으며, 이것이 매출 상승의 원인으로 작용하고 있는 것이다.

① 창조적으로 운영된다.
② 결과에 초점을 맞춘다.
③ 개인의 강점을 활용한다.
④ 역할을 명확하게 규정한다.
⑤ 의견의 불일치를 건설적으로 해결한다.

정답 ④

A, B, C는 각자 자신이 해야 할 일이 무엇인지 정확하게 알고 있으며, 서로의 역할도 이해하는 모습을 볼 수 있다. 이처럼 효과적인 팀은 역할을 명확하게 규정한다.

풀이 전략!

제시된 상황을 자신의 입장이라고 생각해 본 후, 가장 모범적이라고 생각되는 것을 찾아야 한다. 이때, 지나치게 자신의 생각만 가지고 문제를 풀지 않도록 주의하며, 팀워크에 대한 이론과 연관 지어 답을 찾도록 해야 한다.

대표기출유형 01 기출응용문제

01 **다음 중 팀워크에 대한 설명으로 적절하지 않은 것은?**

① 조직에 대한 이해 부족은 팀워크를 저해하는 요소이다.
② 팀워크를 유지하기 위해 구성원은 공동의 목표의식과 강한 도전의식을 가져야 한다.
③ 공동의 목적을 달성하기 위해 상호관계성을 가지고 협력하여 업무를 수행하는 것이다.
④ 사람들이 집단에 머물도록 만들고, 집단의 멤버로서 계속 남아있기를 원하게 만드는 힘이다.
⑤ 효과적인 팀은 갈등을 인정하고 상호신뢰를 바탕으로 건설적으로 해결한다.

02 **다음 두 사례를 보고 팀워크에 대해 바르지 않게 분석한 사람은?**

〈A사의 사례〉

A사는 1987년부터 1992년까지 품질과 효율 향상은 물론 생산 기간을 50%나 단축시키는 성과를 내었다. 모든 부서에서 품질 향상의 경쟁이 치열했고, 그 어느 때보다 좋은 팀워크가 만들어졌다고 평가되었다. 가장 성과가 우수하였던 부서는 미국의 권위 있는 볼드리지(Baldrige) 품질대상을 수상하기도 하였다. 그런데 이러한 개별 팀의 성과가 회사 전체의 성과나 주주의 가치로 잘 연결되지 못했던 것으로 분석되었다. 시장의 PC 표준 규격을 반영하지 않은 새로운 규격으로 인해 호환성 문제가 대두되었고, 대중의 외면을 받아야만 했다. 한 임원은 "아무리 빨리, 제품을 잘 만들어도 고객의 가치를 반영하지 못하거나, 시장에서 고객의 접촉이 제대로 이루어지지 않으면 의미가 없다는 점을 배웠다."라고 말했다.

〈K병원의 사례〉

가장 정교하고 효과적인 팀워크가 요구되는 의료 분야에서 K병원은 최고의 의료 수준과 서비스로 명성을 얻고 있다. 이 병원의 조직 운영 기본 원칙에는 '우리 지역과 국가, 세계의 환자들의 니즈에 집중하는 최고의 의사, 연구원 및 의료 전문가의 협력을 기반으로 병원을 운영한다.'라고 명시되어 있다고 한다. 팀 간의 협력은 물론 전 세계의 고객을 지향하는 웅대한 가치를 공유하고 있는 것이다. K병원이 최고의 명성과 함께 노벨상을 수상하는 실력을 갖출 수 있었던 데에는 이러한 팀워크가 중요한 역할을 하였다고 볼 수 있다.

① 재영 : 개별 팀의 팀워크가 좋다고 해서 반드시 조직의 성과로 이어지는 것은 아니군.
② 건우 : 팀워크는 공통된 비전을 공유하고 있어야 해.
③ 수정 : 개인의 특성을 이해하고 개인 간의 차이를 중시해야 해.
④ 유주 : 팀워크를 지나치게 강조하다 보면 외부에 배타적인 자세가 될 수 있어.
⑤ 바위 : 역시 팀워크는 성과를 만드는 데 중요한 역할을 하네.

02 | 리더십

| 유형분석 |

- 리더십의 개념을 비교하는 문제가 자주 출제된다.
- 리더의 역할에 대한 문제가 출제되기도 한다.

다음은 리더와 관리자의 차이점을 설명한 글이다. 리더의 행동을 이해한 내용으로 옳지 않은 것은?

리더와 관리자의 가장 큰 차이점은 비전이 있고 없음에 있다. 또한 관리자의 역할이 자원을 관리・분배하고, 당면한 과제를 해결하는 것이라면, 리더는 비전을 선명하게 구축하고, 그 비전이 팀원들의 협력 아래 실현되도록 환경을 만들어 주는 것이다.

① 리더는 자신다움을 소중히 하며, 자신의 브랜드 확립에 적극적으로 임한다.
② 리더는 매일 새로운 것을 익혀 변화하는 세계 속에서 의미를 찾도록 노력한다.
③ 리더는 목표의 실현에 관련된 모든 사람들을 중시하며, 약속을 지켜 신뢰를 쌓는다.
④ 리더는 변화하는 세계 속에서 현재의 현상을 유지함으로써 조직이 안정감을 갖도록 한다.

정답 ④

리더는 혁신을 신조로 가지며, 일이 잘 될 때에도 더 좋아지는 방법이 있다면 변화를 추구한다. 반면, 관리자는 현재의 현상과 지금 잘하고 있는 것을 계속 유지하려하는 모습을 보인다.

리더와 관리자의 차이점

리더	관리자
• 새로운 상황을 창조한다.	• 상황에 수동적이다.
• 혁신지향적이다.	• 유지지향적이다.
• 내일에 초점을 둔다.	• 오늘에 초점을 둔다.
• 사람의 마음에 불을 지핀다.	• 사람을 관리한다.
• 사람을 중시한다.	• 체제나 기구를 중시한다.
• 정신적이다.	• 기계적이다.
• 계산된 리스크를 취한다.	• 리스크를 회피한다.
• '무엇을 할까?'를 생각한다.	• '어떻게 할까?'를 생각한다.

풀이 전략!

리더십의 개념을 비교하는 문제가 자주 출제되기 때문에 관련 개념을 정확하게 암기해야 하고, 조직 내에서의 리더의 역할에 대한 이해가 필요하다.

대표기출유형 02 기출응용문제

01 다음 중 리더와 관리자를 비교하여 분류한 내용으로 적절하지 않은 것은?

	리더	관리자
①	계산된 리스크(위험)를 수용한다.	리스크(위험)를 최대한 피한다.
②	'어떻게 할까?'를 생각한다.	'무엇을 할까?'를 생각한다.
③	사람을 중시한다.	체제・기구를 중시한다.
④	새로운 상황을 만든다.	현재 상황에 집중한다.
⑤	내일에 초점을 둔다.	오늘에 초점을 둔다.

02 다음은 리더십 유형 중 변혁적 리더를 소개한 내용이다. 이를 보고 알 수 있는 변혁적 리더의 특징으로 적절하지 않은 것은?

> 변혁적 리더는 전체 조직이나 팀원들에게 변화를 가져오는 원동력이다. 즉, 변혁적 리더는 개개인과 팀이 유지해온 이제까지의 업무수행 상태를 뛰어넘고자 한다.

① 카리스마
② 정보 독점
③ 풍부한 칭찬
④ 감화(感化)
⑤ 자기 확신

03 갈등 관리

| 유형분석 |

- 갈등의 개념이나 원인, 해결방법을 묻는 문제가 자주 출제된다.
- 실제 사례에 적용할 수 있는지를 확인하는 문제가 출제되기도 한다.
- 일반적인 상식으로 해결할 수 있는 문제가 출제되기도 하지만, 자의적인 판단에 주의해야 한다.

K사에 근무하는 사원 A씨는 최근 자신의 상사인 B대리 때문에 스트레스를 받고 있다. A씨가 공들여 작성한 기획서를 제출하면 B대리가 중간에서 매번 퇴짜를 놓기 때문이다. 이와 동시에 A씨는 자신에 대한 B대리의 감정이 좋지 않은 것 같아 마음이 더 불편하다. A씨가 직장 동료인 C씨에게 이러한 어려움을 토로했을 때, 다음 중 C씨가 A씨에게 해 줄 수 있는 조언으로 적절하지 않은 것은?

① 무엇보다 관계 갈등의 원인을 찾는 것이 중요하다.
② B대리님의 입장을 충분히 고려해 볼 필요가 있다.
③ B대리님과 마음을 열고 대화해 볼 필요가 있다.
④ B대리님과 누가 옳고 그른지 확실히 논쟁해 볼 필요가 있다.
⑤ 걱정되더라도 갈등 해결을 위해 피하지 말고 맞서야 한다.

정답 ④

갈등을 성공적으로 해결하기 위해서는 누가 옳고 그른지 논쟁하는 일은 피하는 것이 좋으며, 상대방의 양 측면을 모두 이해하고 배려하는 것이 중요하다.

풀이 전략!

문제에서 물어보는 내용을 정확하게 파악한 뒤, 갈등 관련 이론과 대조해 본다. 특히 자주 출제되는 갈등 해결방법에 대한 이론을 암기해 두면 문제 푸는 속도를 줄일 수 있다.

대표기출유형 03 기출응용문제

01 **신입사원 A씨는 갈등관리에 대한 책을 읽고 그 내용에 대해 정리해 보았다. 다음 중 이에 대한 설명으로 옳지 않은 것은?**

① 대화에 적극적으로 참여하고 있음을 드러내기 위해 상대방과 눈을 자주 마주친다.
② 어려운 문제여도 피하지 말고 맞서야 한다.
③ 자신의 의견을 명확하게 밝히고 지속적으로 강화한다.
④ 갈등이 인지되자마자 접근할 것이 아니라 가만히 두면 자연히 가라앉는 경우도 있기 때문에 시간을 두고 지켜보는 것이 좋다.
⑤ 모두에게 좋은 최선의 해결책을 찾는 것이 목표이기 때문에 타협하려고 애써야 한다.

02 **다음 중 갈등해결방법으로 적절한 것을 〈보기〉에서 모두 고르면?**

> 보기
> ㉠ 사람들이 당황하는 모습을 보는 것은 되도록 피한다.
> ㉡ 사람들과 눈을 자주 마주친다.
> ㉢ 어려운 문제는 피하지 말고 맞선다.
> ㉣ 논쟁을 통해 해결한다.
> ㉤ 어느 한쪽으로 치우치지 않는다.

① ㉠, ㉡, ㉣
② ㉠, ㉢, ㉤
③ ㉡, ㉢, ㉣
④ ㉡, ㉢, ㉤
⑤ ㉢, ㉣, ㉤

03 **어느 날 A사원은 상사인 B부장에게서 업무와는 관련이 없는 물건을 대신 구입해 달라는 심부름을 부탁받았고, 부탁한 물건을 사기 위해 가게를 몇 군데나 돌아다녀야 했다. 회사에서 한참이나 떨어진 가게에서 비로소 물건을 발견했지만, B부장이 말했던 가격보다 훨씬 비싸서 B부장이 준 돈 이외에도 자신의 돈을 보태서 물건을 사야 할 상황이다. 당신이 A사원이라면 어떻게 할 것인가?**

① B부장에게 불만을 토로하며 다시는 잔심부름을 시키지 않을 것임을 약속하도록 한다.
② B부장의 책상 위에 영수증과 물건을 덩그러니 놓아둔다.
③ 물건을 사지 말고 그대로 돌아와 B부장에게 물건이 없었다고 거짓말한다.
④ 있었던 일을 사실대로 말하고, 자신이 보탠 만큼의 돈을 다시 받도록 한다.
⑤ 물건을 사지 않고 돌아와 말씀하신 가격과 달라 사지 않았으니 퇴근 후 가보시라고 말한다.

04 고객 서비스

| 유형분석 |

- 고객불만을 효과적으로 처리하기 위한 과정이나 방법에 대한 문제이다.
- 고객불만 처리 프로세스에 대한 숙지가 필요하다.

다음 중 고객만족관리의 필요성에 대한 설명으로 옳지 않은 것은?

① 고객만족은 기업의 단골 증대로 이어지며 공생의 개념과 관계가 있다.
② 경제성장으로 인해 고객의 욕구는 더욱 진화하였으며, 기대수준 또한 높아졌다.
③ 기업의 제품이나 서비스에 대해 만족한 고객의 구전이 신규고객의 창출로 이어진다.
④ 기업의 제품이나 서비스의 불만족은 고객이탈로 이어지지 않으나 기업 이미지에 큰 영향을 미친다.
⑤ 불만족 고객의 대부분은 회사가 적극적인 자세로 신속하게 해결해 줄 경우 재거래율이 높아진다.

정답 ④

기업의 제품이나 서비스의 불만족은 고객이탈로 이어질 수 있다.

풀이 전략!

제시된 상황이나 고객 유형을 정확하게 파악해야 하고, 고객불만 처리 프로세스를 토대로 갈등을 해결해야 한다.

01 **다음 중 영업사원으로서 고객정보 수집 과정에 있어 중요한 내용으로 적절하지 않은 것은?**

① 고객정보를 수집할 때에는 그 정보가 필요한 이유와 목적을 미리 안내하여야 한다. 그래야 고객도 적극적으로 자신의 정보를 제공해주기 때문이다.
② 고객정보는 상품 상담을 위해서 수집하는 것이며, 비밀은 반드시 보장됨을 안내하여 고객을 안심시켜 드려야 한다.
③ 고객의 입장에서 우호적인 분위기를 만들되 사무적이거나 심문하는 듯한 말투는 삼가야 한다.
④ 고객과 커뮤니케이션을 할 때에는 고객이 답하기 쉬운 내용과 질문법을 이용하여야 한다. 주로 '예, 아니요' 등의 간단한 답변을 할 수 있는 질문을 많이 활용하는 것이 좋다.
⑤ 고객정보는 정확해야 하므로 큰 소리로 대화하도록 해야 한다.

02 **K은행의 행원인 귀하는 새로 입사한 A가 은행 업무에 잘 적응할 수 있도록 근무 지도를 하고 있다. 다음 상황을 토대로 귀하가 A에게 지도할 사항으로 적절하지 않은 것은?**

A : 안녕하십니까? 고객님. 어떤 업무를 도와드릴까요?(자리에서 앉아 컴퓨터 모니터를 응시한 채로 고객을 반김)
고객 : 지난 한 달간 제가 거래한 내역이 필요해서요. 발급이 가능한가요?
A : 네, 지난 한 달간 은행 입출금 거래내역서 발급을 도와드리겠습니다. 신분증을 확인할 수 있을까요?
고객 : 여기 있습니다.
A : 네, 감사합니다(응대용 접시에서 신분증만 회수함). 1월 1일부터 1월 30일까지 거래내역을 조회해 드리면 될까요?
고객 : 네. 그리고 체크카드 신청도….
A : 우선 먼저 요청하신 거래내역서를 발급해 드리고 다른 업무를 도와드리겠습니다.
고객 : 알겠습니다.
A : (거래내역서 인쇄 중) 거래내역서 발급 시에는 2천 원의 수수료가 발생합니다.

① 고객이 다가오면 하는 일을 멈추고 고객을 응시하여야 합니다.
② 고객을 맞이할 때에는 되도록이면 자리에서 일어나 밝은 모습으로 반기도록 합니다.
③ 업무에 필요한 고객의 물품을 가져갈 때에는 응대용 접시와 함께 회수하도록 합니다.
④ 고객과 대화할 때에는 고객의 말을 끊지 않도록 합니다.
⑤ 업무 처리와 관련하여 고객이 알아야 할 모든 사항은 업무가 완료된 후에 전달해야 합니다.

03 **다음은 고객불만 처리 프로세스 8단계를 나타낸 자료이다. 이를 참고하여 아래와 같이 B사원의 고객불만 처리 대응을 볼 때, 고객불만 처리 프로세스 8단계에서 B사원이 빠뜨린 항목은?**

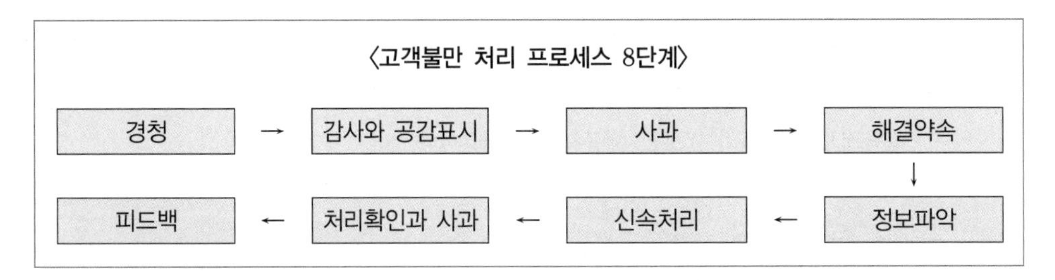

B사원 : 안녕하세요. ○○쇼핑몰입니다. 무엇을 도와드릴까요?
고객 : 아 정말, 제가 고른 옷 사이즈랑 다른 사이즈가 왔는데 이거 어떻게 해결할 건가요? 3일 후에 이 옷 입고 소개팅 나가려고 했는데 정말 답답하네요. 당장 보상하세요!
B사원 : 고객님, 주문하신 옷이 잘못 배송되었나보군요. 화내시는 점 충분히 이해합니다. 정말 죄송합니다.
고객 : 아니, 그래서 어떻게 해결할 건데요.
B사원 : 네 고객님, 우선 최대한 빠른 시일 내로 교환해 드릴 수 있도록 최선을 다하겠습니다. 우선 제가 고객님의 구매 내역과 재고 확인을 해보고 등록하신 번호로 다시 연락드리겠습니다. 전화 끊고 잠시만 기다려 주시기 바랍니다.

(구매 내역과 재고를 확인하고 10분 후, B사원은 고객에게 다시 전화를 건다)

고객 : 여보세요.
B사원 : 고객님 안녕하세요. ○○쇼핑몰입니다. 재고 확인 결과 다행히 사이즈가 남아있어서 오늘 바로 배송해 드릴 예정입니다. 오늘 배송 시 내일 도착 예정이어서 말씀하셨던 약속 날짜 전에 옷을 받으실 수 있을 겁니다. 잘못 보내드린 옷은 택배를 받으실 때 반송 처리해 주시면 되겠습니다. 정말 죄송합니다.
고객 : 다행이네요. 일단 알겠습니다. 앞으로 조심 좀 해주세요.

(B사원은 통화를 끝내고, 배송이 잘못된 원인과 자신의 응대에 잘못이 없었는지 확인한다)

① 감사와 공감표시
② 사과
③ 해결약속
④ 정보파악
⑤ 처리확인과 사과

04 K통신회사에서 상담원으로 근무하는 A씨는 다음과 같은 문의 전화를 받게 되었다. 이에 대해서 A씨가 고객을 응대하는 방법으로 적절하지 않은 것은?

> A사원 : 안녕하세요. K통신입니다. 무엇을 도와드릴까요?
> 고객 : 인터넷이 갑자기 안 돼서 너무 답답해요. 좀 빨리 해결해 주세요. 지금 당장요!
> A사원 : 네, 고객님 최대한 빠르게 처리해 드리겠습니다.
> 고객 : 확실해요? 언제 해결 가능하죠? 빨리 좀 부탁합니다.

① 현재 업무 절차에 대해 설명해 주면서 시원스럽게 업무 처리하는 모습을 보여준다.
② 고객이 문제 해결에 대해 의심하지 않도록 확신감을 가지고 말한다.
③ "글쎄요.", "아마"와 같은 표현으로 고객이 흥분을 가라앉힐 때까지 시간을 번다.
④ 정중한 어조를 통해 고객의 흥분을 가라앉히도록 노력한다.
⑤ 고객의 이야기를 경청하고, 공감해 주면서 업무 진행을 위한 고객의 협조를 유도한다.

CHAPTER 07

조직이해능력

합격 Cheat Key

조직이해능력은 업무를 원활하게 수행하기 위해 조직의 체제와 경영을 이해하고 국제적인 추세를 이해하는 능력이다. 현재 많은 대학병원 · 의료원에서 출제 비중을 높이고 있는 영역이기 때문에 미리 대비하는 것이 중요하다. 실제 업무 능력에서 조직이해능력을 요구하기 때문에 중요도는 점점 높아 질 것이다.

세부 유형은 조직 체제 이해, 경영 이해, 업무 이해, 국제 감각으로 나눌 수 있다. 조직도를 제시하는 문제가 출제되거나 조직의 체계를 파악해 경영의 방향성을 예측하고, 업무의 우선순위를 파악하는 문제가 출제된다.

1 문제 속에 정답이 있다!

경력이 없는 경우 조직에 대한 이해가 낮을 수밖에 없다. 그러나 문제 자체가 실무적인 내용을 담고 있어도 문제 안에는 해결의 단서가 주어진다. 부담을 갖지 않고 접근하는 것이 중요하다.

2 경영 · 경제학원론 정도의 수준은 갖추도록 하라!

지원한 직군마다 차이는 있을 수 있으나, 경영 · 경제이론을 접목시킨 문제가 꾸준히 출제되고 있다. 따라서 기본적인 경영 · 경제이론은 익혀 둘 필요가 있다.

3 지원하는 대학병원 · 의료원의 조직도를 파악하라!

출제되는 문제는 각 대학병원 · 의료원의 세부내용일 경우가 많기 때문에 지원하는 대학병원 · 의료원의 조직도를 파악해 두어야 한다. 조직이 운영되는 방법과 전략을 이해하고, 조직을 구성하는 체제를 파악하고 간다면 조직이해능력에서 조직도가 나올 때 단기간에 문제를 풀 수 있을 것이다.

4 실제 업무에서도 요구되므로 이론을 익혀라!

각 대학병원 · 의료원의 직무 특성상 일부 영역에 중요도가 가중되는 경우가 있어서 많은 취업준비생들이 일부 영역에만 집중하지만, 실제 업무 능력에서 직업기초능력평가 10개 영역이 골고루 요구되는 경우가 많고, 현재는 필기시험에서도 조직이해능력을 출제하는 기관의 비중이 늘어나고 있기 때문에 미리 이론을 익혀 둔다면 모듈형 문제에서 고득점을 노릴 수 있다.

대표기출유형

01 경영 전략

| 유형분석 |

- 경영전략에서 대표적으로 출제되는 문제는 마이클 포터(Michael Porter)의 본원적 경쟁전략이다.
- 본원적 경쟁전략의 기본적인 이해와 구조를 물어보는 문제가 자주 출제되므로 전략별 특징 및 개념에 대한 이론 학습이 요구된다.

다음 사례에서 나타난 마이클 포터의 본원적 경쟁전략으로 가장 적절한 것은?

> 전자제품 시장에서 경쟁회사가 가격을 낮추는 저가 전략을 사용하여 점유율을 높이려 하자, 이에 맞서 오히려 고급 기술을 적용한 고품질 프리미엄 제품을 선보이고 서비스를 강화해 시장의 점유율을 높였다.

① 차별화 전략
② 원가우위 전략
③ 집중화 전략
④ 마케팅 전략
⑤ 비교우위 전략

정답 ①

마이클 포터의 본원적 경쟁전략

- 차별화 전략 : 조직이 생산품이나 서비스를 차별화하여 고객에게 가치가 있고 독특하게 인식되도록 하는 전략으로, 이를 활용하기 위해서는 연구개발이나 광고를 통하여 술, 품질, 서비스, 브랜드 이미지를 개선할 필요가 있다.
- 원가우위 전략 : 원가절감을 통해 해당 산업에서 우위를 점하는 전략으로, 이를 위해서는 대량생산을 통해 단위 원가를 낮추거나 새로운 생산기술을 개발할 필요가 있다.
- 집중화 전략 : 특정 시장이나 고객에게 한정된 전략으로, 특정 산업을 대상으로 한다. 즉, 경쟁 조직들이 소홀히 하고 있는 한정된 시장을 원가우위나 차별화 전략을 써서 집중 공략하는 방법이다.

풀이 전략!

> 대부분의 기업들은 마이클 포터의 본원적 경쟁전략을 사용하고 있다. 각 전략에 해당하는 대표적인 기업을 연결하고, 그들의 경영 전략을 상기하며 문제를 풀어보도록 한다.

대표기출유형 01 기출응용문제

01 **마이클 포터의 산업구조분석기법(5 Force Model)에 따라 반도체 산업의 구조를 분석한다고 할 때, 다음 중 ㉠~㉤에 해당하는 사례로 적절하지 않은 것은?**

> 포터의 산업구조분석기법에 따르면 특정 산업의 수익성 및 매력도는 산업의 구조적 특성에 의해 영향을 받으며, 이는 5가지 힘에 의해 결정된다고 보았다.
>
> ㉠ 공급자의 교섭력 ↓
> ㉡ 잠재적 진입 → ㉤ 산업 내의 경쟁 ← ㉣ 대체재의 위협
> ↑ ㉢ 구매자의 교섭력

① ㉠ : IT 시장의 지속적인 성장에 따라 반도체의 수요가 증가하면서 반도체 산업의 수익률도 증가하고 있다.
② ㉡ : 생산설비 하나를 설치하는 데에도 막대한 비용이 발생하는 반도체 산업에 투자할 수 있는 기업은 많지 않다.
③ ㉢ : 반도체 산업에는 컴퓨터 제조업자와 같은 대형 구매자가 존재한다.
④ ㉣ : 메모리형 반도체는 일상재로 품질과 디자인 면에서 어느 회사의 제품이든 별 차이가 없기 때문에 가격경쟁이 치열하다.
⑤ ㉤ : 비슷한 규모를 가진 세계적인 기업들의 치열한 경쟁이 반도체 산업의 수익률을 저하시킨다.

02 **다음 중 경영의 대표적인 구성요소인 4요소로 옳은 것은?**

① 경영목적, 인적자원, 자금, 마케팅
② 자금, 전략, 마케팅, 회계
③ 인적자원, 마케팅, 회계, 자금
④ 경영목적, 인적자원, 자금, 전략
⑤ 마케팅, 인적자원, 자금, 전략

03 다음 〈보기〉 중 제시된 협상 대화에서 바르게 대답한 사람은?

K사 : 안녕하세요. 다름이 아니라 현재 단가로는 더 이상 귀사에 납품하는 것이 어려울 것 같아 자재의 단가를 조금 올리고 싶어서요. 이에 대해 어떻게 생각하시나요?
대답 : ______________________________

보기

A : 지난 달 자재의 불량률이 너무 높은데 단가를 더 낮춰야 할 것 같습니다.
B : 저희도 이정도 가격은 꼭 받아야 해서요. 단가를 지금 이상 드리는 것은 불가능합니다.
C : 불량률을 3% 아래로 낮춰서 납품해 주시면 단가를 조금 올리도록 하겠습니다.
D : 단가를 올리면 저희 쪽에서 주문하는 수량이 줄어들 텐데, 귀사에서 괜찮을까요?
E : 단가에 대한 협상은 귀사의 사장님과 해 봐야 할 것 같네요.

① A ② B
③ C ④ D
⑤ E

04 다음은 경영전략 추진과정을 나타낸 내용이다. (가)에 대한 사례 중 그 성격이 다른 것은?

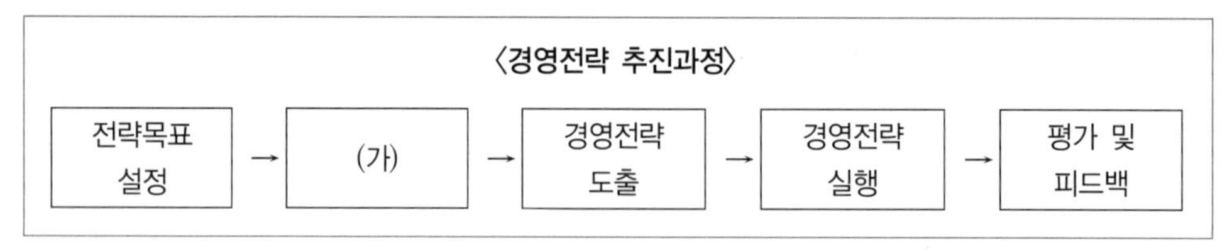

① 제품 개발을 위해 우리가 가진 예산의 현황을 파악해야 해.
② 우리 제품의 시장 개척을 위해 법적으로 문제가 없는지 확인해 봐야겠군.
③ 이번에 발표된 정부의 정책으로 우리 제품이 어떠한 영향을 받을 수 있는지 확인해 볼 필요가 있어.
④ 신제품 출시를 위해 경쟁사들의 동향을 파악해 봐야겠어.
⑤ 우리가 공급받고 있는 원재료들의 원가를 확인해 보자.

05 C는 취업스터디에서 기업 분석을 하다가 〈보기〉에서 제시하고 있는 기업의 경영 전략을 정리하였다. 다음 중 바르게 짝지어진 것은?

- 차별화 전략 : 가격 이상의 가치로 브랜드 충성심을 이끌어 내는 전략
- 원가우위 전략 : 업계에서 가장 낮은 원가로 우위를 확보하는 전략
- 집중화 전략 : 특정 세분시장만 집중공략하는 전략

보기

㉠ I기업은 S/W에 집중하기 위해 H/W의 한글전용 PC분야를 한국계기업과 전략적으로 제휴하고 회사를 설립해 조직체에 위양하였으며 이후 고유분야였던 S/W에 자원을 집중하였다.
㉡ B마트는 재고 네트워크를 전산화해 원가를 절감하고 양질의 제품을 최저가격에 판매하고 있다.
㉢ A호텔은 5성급 호텔로 하루 숙박비용이 상당히 비싸지만, 환상적인 풍경과 더불어 친절한 서비스를 제공하고 객실 내 제품이 모두 최고급으로 비치되어 있어 이용객들에게 높은 만족도를 준다.

	차별화 전략	원가우위 전략	집중화 전략
①	㉠	㉡	㉢
②	㉠	㉢	㉡
③	㉡	㉠	㉢
④	㉢	㉡	㉠
⑤	㉢	㉠	㉡

06 다음은 K화장품(주)의 신제품 판매 동향 보고서이다. 이 기업이 중점을 두어야 할 대책으로 가장 적절한 것은?

- 대상제품 : 새로 개발한 상황버섯 로션
- 영업활동 : 발매와 동시에 대규모 광고 시행
- 판매실적 : 예상판매 목표의 50% 미만으로 매우 부진
- 원인분석 : 소비자들이 자사 브랜드를 잘 알고 있지만 상황버섯의 독특한 향이 싫어서 판매실적이 부진한 것으로 보임

① 제품 특성을 개선한다.
② 판매 가격을 인하한다.
③ 판매 점포를 확대한다.
④ 홍보 자료를 배포한다.
⑤ 점포 인원을 확대한다.

02 조직 구조

| 유형분석 |

- 조직 구조 유형에 대한 특징을 물어보는 문제가 자주 출제된다.
- 기계적 조직과 유기적 조직의 차이점과 사례 등을 숙지하고 있어야 한다.
- 조직 구조 형태에 따라 기능적 조직, 사업별 조직으로 구분하여 출제되기도 한다.

다음 〈보기〉 중 기계적 조직의 특징으로 옳은 것을 모두 고르면?

보기

㉠ 변화에 맞춰 쉽게 변할 수 있다.
㉡ 상하 간 의사소통이 공식적인 경로를 통해 이루어진다.
㉢ 대표적으로 사내 벤처팀, 프로젝트팀이 있다.
㉣ 구성원의 업무가 분명하게 규정되어 있다.
㉤ 다양한 규칙과 규제가 있다.

① ㉠, ㉡, ㉢　② ㉠, ㉣, ㉤
③ ㉡, ㉢, ㉣　④ ㉡, ㉣, ㉤
⑤ ㉢, ㉣, ㉤

정답 ④

오답분석

㉠·㉢ 유기적 조직에 대한 설명이다.

- 기계적 조직
  - 구성원의 업무가 분명하게 규정되어 있고, 많은 규칙과 규제가 있다.
  - 상하 간 의사소통이 공식적인 경로를 통해 이루어진다.
  - 대표적으로 군대, 정부, 공공기관 등이 있다.
- 유기적 조직
  - 업무가 고전되지 않아 업무 공유가 가능하다.
  - 규제나 통제의 정도가 낮아 변화에 맞춰 쉽게 변할 수 있다.
  - 대표적으로 권한위임을 받아 독자적으로 활동하는 사내 벤처팀, 특정한 과제 수행을 위해 조직된 프로젝트팀 등이 있다.

풀이 전략!

조직 구조는 유형에 따라 기계적 조직과 유기적 조직으로 나눌 수 있다. 기계적 조직과 유기적 조직은 서로 상반된 특징을 가지고 있으며, 기계적 조직이 관료제의 특징과 비슷함을 파악하고 있다면, 이와 상반된 유기적 조직의 특징도 수월하게 파악할 수 있다.

대표기출유형 02 기출응용문제

01 다음은 K사 영업부에서 근무하는 S사원의 일일업무일지이다. 업무일지에 적힌 내용 중 영업부의 주요 업무로 적절하지 않은 것은 모두 몇 가지인가?

〈S사원의 일일업무일지〉

부서명	영업부	작성일자	2024년 9월 9일
작성자	S		
금일 업무 내용		명일 업무 내용	
• 시장 조사 계획 수립		• 신규 거래처 견적 작성 및 제출	
• 시장 조사 진행(출장)		• 전사 소모품 관리	
• 신규 거래처 개척		• 발주서 작성 및 발주	
• 판매 방침 및 계획 회의		• 사원 급여 정산	
• 전사 공채 진행		• 매입마감	

① 2가지
② 3가지
③ 4가지
④ 5가지
⑤ 6가지

02 다음 상황에서 K사가 해외 시장 개척을 앞두고 기존의 조직구조를 개편할 경우, K사가 추가해야 할 조직으로 적절하지 않은 것은?

K사는 몇 년 전부터 자체 기술로 개발한 제품의 판매 호조로 인해 기대 이상의 수익을 창출하게 되었다. 경쟁 업체들이 모방할 수 없는 독보적인 기술력을 앞세워 국내 시장을 공략한 결과, 이미 더 이상의 국내 시장 경쟁자들은 없다고 할 만큼 탄탄한 시장 점유율을 확보하였다. 이러한 K사의 사장은 올 초부터 해외 시장 진출의 꿈을 갖고 필요한 자료를 수집하기 시작하였다. 충분한 자금력을 확보한 K사는 우선 해외 부품 공장을 인수한 후 현지에 생산 기지를 건설하여 국내에서 생산되는 물량의 절반 정도를 현지로 이전하여 생산하고, 이를 통한 물류비 절감으로 주변국들부터 시장을 넓혀가겠다는 야심찬 계획을 가지고 있다. 한국 본사에서는 내년까지 4 ~ 5곳의 해외 거래처를 더 확보하여 지속적인 해외 시장 개척에 매진한다는 중장기 목표를 대내외에 천명해 둔 상태이다.

① 해외관리팀
② 기업회계팀
③ 외환업무팀
④ 국제법무팀
⑤ 통관물류팀

※ 다음은 K공단 조직도의 일부이다. 이어지는 질문에 답하시오. [3~4]

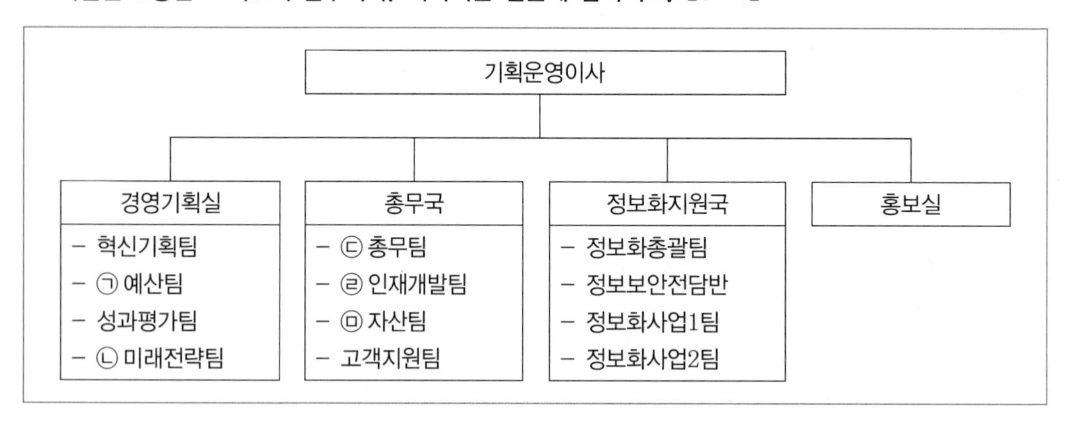

03 다음 중 K공단의 각 부서와 업무 간의 연결이 적절하지 않은 것은?

① ㉠ : 수입·지출 예산 편성 및 배정 관리
② ㉡ : 공단사업 관련 연구과제 개발 및 추진
③ ㉢ : 복무관리 및 보건·복리 후생
④ ㉣ : 임직원 인사, 상훈, 징계
⑤ ㉤ : 예산집행 조정, 통제 및 결산 총괄

04 다음 중 정보보안전담반의 업무로 적절하지 않은 것은?

① 정보보안기본지침 및 개인정보보호지침 제·개정 관리
② 직원 개인정보보호 의식 향상 교육
③ 개인정보종합관리시스템 구축·운영
④ 정보보안 및 개인정보보호 계획수립
⑤ 전문자격 출제정보시스템 구축·운영

05 조직구조의 형태 중 사업별 조직구조는 제품이나 고객별로 부서를 구분하는 것이다. 다음 중 사업별 조직구조의 형태로 적절하지 않은 것은?

03 업무 종류

| 유형분석 |

- 부서별 주요 업무에 대해 묻는 문제이다.
- 부서별 특징과 담당 업무에 대한 이해가 필요하다.

다음 상황에서 팀장의 지시를 적절히 수행하기 위하여 오대리가 거쳐야 할 부서명을 순서대로 바르게 나열한 것은?

> 오대리, 내가 내일 출장 준비 때문에 무척 바빠서 그러는데 자네가 좀 도와줘야 할 것 같군. 우선 박비서한테 가서 오후 사장님 회의 자료를 좀 가져다 주게나. 오는 길에 지난주 기자단 간담회 자료 정리가 되었는지 확인해 보고 완료됐으면 한 부 챙겨 오고. 다음 주에 승진자 발표가 있을 것 같은데 우리 팀 승진 대상자 서류가 잘 전달되었는지 그것도 확인 좀 해 줘야겠어. 참, 오후에 바이어가 내방하기로 되어 있는데 공항 픽업 준비는 잘 해 두었지? 배차 예약 상황도 다시 한 번 점검해 봐야 할 거야. 그럼 수고 좀 해 주게.

① 기획팀 – 홍보팀 – 총무팀 – 경영관리팀
② 비서실 – 홍보팀 – 인사팀 – 총무팀
③ 인사팀 – 법무팀 – 총무팀 – 기획팀
④ 경영관리팀 – 법무팀 – 총무팀 – 인사팀
⑤ 회계팀 – 경영관리팀 – 인사팀 – 총무팀

정답 ②

우선 박비서에게 회의 자료를 받아 와야 하므로 비서실을 들러야 한다. 다음으로 기자단 간담회는 대회 홍보 및 기자단 상대 업무를 맡은 홍보팀에서 자료를 정리할 것이므로 홍보팀을 거쳐야 한다. 또한, 승진자 인사 발표 소관 업무는 인사팀이 담당한다고 볼 수 있으며, 회사의 차량 배차에 대한 업무는 총무팀과 같은 지원부서의 업무로 보는 것이 적절하다.

풀이 전략!

> 조직은 목적의 달성을 위해 업무를 효과적으로 분배하고 처리할 수 있는 구조를 확립해야 한다. 조직의 목적이나 규모에 따라 업무의 종류는 다양하지만, 대부분의 조직에서는 총무, 인사, 기획, 회계, 영업으로 부서를 나누어 업무를 담당하고 있다. 따라서 5가지 업무 종류에 대해서는 미리 숙지해야 한다.

대표기출유형 03 기출응용문제

01 K공사에서 근무하는 A씨는 팀장의 업무지시를 받고 업무스케줄을 작성하였다. 다음 중 적절하지 않은 것은?

> 팀장 : A씨, 제가 한 시간 뒤에 출장을 가야 하니까 금일 업무에 대해서 미리 전달할게요. 우선 제가 10시에 나가기 전에 거래처에게 보여줄 샘플 상품을 준비해 주세요. 그리고 제가 출장 간 후에 작성한 업무보고서는 점심시간 전까지 부서장님께 전달해 주세요. 오후에는 3시에 있을 프로젝트 회의를 준비해 주세요. 마이크, 노트북 등 프레젠테이션을 할 수 있도록 세팅을 부탁해요. 참! 점심 때 인사부 박부장님께서 오시기로 했어요. 만약 제가 늦는다면 약속장소에 대해 안내해 드리고 저에게 연락해 줘요. 바로 약속장소로 갈 테니까요. 그리고 오늘까지 지난 출장 때 사용했던 경비에 대해 지출결의서를 총무부에 제출해야 돼요. 업무처리를 위해서 퇴근하기 1시간 전까지는 직접 전달해 주세요. 그리고 관리부에 들러서 프로젝트 회의에 사용할 노트북도 대여해 주세요.

	시간	업무	구분
①	09:00 ~ 10:00	• 팀장님 업무지시 수령 • 거래처 샘플 상품 준비	업무 시간
②	10:00 ~ 11:00	• 부서장님께 업무보고서 전달	
	11:00 ~ 12:00	–	
③	12:00 ~ 13:00	• 인사부 박부장님 마중 (팀장님 부재 시 연락 및 약속장소 안내)	점심 시간
	13:00 ~ 14:00	–	업무 시간
④	14:00 ~ 15:00	• 노트북 대여(관리부) • 프로젝트 회의 준비(마이크, 노트북 등 세팅)	
	15:00 ~ 16:00	–	
	16:00 ~ 17:00	–	
⑤	17:00 ~ 18:00	• 지출결의서 제출(총무부)	
	–	–	퇴근

02 **K병원의 인사팀 H팀장은 신입사원을 채용하고자 한다. K병원이 추구하는 다음 인재상을 참고할 때, H팀장이 채용할 지원자로 적절하지 않은 사람은?**

- 전문인(Professional) : 전문성, 학습 능력, 글로벌 시야
- 소통인(Open Communication) : 협동심, 리더십, 의사소통 능력
- 혁신인(Renovation) : 창의성, 통합적 사고, 실행력
- 윤리인(Integrity) : 공감 능력, 청렴성, 공정성

① A지원자 : 의료 서비스 분야에서 최고 전문가가 되고자 관련 지식을 꾸준히 학습하고 있습니다.
② B지원자 : 조직 구성원과의 소통과 협업을 통해 조직의 목표를 함께 달성하겠습니다.
③ C지원자 : 창의적인 생각으로 변화를 주도하여 의료제도를 보다 발전시키고 싶습니다.
④ D지원자 : 모두에게 공정하고 균형 잡힌 업무를 수행하는 사원이 되고 싶습니다.
⑤ E지원자 : 모든 국민이 공감할 수 없더라도 윤리 기준과 원칙은 반드시 지키겠습니다.

03 다음은 K병원 홍보팀의 주간회의록이다. 이에 대한 설명으로 가장 적절한 것은?

<table>
<tr><th colspan="6">주간회의록</th></tr>
<tr><td>회의일시</td><td>2024-10-21(월)</td><td>부서</td><td>홍보팀</td><td>작성자</td><td>이사원</td></tr>
<tr><td>참석자</td><td colspan="5">김과장, 박주임, 최사원, 이사원</td></tr>
<tr><td>회의안건</td><td colspan="5">1. 개인 주간 스케줄 및 업무 점검
2. 2025년 회사 홍보 브로슈어 기획</td></tr>
<tr><td rowspan="3">회의내용</td><td colspan="3">내용</td><td colspan="2">비고</td></tr>
<tr><td colspan="3">1. 개인 주간 스케줄 및 업무 점검
• 김과장 : 브로슈어 기획 관련 홍보팀 미팅,
외부 디자이너 미팅
• 박주임 : 신제품 SNS 홍보 이미지 작업,
K병원 영문 서브페이지 2차 리뉴얼 작업 진행
• 최사원 : 2025년도 홈페이지 개편 작업 진행
• 이사원 : 10월 사보 편집 작업</td><td colspan="2">• 10월 25일 AM 10:00
홍보팀 박람회 관람</td></tr>
<tr><td colspan="3">2. 2025년도 K병원 홍보 브로슈어 기획
• 브로슈어 주제 : ‘신뢰’
– 창립 ○○주년을 맞아 여러분들의 신뢰로 K병원이 성장했음을 강조
– 한결같은 모습으로 여러들의 지지를 받아왔음을 병원 이미지로 표현
• 20페이지 이내로 구성 예정</td><td colspan="2">• 10월 23일까지 기획팀에서 2025년도 브로슈어 최종원고 전달 예정</td></tr>
<tr><td rowspan="3">결정사항</td><td colspan="2">내용</td><td>작업자</td><td colspan="2">진행일정</td></tr>
<tr><td colspan="2">브로슈어 표지 이미지 샘플 조사</td><td>최사원, 이사원</td><td colspan="2">2024-10-21 ~ 2024-10-22</td></tr>
<tr><td colspan="2">브로슈어 표지 시안 작업 및 제출</td><td>박주임</td><td colspan="2">2024-10-21 ~ 2024-10-25</td></tr>
<tr><td>특이사항</td><td colspan="5">다음 회의 일정 : 10월 28일
• 브로슈어 표지 결정, 내지 1차 시안 논의</td></tr>
</table>

① K공단은 외부 디자이너에게 브로슈어 표지 이미지 샘플을 요청하였다.
② 디자인팀은 이번 주 수요일에 전시회를 관람할 예정이다.
③ 김과장은 이번 주에 내부 미팅, 외부 미팅을 모두 할 예정이다.
④ 이사원은 이번 주에 10월 사보 편집 작업만 하면 된다.
⑤ 최사원은 2025년도 홈페이지 개편 작업을 완료한 후 브로슈어 표지 시안을 제출할 예정이다.

PART 1

※ 다음 사무분장표를 보고 이어지는 질문에 답하시오. [4~5]

<table>
<tr><th colspan="2">구분</th><th>분장사무</th></tr>
<tr><td rowspan="4">총무업무</td><td>6급 이동헌</td><td>• 총무업무 총괄관리
• 관인 및 공인관리에 관한 사항</td></tr>
<tr><td>7급 이순천</td><td>• 지방공무원 인사에 관한 사항
• 지방공무원 교육훈련에 관한 사항
• 지방공무원 상훈에 관한 사항
• 교육행정자문위원회, 지방공무원인사위원회, 공적심사위원회 등 운영 및 관리에 관한 사항
• 조례, 교육규칙, 훈령관리
• 공직자 재산등록에 관한 사항
• 지방 행·재정 통합시스템(단위업무, 성과관리, 지식관리) 운영에 관한 사항
• 지방공무원 연구동아리 운영에 관한 사항
• 비정규직(공익근무요원) 관리에 관한 사항
• 사무인계·인수에 관한 사항</td></tr>
<tr><td>7급 박은선</td><td>• 공직기강 확립에 관한 사항
• 공무원범죄 처분 및 진정·비위사항 조사 처리
• 도의회 행정사무감사 수감 및 지역교육청 평가
• 각종감사의 수감 및 결과 처리
• 지방공무원 징계업무
• 보안업무에 관한 사항
• 을지연습, 비상대비, 재난안전관리에 관한 사항
• 지도방문에 관한 사항
• 행정규제완화, 교원업무경감 등에 관한 사항
• 직원 친목회(동호인회)에 관한 사항
• 교육정책 홍보</td></tr>
<tr><td>8급 김별라</td><td>• 문서수발에 관한 사항
• 공무원연금 및 건강보험에 관한 사항
• 민원, 행정정보공개, 교육행정서비스헌장에 관한 사항
• 기록물관리(자료관 운영)에 관한 사항
• 회의실 및 청사관리에 관한 사항
• 맞춤형 복지 업무에 관한 사항
• 민방위 및 소방에 관한 사항
• 지방공무원 복무관리
• 당직(실) 운영에 관한 사항(정)
• 각종 행사에 관한 사항
• 기타 타 부서에 속하지 아니한 사항</td></tr>
</table>

04 공무원 A는 신분이 변동되어 자신에게 산정되는 변동복지점수에 대해 알아보기 위해 사내 담당 공무원을 찾아가려고 한다. 다음 중 변동복지점수 산정 업무를 처리하는 사람은?

① 이동헌 ② 이순천

③ 박은선 ④ 김별라

⑤ 없음

05 사무분장표에서 다음에 제시된 지원계획에 대한 업무수행과 관련된 사람을 모두 고르면?

〈2025년 동호인 모임 지원 계획〉

Ⅰ. 기본방침

- 각종 동호인 모임이 활성화될 수 있도록 적극적인 지원 체제 확립
- 스포츠・레저 등 다양한 문화생활을 향유할 수 있도록 분야(종목) 및 회원 자격 등 참여의 폭을 최대한 확대

Ⅱ. 동호인 모임 현황(2024년 9월 기준)

- 전체 7개 모임, 회원 139명
  - 축구, 테니스, 등산, 볼링, 서예, 수지, 당구

Ⅲ. 지원 계획

1. 모임활동 지원
   - 지원 내용 : 간부 참여 및 지원금 지급
   - 지원금 지급기준
     - 지원 횟수 : 모임 당 연 3회 내외
     - 지원 금액 : 1회 30만 원 내외(2024년 총예산 7,000천 원)

     ※ 지원 횟수 및 금액은 예산범위 내에서 변동될 수 있음
2. 모임장소 제공
   - 자체 회의실 등 모임장소 제공
   - 청사 체육시설 사용 협조 조치
     - 청사관리소에 승인 신청해야 하므로 사업(행사)계획서를 첨부하여 행사 개최 1주일 전까지 행정지원과로 지원 협조 요청
3. 복무 조치
   - 근무시간 내에 동호인회 개최 불가
   - 근무시간 이외의 시간에 동호인회에 참석할 경우 출장 처리 불가

     ※ 단, 행정자치부 주관 전 부처 동호인회 대회에 선수로 참가 시 공가 가능
4. 차량 지원
   - 중앙대회 참석을 위해 단체이동이 불가피하거나 각종 장비・물품 등 준비물이 많은 경우에 차량 운행 협조(상호 협의)

① 이동헌, 이순천
② 이순천, 박은선
③ 이동헌, 박은선, 김별라
④ 이동헌, 이순천, 박은선
⑤ 이동헌, 이순천, 박은선, 김별라

PART 1

CHAPTER 08

직업윤리

합격 Cheat Key

직업윤리는 업무를 수행함에 있어 원만한 직업생활을 위해 필요한 태도, 매너, 올바른 직업관이다. 직업윤리는 필기시험뿐만 아니라 서류를 제출하면서 자기소개서를 작성할 때와 면접을 시행할 때도 포함되는 항목으로 들어가지 않는 대학병원·의료원이 없을 정도로 필수 능력으로 꼽힌다.

직업윤리의 세부 능력은 근로 윤리·공동체 윤리로 나눌 수 있다. 구체적인 문제 상황을 제시하여 해결하기 위해 어떤 대안을 선택해야 할지에 대한 문제들이 출제된다.

1 오답을 통해 대비하라!

이론을 따로 정리하는 것보다는 문제에서 본인이 생각하는 모범답안을 선택하고 틀렸을 경우 그 이유를 정리하는 방식으로 학습하는 것이 효율적이다. 암기하기보다는 이해에 중점을 두고 자신의 상식으로 문제를 푸는 것이 아니라 해당 문제가 어느 영역 어떤 하위 능력의 문제인지 파악하는 훈련을 한다면 답이 보일 것이다.

2 직업윤리와 일반윤리를 구분하라!

일반윤리와 구분되는 직업윤리의 특징을 이해해야 한다. 통념상 비윤리적이라고 일컬어지는 행동도 특정한 직업에서는 허용되는 경우가 있다. 그러므로 문제에서 주어진 상황을 판단할 때는 우선 직업의 특성을 고려해야 한다.

3 직업윤리의 하위능력을 파악해 두어라!

직업윤리의 경우 직장생활 경험이 없는 수험생들은 조직에서 일어날 수 있는 구체적인 직업윤리와 관련된 내용에 흥미가 없고 이를 이해하는 데 어려움이 있을 수 있다. 그러나 문제에서는 구체적인 상황 · 사례를 제시하는 문제가 나오기 때문에 직장에서의 예절을 정리하고 문제 상황에서 적절한 대처를 선택하는 연습을 하는 것이 중요하다.

4 면접에서도 유리하다!

많은 대학병원 · 의료원에서 면접 시 직업윤리에 관련된 질문을 하는 경우가 많다. 직업윤리 이론 학습을 미리 해 두면 본인의 가치관을 세우는 데 도움이 되고 이는 곧 기업의 인재상과도 연결되기 때문에 미리 준비해 두면 필기시험에서 합격하고 면접을 준비할 때도 수월할 것이다.

01 윤리 · 근면

| 유형분석 |

- 주어진 제시문 속의 비윤리적인 상황에 대하여 원인이나 대처법을 고르는 문제가 출제된다.
- 근면한 자세의 사례를 고르는 문제 또한 종종 출제된다.
- 직장생활 내에서 필요한 윤리적이고 근면한 태도에 대한 문제가 자주 출제된다.

다음 중 직업에서 근면의식의 표출로 적절하지 않은 것은?

① 직업의 현장에서는 능동적인 자세로 임해야 한다.
② 강요에 의한 근면은 노동 행위에 즐거움을 주지 못한다.
③ 즐거운 마음으로 시간을 보내면 궁극적으로 우리의 건강이 증진된다.
④ 노동 현장에서 보수나 진급이 보장되지 않으면 일을 적게 하는 것이 중요하다.
⑤ 일에 지장이 없도록 항상 건강관리에 유의하며, 주어진 시간 내에는 최선을 다한다.

정답 ④

노동 현장에서는 보수나 진급이 보장되지 않더라도 적극적인 노동 자세가 필요하다.

풀이 전략!

근로윤리는 우리 사회가 요구하는 도덕상에 기초하고 있다는 점을 유념하고, 다양한 사례를 익혀 문제에 적응한다.

대표기출유형 01 기출응용문제

01 **다음 중 직장 내의 성실한 태도에 대한 사례로 적절하지 않은 것은?**

① 청결을 위해 아침에 사무실을 청소하는 A씨
② 많은 업무를 차근차근 해결해 나가는 B씨
③ 약속 장소에 10분 일찍 나오는 C씨
④ 먼저 나서서 솔선수범하는 D씨
⑤ 단기간에 많은 돈을 벌고자 하는 E씨

02 **다음 중 근면에 대한 설명으로 적절하지 않은 것은?**

① 생계를 위해 어쩔 수 없이 기계적인 노동을 하며 부지런함을 유지하는 것은 근면에 해당되지 않는다.
② 직업에 귀천이 없다는 점은 근면한 태도를 유지해야 하는 근거로 볼 수 있다.
③ 근면은 게으르지 않고 부지런한 것을 의미한다.
④ 근면은 직업인으로서 마땅히 지녀야 할 태도이다.
⑤ 자아실현을 위해 자발적으로 능동적인 근무태도를 보이는 것은 근면에 해당된다.

03 **다음 〈보기〉 중 비윤리적 행위인 거짓말에 대한 설명으로 적절하지 않은 것을 모두 고르면?**

보기

ㄱ. 침묵은 거짓말에 해당하지 않는다.
ㄴ. 한국 사회에서는 자신의 입장을 보호하기 위한 거짓말보다 타인에게 피해를 주기 위한 거짓말의 유형이 더 많다.
ㄷ. 거짓말에서 보호하려는 대상은 자신에게만 한정되지 않으며, 우호적 관계를 맺고 있는 제3자까지 확대될 수 있다.
ㄹ. 타성적 거짓말의 경우 잘못된 자기신념으로 악화되기도 한다.

① ㄱ, ㄴ
② ㄱ, ㄷ
③ ㄴ, ㄷ
④ ㄴ, ㄹ
⑤ ㄷ, ㄹ

02 봉사 · 책임 의식

| 유형분석 |

- 개인이 가져야 하는 책임의식과 기업의 사회적 책임으로 양분되는 문제이다.
- 봉사의 의미를 묻는 문제가 종종 출제된다.

다음 중 직업윤리의 덕목에 대한 설명으로 옳지 않은 것은?

① 소명 의식 : 자신이 맡은 일은 하늘에 의해 맡겨진 일이라고 생각하는 태도이다.

② 책임 의식 : 직업에 대한 사회적 역할과 책무를 충실히 수행하고 책임을 다하는 태도이다.

③ 천직 의식 : 자신의 일이 자신의 능력과 적성에 꼭 맞는다 여기고 그 일에 열성을 가지고 성실히 임하는 태도이다.

④ 직분 의식 : 자신이 하고 있는 일이 사회나 기업을 위해 중요한 역할을 하고 있다고 믿고 자신의 활동을 수행하는 태도이다.

⑤ 봉사 의식 : 자신의 일이 누구나 할 수 있는 것이 아니라 해당 분야의 지식과 교육을 밑바탕으로 성실히 수행해야만 가능한 것이라 믿고 수행하는 태도이다.

정답 ⑤

봉사 의식은 직업 활동을 통해 다른 사람과 공동체에 대하여 봉사하는 정신을 갖추고 실천하는 태도를 의미한다.

풀이 전략!

직업인으로서 요구되는 봉사 정신과 책임 의식에 관해 숙지하도록 한다.

01 다음 글에서 밑줄 친 '이것'의 사례로 적절하지 않은 것은?

> 이것은 복지 사회를 이루기 위하여 기업이 이윤 추구에만 집착하지 않고 사회의 일원으로서 사회적 책임을 자각하고 실천하여야 할 의무로, 기업의 수익 추구와 밀접한 관련을 맺고 있다고 보는 견해도 있다. 윌리엄 워서(William Werther)와 데이비드 챈들러(David Chandler)는 이것을 기업이 제품이나 서비스를 소비자들에게 전달하는 과정인 동시에 사회에서 기업 활동의 정당성을 유지하기 위한 방안이라고 주장하였다.

① A기업은 새로운 IT 계열의 중소벤처기업을 창업한 20대 청년에게 투자하기로 결정하였다.
② B기업은 전염병이 발생하자 의료 물품을 대량으로 구입하여 지역 병원에 기부하였다.
③ C기업은 협력업체 공장에서 폐수를 불법으로 버린 것을 알고 협업과 투자를 종료하였다.
④ D기업은 자사의 제품에서 결함이 발견되자 이에 대한 사과문을 발표하였다.
⑤ E기업은 자사의 직원 복지를 위해 거액의 펀드를 만들었다.

02 다음 사례에서 총무부 L부장에게 가장 필요한 태도는 무엇인가?

> 총무부 L부장은 신입사원 K가 얼마 전 처리한 업무로 인해 곤경에 빠졌다. 신입사원 K가 처리한 서류에서 기존 금액에 0이 하나 추가되어 회사에 엄청난 손실을 끼치게 생긴 것이다.

① 개인적인 일을 먼저 해결하려는 자세가 필요하다.
② 나 자신뿐만 아니라 나의 부서의 일은 내 책임이라고 생각한다.
③ '왜 이런 일이 나에게 일어났는지' 생각해 본다.
④ 다른 사람의 입장에서 생각해 보는 태도가 필요하다.
⑤ 책임을 가리기 위해 잘잘못을 분명하게 따져본다.

03 **다음 중 책임감이 결여된 경우는 무엇인가?**

① 건우 : 회사에 입사한 이후로 정해진 퇴근시간을 넘긴 경우는 있어도 출근시간을 넘긴 적은 없어.

② 미선 : 업무 완성을 위해서는 야근을 할 수 있어.

③ 윤희 : 자신의 일은 자신이 해결해야 하기 때문에 옆 동료의 일에 간여하지 않아.

④ 예현 : 지난번 나 혼자 해결하기 힘든 업무를 동료의 도움을 받아 해결해서 감사의 뜻을 표했어.

⑤ 경오 : 오전 내로 빠르게 해야 될 일이 있다면 일찍 출근해서 일할 수 있어.

04 **직장인 D씨는 일을 벌이기는 잘 하는데, 마무리를 잘하지 못하여 주변의 동료들에게 피해를 주고 있다. 자신이 벌인 일에도 불구하고 어려운 상황에 부딪힐 경우 회피하기에 급급하기 때문이다. 이러한 상황에서 D씨에게 해 줄 수 있는 조언으로 가장 적절한 것은?**

① 봉사하는 마음을 가지도록 노력해 봐.

② 업무에는 책임감이 필요해.

③ 준법정신은 조직생활의 기본이야.

④ 직장예절은 원만한 조직생활에 있어 꼭 필요하지.

⑤ 정직은 신뢰 형성에 필수적인 규범이야.

PART 2

최종점검 모의고사

제1회
최종점검 모의고사

※ 대학병원 / 의료원 최종점검 모의고사는 채용공고를 기준으로 구성한 것으로
실제 시험과 다를 수 있습니다.

■ 취약영역 분석

번호	O/×	영역
1		의사소통능력
2		
3		
4		
5		
6		
7		
8		
9		
10		수리능력
11		
12		
13		
14		
15		
16		
17		
18		
19		문제해결능력
20		

번호	O/×	영역
21		문제해결능력
22		
23		
24		
25		
26		
27		
28		자원관리능력
29		
30		
31		
32		
33		
34		
35		
36		
37		정보능력
38		
39		
40		

번호	O/×	영역
41		정보능력
42		대인관계능력
43		
44		
45		조직이해능력
46		
47		
48		직업윤리
49		
50		

평가문항	50문항	평가시간	60분
시작시간	:	종료시간	:
취약영역			

모바일 OMR

제 1 회 최종점검 모의고사

응시시간 : 60분 문항 수 : 50문항

정답 및 해설 p.048

01 다음 문단을 논리적 순서대로 바르게 나열한 것은?

먹을거리가 풍부한 현대인의 가장 큰 관심사 중 하나는 웰빙과 다이어트일 것이다. 현대인은 날씬한 몸매에 대한 열망이 지나쳐서 비만인 사람들이 나태하다고 생각하기도 하고, 심지어는 거식증으로 인해 사망한 패션모델까지 있었다. 이러한 사회적 경향 때문에 우리가 먹는 음식물에 포함된 지방이나 기름 성분은 몸에 좋지 않은 '나쁜 성분'으로 매도당하기도 한다. 물론 과도한 지방 섭취, 특히 몸에 좋지 않은 지방은 비만의 원인이 되고 당뇨병, 심장병, 고혈압과 같은 각종 성인병을 유발하지만, 사실 지방은 우리 몸이 정상적으로 활동하는 데 필수적인 성분이다.

(가) 먹을 것이 풍족하지 않은 상황에서 생존에 필수적인 능력은 다름 아닌 에너지를 몸에 축적하는 능력이었다.

(나) 사실 비만과 다이어트의 문제는 찰스 다윈(Charles R. Darwin)의 진화론과 밀접한 관련이 있다. 찰스 다윈은 19세기 영국의 생물학자로 『종의 기원』이라는 책을 써서 자연선택을 통한 생물의 진화 과정을 설명하였다.

(다) 약 100년 전만 해도 우리나라를 비롯한 전 세계 대부분의 국가는 식량이 그리 풍족하지 않았다. 실제로 수십만 년 지속된 인류의 역사에서 인간이 매일 끼니 걱정을 하지 않고 살게 된 것은 최근 수십 년의 일이다.

(라) 생물체가 살아남고 번식을 해서 자손을 남길 수 있느냐 하는 것은 주위 환경과의 관계가 중요한 역할을 하는데, 자연선택이란 주위 환경에 따라 생존하기에 적합한 성질 또는 기능을 가진 종들이 그렇지 못한 종들보다 더 잘 살아남게 되어 자손을 남기게 된다는 개념이다.

그러므로 인류는 이러한 축적 능력이 유전적으로 뛰어난 사람들이 그렇지 않은 사람들보다 상대적으로 더 잘 살아남았을 것이다. 그렇게 살아남은 자들의 후손인 현대인들이 달거나 기름진 음식을 본능적으로 좋아하게 된 것은 진화의 당연한 결과였다. 그리하여 음식이 풍부한 현대 사회에서는 이러한 유전적 특성은 단점으로 작용하게 되었다. 지방이 풍부한 음식을 찾는 경향은 지나치게 지방을 축적하게 했고, 결국 부작용으로 이어졌다.

① (나) – (가) – (라) – (다)
② (나) – (다) – (가) – (라)
③ (나) – (라) – (다) – (가)
④ (다) – (가) – (나) – (라)
⑤ (다) – (라) – (가) – (나)

02 다음 글에서 나타나는 경청의 방해요인은?

> 내 친한 친구는 한 번도 약속을 지킨 적이 없던 것 같다. 작년 크리스마스 때의 약속, 지난 주말에 했던 약속 모두 늦게 오거나 당일에 문자로 취소 통보를 했었다. 그 친구가 오늘 학교에서 나에게 다음 주말에 개봉하는 영화를 함께 보러 가자고 했고, 나는 당연히 다음 주에는 그 친구와 만날 수 없을 것이라고 생각했다.

① 판단하기
② 조언하기
③ 언쟁하기
④ 걸러내기
⑤ 비위 맞추기

03 다음 중 의사소통의 종류가 같은 것끼리 연결된 것은?

① 문서이해능력, 문서작성능력
② 의사표현력, 문서이해능력
③ 경청능력, 문서작성능력
④ 문서작성능력, 의사표현력
⑤ 경청능력, 문서이해능력

04 **다음은 안전 플랫폼에 대한 글이다. (가)～(마) 문단별로 안전 플랫폼을 효율적으로 운영하기 위해 제시된 방안이 적절하지 않은 것은?**

> 언제 발생할지 모르는 각종 재해・재난을 완벽하게 막을 수는 없다. 다만, 재해・재난이 발생하기 전이라면 사전예방을 통해 발생위험을 줄이고, 재해・재난이 발생한 뒤라면 초기대응과 체계적인 관리를 통해 피해를 최소화할 수 있다. 재난에 대한 피해를 최소화하기 위해서는 체계화된 플랫폼(Platform)이라는 쉘터(Shelter)가 필요하다. 국가가 안전 플랫폼을 효율적으로 운영하기 위한 방안은 다음과 같다.
>
> (가) 첫째, 재난관리 지휘・명령 표준체계를 통해 컨트롤 타워를 통합적으로 관리할 수 있어야 한다. 재난현장 지원 및 조정체계를 통해 관계기관의 협업이 가능해야 하며, 안전정책 총괄관리 및 개선체계를 통해 국가안전관리 계획수립과 재난 안전 예산확보 및 안전관리 감독이 가능해야 한다.
>
> (나) 둘째, 지방자치단체의 역량 및 책임성이 강화되어 지역 재난안전을 관리할 수 있어야 한다. 이를 통해 지역별 재해・재난으로부터 신속히 대응할 수 있다. 또한 지방자치단체 주도의 재난대비 교육・훈련으로 재난대응 역량을 강화해야 한다. 아무리 효과적인 대응책을 가지고 있더라도 교육과 훈련을 통해 숙달되지 않으면 위기상황에서 제대로 작동되지 않기 때문이다.
>
> (다) 셋째, 모두가 함께 안전을 만들기 위해서는 안전 문화가 생활 속에 자리 잡아야 한다. 이를 위해서는 안전문화 증진을 위한 콘텐츠 개발이 필요하고, 주민참여형 거버넌스를 구축하여 민관협력체계가 활성화되어야 한다. 또한 안전취약계층에 대한 맞춤형 안전대책과 재난피해자 지원 확대 방안도 개선되어야 한다.
>
> (라) 넷째, 재난 안전 예방을 위해 공간분석을 통한 과학적 통합 경보 서비스와 피해예측 시스템 및 재해 예방사업을 확대하고 안전산업 육성을 위한 지원책이 마련되어야 한다. 공간분석은 공간데이터 분석을 통해 유용한 정보를 추출하여 공간적 의사결정을 하는 것을 말한다. 공간분석 시에 공간데이터의 기본단위를 설정하는 것이 공간분석의 기본이라고 할 수 있다.
>
> (마) 다섯째, 대규모 재해・재난으로 확대될 수 있는 에너지 분야에서는 안전기술 개발 및 안전 인프라가 구축되어야 하고, 농업 분야에서는 구제역 및 AI 등의 감염병 대책관리가 필요하며, 의료 분야에서는 메르스 등의 전염병 대책관리 및 응급의료서비스가 강화되어야 한다. 화학 분야에서는 불산 유출 등과 같은 화학 물질 안전관리를 위해서 화학 안전관리제도를 구축하여 화학사고 대응체계를 강화해야 한다.

① (가) : 재난관리 지휘・명령 표준체계를 갖춰야 한다.

② (나) : 지방자치단체의 역량이 강화되어야 한다.

③ (다) : 생활 속 안전문화를 확산해야 한다.

④ (라) : 재난 안전 예방 인프라를 확충해야 한다.

⑤ (마) : 분야별로 적합한 안전관리가 필요하다.

05 다음 글의 내용으로 가장 적절한 것은?

모듈러 주택이란 기본 골조와 전기 배선, 온돌, 현관문, 욕실 등 집의 70 ~ 80%를 공장에서 미리 만들고 주택이 들어설 부지에서는 '레고 블록'을 맞추듯 조립만 하는 방식으로 짓는 주택이다. 일반 철근콘크리트 주택에 비해 상대적으로 빨리 지을 수 있고, 철거가 쉽다는 게 모듈러 주택의 장점이다. 예컨대 5층짜리 소형 임대 주택을 철근콘크리트 제작 방식으로 지으면 공사 기간이 6개월가량 걸리지만 모듈러 공법을 적용할 경우 30 ~ 40일이면 조립과 마감이 가능하다. 주요 자재의 최대 80 ~ 90%가량을 재활용할 수 있다는 것도 장점이다. 도시형 생활 주택뿐 아니라 대형 숙박 시설, 소규모 비즈니스호텔, 오피스텔 등도 모듈러 공법으로 건축이 가능하다.
한국에 모듈러 주택이 처음 등장한 것은 2003년으로, 이는 모듈러 주택 시장이 활성화되어 있는 해외에 비하면 늦은 편이다. 도입은 늦었지만 모듈러 주택의 설계 방식이 표준화되고 대규모 양산 체제가 갖추어지면 비용이 적게 들기 때문에 모듈러 주택 시장이 급속하게 팽창할 것이라는 예측이 많다. 하지만 모듈러 주택 시장 전망이 불확실하다는 예측도 있다. 목재나 철골 등이 주로 사용되는 조립식 주택의 특성상 콘크리트 건물보다 소음이나 진동, 화재에 약해 소비자들이 심리적으로 거부감을 가질 수 있다는 게 이유이다. 아파트 생활에 길들여진 한국인들의 인식도 모듈러 주택이 넘어야 할 난관으로 거론된다. 소득 수준이 높아지고 '탈 아파트' 바람이 일면서 성냥갑 같은 아파트보다는 개성 있는 단독주택에서 살고 싶다는 욕구를 가진 사람들이 증가하고 있다지만 아파트가 주는 편안한 생활을 포기할 사람이 많지 않을 것이라는 분석인 것이다.

① 일반 콘크리트 주택 건설비용은 모듈러 주택의 3배 이상이다.
② 모듈러 주택제작에 조립과 마감에 소요되는 기간은 6개월이다.
③ 일반 철근콘크리트 주택은 재활용이 불가하다.
④ 모듈러 주택이 처음 한국에 등장한 시기는 해외 대비 늦지만, 이에 소요되는 비용은 해외 대비 적다.
⑤ 모듈러 주택 공법으로 개성 있는 단독주택 설계가 가능하다.

PART 2

06 다음 글의 주제로 가장 적절한 것은?

우리 사회는 타의 추종을 불허할 정도로 빠르게 변화하고 있다. 가족정책도 4인 가족 중심에서 1 ~ 2인 가구 중심으로 변해야 하며, 청년실업율과 비정규직화, 독거노인의 증가를 더 이상 개인의 문제가 아닌 사회문제로 다뤄야 하는 시기이다. 여러 유형의 가구와 생애주기 변화, 다양해지는 수요에 맞춘 공동체 주택이야말로 최고의 주거복지사업이다. 공동체 주택은 공동의 목표와 가치를 가진 사람들이 커뮤니티를 이뤄 사회문제에 공동으로 대처해 나가도록 돕고, 나아가 지역사회와도 연결시키는 작업을 진행하고 있다.
임대료 부담으로 작품활동이나 생계에 어려움을 겪는 예술인을 위한 공동주택, 1인 창업과 취업을 위해 골몰하는 청년을 위한 주택, 지속적인 의료서비스가 필요한 환자나 고령자를 위한 의료안심주택은 모두 시민의 삶의 질을 높이고 선별적 복지가 아닌 복지사회를 이루기 위한 노력의 일환이다. 혼자가 아닌 함께 가는 길에 더 나은 삶이 있기 때문에 오늘도 수요자 맞춤형 공공주택은 수요자에 맞게 진화하고 있다.

① 주거난에 대비하는 주거복지 정책
② 4차 산업혁명과 주거복지
③ 선별적 복지 정책의 긍정적 결과
④ 수요자 중심의 대출규제 완화
⑤ 다양성을 수용하는 주거복지 정책

07 다음 글의 제목으로 적절한 것은?

구비문학에서는 기록문학과 같은 의미의 단일한 작품 또는 원본이라는 개념이 성립하기 어렵다. 윤선도의 「어부사시사」와 채만식의 『태평천하』는 엄밀하게 검증된 텍스트를 놓고 이것이 바로 그 작품이라 할 수 있지만, '오누이 장사 힘내기' 전설이라든가 '진주 낭군' 같은 민요는 서로 조금씩 다른 구연물이 다 그 나름의 개별적 작품이면서 동일 작품의 변이형으로 인정되기도 하는 것이다. 이야기꾼은 그의 개인적 취향이나 형편에 따라 설화의 어떤 내용을 좀 더 실감 나게 손질하여 구연할 수 있으며, 때로는 그 일부를 생략 혹은 변경할 수 있다. 모내기할 때 부르는 '모노래'는 전승적 가사를 많이 이용하지만, 선창자의 재간과 그때그때의 분위기에 따라 새로운 노래 토막을 끼워 넣거나 일부를 즉흥적으로 개작 또는 창작하는 일도 흔하다.

① 구비문학의 현장성
② 구비문학의 유동성
③ 구비문학의 전승성
④ 구비문학의 구연성
⑤ 구비문학의 사실성

08 다음 제시된 문단을 읽고, 이어질 문단을 논리적 순서대로 바르게 나열한 것은?

> 오늘날과 달리 과거에는 마을에서 일어난 일들을 '원님'이 조사하고 그에 따라서 자의적으로 판단하여 형벌을 내렸다. 현대에서 법에 의하지 않고 재판행위자의 입장에서 이루어진다고 생각되는 재판을 비판하는 '원님재판'이라는 용어의 원류이다.

> (가) 죄형법정주의는 앞서 말한 '원님재판'을 법적으로 일컫는 죄형전단주의와 대립되는데, 범죄와 형벌을 미리 규정하여야 한다는 것으로서, 서구에서 권력자의 가혹하고 자의적인 법 해석에 따른 반발로 등장한 것이다.
> (나) 앞서 살펴본 죄형법정주의가 정립되면서 파생원칙 또한 등장하였는데, 관습형법금지의 원칙, 명확성의 원칙, 유추해석금지의 원칙, 소급효금지의 원칙, 적정성의 원칙 등이 있다. 이러한 파생원칙들은 모두 죄와 형벌은 미리 설정된 법에 근거하여 정확하게 내려져야 한다는 죄형법정주의의 원칙과 연관하여 쉽게 이해될 수 있다.
> (다) 그러나 현대에서 '원님재판'은 이루어질 수 없다. 형사법의 영역에 논의를 한정하여 보자면, 형사법을 전반적으로 지배하고 있는 대원칙은 형법 제1조에 규정되어 있는 소위 '죄형법정주의'이다.
> (라) 그 반발은 프랑스 혁명의 결과물인 '인간 및 시민의 권리선언' 제8조에서 '누구든지 범죄 이전에 제정·공포되고 또한 적법하게 적용된 법률에 의하지 아니하고는 처벌되지 아니한다.'라고 하여 실질화되었다.

① (가) – (다) – (나) – (라)
② (가) – (다) – (라) – (나)
③ (다) – (가) – (나) – (라)
④ (다) – (가) – (라) – (나)
⑤ (다) – (라) – (가) – (나)

PART 2

09 **의사소통이란 두 사람 이상 사이의 상호작용이다. 자신의 의도를 효과적으로 전달하는 것뿐만 아니라 상대의 의도를 제대로 파악하는 것도 매우 중요하다. 그러나 '잘 듣는 것', 즉 '경청'은 단순히 소리를 듣는 것이 아니기 때문에 생각보다 쉽지 않다. 다음 중 효과적으로 경청하는 방법이 아닌 것은?**

① 상대방의 메시지를 자신의 삶과 관련시켜 본다.
② 표정, 몸짓 등 말하는 사람의 모든 것에 집중한다.
③ 들은 내용을 요약하는 것은 앞으로의 내용을 예측하는 데도 도움이 된다.
④ 대화 중 상대방이 무엇을 말할 것인가 추측하는 것은 선입견을 갖게 할 가능성이 높기 때문에 지양한다.
⑤ 대화 내용에 대해 적극적으로 질문한다.

10 두 그릇 A, B에는 각각 6%, 8%의 소금물 300g이 들어 있다. A그릇에서 소금물 100g을 퍼서 B그릇에 옮겨 담고, 다시 B그릇에서 소금물 80g을 퍼서 A그릇에 옮겨 담았다. 이때, A그릇에 들어 있는 소금물의 농도는?(단, 소수점 둘째 자리에서 반올림한다)

① 5%
② 5.6%
③ 6%
④ 6.4%
⑤ 7%

11 사냥개가 토끼의 뒤를 쫓고 있다. 사냥개가 세 발짝을 달리는 동안 토끼는 네 발짝을 달리고, 사냥개의 두 걸음의 길이는 토끼의 세 걸음의 길이와 같다고 한다. 사냥개와 토끼 사이의 거리가 10m라고 할 때, 사냥개가 토끼를 잡으려면 몇 m를 더 달려야 하는가?

① 82m
② 85m
③ 88m
④ 90m
⑤ 94m

12 어머니와 아버지를 포함한 6명의 가족이 원형 식탁에 둘러앉아 식사를 할 때, 어머니와 아버지가 서로 마주 보고 앉는 경우의 수는?

① 21가지
② 22가지
③ 23가지
④ 24가지
⑤ 25가지

13 신년을 맞이하여 회사에서 달력을 주문하려고 한다. A업체와 B업체를 고려하고 있다고 할 때, 달력을 최소 몇 권 이상 주문해야 A업체에서 주문하는 것이 B업체에서 주문하는 것보다 유리해지는가?

구분	권당 가격(원)	배송비(원)
A업체	1,650	3,000
B업체	1,800	무료

① 19권
② 20권
③ 21권
④ 22권
⑤ 23권

14 다음 중 A, B음식점에 대한 만족도를 5개 부문으로 나누어 한 평가로 옳지 않은 것은?

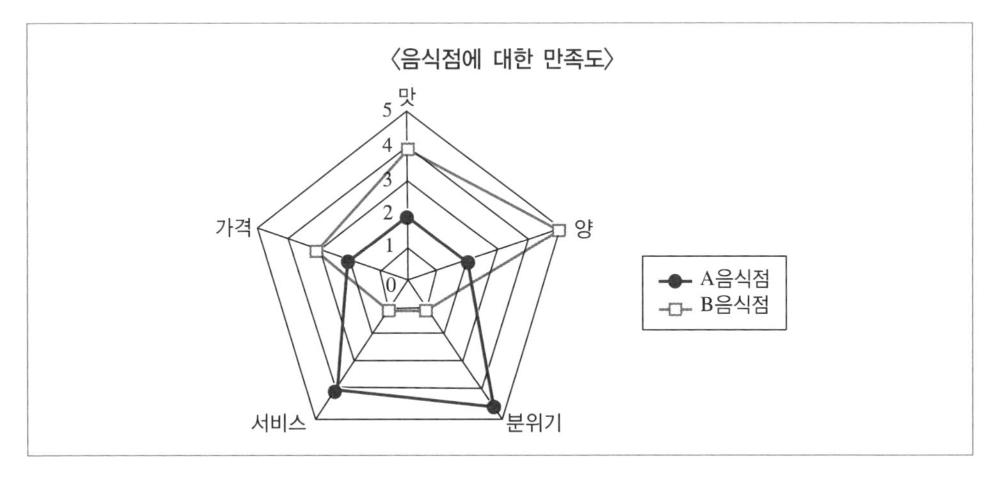

① A음식점은 2개 부문에서 B음식점을 능가한다.
② 맛 부문에서 만족도가 더 높은 음식점은 B음식점이다.
③ A와 B음식점 간 가장 큰 차이를 보이는 부문은 서비스이다.
④ B음식점은 가격보다 맛과 양 부문에서 상대적 만족도가 더 높다.
⑤ B음식점은 3개 부문에서 A음식점을 능가한다.

15 양궁 대회에 참여한 진수, 민영, 지율, 보라 네 명의 최고점이 모두 달랐다. 진수의 최고점과 민영이의 최고점의 2배를 합한 점수가 10점이었고, 지율이의 최고점과 보라의 최고점의 2배를 합한 점수가 35점이었다. 진수의 2배, 민영이의 4배와 지율이의 5배를 한 총점이 85점이었다면, 보라의 최고점은 몇 점인가?

① 8점
② 9점
③ 10점
④ 11점
⑤ 12점

16 A기차와 B기차가 36m/s의 일정한 속력으로 달리고 있다. 600m 길이의 터널을 완전히 통과하는 데 A기차가 25초, B기차가 20초 걸렸다면 각 기차의 길이가 바르게 짝지어진 것은?

	A기차	B기차
①	200m	150m
②	300m	100m
③	150m	120m
④	300m	120m
⑤	350m	130m

17 작년에 동아리에 가입한 사원 수는 총 90명이었다. 올해 가입한 동아리원 수는 작년보다 남성은 10% 감소하고 여성은 12% 증가하여 작년보다 총 2명이 증가했다. 올해 동아리에 가입한 여성의 수는?

① 40명
② 44명
③ 50명
④ 56명
⑤ 59명

18 다음은 2024년 1분기와 2분기의 산업별 대출금에 대한 자료이다. 이에 대한 설명으로 옳지 않은 것을 〈보기〉에서 모두 고르면?

〈국내 산업별 대출금 현황〉

(단위 : 억 원)

산업구분	1분기	2분기
농업, 임업 및 어업	21,480.7	21,776.9
광업	909.0	905.0
제조업	315,631.7	319,134.5
전기, 가스, 증기 및 공기조절 공급업	11,094.0	11,365.6
수도·하수 및 폐기물 처리, 원료재생업	6,183.4	6,218.0
건설업	27,582.8	27,877.2
도매 및 소매업	110,526.2	113,056.5
운수 및 창고업	25,199.3	25,332.4
숙박 및 요식업	37,500.0	38,224.6
정보통신업, 예술, 스포츠, 여가 관련	24,541.3	25,285.9
금융 및 보험업	32,136.9	33,612.3
부동산업	173,886.5	179,398.1
전문, 과학 및 기술 서비스업	11,725.2	12,385.7
사업시설관리, 사업지원 및 임대서비스업	8,219.4	8,502.1
교육 서비스업	7,210.8	7,292.3
보건 및 사회복지서비스업	24,610.0	25,301.1
공공행정 등 기타서비스	26,816.8	25,714.6
합계	865,254.0	881,382.8

보기

ㄱ. 전체 대출금 합계에서 광업이 차지하는 비중은 2024년 2분기에 전분기 대비 감소하였다.
ㄴ. 2024년 2분기 전문, 과학 및 기술 서비스업 대출금의 1분기 대비 증가율은 10% 미만이다.
ㄷ. 2024년 1분기 전체 대출금 합계에서 도매 및 소매업 대출금이 차지하는 비중은 15% 이상이다.
ㄹ. 2024년 2분기에 대출금이 전분기 대비 감소한 산업 수는 증가한 산업 수의 20% 이상이다.

① ㄴ
② ㄱ, ㄴ
③ ㄷ, ㄹ
④ ㄱ, ㄷ, ㄹ
⑤ ㄴ, ㄷ, ㄹ

PART 2

19 컨설팅 회사에 근무 중인 A사원은 최근 컨설팅 의뢰를 받은 K사진관에 대해 다음과 같이 SWOT 분석을 진행하였다. 밑줄 친 ㉠~㉤ 중 적절하지 않은 것은?

〈K사진관 SWOT 분석 결과〉

구분	내용
강점(Strength)	• ㉠ 넓은 촬영 공간(야외 촬영장 보유) • 백화점 인근의 높은 접근성 • ㉡ 다양한 채널을 통한 홍보로 높은 인지도 확보
약점(Weakness)	• ㉢ 직원들의 높은 이직률 • 회원 관리 능력 부족 • 내부 회계 능력 부족
기회(Opportunity)	• 사진 시장의 규모 확대 • 오프라인 사진 인화 시장의 성장 • ㉣ 전문가용 카메라의 일반화
위협(Threat)	• 저가 전략 위주의 경쟁 업체 증가 • ㉤ 온라인 사진 저장 서비스에 대한 수요 증가

① ㉠　② ㉡
③ ㉢　④ ㉣
⑤ ㉤

20 무역회사에 지원하여 최종 면접을 앞둔 K씨는 성공적인 PT 면접을 위해 회사에 대한 정보를 파악하고 그에 따른 효과적인 전략을 알아보고자 한다. K씨가 분석한 SWOT 결과가 다음과 같을 때, 분석 결과에 대응하는 전략과 그 내용의 연결이 적절하지 않은 것은?

〈K씨의 SWOT 분석 결과〉

강점(Strength)	약점(Weakness)
• 우수한 역량의 인적자원 보유 • 글로벌 네트워크 보유 • 축적된 풍부한 거래 실적	• 고객 니즈 대응에 필요한 특정 분야별 전문성 미흡 • 신흥 시장 진출 증가에 따른 경영 리스크
기회(Opportunity)	**위협(Threat)**
• 융·복합화를 통한 정부의 일자리 창출 사업 • 해외 사업을 위한 협업 수요 확대 • 수요자 맞춤식 서비스 요구 증대	• 타사와의 경쟁 심화 • 정부의 예산 지원 감소 • 무역시장에 대한 일부 부정적 인식 존재

① SO전략 : 우수한 인적자원을 활용한 무역 융·복합 사업 추진
② WO전략 : 분야별 전문 인력 충원을 통한 고객 맞춤형 서비스 제공 확대
③ ST전략 : 글로벌 네트워크를 통한 해외 시장 진출
④ ST전략 : 풍부한 거래 실적을 바탕으로 시장에서의 경쟁력 확보
⑤ WT전략 : 리스크 관리를 통한 안정적 재무역량 확충

21 A～E 5명에게 지난 달 핸드폰 통화 요금이 가장 많이 나온 사람부터 1위에서 5위까지의 순위를 추측하라고 했더니 각자 예상하는 두 사람의 순위를 다음과 같이 대답하였다. 각자 예상한 순위 중 하나는 참이고 다른 하나는 거짓일 때, 실제 핸드폰 통화 요금이 가장 많이 나온 사람은?

A : D가 두 번째이고, 내가 세 번째이다.
B : 내가 가장 많이 나왔고, C가 두 번째로 많이 나왔다.
C : 내가 세 번째이고, B가 제일 적게 나왔다.
D : 내가 두 번째이고, E가 네 번째이다.
E : A가 가장 많이 나왔고, 내가 네 번째이다.

① A
② B
③ C
④ D
⑤ E

PART 2

22 다음 〈조건〉을 참고하여 추론할 수 있는 것은?

조건

- 갑～정 네 나라는 시대순으로 연이어 존재했다.
- 네 나라의 수도는 각각 달랐는데 관주, 금주, 평주, 한주 중 어느 하나였다.
- 한주가 수도인 나라는 평주가 수도인 나라의 바로 전 시기에 있었다.
- 금주가 수도인 나라는 관주가 수도인 나라의 바로 다음 시기에 있었으나 정보다는 이전 시기에 있었다.
- 병은 가장 먼저 있었던 나라는 아니지만 갑보다는 이전 시기에 있었다.
- 병과 정은 시대순으로 볼 때 연이어 존재하지 않았다.

① 금주는 갑의 수도이다.
② 평주는 정의 수도이다.
③ 을은 갑의 다음 시기에 존재하였다.
④ 한주가 수도인 나라가 가장 오래되었다.
⑤ 관주는 병의 수도이다.

23 K공사에 근무하는 S사원은 부서 워크숍을 진행하기 위하여 다음과 같이 워크숍 장소를 선정하였다. 주어진 〈조건〉을 참고할 때, 워크숍 장소로 가장 적절한 곳은?

〈K공사 워크숍 장소 후보〉

후보	거리(공사 기준)	수용 가능 인원	대관료	이동 시간(편도)
A호텔	40km	100명	40만 원/일	1시간 30분
B연수원	40km	80명	50만 원/일	2시간
C세미나	20km	40명	30만 원/일	1시간
D리조트	60km	80명	80만 원/일	2시간 30분
E호텔	100km	120명	100만 원/일	3시간 30분

조건

- 워크숍은 1박 2일로 진행한다.
- S사원이 속한 부서의 직원은 모두 80명이며 전원 참석한다.
- 거리는 공사 기준 60km 이하인 곳으로 선정한다.
- 대관료는 100만 원 이하인 곳으로 선정한다.
- 이동 시간은 왕복으로 3시간 이하인 곳으로 선정한다.

① A호텔
② B연수원
③ C세미나
④ D리조트
⑤ E호텔

24 K동에서는 임신한 주민에게 출산장려금을 지원하고자 한다. 출산장려금 지급 기준 및 K동에 거주하는 임산부에 대한 정보가 다음과 같을 때, 출산장려금을 가장 먼저 받을 수 있는 사람은?

〈K동 출산장려금 지급 기준〉

- 출산장려금 지급액은 모두 같으나, 지급 시기는 모두 다르다.
- 지급 순서 기준은 임신일, 자녀 수, 소득 수준 순서이다.
- 임신일이 길수록, 자녀가 많을수록, 소득 수준이 낮을수록 먼저 받는다(단, 자녀는 만 19세 미만의 아동 및 청소년으로 제한한다).
- 임신일, 자녀 수, 소득 수준이 모두 같으면 같은 날에 지급한다.

〈K동 거주 임산부 정보〉

임산부	임신일	자녀	소득 수준
A	150일	만 1세	하
B	200일	만 3세	상
C	100일	만 10세, 만 6세, 만 5세, 만 4세	상
D	200일	만 7세, 만 5세, 만 3세	중
E	200일	만 20세, 만 16세, 만 14세, 만 10세	상

① A임산부
② B임산부
③ C임산부
④ D임산부
⑤ E임산부

PART 2

※ 다음은 보조배터리를 생산하는 K사의 시리얼 넘버에 대한 자료이다. 이어지는 질문에 답하시오. [25~26]

〈시리얼넘버 부여 방식〉

시리얼 넘버는 [제품 분류]-[배터리 형태][배터리 용량][최대 출력]-[고속충전 규격]-[생산 날짜] 순서로 부여한다.

〈시리얼 넘버 세부사항〉

제품 분류	배터리 형태	배터리 용량	최대 출력
NBP : 일반형 보조배터리 CBP : 케이스 보조배터리 PBP : 설치형 보조배터리	LC : 유선 분리형 LO : 유선 일체형 DK : 도킹형 WL : 무선형 LW : 유선+무선	4 : 40,000mAH 이상 3 : 30,000mAH 이상 2 : 20,000mAH 이상 1 : 10,000mAH 이상	A : 100W 이상 B : 60W 이상 C : 30W 이상 D : 20W 이상 E : 10W 이상

고속충전 규격	생산 날짜		
P31 : USB-PD3.1 P30 : USB-PD3.0 P20 : USB-PD2.0	B3 : 2023년 B2 : 2022년 … A1 : 2011년	1 : 1월 2 : 2월 … 0 : 10월 A : 11월 B : 12월	01 : 1일 02 : 2일 … 30 : 30일 31 : 31일

25 다음 〈보기〉 중 시리얼 넘버가 잘못 부여된 제품은 모두 몇 개인가?

보기

- NBP-LC4A-P20-B2102
- CBP-WK4A-P31-B0803
- NBP-LC3B-P31-B3230
- CNP-LW4E-P20-A7A29
- PBP-WL3D-P31-B0515
- CBP-LO3E-P30-A9002
- PBP-DK1E-P21-A8B12
- PBP-DK2D-P30-B0331
- NBP-LO3B-P31-B2203
- CBP-LC4A-P31-B3104

① 2개
② 3개
③ 4개
④ 5개
⑤ 6개

26 K사 고객지원부서에 재직중인 S주임은 보조배터리를 구매한 고객으로부터 다음과 같이 전화를 받았다. 해당 제품을 회사 데이터베이스에서 검색하기 위해 시리얼넘버를 입력할 때, 고객 제품의 시리얼넘버로 옳은 것은?

> S주임 : 안녕하세요. K사 고객지원팀 S입니다. 무엇을 도와드릴까요?
> 고객 : 안녕하세요. 지난번에 구매한 보조배터리가 작동을 하지 않아서요.
> S주임 : 네, 고객님. 해당 제품 확인을 위해 시리얼넘버를 알려 주시기 바랍니다.
> 고객 : 제품을 들고 다니면서 시리얼넘버가 적혀 있는 부분이 지워졌네요. 어떻게 하면 되죠?
> S주임 : 고객님 혹시 구매 하셨을때 동봉된 제품설명서 가지고 계실까요?
> 고객 : 네, 가지고 있어요.
> S주임 : 제품설명서 맨 뒤에 제품정보가 적혀 있는데요. 순서대로 불러 주시기 바랍니다.
> 고객 : 설치형 보조배터리에 70W, 24,000mAH의 도킹형 배터리이고, 규격은 USB-PD3.0이고, 생산 날짜는 2022년 10월 12일이네요.
> S주임 : 확인 감사합니다. 고객님 잠시만 기다려 주세요.

① PBP-DK2B-P30-B1012
② PBP-DK2B-P30-B2012
③ PBP-DK3B-P30-B1012
④ PBP-DK3B-P30-B2012
⑤ PBP-DK3B-P30-B3012

27 초등학교 담장에 벽화를 그리기 위해 바탕색을 칠하려고 한다. 5개의 벽에 바탕색을 칠해야 하고, 벽은 일자로 나란히 배열되어 있다고 한다. 다음 〈조건〉을 지켜가며 칠한다고 했을 때, 항상 옳은 것은?(단, 칠해야 할 색은 빨간색, 주황색, 노란색, 초록색, 파란색이다)

> **조건**
> • 주황색과 초록색은 이웃해서 칠한다.
> • 빨간색과 초록색은 이웃해서 칠할 수 없다.
> • 파란색은 양 끝에 칠할 수 없으며, 빨간색과 이웃해서 칠할 수 없다.
> • 노란색은 왼쪽에서 두 번째에 칠할 수 없다.

① 노란색을 왼쪽에서 첫 번째에 칠할 때, 주황색은 오른쪽에서 세 번째에 칠하게 된다.
② 칠할 수 있는 경우의 수 중에 한 가지는 주황 – 초록 – 파랑 – 노랑 – 빨강이다.
③ 파란색을 오른쪽에서 두 번째에 칠할 때, 주황색은 왼쪽에서 첫 번째에 칠하게 된다.
④ 주황색은 왼쪽에서 첫 번째에 칠할 수 없다.
⑤ 빨간색은 오른쪽에서 첫 번째에 칠할 수 없다.

28 출발지 O로부터 목적지 D까지의 사이에 다음과 같은 운송망이 주어졌을 때, 최단경로에 대한 설명으로 옳지 않은 것은?(단, 구간별 숫자는 거리를 나타낸다)

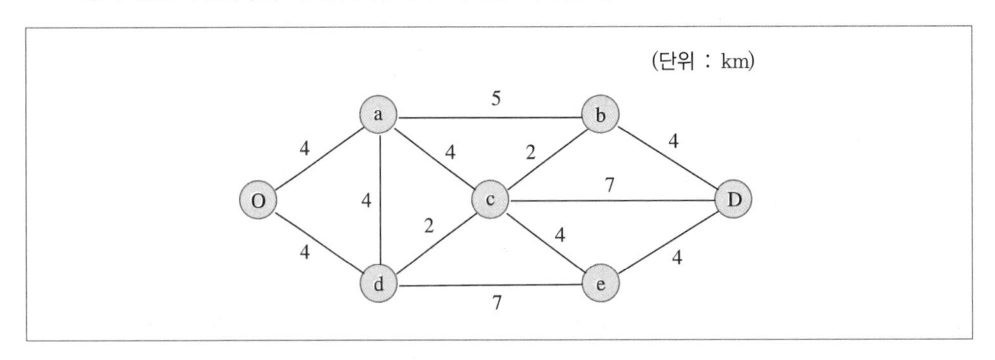

① O에서 b를 경유하여 D까지의 최단거리는 12km이다.
② O에서 c까지 최단거리는 6km이다.
③ O에서 a를 경유하여 D까지의 최단거리는 13km이다.
④ O에서 e를 경유하여 D까지의 최단거리는 15km이다.
⑤ O에서 D까지 최단거리는 12km이다.

29 K건설이 다음 〈조건〉에 따라 자재를 구매하려고 할 때, (가)안과 (나)안의 비용 차이는?

〈방안별 소요량·구매량 및 단가〉

(단위 : 개)

구분	(가)안		(나)안	
	3분기	4분기	3분기	4분기
분기별 소요량	30	50	30	50
분기별 구매량	40	40	60	20
자재구매단가	7,000원	10,000원	7,000원	10,000원

조건

- 2분기 동안 80개의 자재를 구매한다.
- 자재의 분기당 재고 관리비는 개당 1,000원이다.
- 자재는 묶음 단위로만 구매할 수 있고, 한 묶음은 20개이다.

① 1만 원
② 2만 원
③ 3만 원
④ 4만 원
⑤ 5만 원

30 K공사는 2025년 초에 회사의 스캐너 15개를 교체하려고 계획하고 있다. 스캐너 구매를 담당하고 있는 귀하는 사내 설문조사를 통해 부서별로 필요한 스캐너 기능을 확인하여 〈조건〉의 결과를 얻었다. 다음 자료를 참고하였을 때, 구매할 스캐너의 순위는?

구분	Q스캐너	T스캐너	G스캐너
제조사	미국 B회사	한국 C회사	독일 D회사
가격	180,000원	220,000원	280,000원
스캔 속도	40장/분	60장/분	80장/분
주요 특징	– 양면 스캔 가능 – 50매 연속 스캔 – 소비전력 절약 모드 지원 – 카드 스캔 가능 – 백지 Skip 기능 – 기울기 자동 보정 – A/S 1년 보장	– 양면 스캔 가능 – 타 제품보다 전력소모 60% 절감 – 다양한 소프트웨어 지원 – PDF 문서 활용 가능 – 기울기 자동 보정 – A/S 1년 보장	– 양면 스캔 가능 – 빠른 스캔 속도 – 다양한 크기 스캔 – 100매 연속 스캔 – 이중급지 방지 장치 – 백지 Skip 기능 – 기울기 자동 보정 – A/S 3년 보장

조건

- 양면 스캔 가능 여부
- 50매 이상 연속 스캔 가능 여부
- 예산 4,200,000원까지 가능
- 카드 크기부터 계약서 크기 스캔 지원
- A/S 1년 이상 보장
- 기울기 자동 보정 여부

① T스캐너 – Q스캐너 – G스캐너
② G스캐너 – Q스캐너 – T스캐너
③ G스캐너 – T스캐너 – Q스캐너
④ Q스캐너 – G스캐너 – T스캐너
⑤ Q스캐너 – T스캐너 – G스캐너

PART 2

31 기획팀 A사원은 6월 21일 금요일에 열릴 세미나 장소를 섭외하라는 부장님의 지시를 받았다. 세미나에 참여할 인원은 총 17명이며, 모든 인원이 앉을 수 있는 테이블과 의자, 발표에 사용할 빔프로젝터 1개가 필요하다. A사원은 모든 회의실의 잔여상황을 살펴보고 가장 적합한 대회의실을 선택하였고, 필요한 비품은 회의실과 창고에서 확보한 후 부족한 물건을 주문하였다. 주문한 비품이 도착한 후 물건을 확인했지만 수량을 착각해 빠트린 것이 있었다. 다시 주문해야 한다고 할 때, A사원이 주문할 물품 목록은?

〈회의실별 비품현황〉

구분	대회의실	1회의실	2회의실	3회의실	4회의실
테이블(2인용)	4	1	2	–	–
의자	9	2	–	–	4
빔프로젝터	–	–	–	–	–
화이트보드	–	–	–	–	–
보드마카	2	3	1	–	2

〈창고 내 비품보유현황〉

구분	테이블(2인용)	의자	빔프로젝터	화이트보드	보드마카
창고	–	2	1	5	2

〈1차 주문서〉

2024년 6월 12일

1. 테이블 4개
2. 의자 1개
3. 화이트보드 1개
4. 보드마카 2개

① 빔프로젝터 : 1개, 의자 : 3개

② 빔프로젝터 : 1개, 테이블 : 1개

③ 테이블 : 1개, 의자 : 5개

④ 테이블 : 9개, 의자 : 6개

⑤ 테이블 : 9개, 의자 : 3개

32 다음은 K공사 사원들의 주말 당직 일정표이다. 오전 9시부터 오후 4시까지 반드시 한 명 이상이 사무실에 당직을 서야 하며, 한 사람이 토요일과 일요일 연속하여 당직을 설 수는 없다. 또 월 2회 이상 월 최대 10시간 미만으로 당직을 서야 한다. 다음 중 당직 일정을 수정해야 하는 사람은? (단, 점심시간 12 ~ 13시는 당직 시간에서 제외한다)

〈주말 당직 일정표〉

당직일	당직자	당직일	당직자
첫째 주 토요일	유지선 9 ~ 14시 이윤미 12 ~ 16시	첫째 주 일요일	임유리 9 ~ 16시 정지수 13 ~ 16시 이준혁 10 ~ 14시
둘째 주 토요일	정지수 9 ~ 13시 이윤미 12 ~ 16시 길민성 12 ~ 15시	둘째 주 일요일	이선옥 9 ~ 12시 최리태 10 ~ 16시 김재욱 13 ~ 16시
셋째 주 토요일	최기태 9 ~ 12시 김재욱 13 ~ 16시	셋째 주 일요일	유지선 9 ~ 12시 서유진 13 ~ 16시
넷째 주 토요일	이윤미 9 ~ 13시 임유리 10 ~ 16시 서유진 9 ~ 16시	넷째 주 일요일	이선옥 9 ~ 12시 길민성 9 ~ 14시 이준혁 14 ~ 16시

① 유지선
② 임유리
③ 이준혁
④ 길민성
⑤ 서유진

PART 2

※ H부장은 K종합병원의 간호인력의 고용을 합리화하고자 한다. 병원이 24시간 운영된다고 할 때, 다음 자료를 참고하여 이어지는 질문에 답하시오. **[33~34]**

〈시간대별 필요 간호인력 수〉

시간대	02:00 ~ 06:00	06:00 ~ 10:00	10:00 ~ 14:00	14:00 ~ 18:00	18:00 ~ 22:00	22:00 ~ 02:00
필요인력(명)	5	20	30	15	50	10

〈근무 수칙〉

1) 간호인력은 휴게 시간을 포함하여 8시간 동안 연속으로 근무한다.
2) K종합병원 간호인력은 8시간마다 교대한다.
3) 교대 시 인수인계 시간은 고려하지 않는다.

33 H부장이 시간대별 소요 간호인력 수에 따라 최소 간호인력 수를 산정한다고 할 때, 다음 중 K종합병원에 필요한 최소 간호인력 수는 몇 명인가?

① 75명
② 85명
③ 95명
④ 105명
⑤ 115명

34 K종합병원에서는 02:00 ~ 06:00 사이 중환자 및 응급환자의 수요가 증가함에 따라 필요 간호인력 수를 20명으로 확충하기로 하였다. 이때, 필요한 최소 간호인력 수는 몇 명인가?

① 85명
② 100명
③ 110명
④ 125명
⑤ 130명

35 K기업은 영농철을 맞아 하루 동안 B마을의 농촌일손돕기 봉사활동을 펼친다. 1 ~ 3팀이 팀별로 점심시간을 제외하고 2시간씩 번갈아가면서 모내기 작업을 도울 예정이다. 봉사활동을 펼칠 하루 스케줄이 다음과 같을 때, 2팀이 일손을 도울 가장 적절한 시간대는?(단, 팀별로 시간은 겹칠 수 없으며 2시간 연속으로 일한다)

〈팀별 스케줄〉

시간	팀별 스케줄		
	1팀	2팀	3팀
09:00 ~ 10:00	상품기획 회의		시장조사
10:00 ~ 11:00			
11:00 ~ 12:00			비품 요청
12:00 ~ 13:00	점심시간	점심시간	점심시간
13:00 ~ 14:00			사무실 청소
14:00 ~ 15:00	업무지원	상품기획 회의	
15:00 ~ 16:00			
16:00 ~ 17:00	경력직 면접		마케팅 전략 회의
17:00 ~ 18:00			

① 10:00 ~ 12:00
② 11:00 ~ 13:00
③ 13:00 ~ 15:00
④ 15:00 ~ 17:00
⑤ 16:00 ~ 18:00

36 다음은 A대리가 부산 출장을 갔다 올 때, 선택할 수 있는 교통편에 대한 자료이다. A대리가 교통편 하나를 선택하여 왕복 티켓을 모바일로 예매하려고 할 때, 가장 저렴한 교통편은 무엇인가?

〈출장 시 이용 가능한 교통편 현황〉

교통편	종류	비용	기타
버스	일반버스	24,000원	-
	우등버스	32,000원	모바일 예매 1% 할인
기차	무궁화호	28,000원	왕복 예매 시 15% 할인
	새마을호	36,000원	왕복 예매 시 20% 할인
	KTX	58,000원	1+1 이벤트(편도 금액으로 왕복 예매 가능)

① 일반버스
② 우등버스
③ 무궁화호
④ 새마을호
⑤ KTX

PART 2

37 다음 중 윈도우 운영체제에서 프린터를 연결할 때 옳지 않은 것은?

① [프린터 추가 마법사]를 실행하면 로컬 프린터와 네트워크 프린터로 구분하여 새로운 프린터를 설치할 수 있다.
② 한 대의 PC에는 로컬 프린터를 한 대만 설치할 수 있으며, 여러 대의 프린터가 설치되면 충돌이 일어나 올바르게 작동하지 못한다.
③ 한 대의 프린터를 네트워크로 공유하면 여러 대의 PC에서 사용할 수 있다.
④ 네트워크 프린터를 사용할 때, 프린터의 공유 이름과 프린터가 연결된 PC 이름을 알아야 한다.
⑤ 네트워크 프린터를 설치하면 다른 PC에 연결된 프린터를 내 PC에 연결된 것과 같이 사용할 수 있다.

38 다음 중 운영체제(OS)의 역할에 대한 설명으로 옳지 않은 것은?

① 컴퓨터와 사용자 사이에서 시스템을 효율적으로 운영할 수 있도록 인터페이스 역할을 담당한다.
② 사용자가 시스템에 있는 응용 프로그램을 편리하게 사용할 수 있다.
③ 하드웨어의 성능을 최적화할 수 있도록 한다.
④ 운영체제의 기능에는 제어기능, 기억기능, 연산기능 등이 있다.
⑤ 프로그램의 오류나 부적절한 사용을 방지하기 위해 실행을 제어한다.

39 다음 시트에서 [B1] 셀에 〈보기〉의 (가) ~ (마) 함수를 입력하였을 때, 표시되는 결괏값이 다른 것은?

	A	B
1	333	
2	합격	
3	불합격	
4	12	
5	7	

보기

(가) =ISNUMBER(A1)
(나) =ISNONTEXT(A2)
(다) =ISTEXT(A3)
(라) =ISEVEN(A4)
(마) =ISODD(A5)

① (가)
② (나)
③ (다)
④ (라)
⑤ (마)

※ 다음 프로그램의 실행 결과로 옳은 것을 고르시오. [40~41]

40

```
#include <stdio.h>
void main() {
    char str[12] = "hello world";
    str[4] = '₩0';
    printf("S%sE₩n", str);
}
```

① ShellE
② Shello worldE
③ ShelloE
④ hello
⑤ hell

41

```
#include <stdio.h>
void main() {
  int i, tot = 0;
  int a[10] = {10, 37, 23, 4, 8, 71, 23, 9, 52, 41};
  for (i = 0; i < 10; i++) {
    tot += a[i];
    if (tot >= 100) {
        break;
    }
  }
  printf("%d₩n", tot);
}
```

① 82
② 100
③ 143
④ 153
⑤ 176

42 프랜차이즈 커피숍에서 바리스타로 근무하고 있는 귀하는 종종 '가격을 깎아달라'는 고객 때문에 고민이 많다. 이를 본 선배가 귀하에게 도움이 될 만한 몇 가지 조언을 해주었다. 다음 중 선배가 귀하에게 한 조언으로 가장 적절한 것은?

① '절대로 안 된다.'라고 딱 잘라 거절하는 태도가 필요합니다.
② 이번이 마지막이라고 말하면서 한 번만 깎아주세요.
③ 못 본 체하고 다른 손님의 주문을 받으면 됩니다.
④ 규정상 임의로 깎아줄 수 없다는 점을 상세히 설명해 드리세요.
⑤ 다음에 오실 때 깎아드리겠다고 약속드리고 지키면 됩니다.

43 다음 중 훌륭한 팀워크를 유지하기 위한 기본요소로 적절하지 않은 것은?

① 팀원 간 공동의 목표의식과 강한 도전의식을 가진다.
② 팀원 간에 상호 신뢰하고 존중한다.
③ 서로 협력하면서 각자의 역할에 책임을 다한다.
④ 팀원 개인의 능력이 최대한 발휘되는 것이 핵심이다.
⑤ 강한 자신감으로 상대방의 사기를 드높인다.

44 다음 글을 읽고 리더(Leader)의 입장에서 이해한 내용으로 가장 적절한 것은?

> 존 맥스웰(John Maxwell)의 저서 『121가지 리더십 불변의 법칙』 중 첫 번째 법칙으로 '뚜껑의 법칙'을 살펴볼 수 있다. 뚜껑의 법칙이란 용기(容器)를 키우려면 뚜껑의 크기도 그에 맞게 키워야만 용기로서의 역할을 제대로 할 수 있으며, 그렇지 않으면 병목 현상이 생겨 제 역할을 할 수 없다는 것이다.

① 리더는 자신에 적합한 인재를 등용할 수 있어야 한다.
② 참된 리더는 부하직원에게 기회를 줄 수 있어야 한다.
③ 리더는 부하직원의 실수도 포용할 수 있어야 한다.
④ 크고 작은 조직의 성과는 리더의 역량에 달려 있다.
⑤ 리더의 재능이 용기의 크고 작음을 결정한다.

45 다음 글을 읽고 근로자가 선택한 행동으로 적절한 것을 〈보기〉에서 모두 고르면?

담합은 경제에 미치는 악영향도 크고 워낙 은밀하게 이뤄지는 탓에 경쟁 당국 입장에서는 적발하기 어렵다는 현실적인 문제가 있다. 독과점 사업자는 시장에서 어느 정도 드러나기 때문에 부당행위에 대한 감시·감독을 할 수 있지만, 담합은 그 속성상 증거가 없으면 존재 여부를 가늠하기 힘들기 때문이다.

보기

ㄱ. 신고를 통해 개인의 이익을 얻고 사회적으로 문제 해결을 한다.
ㄴ. 내부에서 먼저 합리적인 절차에 따라 문제 해결을 하고자 노력한다.
ㄷ. 근로자 개인이 받는 피해가 클지라도 기업 활동의 해악이 심각하면 이를 신고한다.

① ㄱ
② ㄴ
③ ㄱ, ㄷ
④ ㄴ, ㄷ
⑤ ㄱ, ㄴ, ㄷ

PART 2

46 다음 기사를 읽고 필리핀 EPS 센터에 근무 중인 K대리가 취할 행동으로 적절하지 않은 것은?

최근 필리핀에서 한국인을 노린 범죄행위가 기승을 부리고 있다. 외교부 보고에 따르면 최근 5년간 해외에서 우리 국민을 대상으로 벌어진 살인 사건이 가장 많이 발생한 국가가 필리핀인 것으로 나타났다. 따라서 우리나라는 자국민 보호를 위해 한국인 대상 범죄 수사를 지원하는 필리핀 코리안 데스크에 직원을 추가 파견하기로 했다.

① 저녁에 이루어지고 있는 필리핀 문화 교육 시간을 오전으로 당겨야겠군.
② 우리 국민이 늦은 시간에 혼자 다니지 않도록 해야겠어.
③ 주필리핀 한국대사관과 연결하여 자국민 보호 정책을 만들 수 있도록 요청해야겠어.
④ 경찰과 연합해서 우리 국민 보호에 더 신경을 써야겠네.
⑤ 우리나라에 취업하기 위해 들어오는 필리핀 사람들에 대한 규제를 강화해야겠어.

47 다음 〈보기〉 중 비영리조직에 해당하는 것을 모두 고르면?

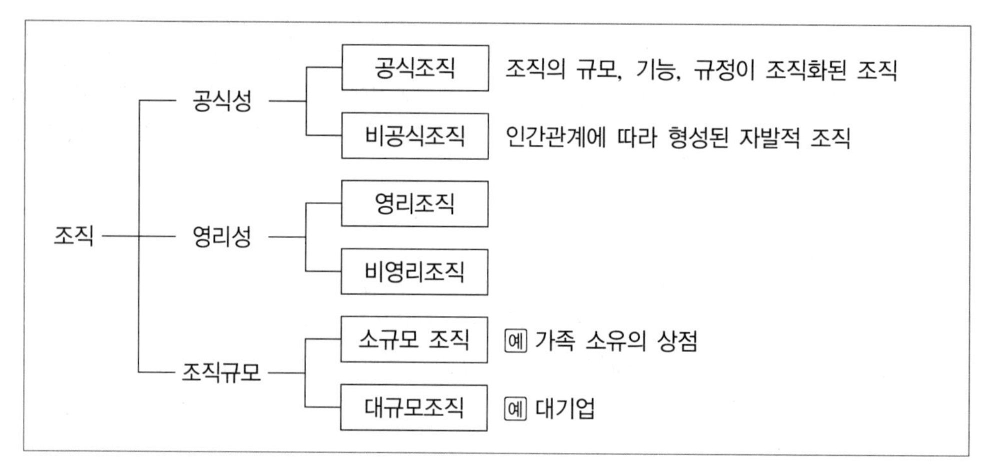

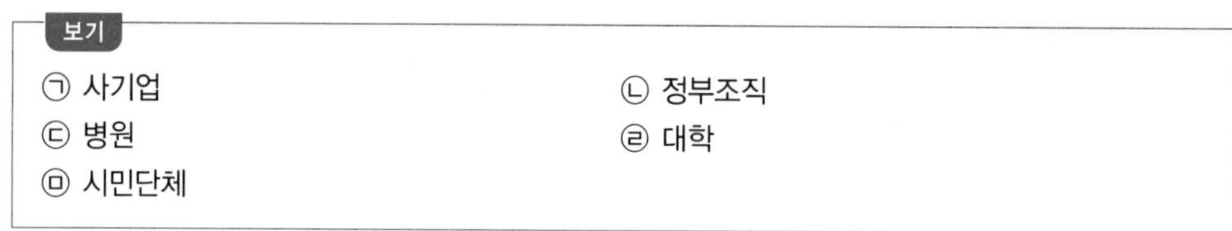

① ㉠, ㉢
② ㉡, ㉤
③ ㉠, ㉢, ㉣
④ ㉡, ㉣, ㉤
⑤ ㉡, ㉢, ㉣, ㉤

48 다음은 K기업 사원들의 대화 내용이다. 빈칸에 들어갈 내용으로 적절하지 않은 것은?

> 김사원 : 희정씨, 무슨 일 있어요? 표정이 안 좋네요.
> 윤사원 : 이부장님께서 부탁하신 일이 있는데 아무래도 안 될 것 같아서요. 말씀을 어떻게 드려야 할지 난감하네요.
> 김사원 : 하긴, 이유가 충분해도 거절 자체를 말하기가 어렵죠. ________________ 좋을 것 같아요.

① 거절하는 이유를 설명하기 전에 사과를 먼저 하는 것이
② 거절에 따른 대안을 제시하는 것이
③ 거절을 결정할 때는 시간을 충분히 두고 신중해야 하는 것이
④ 왜 거절하는지 분명한 이유를 밝히는 것이
⑤ 단호하게 의사를 표현하는 것이

49 다음 중 직업윤리에 따른 직업인의 기본자세에 해당하지 않는 것은?

① 대체 불가능한 희소성을 갖추어야 한다.
② 봉사 정신과 협동 정신이 있어야 한다.
③ 소명 의식과 천직 의식을 가져야 한다.
④ 공평무사한 자세가 필요하다.
⑤ 책임 의식과 전문 의식이 있어야 한다.

50 다음 중 책임에 대한 설명으로 가장 적절한 것은?

① 아무도 잘못을 지적하지 않는다면 책임을 회피해도 된다.
② 모든 일을 책임지기 위해서는 그 상황을 회피하는 것이 최고이다.
③ 책임이란 모든 결과는 나의 선택으로 말미암아 일어났다고 생각하는 태도이다.
④ 책임을 지기 위해서는 책임소재를 명확히 하기 위하여 일단 모든 경우를 의심하는 자세를 가져야 한다.
⑤ 가족은 보호해야 할 책임이 있기 때문에 누가 가족에게 해를 끼쳤으면 책임지고 복수해야 한다.

제2회
최종점검 모의고사

※ 대학병원 / 의료원 최종점검 모의고사는 채용공고를 기준으로 구성한 것으로
실제 시험과 다를 수 있습니다.

■ 취약영역 분석

번호	O/×	영역
1		의사소통능력
2		
3		
4		
5		
6		
7		
8		
9		
10		
11		
12		수리능력
13		
14		
15		
16		
17		
18		
19		
20		

번호	O/×	영역
21		수리능력
22		
23		문제해결능력
24		
25		
26		
27		
28		
29		
30		
31		
32		
33		
34		자원관리능력
35		
36		
37		
38		
39		
40		

번호	O/×	영역
41		자원관리능력
42		
43		
44		
45		정보능력
46		
47		
48		
49		
50		
51		대인관계능력
52		
53		
54		
55		조직이해능력
56		
57		
58		직업윤리
59		
60		

평가문항	60문항	평가시간	70분
시작시간	:	종료시간	:
취약영역			

제 2 회

최종점검 모의고사

모바일 OMR

응시시간 : 70분　문항 수 : 60문항

정답 및 해설 p.058

01 다음 글의 맥락과 유사한 내용으로 가장 적절한 것은?

> 무시무시한 자연재해가 자연을 정복하려는 인간에 대한 자연의 '보복'이라고 자책할 필요는 없다. 자연이 만물의 영장인 우리에게 특별한 관심을 보여 주기를 바라는 것은 우리의 소박한 희망일 뿐이다. 자연은 누구에게도 그런 너그러움을 보여 줄 뜻이 없는 것이 확실하다. 위험한 자연에서 스스로 생존을 지켜내는 것은 우리의 가장 중요한 책무이다. 따라서 과학을 이용해 자연재해의 피해를 줄이고, 더욱 안전하고 안락한 삶을 추구하려는 우리의 노력은 계속되어야 한다.

① 과학의 발달로 인해 인간보다 자연이 더 큰 피해를 입었다.
② 과욕을 버리면 질병이 치유될 수 있다. 왜냐하면 질병은 인간의 과욕이 부른 결과이기 때문이다.
③ 의약품이 인간의 질병을 치유한 경우도 많다. 그러나 의약품 때문에 발생하는 질병도 많다.
④ 의학은 인간의 자연 치유력을 감소시킨 측면이 있다. 하지만 질병을 극복하기 위해서는 의학이 필요하다.
⑤ 인간의 몸은 스스로 치유의 능력이 있다. 예전에 아무런 의학 처방 없이 많은 질병이 치유된 것도 이 때문이다.

02 다음 글의 주제로 가장 적절한 것은?

> 높은 휘발유세는 자동차를 사용함으로써 발생하는 다음과 같은 문제들을 줄이는 교정적 역할을 수행한다. 첫째, 휘발유세는 사람들의 대중교통수단 이용을 유도하고, 자가용 사용을 억제함으로써 교통 혼잡을 줄여 준다. 둘째, 교통사고 발생 시 대형 차량이나 승합차가 중소형 차량에 비해 더욱 치명적인 피해를 줄 가능성이 높다. 이와 관련해서 휘발유세는 휘발유를 많이 소비하는 대형 차량을 운행하는 사람에게 보다 높은 비용을 치르게 함으로써 교통사고 위험에 대한 간접적인 비용을 징수하는 효과를 가진다. 셋째, 휘발유세는 휘발유 소비를 억제함으로써 대기오염을 줄이는 데 기여한다.

① 휘발유세의 용도
② 높은 휘발유세의 정당성
③ 휘발유세의 지속적 인상
④ 에너지 소비 절약
⑤ 휘발유세의 감소 원인

03 다음 문단을 논리적 순서대로 바르게 나열한 것은?

(가) 나무를 가꾸기 위해서는 처음부터 여러 가지를 고려해 보아야 한다. 심을 나무의 생육조건, 나무의 형태, 성목이 되었을 때의 크기, 꽃과 단풍의 색, 식재지역의 기후와 토양 등을 종합적으로 생각하고 심어야 한다. 나무의 생육조건은 저마다 다르기 때문에 지역의 환경조건에 적합한 나무를 선별하여 환경에 적응하도록 해야 한다. 동백나무와 석류, 홍가시나무는 남부지방에 키우기 적합한 나무로 알려져 있지만 지구온난화로 남부수종의 생육한계선이 많이 북상하여 중부지방에서도 재배가 가능한 나무도 있다. 부산의 도로 중앙분리대에서 보았던 잎이 붉은 홍가시나무는 여주의 시골집 마당 양지바른 곳에서 3년째 잘 적응하고 있다.

(나) 더불어 나무의 특성을 외면하고 주관적인 해석에 따라 심었다가는 훗날 낭패를 보기 쉽다. 물을 좋아하는 수국 곁에 물을 싫어하는 소나무를 심었다면 둘 중 하나는 살기 어려운 환경이 조성된다. 나무를 심고 가꾸기 위해서는 전체적인 밑그림을 그려보고 생태적 특징을 살펴본 후에 심는 것이 바람직하다.

(다) 나무들이 밀집해 있으면 나무끼리의 경쟁은 물론 바람과 햇빛의 방해로 성장은 고사하고 병충해에 시달리기 쉽다. 또한 나무들은 성장속도가 다르기 때문에 항상 다 자란 나무의 모습을 상상하며 나무들 사이의 공간 확보를 염두에 두어야 한다. 그러나 묘목을 심고 보니 듬성듬성한 공간을 메꾸기 위하여 자꾸 나무를 심게 되는 실수를 저지른다.

(라) 식재계획의 시작은 장기적인 안목으로 적재적소의 원칙을 염두에 두고 나무를 선정해야 한다. 식물은 햇빛, 물, 바람의 조화를 이루면 잘 산다고 하지 않는가. 그래서 나무의 특성 중에서 햇볕을 좋아하는지 그늘을 좋아하는지, 물을 좋아하는지 여부를 살펴보는 것이 중요하다. 어린 묘목을 심을 경우 실수하는 것은 나무가 자랐을 때의 생육공간을 생각하지 않고 촘촘하게 심는 것이다.

① (가) – (나) – (다) – (라)
② (가) – (라) – (다) – (나)
③ (다) – (나) – (가) – (다)
④ (다) – (나) – (다) – (가)
⑤ (라) – (가) – (나) – (다)

PART 2

04 다음 글을 이해한 내용으로 가장 적절한 것은?

> 온갖 사물이 뒤섞여 등장하는 사진들에서 고양이를 틀림없이 알아보는 인공지능이 있다고 해 보자. 그러한 식별 능력은 고양이 개념을 이해하는 능력과 어떤 관계가 있을까? 고양이를 실수 없이 가려내는 능력이 고양이 개념을 이해하는 능력의 필요충분조건이라고 할 수 있을까?
> 먼저, 인공지능이든 사람이든 고양이 개념에 대해 이해하면서도 영상 속의 짐승이나 사물이 고양이인지 정확히 판단하지 못하는 경우는 있을 수 있다. 예를 들어, 누군가가 전형적인 고양이와 거리가 먼 희귀한 외양의 고양이를 보고 "좀 이상하게 생긴 족제비로군요."라고 말했다고 해 보자. 이것은 틀린 판단이지만, 그렇다고 그가 고양이 개념을 이해하지 못하고 있다고 평가하는 것은 부적절한 일일 것이다.
> 이번에는 다른 예로 누군가가 영상자료에서 가을에 해당하는 장면들을 실수 없이 가려낸다고 해 보자. 그는 가을 개념을 이해하고 있다고 보아야 할까? 그 장면들을 실수 없이 가려낸다고 해도 그가 가을이 적잖은 사람들을 왠지 쓸쓸하게 하는 계절이라든가, 농경문화의 전통에서 수확의 결실이 있는 계절이라는 것, 혹은 가을이 지구 자전축의 기울기와 유관하다는 것 등을 반드시 알고 있는 것은 아니다. 심지어 가을이 지구의 1년을 넷으로 나눈 시간 중 하나를 가리킨다는 사실을 모르고 있을 수도 있다. 만일 가을이 여름과 겨울 사이에 오는 계절이라는 사실조차 모르는 사람이 있다면, 우리는 그가 가을 개념을 이해하고 있다고 인정할 수 있을까? 그것은 불합리한 일일 것이다.
> 가을이든 고양이든 인공지능이 그런 개념들을 충분히 이해하는 것이 영원히 불가능하다고 단언할 이유는 없다. 하지만 우리가 여기서 확인한 점은 개념의 사례를 식별하는 능력이 개념을 이해하는 능력을 함축하는 것은 아니고, 그 역도 마찬가지라는 것이다.

① 인간과 동물의 개념을 명확하게 이해하고 있다면, 동물과 인간을 실수 없이 구별해야 한다.
② 날아가는 비둘기를 참새로 오인했다고 해서 비둘기 개념을 이해하지 못하고 있다고 평가할 수는 없다.
③ 영상자료에서 가을의 장면을 제대로 가려내지 못한 사람은 가을의 개념을 명확히 이해하지 못한 사람이다.
④ 인공지능이 자동차와 사람의 개념을 제대로 이해했다면, 영상 속의 자동차를 사람으로 착각할 리 없다.
⑤ 다양한 형태의 크고 작은 상자들 가운데 정확하게 정사각형의 상자를 찾아낸다면, 정사각형의 개념을 이해한 것이라고 볼 수 있다.

05 다음 글의 핵심 내용으로 가장 적절한 것은?

BMO 금속 및 광업 관련 리서치 보고서에 따르면 최근 가격 강세를 지속해 온 알루미늄, 구리, 니켈 등 산업금속들의 4분기 중 공급부족 심화와 가격 상승세가 전망된다. 산업금속이란 산업에 필수적으로 사용되는 금속들을 말하는데, 앞서 제시한 알루미늄, 구리, 니켈뿐만 아니라 비교적 단단한 금속에 속하는 은이나 금 등도 모두 산업에 많이 사용될 수 있는 금속이므로 산업금속의 카테고리에 속한다고 할 수 있다. 이러한 산업금속은 물품을 생산하는 기계의 부품으로서 필요하기도 하고, 전자제품 등의 소재로 쓰이기도 하기 때문에 특정 분야의 산업이 활성화되면 특정 금속의 가격이 뛰거나 심각한 공급난을 겪기도 한다.

지난 4일 금융투자업계에 따르면 최근 전세계적인 경제 회복 조짐과 함께 탈 탄소 트렌드, 즉 '그린 열풍'에 따른 수요 증가로 산업금속 가격이 초강세이다. 런던금속거래소에서 발표한 자료에 따르면 올해 들어 지난달까지 알루미늄은 20.7%, 구리는 47.8%, 니켈은 15.9% 가격이 상승했다. 자료에서도 알 수 있듯이 구리 수요를 필두로 알루미늄, 니켈 등 전반적인 산업금속 섹터의 수요량이 증가하였다. 이는 전기자동차 산업의 확충과 관련이 있다. 전기자동차의 핵심적인 부품인 배터리를 만드는 데 구리와 니켈이 사용되기 때문이다. 이때, 배터리 소재 중 니켈의 비중을 높이면 배터리의 용량을 키울 수 있으나 배터리의 안정성이 저하된다. 기존의 전기자동차 배터리는 니켈의 사용량이 높았기 때문에 더욱 안정성 문제가 제기되어 왔다. 그래서 연구 끝에 적정량의 구리를 배합하는 것이 배터리 성능과 안정성을 모두 향상시키기 위해서 중요하다는 것을 밝혀내었다. 구리가 전기자동차 산업의 핵심 금속인 셈이다.

이처럼 전기자동차와 배터리 등 친환경 산업에 필수적인 금속들의 수요는 증가하는 반면, 세계 각국의 환경 규제 강화로 인해 금속의 생산은 오히려 감소하고 있기 때문에 산업금속에 대한 공급난과 가격 인상이 우려되고 있다.

① 전기자동차의 배터리 성능을 향상하는 기술
② 세계적인 '그린 열풍' 현상 발생의 원인
③ 필수적인 산업금속 공급난으로 인한 문제
④ 전기자동차 산업 확충에 따른 산업금속 수요의 증가
⑤ 탈 탄소 산업의 대표 주자인 전기자동차 산업

06 다음 문단을 논리적 순서대로 바르게 나열한 것은?

(가) 베커는 "주말이나 저녁에는 회사들이 문을 닫기 때문에 활용할 수 있는 시간의 길이가 길어지고 이에 따라 특정 행동의 시간 비용이 줄어든다."라고도 지적한다. 시간의 비용이 가변적이라는 개념은 기대수명이 늘어나서 사람들에게 더 많은 시간이 주어지는 것이 시간의 비용에 영향을 미칠 수 있다는 점에서 의미가 있다.

(나) 베커와 린더는 사람들에게 주어진 시간을 고정된 양으로 전제했다. 1965년 당시의 기대수명은 약 70세였다. 하루 24시간 중 8시간을 수면에 쓰고 나머지 시간에 활동이 가능하다면, 평생 408,800시간의 활동가능 시간이 주어지는 셈이다. 하지만 이 방정식에서 변수 하나가 바뀌면 어떻게 될까? 기대수명이 크게 늘어난다면 시간의 가치 역시 달라져서, 늘 시간에 쫓기는 조급한 마음에도 영향을 주게 되지 않을까?

(다) 시간의 비용이 가변적이라고 생각한 이는 베커만이 아니었다. 스웨덴의 경제학자 스테판 린더는 서구인들이 엄청난 경제성장을 이루고도 여유를 누리지 못하는 이유를 논증한다. 경제가 성장하면 사람들의 시간을 쓰는 방식도 달라진다. 임금이 상승하면 직장 밖 활동에 들어가는 시간의 비용이 늘어난다. 일하는 데 쓸 수 있는 시간을 영화나 책을 보는 데 소비하면 그만큼의 임금을 포기하는 것이다. 따라서 임금이 늘어난 만큼 일 이외의 활동에 들어가는 시간의 비용도 함께 늘어난다는 것이다.

(라) 1965년 노벨상 수상자 게리 베커는 '시간의 비용'이 시간을 소비하는 방식에 따라 변화한다고 주장하였다. 예를 들어 수면이나 식사 활동은 영화 관람에 비해 단위 시간당 시간의 비용이 작다. 그 이유는 수면과 식사가 생산적인 활동에 기여하기 때문이다. 잠을 못 자거나 식사를 제대로 하지 못해 체력이 떨어진다면, 생산적인 활동에 제약을 받기 때문에 수면과 식사 활동에 들어가는 시간의 비용이 영화관람에 비해 작다고 할 수 있다.

① (가) – (다) – (나) – (라)
② (가) – (라) – (다) – (나)
③ (라) – (가) – (다) – (나)
④ (라) – (나) – (다) – (가)
⑤ (라) – (다) – (가) – (나)

07 다음 중 효과적인 경청 방법이 아닌 것은?

① 말하는 사람의 모든 것에 집중해서 적극적으로 들어야 한다.
② 상대방의 의견에 동조할 수 없더라도, 일단 수용한다.
③ 질문에 대한 답이 즉각적으로 이루어질 때만 질문을 한다.
④ 대화의 내용을 주기적으로 요약한다.
⑤ 상대방이 전달하려는 메시지를 자신의 삶, 목적, 경험과 관련시켜 본다.

08 A씨 부부는 대화를 하다 보면 사소한 다툼으로 이어지곤 한다. A씨의 아내는 A씨가 자신의 이야기를 제대로 들어주지 않기 때문이라고 생각한다. 다음 사례에 나타난 A씨의 경청을 방해하는 습관은 무엇인가?

> A씨의 아내가 남편에게 직장에서 업무 실수로 상사에게 혼난 일을 이야기하자 A씨는 "항상 일을 진행하면서 꼼꼼하게 확인하라고 했잖아요. 당신이 일을 처리하는 방법이 잘못됐어요. 다음부터는 일을 하기 전에 미리 계획을 세우고 체크리스트를 작성해 보세요."라고 이야기했다. A씨의 아내는 이런 대답을 듣자고 이야기한 것이 아니라며 더 이상 이야기하고 싶지 않다고 말하며 밖으로 나가 버렸다.

① 짐작하기
② 걸러내기
③ 판단하기
④ 조언하기
⑤ 옳아야만 하기

09 의사소통이란 둘 이상의 사람이 자신의 생각과 느낌을 주고받는 과정이다. 생각한 대로 다 표현해도 그대로 상대에게 전달되지 않고, 반대로 상대가 말한 것을 100% 정확히 이해하기란 매우 어렵다. 다음 중 의사소통을 저해하는 요인이 아닌 것은?

① 정보의 양이 너무 많다.
② 분위기가 매우 진지하다.
③ 의미가 단순한 언어를 사용한다.
④ 대화 구성원의 사이가 친밀하지 않다.
⑤ 물리적인 제약이 있다.

10 다음 글의 내용으로 가장 적절한 것은?

예술과 도덕의 관계, 더 구체적으로는 예술작품의 미적 가치와 도덕적 가치의 관계는 동서양을 막론하고 사상사의 중요한 주제들 중 하나이다. 그 관계에 대한 입장들로는 '극단적 도덕주의', '온건한 도덕주의', '자율성주의'가 있다. 이 입장들은 예술작품이 도덕적 가치판단의 대상이 될 수 있느냐는 물음에 다른 대답을 한다.
극단적 도덕주의 입장은 모든 예술작품을 도덕적 가치판단의 대상으로 본다. 이 입장은 도덕적 가치를 가장 우선적인 가치이자 가장 포괄적인 가치로 본다. 따라서 모든 예술작품은 도덕적 가치에 의해서 긍정적으로 또는 부정적으로 평가된다. 또한 도덕적 가치는 미적 가치를 비롯한 다른 가치들보다 우선한다. 이러한 입장을 대표하는 사람이 바로 톨스토이이다. 그는 인간의 형제애에 대한 정서를 전달함으로써 인류의 심정적 통합을 이루는 것이 예술의 핵심적 가치라고 보았다.
온건한 도덕주의는 오직 일부 예술작품만이 도덕적 판단의 대상이 된다고 보는 입장이다. 따라서 일부의 예술작품들에 대해서만 긍정적인 또는 부정적인 도덕적 가치판단이 가능하다고 본다. 이 입장에 따르면, 도덕적 판단의 대상이 되는 예술작품의 도덕적 가치와 미적 가치는 서로 독립적으로 성립하는 것이 아니다. 그것들은 서로 내적으로 연결되어 있기 때문에 어떤 예술작품이 가지는 도덕적 장점이 그 예술작품의 미적 강점이 된다. 또한 어떤 예술작품의 도덕적 결함은 그 예술작품의 미적 결함이 된다.
자율성주의는 어떠한 예술작품도 도덕적 가치판단의 대상이 될 수 없다고 보는 입장이다. 이 입장에 따르면, 도덕적 가치와 미적 가치는 서로 자율성을 유지한다. 즉, 도덕적 가치와 미적 가치는 각각 독립적인 영역에서 구현되고 서로 다른 기준에 의해 평가된다는 것이다. 결국 자율성주의는 예술작품에 대한 도덕적 가치판단을 범주착오에 해당하는 것으로 본다.

① 자율성주의는 예술작품의 미적 가치를 도덕적 가치보다 우월한 것으로 본다.
② 온건한 도덕주의에서는 미적 가치와 도덕적 가치의 독립적인 지위를 인정해야 한다고 본다.
③ 자율성주의는 도덕적 가치판단은 작품을 감상하는 각자에게 맡겨야 한다고 주장한다.
④ 온건한 도덕주의에서 도덕적 판단의 대상이 되는 예술작품은 극단적 도덕주의에서도 도덕적 판단의 대상이 된다.
⑤ 톨스토이는 극단적 도덕주의를 비판하면서 예술작품은 인류의 심정적 통합 정도에만 기여해야 한다고 주장했다.

11 다음 문단을 논리적 순서대로 바르게 나열한 것은?

(가) 좋은 체력은 하루 이틀 사이에 이루어지지 않으며 이를 위해서는 공부, 식사, 수면, 운동의 개인별 특성에 맞는 규칙적인 생활관리와 알맞은 영양공급이 필수적이다. 또 이 시기는 신체적으로도 급격한 성장과 성숙이 이루어지는 중요한 시기로 좋은 영양상태를 유지하는 것은 수험을 위한 체력의 기반을 다지는 것뿐만 아니라 건강하고 활기찬 장래를 위한 준비가 된다는 점을 간과해서는 안 된다.

(나) 우리나라의 중・고교생들은 많은 수가 입시전쟁을 치러야 하는 입장에 있다. 입시 준비 기간이라는 어려운 기간을 잘 이겨내어 각자가 지닌 목표를 달성하려면 꾸준한 노력과 총명한 두뇌가 중요하지만 마지막 승부수는 체력일 것이다.

(다) 그러나 학생들은 많은 학습량, 수험으로 인한 스트레스, 밤새우기 등 불규칙한 생활을 하기도 하고, 식생활에 있어서도 아침을 거르고, 제한된 도시락 반찬으로 인한 불충분한 영양소 섭취, 잦은 야식, 미용을 위하여 무리하게 식사를 거르거나 절식을 하여 건강을 해치기도 한다. 또한 집 밖에서 보내는 시간이 많아 주로 패스트푸드, 편의식품점, 자동판매기를 통해 식사를 대체하고 있다.

① (가) – (나) – (다)
② (가) – (다) – (나)
③ (나) – (가) – (다)
④ (나) – (다) – (가)
⑤ (다) – (가) – (나)

12 농부 A씨는 자신의 논을 모두 경작하는 데 8일이 걸린다. 경작을 시작한 첫날부터 마지막 날까지 항상 전날의 2배 넓이를 경작한다고 할 때, 논 전체의 $\frac{1}{4}$을 완료한 날은 경작을 시작한 지 며칠째 되는 날인가?

① 3일
② 4일
③ 5일
④ 6일
⑤ 7일

13 어떤 고등학생이 13살 동생, 40대 부모님, 65세 할머니와 함께 박물관에 가려고 한다. 주말에 입장할 때와 주중에 입장할 때의 요금 차이는?

〈박물관 입장료〉

구분	주말	주중
어른	20,000원	18,000원
중·고등학생	15,000원	13,000원
어린이	11,000원	10,000원

※ 어린이 : 3살 이상 13살 이하
※ 경로 : 65세 이상은 50% 할인

① 8,000원
② 9,000원
③ 10,000원
④ 11,000원
⑤ 12,000원

14 다음은 1호선 지하역사 공기질 측정결과에 대한 자료이다. 〈보기〉 중 옳지 않은 것을 모두 고르면?

〈1호선 지하역사 공기질 측정결과〉

역사명	측정항목 및 기준								
	PM-10	CO_2	HCHO	CO	NO_2	Rn	석면	O_3	TVOC
	$\mu g/m^3$	ppm	$\mu g/m^3$	ppm	ppm	Bq/m^3	이하/cc	ppm	$\mu g/m^3$
기준치	140	1,000	100	9	0.05	148	0.01	0.06	500
1호선 평균	91.4	562	8.4	0.5	0.026	30.6	0.01 미만	0.017	117.7
서울역	86.9	676	8.5	0.6	0.031	25.7	0.01 미만	0.009	56.9
시청	102.0	535	7.9	0.5	0.019	33.7	0.01 미만	0.022	44.4
종각	79.4	562	9.5	0.6	0.032	35.0	0.01 미만	0.016	154.4
종각3가	87.7	495	6.4	0.6	0.036	32.0	0.01 미만	0.008	65.8
종로5가	90.1	591	10.4	0.4	0.020	29.7	0.01 미만	0.031	158.6
동대문	89.4	566	9.2	0.7	0.033	28.5	0.01 미만	0.016	97.7
동묘앞	93.6	606	8.3	0.5	0.018	32.0	0.01 미만	0.023	180.4
신설동	97.1	564	4.8	0.4	0.015	44.5	0.01 미만	0.010	232.1
제기동	98.7	518	8.0	0.5	0.024	12.0	0.01 미만	0.016	98.7
청량리	89.5	503	11.4	0.6	0.032	32.5	0.01 미만	0.014	87.5

보기

㉠ CO가 1호선 평균보다 낮게 측정된 역사는 종로5가역과 신설동역이다.
㉡ HCHO가 가장 높게 측정된 역과 가장 낮게 측정된 역의 평균은 1호선 평균 HCHO 수치보다 높다.
㉢ 시청역은 PM-10이 가장 높게 측정됐지만, TVOC는 가장 낮게 측정되었다.
㉣ 청량리역은 3가지 항목에서 1호선 평균이 넘는 수치가 측정됐다.

① ㉠, ㉡
② ㉠, ㉢
③ ㉡, ㉢
④ ㉡, ㉣
⑤ ㉢, ㉣

PART 2

15 비행기가 순항 중일 때에는 860km/h의 속력으로 날아가고, 기상이 악화되면 40km/h의 속력이 줄어든다. 어떤 비행기가 3시간 30분 동안 비행하는 데 15분 동안 기상이 악화되었다면 날아간 거리는 총 몇 km인가?

① 2,850km
② 2,900km
③ 2,950km
④ 3,000km
⑤ 3,050km

16 화창한 어느 날 낮에 농도 3%의 설탕물 400g이 들어있는 컵을 창가에 놓아두었다. 저녁에 살펴보니 물이 증발하여 농도가 5%가 되었다. 이때 남아있는 설탕물의 양은 몇 g인가?

① 220g
② 230g
③ 240g
④ 250g
⑤ 260g

17 출장을 가는 K사원은 오후 2시에 출발하는 KTX를 타기 위해 오후 12시 30분에 역에 도착하였다. K사원은 남은 시간을 이용하여 음식을 포장해 오려고 한다. 역에서 음식점까지의 거리는 아래와 같으며, 음식을 포장하는 데 15분이 걸린다고 한다. K사원이 시속 3km로 걸어서 갔다 올 때, 구입할 수 있는 음식의 종류는?

음식점	G김밥	P빵집	N버거	M만두	B도시락
거리	2km	1.9km	1.8km	1.95km	1.7km

① 도시락
② 도시락, 햄버거
③ 도시락, 햄버거, 빵
④ 도시락, 햄버거, 빵, 만두
⑤ 도시락, 햄버거, 빵, 만두, 김밥

18 다음은 지식경제부에서 2023년 11월에 발표한 산업경제지표 추이이다. 이에 대한 설명으로 옳지 않은 것은?

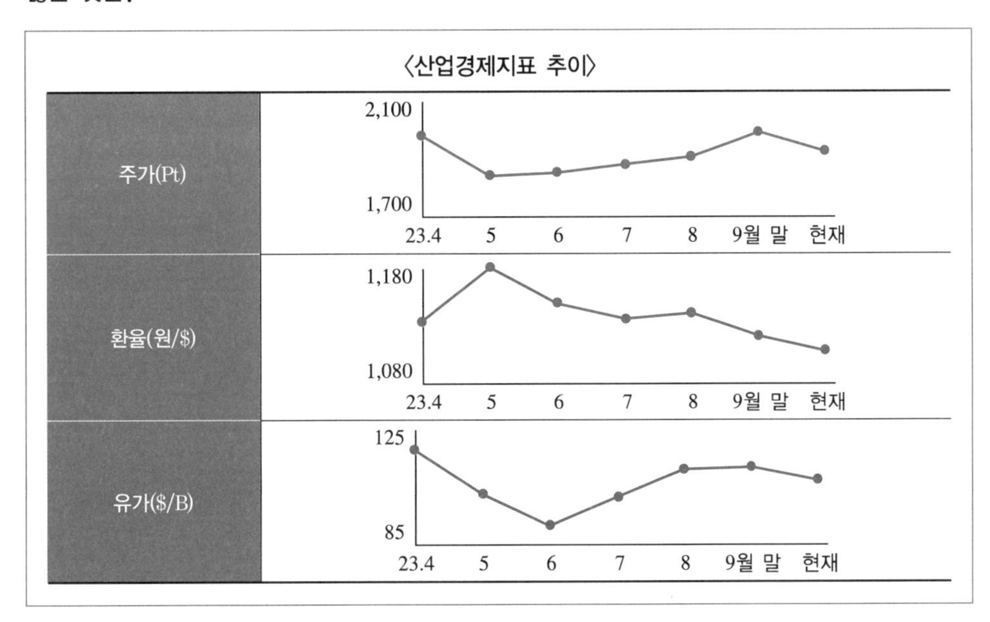

① 주가는 5월에 급락했다가 9월 말까지 서서히 회복세를 보였으나, 현재는 다시 하락해서 2023년 4월선을 회복하지 못하고 있다.

② 환율은 5월 이후 하락세에 있으므로 원화가치는 높아질 것이다.

③ 유가는 6월까지는 큰 폭으로 하락했으나, 그 이후 9월까지 서서히 상승세를 보이고 있다.

④ 숫자상의 변동 폭이 가장 작은 지표는 유가이다.

⑤ 2023년 8월을 기점으로 위 세 가지 모두 하락세를 보이고 있다.

19 다음은 K공장에서 근무하는 근로자들의 임금 수준 분포를 나타낸 자료이다. 근로자 전체에게 지급된 임금(월 급여)의 총액이 2억 원일 때, 〈보기〉 중 옳은 것을 모두 고르면?

〈K공장 근로자의 임금 수준 분포〉

임금 수준(만 원)	근로자 수(명)
월 300 이상	4
월 270 이상 300 미만	8
월 240 이상 270 미만	12
월 210 이상 240 미만	26
월 180 이상 210 미만	30
월 150 이상 180 미만	6
월 150 미만	4
합계	90

보기

㉠ 근로자당 평균 월 급여액은 230만 원 이하이다.
㉡ 절반 이상의 근로자들이 월 210만 원 이상의 급여를 받고 있다.
㉢ 월 180만 원 미만의 급여를 받는 근로자의 비율은 약 14%이다.
㉣ 적어도 15명 이상의 근로자가 월 250만 원 이상의 급여를 받고 있다.

① ㉠
② ㉠, ㉡
③ ㉠, ㉡, ㉣
④ ㉡, ㉢, ㉣
⑤ ㉠, ㉡, ㉢, ㉣

20 K공사 채용시험 결과 10명이 최종 합격하였다. 하지만 그중 2명이 부정한 방법으로 합격한 사실이 밝혀져 채용이 취소되었다. 이 2명을 제외한 합격자 중 2명을 회계부서에 배치하고, 남은 인원을 절반씩 각각 인사부서와 홍보부서로 배치하였다고 할 때, 가능한 경우의 수는?

① 18,800가지
② 21,400가지
③ 25,200가지
④ 28,400가지
⑤ 30,100가지

※ K국의 중학교 졸업자의 그 해 진로에 관한 조사 결과이다. 이어지는 질문에 답하시오. [21~22]

(단위 : 명)

구분	성별		중학교 종류		
	남	여	국립	공립	사립
중학교 졸업자	908,388	865,323	11,733	1,695,431	66,547
고등학교 진학자	861,517	838,650	11,538	1,622,438	66,146
진학 후 취업자	6,126	3,408	1	9,532	1
직업학교 진학자	17,594	11,646	106	29,025	109
진학 후 취업자	133	313	0	445	1
취업자(진학자 제외)	21,639	8,913	7	30,511	34
실업자	7,523	6,004	82	13,190	255
사망, 실종	155	110	0	222	3

21 남자와 여자의 고등학교 진학률은 각각 얼마인가?

	남자	여자
①	약 94.8%	약 96.9%
②	약 94.8%	약 94.9%
③	약 95.9%	약 96.9%
④	약 95.9%	약 94.9%
⑤	약 96.8%	약 96.9%

22 공립 중학교를 졸업한 남자 중 취업자는 몇 %인가?

① 50%
② 60%
③ 70%
④ 80%
⑤ 알 수 없음

※ D사원은 해외에서 열리는 세미나 참석을 위해 호텔을 예약하였다. 다음 자료를 보고 이어지는 질문에 답하시오. **[23~34]**

• 출장일 : 2024년 8월 14일(수) ~ 18일(일)

〈호텔 숙박가격〉

구분	평일(일 ~ 목)	주말(금 ~ 토)
가격	USD 120	USD 150

〈유의사항〉

• 호텔 숙박을 원하실 경우 총숙박비의 20%에 해당하는 금액을 예치금으로 지불하셔야 합니다.
• 개인사정으로 호텔 예약을 취소 또는 변경하실 때는 숙박 예정일 4일 전까지는 전액 환불이 가능하지만, 그 이후로는 하루에 20%씩 취소 수수료가 부과됩니다. 노쇼(No－Show)의 경우와 체크인 당일 취소를 하실 경우에는 환불이 불가하오니, 이점 유의해 주시기 바랍니다.

23 다음 중 D사원이 호텔에 지불한 예치금은 얼마인가?

① USD 105
② USD 108
③ USD 110
④ USD 120
⑤ USD 132

24 D사원은 출장 출발일에 회사 사정으로 다른 곳으로 급하게 출장을 가게 되어 호텔 예약을 취소하게 되었다. 이때, D사원이 호텔 규정에 따라 받을 수 있는 환불금액은?(단, D사원의 출장 출발일은 호텔 체크인 당일이었다)

① USD 108
② USD 222
③ USD 330
④ USD 432
⑤ 환불 불가능

25 K휴게소의 물품 보관함에는 자물쇠로 잠긴 채 오랫동안 방치되고 있는 보관함 네 개가 있다. 휴게소 관리 직원인 L씨는 방치 중인 보관함을 정리하기 위해 사무실에서 보유하고 있는 1 ~ 6번까지의 열쇠로 네 개의 자물쇠를 모두 열어 보았다. 다음 〈조건〉을 참고할 때, 항상 참인 것은?(단, 하나의 자물쇠는 정해진 하나의 열쇠로만 열린다)

조건

- 첫 번째 자물쇠는 1번 또는 2번 열쇠로 열렸다.
- 두 번째 자물쇠와 네 번째 자물쇠는 3번 열쇠로 열리지 않았다.
- 6번 열쇠로는 어떤 자물쇠도 열지 못했다.
- 두 번째 또는 세 번째 자물쇠는 4번 열쇠로 열렸다
- 세 번째 자물쇠는 4번 또는 5번 열쇠로 열렸다.

① 첫 번째 자물쇠는 반드시 1번 열쇠로 열린다.
② 두 번째 자물쇠가 2번 열쇠로 열리면, 세 번째 자물쇠는 5번 열쇠로 열린다.
③ 세 번째 자물쇠가 5번 열쇠로 열리면, 네 번째 자물쇠는 2번 열쇠로 열린다.
④ 네 번째 자물쇠가 5번 열쇠로 열리면, 두 번째 자물쇠는 2번 열쇠로 열린다.
⑤ 3번 열쇠로는 어떤 자물쇠도 열지 못한다.

26 K씨는 인터넷뱅킹 사이트에 가입하기 위해 가입절차에 따라 정보를 입력하는데, 패스워드를 생성하는 과정이 까다로워 계속 실패 중이다. 다음 〈조건〉을 참고할 때, 사용 가능한 패스워드는?

조건

- 패스워드는 7자리이다.
- 영어 대문자와 소문자, 숫자, 특수기호를 적어도 하나씩 포함해야 한다.
- 숫자 0은 다른 숫자와 연속해서 나열할 수 없다.
- 영어 대문자는 다른 영어 대문자와 연속해서 나열할 수 없다.
- 특수기호를 첫 번째로 사용할 수 없다.

① a?102CB
② 7!z0bT4
③ #38Yup0
④ ssng99&
⑤ 6LI◇231

PART 2

27 **다음은 K기업의 2023년 경영실적에 대한 자료이다. 이에 대한 설명으로 옳지 않은 것은?(단, 비율은 소수점 첫째 자리에서 반올림한다)**

> K기업은 2023년 연간 26조 9,907억 원의 매출과 2조 7,127억 원의 영업이익을 달성했다고 발표했다. K기업은 지난 한 해 시장 변동에 대응하기 위해 선제적으로 투자와 생산량을 조정하는 등 경영 효율화에 나섰으나 글로벌 무역 갈등으로 세계 경제의 불확실성이 확대되었고, 재고 증가와 고객들의 보수적인 구매 정책으로 수요 둔화와 가격 하락이 이어져 경영실적은 전년 대비 감소했다고 밝혔다.
> 2023년 4분기 매출과 영업이익은 각각 6조 9,271억 원, 2,360억 원(영업이익률 3%)을 기록했다. 4분기는 달러화의 약세 전환에도 불구하고 수요 회복에 적극 대응한 결과 매출은 전 분기 대비 소폭 상승했으나, 수요 증가에 대응하기 위해 비중을 확대한 제품군의 수익성이 상대적으로 낮았고, 신규 공정 전환에 따른 초기 원가 부담 등으로 영업이익은 직전 분기 대비 50% 감소했다. 제품별로는 DRAM 출하량이 전 분기 대비 8% 증가했고, 평균판매가격은 7% 하락했으며, 낸드플래시는 출하량이 10% 증가했고, 평균판매가격은 직전 분기 수준을 유지했다.
> K기업은 올해 DRAM 시장에 대해 서버 DRAM의 수요 회복, 5G 스마트폰 확산에 따른 판매량 증가로 전형적인 상저하고의 수요 흐름을 보일 것으로 예상했다. 낸드플래시 시장 역시 PC 및 데이터 센터형 SSD 수요가 증가하는 한편, 고용량화 추세가 확대될 것으로 전망했다.
> K기업은 이처럼 최근 개선되고 있는 수요 흐름에 대해서는 긍정적으로 보고 있지만, 과거에 비해 훨씬 높아진 복잡성과 불확실성이 상존함에 따라 보다 신중한 생산 및 투자 전략을 운영할 방침이다. 공정 전환 과정에서도 기술 성숙도를 빠르게 향상시키는 한편, 차세대 제품의 차질 없는 준비로 원가 절감을 가속화한다는 전략이다.
> DRAM은 10나노급 2세대 제품(1y나노) 비중을 확대하고, 본격적으로 시장 확대가 예상되는 LPDDR5 제품 등의 시장을 적극 공략할 계획이다. 또한 차세대 제품인 10나노급 3세대 제품(1z나노)도 연내 본격 양산을 시작할 예정이다.

① K기업은 고용량 낸드플래시 생산에 대한 투자를 늘릴 것이다.

② 달러화의 강세는 매출액에 부정적 영향을 미친다.

③ 기업이 공정을 전환하는 경우, 이로 인해 원가가 상승할 수 있다.

④ 영업이익률은 매출액 대비 영업이익 비율로, K기업은 2023년에 약 10%를 기록했다.

⑤ 2023년 3분기 영업이익은 4분기 영업이익의 2배이다.

28 경영기획실에서 근무하는 K씨는 매년 부서별 사업계획을 정리하는 업무를 맡고 있다. 다음 중 부서별 사업계획을 간략하게 정리한 보고서를 보고 K씨가 할 수 있는 생각으로 가장 적절한 것은?

〈사업별 기간 및 소요예산〉

- A사업 : 총사업기간은 2년으로, 첫해에는 1조 원, 둘째 해에는 4조 원의 예산이 필요하다.
- B사업 : 총사업기간은 3년으로, 첫해에는 15조 원, 둘째 해에는 18조 원, 셋째 해에는 21조 원의 예산이 필요하다.
- C사업 : 총사업기간은 1년으로, 총소요예산은 15조 원이다.
- D사업 : 총사업기간은 2년으로, 첫해에는 15조 원, 둘째 해에는 8조 원의 예산이 필요하다.
- E사업 : 총사업기간은 3년으로, 첫해에는 6조 원, 둘째 해에는 12조 원, 셋째 해에는 24조 원의 예산이 필요하다.

올해를 포함한 향후 5년간 위의 5개 사업에 투자할 수 있는 예산은 아래와 같다.

〈연도별 가용예산〉

(단위 : 조 원)

1차 연도(올해)	2차 연도	3차 연도	4차 연도	5차 연도
20	24	28.8	34.5	41.5

〈규정〉

- 모든 사업은 한번 시작하면 완료될 때까지 중단할 수 없다.
- 예산은 당해 사업연도에 남아도 상관없다.
- 각 사업연도의 예산은 이월될 수 없다.
- 모든 사업을 향후 5년 이내에 반드시 완료한다.

① B사업을 세 번째 해에 시작하고 C사업을 최종연도에 시행한다.

② A사업과 D사업을 첫해에 동시에 시작한다.

③ 첫해에는 E사업만 시작한다.

④ D사업을 첫해에 시작한다.

⑤ 첫해에 E사업과 A사업을 같이 시작한다.

29 다음은 K공사가 추진 중인 '그린수소' 사업에 관한 보도 자료와 K공사에 대한 SWOT 분석 결과이다. SWOT 분석 결과를 참고할 때, '그린수소' 사업이 해당하는 전략은 무엇인가?

K공사는 전라남도, 나주시와 '그린수소 사업 협력 MOU'를 체결하였다. 지난 5월 정부는 탄소 배출 없는 그린수소 생산을 위해 K공사를 사업자로 선정하였고, 재생에너지 잉여전력을 활용한 수전해(P2G) 기술을 통해 그린수소를 만들어 저장하는 사업을 정부 과제로 선정하여 추진하기로 하였다.
그린(Green)수소란 이산화탄소 배출을 수반하지 않는 수소로, 주로 수전해(P2G)기술을 통해 생산된다. 현재 국내에서 생산되는 수소는 그레이(Gray)수소로, 추출·생산하는 과정에서 질소산화물, 이산화탄소 등을 배출한다.
수전해(P2G) 기술은 재생에너지 잉여전력을 활용하여 물의 전기분해를 통해 수소(H_2)를 생산 및 저장하거나, 생산된 수소와 이산화탄소(CO_2)를 결합하여 천연가스의 주성분인 메탄(CH_4)으로 전환함으로써 수송, 발전 및 도시가스 연료로 활용하는 전력 가스화(P2G; Power To Gas) 기술을 말한다.
그린수소 사업은 정부의 '재생에너지 3020 계획'에 따라 계속 증가하는 재생에너지를 활용해 수소를 생산함으로써 재생에너지 잉여전력 문제를 해결할 것으로 예상된다.
MOU 체결식에서 K공사 사장은 "K공사는 전라남도, 나주시와 지속적으로 협력하여 정부 에너지전환 정책에 부응하고, 사업에 필요한 기술개발을 위해 더욱 노력할 것"이라고 밝혔다.

〈SWOT 분석 결과〉

장점(Strength)	약점(Weakness)
• 적극적인 기술개발 의지 • 차별화된 환경기술 보유	• 해외시장 진출에 대한 두려움 • 경험 많은 기술 인력의 부족
기회(Opportunity)	**위협(Threat)**
• 발전설비를 동반한 환경설비 수출 유리 • 세계 전력 시장의 지속적 성장	• 재생에너지의 잉여전력 증가 • 친환경 기술 경쟁 심화

① SO전략
② ST전략
③ WO전략
④ WT전략
⑤ OT전략

30 X제품을 운송하는 Q씨는 업무상 편의를 위해 고객의 주문내역을 임의의 기호로 기록하고 있다. 다음과 같은 주문 전화가 왔을 때, Q씨가 기록한 기호로 옳은 것은?

〈임의기호〉

재료	연강	고강도강	초고강도강	후열처리강
	MS	HSS	AHSS	PHTS
판매량	낱개	1묶음	1box	1set
	01	10	11	00
지역	서울	경기남부	경기북부	인천
	E	S	N	W
윤활유 사용	청정작용	냉각작용	윤활작용	밀폐작용
	P	C	I	S
용도	베어링	스프링	타이어코드	기계구조
	SB	SS	ST	SM

※ Q씨는 [재료] – [판매량] – [지역] – [윤활유 사용] – [용도]의 순서로 기호를 기록한다.

〈주문전화〉

어이~ Q씨 나야, 나. 인천 지점에서 같이 일했던 P. 내가 필요한 것이 있어서 전화했어. 일단 서울 지점의 B씨가 스프링으로 사용할 제품이 필요하다고 하는데 한 박스 정도면 될 것 같아. 이전에 주문했던 대로 연강에 윤활용으로 윤활유를 사용한 제품으로 부탁하네. 나는 이번에 경기 남쪽으로 가는데 거기에 있는 내 사무실 알지? 거기로 초고강도강 타이어코드용으로 1세트 보내줘. 튼실한 걸로 밀폐용 윤활유 사용해서 부탁해. 저번에 냉각용으로 사용한 제품은 생각보다 좋진 않았어.

① MS11EISB, AHSS00SSST
② MS11EISS, AHSS00SSST
③ MS11EISS, HSS00SSST
④ MS11WISS, AHSS10SSST
⑤ MS11EISS, AHSS00SCST

31 한 야구팀이 재정난을 겪게 되면서 핵심선수인 민한, 대호, 성흔, 주찬이를 각각 다른 팀으로 트레이드하려고 한다. C팀이 투수만 스카우트하게 될 경우, 다음 〈조건〉을 토대로 반드시 참인 것은?

> 조건
>
> (가) 이들을 원하는 팀은 A ~ D 4팀이 있다.
> (나) 각 팀은 포수, 내야수, 외야수, 투수 중 중복 없이 하나만 얻을 수 있다.
> (다) 각 팀은 1명만 스카우트 할 수 있다.
> (라) 민한이는 투수만 가능하다.
> (마) 대호는 B팀만 가려고 한다.
> (바) A팀은 외야수를 원한다.
> (사) 성흔이는 포수와 외야수만 가능하다.
> (아) 주찬이는 D팀을 가려고 하지 않는다.
> (자) 외야수 포지션은 성흔이와 주찬이 중에 선택한다.

① 주찬이는 포수로 스카우트될 것이다.
② A팀에서 스카우트할 선수는 성흔이다.
③ D팀은 선택할 포지션이 없어서 스카우트를 포기한다.
④ D팀이 성흔이를 포수로 데려갈 것이다.
⑤ B팀은 대호를 외야수로 스카우트할 것이다.

32 시위에 가담한 A ~ G 7명이 연행되었는데, 이 중에 시위주동자가 2명이 있다. 누가 시위주동자인지에 대해서 증인 5명이 아래와 같이 진술하였다. 증인들의 진술을 고려해 볼 때, 시위주동자 중 1명은 누구인가?

> 증인 1 : A, B, G는 모두 아니다.
> 증인 2 : E, F, G는 모두 아니다.
> 증인 3 : C와 G 중에서 최소 1명은 시위주동자이다.
> 증인 4 : A, B, C, D 중에서 최소 1명은 시위주동자이다.
> 증인 5 : B, C, D 중에서 최소 1명이 시위주동자이고, D, E, F 중에서 최소 1명이 시위주동자이다.

① A
② B
③ C
④ F
⑤ G

35 K공사는 직원들의 사기 증진과 친화력 도모를 위해 전 직원이 참여하는 사내 가족 체육대회를 열기로 하였다. 8월 달력과 〈조건〉을 참고할 때 체육대회를 열기에 가장 적절한 날은?

〈8월 달력〉

월	화	수	목	금	토	일
	1	2	3	4	5	6
7	8	9	10	11	12	13
14	15	16	17	18	19	20
21	22	23	24	25	26	27
28	29	30	31			

조건

- 8월 3일부터 7일까지는 장마 기간으로 비가 온다.
- 가족 모두가 참여해야 하므로 주말(토, 일요일) 중 하루로 정한다.
- 마케팅팀은 토요일에 격주로 출근을 한다.
- 서비스팀은 토요일에 격주로 출근을 한다.
- 사장님은 8월 11일부터 15일까지 중국으로 출장을 간다.
- 마케팅팀 M사원은 12일에 출근을 했다.
- 서비스팀 L과장은 5일에 출근을 했다.
- ○○운동장은 둘째, 넷째 주말에는 개방하지 않는다.

① 6일
② 12일
③ 13일
④ 20일
⑤ 26일

PART 2

36 K의류회사는 제품의 판매촉진을 위해 TV광고를 기획하고 있다. 다음은 광고모델 후보 A ~ E에 대한 자료이다. 이를 토대로 향후 1년 동안 광고효과가 가장 클 것으로 예상되는 모델은 누구인가?

〈광고모델별 1년 계약금 및 광고 1회당 광고효과〉

(단위 : 천 원)

모델	1년 계약금	1회당 광고비	1회당 광고효과(예상)	
			수익 증대 효과	브랜드 가치 증대 효과
A	120,000	2,500	140,000	130,000
B	80,000		80,000	110,000
C	100,000		100,000	120,000
D	90,000		80,000	90,000
E	70,000		60,000	80,000
비고	• (총광고효과)=(1회당 광고효과)×(1년 광고횟수) • (1회당 광고효과)=(1회당 수익 증대 효과)+(1회당 브랜드 가치 증대 효과) • (1년 광고횟수)=(1년 광고비)÷(1회당 광고비) • (1년 광고비)=1억 8천만 원−(1년 계약금)			

① A ② B

③ C ④ D

⑤ E

37 K공사는 사원들의 복지 증진을 위해 안마의자를 구매할 계획이다. K공사의 평가기준이 아래와 같을 때, 〈보기〉 중 어떤 안마의자를 구매하겠는가?

〈K공사의 안마의자 구입 시 평가기준〉

- 사원들이 자주 사용할 것으로 생각되니 A/S 기간이 2년 이상이어야 한다.
- 사무실 인테리어를 고려하여 안마의자의 컬러는 레드보다는 블랙이 적절한 것으로 보인다.
- 겨울철에도 이용할 경우를 위해 안마의자에 온열기능이 있어야 한다.
- 안마의자의 구입 예산은 최대 2,500만 원까지며, 가격이 예산 안에만 해당하면 모두 구매 가능하다.
- 안마의자의 프로그램 개수는 최소 10개 이상은 되어야 하며, 많으면 많을수록 좋다.

보기

구분	가격	컬러	A/S 기간	프로그램	옵션
A안마의자	2,200만 원	블랙	2년	12개	온열기능
B안마의자	2,100만 원	레드	2년	13개	온열기능
C안마의자	2,600만 원	블랙	3년	15개	온열기능
D안마의자	2,400만 원	블랙	2년	13개	온열기능
E안마의자	2,500만 원	블랙	2년	14개	–

① A안마의자
② B안마의자
③ C안마의자
④ D안마의자
⑤ E안마의자

PART 2

38 A와 B는 각각 해외에서 직구로 물품을 구매하였다. 해외 관세율이 다음과 같을 때, A와 B 중 어떤 사람이 더 관세를 많이 냈으며 그 금액은 얼마인가?

〈해외 관세율〉

(단위 : %)

품목	관세	부가세
책	5	5
유모차, 보행기	5	10
노트북	8	10
스킨, 로션 등 화장품	6.5	10
골프용품, 스포츠용 헬멧	8	10
향수	7	10
커튼	13	10
카메라	8	10
신발	13	10
TV	8	10
휴대폰	8	10

※ 향수 화장품의 경우 개별소비세 7%, 농어촌특별세 10%, 교육세 30%가 추가된다.

※ 100만 원 이상 전자제품(TV, 노트북, 카메라, 핸드폰 등)은 개별소비세 20%, 교육세 30%가 추가된다.

〈구매 품목〉

A : TV(110만 원), 화장품(5만 원), 휴대폰(60만 원), 스포츠용 헬멧(10만 원)

B : 책(10만 원), 카메라(80만 원), 노트북(110만 원), 신발(10만 원)

① A, 91.5만 원

② B, 90.5만 원

③ A, 94.5만 원

④ B, 92.5만 원

⑤ B, 93.5만 원

※ 다음은 K회사의 원재료 정리에 대한 내용이다. 이어지는 질문에 답하시오. **[39~40]**

〈K회사의 원재료 재고 현황〉

원재료	입고 일시	무게(kg)	원재료	입고 일시	무게(kg)
ⓐ	2024.05.01 09:00	5	ⓐ	2024.05.01 16:14	2
ⓑ	2024.05.01 10:12	7	ⓒ	2024.05.01 16:49	3
ⓒ	2024.05.01 13:15	4	ⓐ	2024.05.01 17:02	5
ⓑ	2024.05.01 14:19	6	ⓑ	2024.05.01 17:04	4
ⓒ	2024.05.01 15:20	8	ⓒ	2024.05.01 19:04	8
ⓐ	2024.05.01 15:30	6	ⓑ	2024.05.01 21:49	5

〈K회사의 보관 방식〉

- K회사는 원재료 ⓐ, ⓑ, ⓒ를 받으면 무게에 따라 상자에 담아 포장한 후 보관한다.
- 원재료 ⓐ, ⓑ, ⓒ는 1개의 상자에 같이 포장이 가능하지만, 1개의 상자는 12kg을 초과할 수 없다.
- 원재료 ⓐ, ⓑ, ⓒ는 입고될 때 무게 그대로 분리하지 않고 포장한다.

39 K회사의 보관 방식에 따라 입고 순서대로 원재료를 상자에 담아 보관할 때 필요한 상자의 개수는?

① 6개
② 7개
③ 8개
④ 9개
⑤ 10개

40 원재료를 무게 순으로 하여 무거운 것부터 K회사의 보관 방식에 따라 보관한다면, 4번째 상자에 있는 원재료는?

① ⓐ
② ⓐ, ⓑ
③ ⓐ, ⓒ
④ ⓑ, ⓒ
⑤ ⓐ, ⓑ, ⓒ

※ K베이커리 사장은 새로운 직원을 채용하기 위해 아르바이트 공고문을 게재하였고, 지원자 명단은 다음과 같다. 이어지는 질문에 답하시오. **[41~42]**

■ 아르바이트 공고문

- 업체명 : K베이커리
- 업무내용 : 고객응대 및 매장관리
- 지원자격 : 경력, 성별, 학력 무관 / 나이 : 20 ~ 40세
- 근무조건 : 6개월 / 월 ~ 금 / 08:00 ~ 20:00(협의 가능)
- 급여 : 희망 임금
- 연락처 : 010-1234-1234

■ 아르바이트 지원자 명단

성명	성별	나이	근무가능시간	희망 임금	기타
김갑주	여	28	08:00 ~ 16:00	시급 11,000원	• 1일 1회 출근만 가능함 • 최소 2시간 이상 연속 근무하여야 함
강을미	여	29	15:00 ~ 20:00	시급 10,000원	
조병수	남	25	12:00 ~ 20:00	시급 10,500원	
박정현	여	36	08:00 ~ 14:00	시급 11,500원	
최강현	남	28	14:00 ~ 20:00	시급 11,500원	
채미나	여	24	16:00 ~ 20:00	시급 10,500원	
한수미	여	25	10:00 ~ 16:00	시급 11,000원	

※ 근무시간은 지원자가 희망하는 근무시간대 내에서 조절 가능함

41 K베이커리 사장은 최소비용으로 가능한 최대인원을 채용하고자 한다. 매장에는 항상 2명의 직원이 상주하고 있어야 하며, 기존 직원 1명은 오전 8시부터 오후 3시까지 근무를 하고 있다. 위 지원자 명단을 참고하였을 때, 누구를 채용하겠는가?(단, 최소비용으로 최대인원을 채용하는 것을 목적으로 하며, 최소 2시간 이상 근무가 가능하면 채용한다)

① 김갑주, 강을미, 조병수
② 김갑주, 강을미, 박정현, 채미나
③ 김갑주, 강을미, 조병수, 채미나, 한수미
④ 강을미, 조병수, 박정현, 최강현, 채미나
⑤ 강을미, 조병수, 박정현, 최강현, 채미나, 한수미

42 41번 문제에서 결정한 인원을 채용했을 때, 급여를 한 주 단위로 지급한다면 사장이 지급해야 하는 임금은?(단, 기존 직원의 시급은 11,000원으로 계산한다)

① 895,000원
② 1,005,000원
③ 1,185,000원
④ 1,275,000원
⑤ 1,500,000원

43 다음은 K공사 인사팀의 하계 휴가 스케줄이다. G사원은 휴가를 신청하기 위해 하계 휴가 스케줄을 확인하였다. 인사팀 팀장인 A부장은 25 ~ 28일은 하계 워크숍 기간이므로 휴가 신청이 불가능하며, 하루에 6명 이상은 사무실에 반드시 있어야 한다고 팀원들에게 공지했다. G사원이 휴가를 쓸 수 있는 기간으로 옳은 것은?

구분	8월 휴가																			
	3	4	5	6	7	10	11	12	13	14	17	18	19	20	21	24	25	26	27	28
	월	화	수	목	금	월	화	수	목	금	월	화	수	목	금	월	화	수	목	금
A부장																				
B차장																				
C과장																				
D대리																				
E주임																				
F주임																				
G사원																				
H사원																				

※ 스케줄에 색칠된 부분은 해당 직원의 휴가 예정일이다.

※ G사원은 4일 이상 휴가를 사용해야 한다(토, 일 제외).

① 8월 5 ~ 7일

② 8월 6 ~ 11일

③ 8월 11 ~ 16일

④ 8월 13 ~ 18일

⑤ 8월 19 ~ 24일

44 밤도깨비 야시장에서 푸드 트럭을 운영하기로 계획 중인 귀하는 다음 표를 참고하여 메인 메뉴 한 가지를 선정하려고 한다. 다음 중 어떤 메뉴를 선택하는 것이 가장 합리적인가?

메뉴	예상 월간 판매량(개)	생산 단가(원)	판매 가격(원)
A	500	3,500	4,000
B	300	5,500	6,000
C	400	4,000	5,000
D	200	6,000	7,000
E	150	3,000	5,000

① A

② B

③ C

④ D

⑤ E

45 다음 중 Windows에서 인터넷 익스플로러의 작업 내용과 바로가기가 바르게 연결되지 않은 것은?

① 현재 창 닫기 : 〈Ctrl〉+〈Q〉

② 홈페이지로 이동하기 : 〈Alt〉+〈Home〉

③ 현재 웹 페이지를 새로 고침하기 : 〈F5〉

④ 브라우저 창의 기본 보기와 전체 화면 간 전환하기 : 〈F11〉

⑤ 현재 창에서 단어나 문장 찾기 : 〈Ctrl〉+〈F〉

46 다음 프로그램의 실행 결과로 옳은 것은?

```
#include 〈stdio.h〉
void main() {
  int a = 10;
  float b = 1.3;
  double c;
  c = a + b;
  printf("%.2lf", c);
}
```

① 11

② 11.3

③ 11.30

④ .30

⑤ .3

47 다음 프로그램의 실행 결과에 대한 설명으로 옳은 것은?

```
#include <stdio.h>
main()
{
        int num = 1234567891011121314151617181920;

        printf("%d", num);

}
```

① 실행 결과는 1234567891011121314151617181920으로 출력된다.
② 실행 결과는 1234567891로 출력된다.
③ 실행 결과는 num이 출력된다.
④ 입력 값을 넣을 수 있다.
⑤ 오류 발생으로 실행이 되지 않는다.

48 제어판의 장치관리자 목록 중 LAN카드가 포함된 항목은?

① 디스크 드라이브
② 디스플레이 어댑터
③ 시스템 장치
④ 네트워크 어댑터
⑤ 사운드, 비디오 및 게임 컨트롤러

※ 병원에서 근무하는 A씨는 건강검진 관리 현황을 정리하고 있다. 이어지는 질문에 답하시오. **[49~50]**

	A	B	C	D	E	F
1	〈건강검진 관리 현황〉					
2	이름	검사구분	주민등록번호	검진일	검사항목 수	성별
3	강민희	종합검진	960809-2******	2023-11-12	18	
4	김범민	종합검진	010323-3******	2023-03-13	17	
5	조현진	기본검진	020519-3******	2023-09-07	10	
6	최진석	추가검진	871205-1******	2023-11-06	6	
7	한기욱	추가검진	980228-1******	2023-04-22	3	
8	정소희	종합검진	001015-4******	2023-02-19	17	
9	김은정	기본검진	891025-2******	2023-10-14	10	
10	박미옥	추가검진	011002-4******	2023-07-21	5	

49 다음 중 2023년 하반기에 검진받은 사람의 수를 확인할 때 사용해야 할 함수는?

① COUNT
② COUNTA
③ SUMIF
④ MATCH
⑤ COUNTIF

50 다음 중 주민등록번호를 통해 성별을 구분하려고 할 때, 각 셀에 필요한 함수식으로 옳은 것은?

① F3 : =IF(AND(MID(C3,8,1)="2",MID(C3,8,1)="4"),"여자","남자")
② F4 : =IF(AND(MID(C4,8,1)="2",MID(C4,8,1)="4"),"여자","남자")
③ F7 : =IF(OR(MID(C7,8,1)="2",MID(C7,8,1)="4"),"여자","남자")
④ F9 : =IF(OR(MID(C9,8,1)="1",MID(C9,8,1)="3"),"여자","남자")
⑤ F6 : =IF(OR(MID(C6,8,1)="2",MID(C6,8,1)="3"),"남자","여자")

51 **F사 관리팀에 근무하는 B팀장은 최근 부하직원 A씨 때문에 고민 중이다. B팀장이 보기에 A씨의 업무 방법은 업무의 성과를 내기에 부적절해 보이지만, 자존감이 강하고 자기결정권을 중시하는 A씨는 자기 자신이 스스로 잘하고 있다고 생각하며 B팀장의 조언이나 충고에 대해 반발심을 표현하고 있기 때문이다. 이와 같은 상황에서 B팀장이 부하직원인 A씨에게 할 수 있는 가장 효과적인 코칭 방법으로 옳은 것은?**

① 징계를 통해 B팀장의 조언을 듣도록 유도한다.

② 대화를 통해 스스로 자신의 잘못을 인식하도록 유도한다.

③ A씨에 대한 칭찬을 통해 업무 성과를 극대화시킨다.

④ A씨를 더 강하게 질책하여 업무 방법을 개선시키도록 한다.

⑤ 스스로 업무방법을 고칠 때까지 믿어주고 기다려준다.

52 **다음 중 고객만족도 조사에 대한 설명으로 옳지 않은 것은?**

① 특정 대상을 추출하여 조사하는 것보다 모든 고객을 대상으로 임의로 추출하여 조사하는 것이 더욱 효율적이다.

② 고객만족도를 조사하기 위한 설문지는 고객들이 쉽게 이해할 수 있는 문항으로 구성해야 한다.

③ 고객만족도 조사에 사용되는 심층 면접법은 비교적 긴 시간이 소요되지만, 심층적인 정보를 얻을 수 있어 고객의 동기·태도 등을 발견할 수 있다.

④ 단순히 한 번 실시하는 조사보다 연속해서 시행하는 조사를 통해 더 정확한 조사 결과를 얻을 수 있다.

⑤ 조사 결과를 어떻게 활용할 것인지 활용 계획을 설정해 놓으면 조사 방향에 일관성을 가질 수 있다.

53 **다음 중 팀워크에 대한 설명으로 적절하지 않은 것은?**

① 팀워크가 좋은 팀의 구성원은 공동의 목적을 달성하기 위하여 서로 협력한다.
② 팀워크는 팀의 구성원으로서 계속 남아 있기를 원하게 만드는 힘을 의미한다.
③ 목적이 다른 조직은 서로 다른 유형의 팀워크를 필요로 한다.
④ 팀워크는 협력, 통제, 자율을 통해 다양한 유형으로 구분된다.
⑤ 팀워크가 좋은 팀일수록 명확한 목적을 공유한다.

54 **K사원은 팀에서 아이디어 뱅크로 불릴 정도로 팀 업무와 직결된 아이디어를 많이 제안하는 편이다. 그러나 상사인 B팀장은 C부장에게 팀 업무를 보고하는 과정에 있어 K사원을 포함한 다른 사원들이 낸 아이디어를 자신이 낸 아이디어처럼 보고하는 경향이 있다. 이런 일이 반복되자 B팀장을 제외한 팀 내의 사원들은 불만이 쌓인 상황이다. 이런 상황에서 당신이 K사원이라면 어떻게 하겠는가?**

① 다른 사원들과 따로 자리를 만들어 B팀장의 욕을 한다.
② B팀장이 보는 앞에서 C부장에게 B팀장에 대해 이야기한다.
③ 다른 사원들과 이야기한 뒤에 B팀장에게 조심스레 이야기를 꺼내본다.
④ 회식 자리를 빌려 C부장에게 B팀장에 대해 속상한 점을 고백한다.
⑤ B팀장이 스스로 불만 사항을 알아차릴 때까지 기다린다.

55 **다음 중 내부 벤치마킹에 대한 설명으로 가장 적절한 것은?**

① 벤치마킹 대상의 적대적 태도로 인해 자료 수집에 어려움을 겪을 수 있다.
② 다각화된 우량기업의 경우 효과를 보기 어렵다.
③ 경쟁 기업을 통해 경영 성과와 관련된 정보를 획득할 수 있다.
④ 같은 기업 내의 타 부서 간 유사한 활용을 비교 대상으로 삼을 수 있다.
⑤ 문화 및 제도적인 차이로 발생할 수 있는 효과에 대한 검토가 필요하다.

56 **조직을 이루는 구성원 사이에서 공유된 생활양식이나 가치를 '조직문화'라고 한다. 다음 중 조직문화가 갖는 특징으로 적절하지 않은 것은?**

① 구성 요소에는 리더십 스타일, 제도 및 절차, 구성원, 구조 등이 있다.
② 조직 구성원들에게 일체감과 정체성을 준다.
③ 조직의 안정성을 유지하는 데 기여한다.
④ 조직 몰입도를 향상시킨다.
⑤ 구성원들 개개인의 다양성을 강화해준다.

57 **다음 지시사항의 내용으로 적절하지 않은 것은?**

> 은경씨, 금요일 오후 2시부터 10명의 인·적성검사 합격자의 1차 면접이 진행될 예정입니다. 5층 회의실 사용 예약을 지금 미팅이 끝난 직후 해 주시고, 2명씩 5개 조로 구성하여 10분씩 면접을 진행하니 지금 드리는 지원 서류를 참고하시어 수요일 오전까지 다섯 조를 구성한 보고서를 저에게 주십시오. 그리고 2명의 면접 위원님께 목요일 오전에 면접 진행에 대해 말씀드려 미리 일정 조정을 완료해 주시기 바랍니다.

① 면접은 10분씩 진행된다.
② 은경씨는 수요일 오전까지 보고서를 제출해야 한다.
③ 면접은 금요일 오후에 10명을 대상으로 실시된다.
④ 인·적성검사 합격자는 본인이 몇 조인지 알 수 있다.
⑤ 은경씨는 면접 위원님에게 면접 진행에 대해 알려야 한다.

58 **다음 중 직장에서의 전화 예절로 적절하지 않은 것은?**

① 자신의 정확한 소속과 이름을 밝혀야 한다.
② 가벼운 농담을 계속하여 친근한 분위기를 유지해야 한다.
③ 언제나 메모를 받아 적을 수 있도록 펜과 노트를 준비해 두어야 한다.
④ 전화를 끊기 전 통화 내용을 다시 한 번 확인해야 한다.
⑤ 전화를 대신 받은 경우 대신 받은 이유를 밝혀야 한다.

59 **직장에서 벌어지는 다음 상황을 보고 생각할 수 있는 근면한 직장생활로 적절하지 않은 것은?**

> 허주임은 감각파이자 낙천주의자이다. 오늘 점심시간에 백화점 세일에 갔다 온 것을 친구에게 전화로 자랑하기 바쁘다. "오늘 땡잡았어! 스키용품을 50%에 구했지 뭐니!", "넌 혼자만 일하니? 대충대충 해. 그래서 큰 회사 다녀야 땡땡이치기 쉽다니까."

① 업무시간에는 개인적인 일을 하지 않는다.
② 업무시간에 최대한 업무를 끝내도록 한다.
③ 점심시간보다 10분 정도 일찍 나가는 것은 괜찮다.
④ 사무실 내에서 전화나 메신저 등을 통해 사적인 대화를 나누지 않는다.
⑤ 주어진 지위에 걸맞은 책임감 있는 행동을 한다.

60 **K사는 1년에 2번씩 사원들에게 봉사 의식을 심어주기 위해 자원봉사 활동을 진행하고 있다. 자원봉사 활동 전에 사원들에게 봉사에 대한 마음가짐을 설명하고자 할 때, 적절하지 않은 것은?**

① 봉사는 적절한 보상에 맞춰 참여해야 한다.
② 봉사는 의도적이고 계획된 활동이 되어야 한다.
③ 봉사는 함께하는 공동체 의식에 바탕을 두어야 한다.
④ 봉사는 개인의 의지에 따라 이루어져야 한다.
⑤ 봉사는 상대방의 입장에서 생각하고 행동해야 한다.

PART 3

채용 가이드

CHAPTER

01 블라인드 채용 소개

1. 블라인드 채용이란?

채용 과정에서 편견이 개입되어 불합리한 차별을 야기할 수 있는 출신지, 가족관계, 학력, 외모 등의 편견요인은 제외하고, 직무능력만을 평가하여 인재를 채용하는 방식입니다.

2. 블라인드 채용의 필요성

- 채용의 공정성에 대한 사회적 요구
  - 누구에게나 직무능력만으로 경쟁할 수 있는 균등한 고용기회를 제공해야 하나, 아직도 채용의 공정성에 대한 불신이 존재
  - 채용상 차별금지에 대한 법적 요건이 권고적 성격에서 처벌을 동반한 의무적 성격으로 강화되는 추세
  - 시민의식과 지원자의 권리의식 성숙으로 차별에 대한 법적 대응 가능성 증가
- 우수인재 채용을 통한 기업의 경쟁력 강화 필요
  - 직무능력과 무관한 학벌, 외모 위주의 선발로 우수인재 선발기회 상실 및 기업경쟁력 약화
  - 채용 과정에서 차별 없이 직무능력중심으로 선발한 우수인재 확보 필요
- 공정한 채용을 통한 사회적 비용 감소 필요
  - 편견에 의한 차별적 채용은 우수인재 선발을 저해하고 외모·학벌 지상주의 등의 심화로 불필요한 사회적 비용 증가
  - 채용에서의 공정성을 높여 사회의 신뢰수준 제고

3. 블라인드 채용의 특징

편견요인을 요구하지 않는 대신 직무능력을 평가합니다.

※ 직무능력중심 채용이란?
기업의 역량기반 채용, NCS기반 능력중심 채용과 같이 직무수행에 필요한 능력과 역량을 평가하여 선발하는 채용방식을 통칭합니다.

4. 블라인드 채용의 평가요소

직무수행에 필요한 지식, 기술, 태도 등을 과학적인 선발기법을 통해 평가합니다.

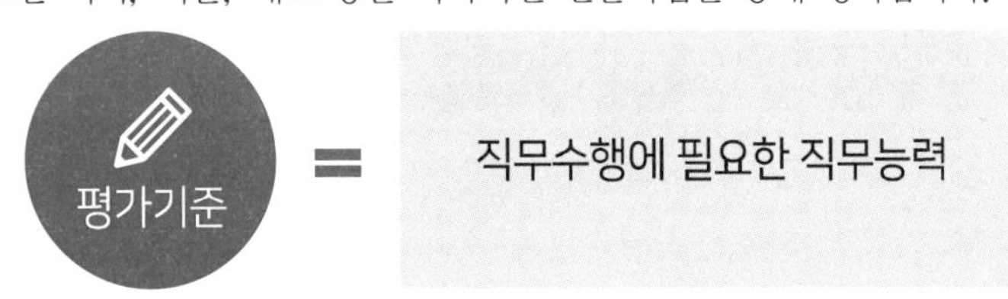

※ 과학적 선발기법이란?
직무분석을 통해 도출된 평가요소를 서류, 필기, 면접 등을 통해 체계적으로 평가하는 방법으로 입사지원서, 자기소개서, 직무수행능력평가, 구조화 면접 등이 해당됩니다.

5. 블라인드 채용 주요 도입 내용

- 입사지원서에 인적사항 요구 금지
  - 인적사항에는 출신지역, 가족관계, 결혼여부, 재산, 취미 및 특기, 종교, 생년월일(연령), 성별, 신장 및 체중, 사진, 전공, 학교명, 학점, 외국어 점수, 추천인 등이 해당
  - 채용 직무를 수행하는 데 있어 반드시 필요하다고 인정될 경우는 제외

    예 특수경비직 채용 시 : 시력, 건강한 신체 요구
    연구직 채용 시 : 논문, 학위 요구 등
- 블라인드 면접 실시
  - 면접관에게 응시자의 출신지역, 가족관계, 학교명 등 인적사항 정보 제공 금지
  - 면접관은 응시자의 인적사항에 대한 질문 금지

6. 블라인드 채용 도입의 효과성

- 구성원의 다양성과 창의성이 높아져 기업 경쟁력 강화
  - 편견을 없애고 직무능력 중심으로 선발하므로 다양한 직원 구성 가능
  - 다양한 생각과 의견을 통하여 기업의 창의성이 높아져 기업경쟁력 강화
- 직무에 적합한 인재선발을 통한 이직률 감소 및 만족도 제고
  - 사전에 지원자들에게 구체적이고 상세한 직무요건을 제시함으로써 허수 지원이 낮아지고, 직무에 적합한 지원자 모집 가능
  - 직무에 적합한 인재가 선발되어 직무이해도가 높아져 업무효율 증대 및 만족도 제고
- 채용의 공정성과 기업이미지 제고
  - 블라인드 채용은 사회적 편견을 줄인 선발 방법으로 기업에 대한 사회적 인식 제고
  - 채용과정에서 불합리한 차별을 받지 않고 실력에 의해 공정하게 평가를 받을 것이라는 믿음을 제공하고, 지원자들은 평등한 기회와 공정한 선발과정 경험

CHAPTER

02 서류전형 가이드

01 채용공고문

1. 채용공고문의 변화

기존 채용공고문	변화된 채용공고문
• 취업준비생에게 불충분하고 불친절한 측면 존재 • 모집분야에 대한 명확한 직무관련 정보 및 평가기준 부재 • 해당분야에 지원하기 위한 취업준비생의 무분별한 스펙 쌓기 현상 발생	• NCS 직무분석에 기반한 채용공고를 토대로 채용전형 진행 • 지원자가 입사 후 수행하게 될 업무에 대한 자세한 정보 공지 • 직무수행내용, 직무수행 시 필요한 능력, 관련된 자격, 직업기초능력 제시 • 지원자가 해당 직무에 필요한 스펙만을 준비할 수 있도록 안내
• 모집부문 및 응시자격 • 지원서 접수 • 전형절차 • 채용조건 및 처우 • 기타사항	• 채용절차 • 채용유형별 선발분야 및 예정인원 • 전형방법 • 선발분야별 직무기술서 • 우대사항

2. 지원 유의사항 및 지원요건 확인

채용 직무에 따른 세부사항을 공고문에 명시하여 지원자에게 적격한 지원 기회를 부여함과 동시에 채용과정에서의 공정성과 신뢰성을 확보합니다.

구성	내용	확인사항
모집분야 및 규모	고용형태(인턴 계약직 등), 모집분야, 인원, 근무지역 등	채용직무가 여러 개일 경우 본인이 해당되는 직무의 채용규모 확인
응시자격	기본 자격사항, 지원조건	지원을 위한 최소자격요건을 확인하여 불필요한 지원을 예방
우대조건	법정 · 특별 · 자격증 가점	본인의 가점 여부를 검토하여 가점 획득을 위한 사항을 사실대로 기재
근무조건 및 보수	고용형태 및 고용기간, 보수, 근무지	본인이 생각하는 기대수준에 부합하는지 확인하여 불필요한 지원을 예방
시험방법	서류 · 필기 · 면접전형 등의 활용방안	전형방법 및 세부 평가기법 등을 확인하여 지원전략 준비
전형일정	접수기간, 각 전형 단계별 심사 및 합격자 발표일 등	본인의 지원 스케줄을 검토하여 차질이 없도록 준비
제출서류	입사지원서(경력 · 경험기술서 등), 각종 증명서 및 자격증 사본 등	지원요건 부합 여부 및 자격 증빙서류 사전에 준비
유의사항	임용취소 등의 규정	임용취소 관련 법적 또는 기관 내부 규정을 검토하여 해당여부 확인

02 직무기술서

직무기술서란 직무수행의 내용과 필요한 능력, 관련 자격, 직업기초능력 등을 상세히 기재한 것으로 입사 후 수행하게 될 업무에 대한 정보가 수록되어 있는 자료입니다.

1. 채용분야

설명

NCS 직무분류 체계에 따라 직무에 대한 「대분류 – 중분류 – 소분류 – 세분류」 체계를 확인할 수 있습니다. 채용 직무에 대한 모든 직무기술서를 첨부하게 되며 실제 수행 업무를 기준으로 세부적인 분류정보를 제공합니다.

채용분야	분류체계			
사무행정	대분류	중분류	소분류	세분류
분류코드	02. 경영·회계·사무	03. 재무·회계	01. 재무	01. 예산
				02. 자금
			02. 회계	01. 회계감사
				02. 세무

2. 능력단위

설명

직무분류 체계의 세분류 하위능력단위 중 실질적으로 수행할 업무의 능력만 구체적으로 파악할 수 있습니다.

능력단위			
능력단위	(예산)	03. 연간종합예산수립 05. 확정예산 운영	04. 추정재무제표 작성 06. 예산실적 관리
	(자금)	04. 자금운용	
	(회계감사)	02. 자금관리 05. 회계정보시스템 운용 07. 회계감사	04. 결산관리 06. 재무분석
	(세무)	02. 결산관리 07. 법인세 신고	05. 부가가치세 신고

3. 직무수행내용

설명

세분류 영역의 기본정의를 통해 직무수행내용을 확인할 수 있습니다. 입사 후 수행할 직무내용을 구체적으로 확인할 수 있으며, 이를 통해 입사서류 작성부터 면접까지 직무에 대한 명확한 이해를 바탕으로 자신의 희망직무인지 아닌지, 해당 직무가 자신이 알고 있던 직무가 맞는지 확인할 수 있습니다.

직무수행내용	
직무수행내용	(예산) 일정기간 예상되는 수익과 비용을 편성, 집행하며 통제하는 일
	(자금) 자금의 계획 수립, 조달, 운용을 하고 발생 가능한 위험 관리 및 성과평가
	(회계감사) 기업 및 조직 내·외부에 있는 의사결정자들이 효율적인 의사결정을 할 수 있도록 유용한 정보를 제공, 제공된 회계정보의 적정성을 파악하는 일
	(세무) 세무는 기업의 활동을 위하여 주어진 세법범위 내에서 조세부담을 최소화시키는 조세전략을 포함하고 정확한 과세소득과 과세표준 및 세액을 산출하여 과세당국에 신고·납부하는 일

4. 직무기술서 예시

태도	(예산) 정확성, 분석적 태도, 논리적 태도, 타 부서와의 협조적 태도, 설득력
	(자금) 분석적 사고력
	(회계 감사) 합리적 태도, 전략적 사고, 정확성, 적극적 협업 태도, 법률준수 태도, 분석적 태도, 신속성, 책임감, 정확한 판단력
	(세무) 규정 준수 의지, 수리적 정확성, 주의 깊은 태도
우대 자격증	공인회계사, 세무사, 컴퓨터활용능력, 변호사, 워드프로세서, 전산회계운용사, 사회조사분석사, 재경관리사, 회계관리 등
직업기초능력	의사소통능력, 문제해결능력, 자원관리능력, 대인관계능력, 정보능력, 조직이해능력

5. 직무기술서 내용별 확인사항

항목	확인사항
모집부문	해당 채용에서 선발하는 부문(분야)명 확인 예 사무행정, 전산, 전기
분류체계	지원하려는 분야의 세부직무군 확인
주요기능 및 역할	지원하려는 기업의 전사적인 기능과 역할, 산업군 확인
능력단위	지원분야의 직무수행에 관련되는 세부업무사항 확인
직무수행내용	지원분야의 직무군에 대한 상세사항 확인
전형방법	지원하려는 기업의 신입사원 선발전형 절차 확인
일반요건	교육사항을 제외한 지원 요건 확인(자격요건, 특수한 경우 연령)
교육요건	교육사항에 대한 지원요건 확인(대졸 / 초대졸 / 고졸 / 전공 요건)
필요지식	지원분야의 업무수행을 위해 요구되는 지식 관련 세부항목 확인
필요기술	지원분야의 업무수행을 위해 요구되는 기술 관련 세부항목 확인
직무수행태도	지원분야의 업무수행을 위해 요구되는 태도 관련 세부항목 확인
직업기초능력	지원분야 또는 지원기업의 조직원으로서 근무하기 위해 필요한 일반적인 능력사항 확인

03 입사지원서

1. 입사지원서의 변화

기존지원서		능력중심 채용 입사지원서
직무와 관련 없는 학점, 개인신상, 어학점수, 자격, 수상경력 등을 나열하도록 구성	VS	해당 직무수행에 꼭 필요한 정보들을 제시할 수 있도록 구성

기존지원서		능력중심 채용 입사지원서	
직무기술서	→	인적사항	성명, 연락처, 지원분야 등 작성 (평가 미반영)
직무수행내용		교육사항	직무지식과 관련된 학교교육 및 직업교육 작성
요구지식 / 기술		자격사항	직무관련 국가공인 또는 민간자격 작성
관련 자격증		경력 및 경험사항	조직에 소속되어 일정한 임금을 받거나(경력) 임금 없이(경험) 직무와 관련된 활동 내용 작성
사전직무경험			

2. 교육사항

- 지원분야 직무와 관련된 학교 교육이나 직업교육 혹은 기타교육 등 직무에 대한 지원자의 학습 여부를 평가하기 위한 항목입니다.
- 지원하고자 하는 직무의 학교 전공교육 이외에 직업교육, 기타교육 등을 기입할 수 있기 때문에 전공 제한 없이 직업교육과 기타교육을 이수하여 지원이 가능하도록 기회를 제공합니다.
  (기타교육 : 학교 이외의 기관에서 개인이 이수한 교육과정 중 지원직무와 관련이 있다고 생각되는 교육내용)

구분	교육과정(과목)명	교육내용	과업(능력단위)

3. 자격사항

- 채용공고 및 직무기술서에 제시되어 있는 자격 현황을 토대로 지원자가 해당 직무를 수행하는 데 필요한 능력을 가지고 있는지를 평가하기 위한 항목입니다.
- 채용공고 및 직무기술서에 기재된 직무관련 필수 또는 우대자격 항목을 확인하여 본인이 보유하고 있는 자격사항을 기재합니다.

자격유형	자격증명	발급기관	취득일자	자격증번호

4. 경력 및 경험사항

- 직무와 관련된 경력이나 경험 여부를 표현하도록 하여 직무와 관련한 능력을 갖추었는지를 평가하기 위한 항목입니다.
- 해당 기업에서 직무를 수행함에 있어 필요한 사항만을 기록하게 되어 있기 때문에 직무와 무관한 스펙을 갖추지 않아도 됩니다.
- 경력 : 금전적 보수를 받고 일정기간 동안 일했던 경우
- 경험 : 금전적 보수를 받지 않고 수행한 활동

※ 기업에 따라 경력 / 경험 관련 증빙자료 요구 가능

구분	조직명	직위 / 역할	활동기간(년 / 월)	주요과업 / 활동내용

Tip

입사지원서 작성 방법

○ 경력 및 경험사항 작성
- 직무기술서에 제시된 지식, 기술, 태도와 지원자의 교육사항, 경력(경험)사항, 자격사항과 연계하여 개인의 직무역량에 대해 스스로 판단 가능

○ 인적사항 최소화
- 개인의 인적사항, 학교명, 가족관계 등을 노출하지 않도록 유의

부적절한 입사지원서 작성 사례
- 학교 이메일을 기입하여 학교명 노출
- 거주지 주소에 학교 기숙사 주소를 기입하여 학교명 노출
- 자기소개서에 부모님이 재직 중인 기업명, 직위, 직업을 기입하여 가족관계 노출
- 자기소개서에 석·박사 과정에 대한 이야기를 언급하여 학력 노출
- 동아리 활동에 대한 내용을 학교명과 더불어 언급하여 학교명 노출

04 자기소개서

1. 자기소개서의 변화

- 기존의 자기소개서는 지원자의 일대기나 관심 분야, 성격의 장·단점 등 개괄적인 사항을 묻는 질문으로 구성되어 지원자가 자신의 직무능력을 제대로 표출하지 못합니다.
- 능력중심 채용의 자기소개서는 직무기술서에 제시된 직업기초능력(또는 직무수행능력)에 대한 지원자의 과거 경험을 기술하게 함으로써 평가 타당도의 확보가 가능합니다.

1. 우리 회사와 해당 지원 직무분야에 지원한 동기에 대해 기술해 주세요.
2. 자신이 경험한 다양한 사회활동에 대해 기술해 주세요.
3. 지원 직무에 대한 전문성을 키우기 위해 받은 교육과 경험 및 경력사항에 대해 기술해 주세요.
4. 인사업무 또는 팀 과제 수행 중 발생한 갈등을 원만하게 해결해 본 경험이 있습니까? 당시 상황에 대한 설명과 갈등의 대상이 되었던 상대방을 설득한 과정 및 방법을 기술해 주세요.
5. 과거에 있었던 일 중 가장 어려웠었던(힘들었었던) 상황을 고르고, 어떤 방법으로 그 상황을 해결했는지를 기술해 주세요.

Tip

자기소개서 작성 방법

① 자기소개서 문항이 묻고 있는 평가 역량 추측하기

예시

- 팀 활동을 하면서 갈등 상황 시 상대방의 니즈나 의도를 명확히 파악하고 해결하여 목표 달성에 기여했던 경험에 대해서 작성해 주시기 바랍니다.
- 다른 사람이 생각해내지 못했던 문제점을 찾고 이를 해결한 경험에 대해 작성해 주시기 바랍니다.

② 해당 역량을 보여줄 수 있는 소재 찾기(시간×역량 매트릭스)

예시

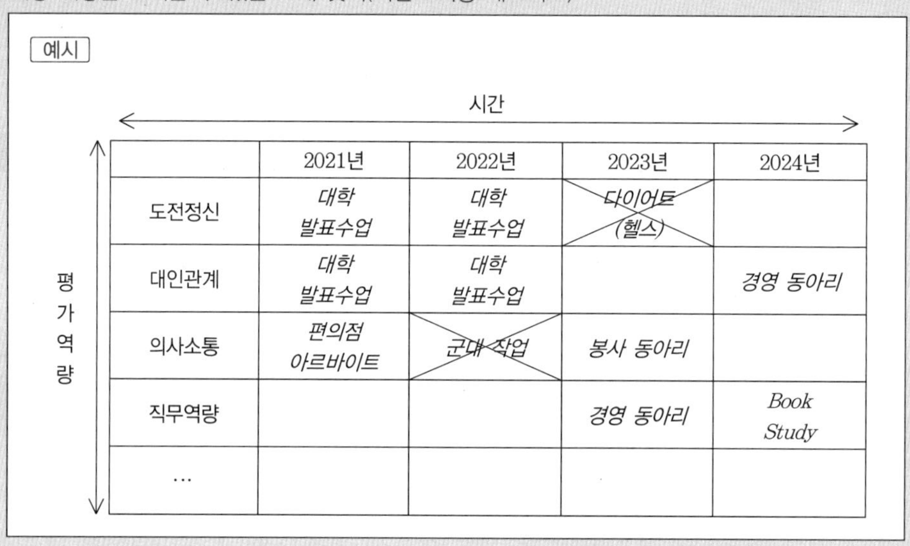

시간

평가역량

	2021년	2022년	2023년	2024년
도전정신	*대학 발표수업*	*대학 발표수업*	~~*다이어트 (헬스)*~~	
대인관계	*대학 발표수업*	*대학 발표수업*		*경영 동아리*
의사소통	*편의점 아르바이트*	~~*군대 작업*~~	*봉사 동아리*	
직무역량			*경영 동아리*	*Book Study*
…				

③ 자기소개서 작성 Skill 익히기

- 두괄식으로 작성하기
- 구체적 사례를 사용하기
- ‘나’를 중심으로 작성하기
- 직무역량 강조하기
- 경험 사례의 차별성 강조하기

CHAPTER

03 인성검사 소개 및 모의테스트

01 인성검사 유형

인성검사는 지원자의 성격특성을 객관적으로 파악하고 그것이 각 기업에서 필요로 하는 인재상과 가치에 부합하는가를 평가하기 위한 검사입니다. 인성검사는 KPDI(한국인재개발진흥원), K-SAD(한국사회적성개발원), KIRBS(한국행동과학연구소), SHR(에스에이치알) 등의 전문기관을 통해 각 기업의 특성에 맞는 검사를 선택하여 실시합니다. 대표적인 인성검사의 유형에는 크게 다음과 같은 세 가지가 있으며, 채용 대행업체에 따라 달라집니다.

PART 3

1. KPDI 검사

조직적응성과 직무적합성을 알아보기 위한 검사로 인성검사, 인성역량검사, 인적성검사, 직종별 인적성검사 등의 다양한 검사 도구를 구현합니다. KPDI는 성격을 파악하고 정신건강 상태 등을 측정하고, 직무검사는 해당 직무를 수행하기 위해 기본적으로 갖추어야 할 인지적 능력을 측정합니다. 역량검사는 특정 직무 역할을 효과적으로 수행하는 데 직접적으로 관련 있는 개인의 행동, 지식, 스킬, 가치관 등을 측정합니다.

2. KAD(Korea Aptitude Development) 검사

K-SAD(한국사회적성개발원)에서 실시하는 적성검사 프로그램입니다. 개인의 성향, 지적 능력, 기호, 관심, 흥미도를 종합적으로 분석하여 적성에 맞는 업무가 무엇인가 파악하고, 직무수행에 있어서 요구되는 기초능력과 실무능력을 분석합니다.

3. SHR 직무적성검사

직무수행에 필요한 종합적인 사고 능력을 다양한 적성검사(Paper and Pencil Test)로 평가합니다. SHR의 모든 직무능력검사는 표준화 검사입니다. 표준화 검사는 표본집단의 점수를 기초로 규준이 만들어진 검사이므로 개인의 점수를 규준에 맞추어 해석·비교하는 것이 가능합니다. S(Standardized Tests), H(Hundreds of Version), R(Reliable Norm Data)을 특징으로 하며, 직군·직급별 특성과 선발 수준에 맞추어 검사를 적용할 수 있습니다.

02 인성검사와 면접

인성검사는 특히 면접질문과 관련성이 높습니다. 면접관은 지원자의 인성검사 결과를 토대로 질문을 하기 때문입니다. 일관적이고 이상적인 답변을 하는 것이 가장 좋지만, 실제 시험은 매우 복잡하여 전문가라 해도 일정 성격을 유지하면서 답변을 하는 것이 힘듭니다. 또한, 인성검사에는 라이 스케일(Lie Scale) 설문이 전체 설문 속에 교묘하게 섞여 들어가 있으므로 겉치레적인 답을 하게 되면 회답태도의 허위성이 그대로 드러나게 됩니다. 예를 들어 '거짓말을 한 적이 한 번도 없다.'에 '예'로 답하고, '때로는 거짓말을 하기도 한다.'에 '예'라고 답하여 라이 스케일의 득점이 올라가게 되면 모든 회답의 신빙성이 사라지고 '자신을 돋보이게 하려는 사람'이라는 평가를 받을 수 있으므로 주의해야 합니다. 따라서 모의테스트를 통해 인성검사의 유형과 실제 시험 시 어떻게 문제를 풀어야 하는지 연습해 보고 체크한 부분 중 자신의 단점과 연결되는 부분은 면접에서 질문이 들어왔을 때 어떻게 대처해야 하는지 생각해 보는 것이 좋습니다.

03 유의사항

1. 기업의 인재상을 파악하라!

인성검사를 통해 개인의 성격 특성을 파악하고 그것이 기업의 인재상과 가치에 부합하는지를 평가하는 시험이기 때문에 해당 기업의 인재상을 먼저 파악하고 시험에 임하는 것이 좋습니다. 모의테스트에서 인재상에 맞는 가상의 인물을 설정하고 문제에 답해 보는 것도 많은 도움이 됩니다.

2. 일관성 있는 대답을 하라!

짧은 시간 안에 다양한 질문에 답을 해야 하는데, 그 안에는 중복되는 질문이 여러 번 나옵니다. 이때 앞서 자신이 체크했던 대답을 잘 기억해뒀다가 일관성 있는 답을 하는 것이 중요합니다.

3. 모든 문항에 대답하라!

많은 문제를 짧은 시간 안에 풀려다 보니 다 못 푸는 경우도 종종 생깁니다. 하지만 대답을 누락하거나 끝까지 다 못했을 경우 좋지 않은 결과를 가져올 수도 있으니 최대한 주어진 시간 안에 모든 문항에 답할 수 있도록 해야 합니다.

04 KPDI 모의테스트

※ 모의테스트는 질문 및 답변 유형 연습을 위한 것으로 실제 시험과 다를 수 있습니다.
※ 인성검사는 정답이 따로 없는 유형의 검사이므로 결과지를 제공하지 않습니다.

번호	내용	예	아니요
001	나는 솔직한 편이다.	☐	☐
002	나는 리드하는 것을 좋아한다.	☐	☐
003	법을 어겨서 말썽이 된 적이 한 번도 없다.	☐	☐
004	거짓말을 한 번도 한 적이 없다.	☐	☐
005	나는 눈치가 빠르다.	☐	☐
006	나는 일을 주도하기보다는 뒤에서 지원하는 것을 선호한다.	☐	☐
007	앞일은 알 수 없기 때문에 계획은 필요하지 않다.	☐	☐
008	거짓말도 때로는 방편이라고 생각한다.	☐	☐
009	사람이 많은 술자리를 좋아한다.	☐	☐
010	걱정이 지나치게 많다.	☐	☐
011	일을 시작하기 전 재고하는 경향이 있다.	☐	☐
012	불의를 참지 못한다.	☐	☐
013	처음 만나는 사람과도 이야기를 잘 한다.	☐	☐
014	때로는 변화가 두렵다.	☐	☐
015	나는 모든 사람에게 친절하다.	☐	☐
016	힘든 일이 있을 때 술은 위로가 되지 않는다.	☐	☐
017	결정을 빨리 내리지 못해 손해를 본 경험이 있다.	☐	☐
018	기회를 잡을 준비가 되어 있다.	☐	☐
019	때로는 내가 정말 쓸모없는 사람이라고 느낀다.	☐	☐
020	누군가 나를 챙겨주는 것이 좋다.	☐	☐
021	자주 가슴이 답답하다.	☐	☐
022	나는 내가 자랑스럽다.	☐	☐
023	경험이 중요하다고 생각한다.	☐	☐
024	전자기기를 분해하고 다시 조립하는 것을 좋아한다.	☐	☐

025	감시받고 있다는 느낌이 든다.	▢	▢
026	난처한 상황에 놓이면 그 순간을 피하고 싶다.	▢	▢
027	세상엔 믿을 사람이 없다.	▢	▢
028	잘못을 빨리 인정하는 편이다.	▢	▢
029	지도를 보고 길을 잘 찾아간다.	▢	▢
030	귓속말을 하는 사람을 보면 날 비난하고 있는 것 같다.	▢	▢
031	막무가내라는 말을 들을 때가 있다.	▢	▢
032	장래의 일을 생각하면 불안하다.	▢	▢
033	결과보다 과정이 중요하다고 생각한다.	▢	▢
034	운동은 그다지 할 필요가 없다고 생각한다.	▢	▢
035	새로운 일을 시작할 때 좀처럼 한 발을 떼지 못한다.	▢	▢
036	기분 상하는 일이 있더라도 참는 편이다.	▢	▢
037	업무능력은 성과로 평가받아야 한다고 생각한다.	▢	▢
038	머리가 맑지 못하고 무거운 느낌이 든다.	▢	▢
039	가끔 이상한 소리가 들린다.	▢	▢
040	타인이 내게 자주 고민상담을 하는 편이다.	▢	▢

05 SHR 모의테스트

※ 모의테스트는 질문 및 답변 유형 연습을 위한 것으로 실제 시험과 다를 수 있습니다.
※ 인성검사는 정답이 따로 없는 유형의 검사이므로 결과지를 제공하지 않습니다.

※ 이 성격검사의 각 문항에는 서로 다른 행동을 나타내는 네 개의 문장이 제시되어 있습니다. 이 문장들을 비교하여, 자신의 평소 행동과 가장 가까운 문장을 'ㄱ' 열에 표기하고, 가장 먼 문장을 'ㅁ' 열에 표기하십시오.

01 나는 ______________________

		ㄱ	ㅁ
A.	실용적인 해결책을 찾는다.	☐	☐
B.	다른 사람을 돕는 것을 좋아한다.	☐	☐
C.	세부 사항을 잘 챙긴다.	☐	☐
D.	상대의 주장에서 허점을 잘 찾는다.	☐	☐

02 나는 ______________________

		ㄱ	ㅁ
A.	매사에 적극적으로 임한다.	☐	☐
B.	즉흥적인 편이다.	☐	☐
C.	관찰력이 있다.	☐	☐
D.	임기응변에 강하다.	☐	☐

03 나는 ______________________

		ㄱ	ㅁ
A.	무서운 영화를 잘 본다.	☐	☐
B.	조용한 곳이 좋다.	☐	☐
C.	가끔 울고 싶다.	☐	☐
D.	집중력이 좋다.	☐	☐

04 나는 ______________________

		ㄱ	ㅁ
A.	기계를 조립하는 것을 좋아한다.	☐	☐
B.	집단에서 리드하는 역할을 맡는다.	☐	☐
C.	호기심이 많다.	☐	☐
D.	음악을 듣는 것을 좋아한다.	☐	☐

05 나는 ______________________

	ㄱ	ㅁ
A. 타인을 늘 배려한다.	☐	☐
B. 감수성이 예민하다.	☐	☐
C. 즐겨하는 운동이 있다.	☐	☐
D. 일을 시작하기 전에 계획을 세운다.	☐	☐

06 나는 ______________________

	ㄱ	ㅁ
A. 타인에게 설명하는 것을 좋아한다.	☐	☐
B. 여행을 좋아한다.	☐	☐
C. 정적인 것이 좋다.	☐	☐
D. 남을 돕는 것에 보람을 느낀다.	☐	☐

07 나는 ______________________

	ㄱ	ㅁ
A. 기계를 능숙하게 다룬다.	☐	☐
B. 밤에 잠이 잘 오지 않는다.	☐	☐
C. 한 번 간 길을 잘 기억한다.	☐	☐
D. 불의를 보면 참을 수 없다.	☐	☐

08 나는 ______________________

	ㄱ	ㅁ
A. 종일 말을 하지 않을 때가 있다.	☐	☐
B. 사람이 많은 곳을 좋아한다.	☐	☐
C. 술을 좋아한다.	☐	☐
D. 휴양지에서 편하게 쉬고 싶다.	☐	☐

09 나는 ______________________

	ㄱ	ㅁ
A. 뉴스보다는 드라마를 좋아한다.	☐	☐
B. 길을 잘 찾는다.	☐	☐
C. 주말엔 집에서 쉬는 것이 좋다.	☐	☐
D. 아침에 일어나는 것이 힘들다.	☐	☐

10 나는 ______________________

	ㄱ	ㅁ
A. 이성적이다.	☐	☐
B. 할 일을 종종 미룬다.	☐	☐
C. 어른을 대하는 게 힘들다.	☐	☐
D. 불을 보면 매혹을 느낀다.	☐	☐

11 나는 ______________________

	ㄱ	ㅁ
A. 상상력이 풍부하다.	☐	☐
B. 예의 바르다는 소리를 자주 듣는다.	☐	☐
C. 사람들 앞에 서면 긴장한다.	☐	☐
D. 친구를 자주 만난다.	☐	☐

12 나는 ______________________

	ㄱ	ㅁ
A. 나만의 스트레스 해소 방법이 있다.	☐	☐
B. 친구가 많다.	☐	☐
C. 책을 자주 읽는다.	☐	☐
D. 활동적이다.	☐	☐

CHAPTER

04 면접전형 가이드

01 면접유형 파악

1. 면접전형의 변화

기존 면접전형에서는 일상적이고 단편적인 대화나 지원자의 첫인상 및 면접관의 주관적인 판단 등에 의해서 입사 결정 여부를 판단하는 경우가 많았습니다. 이러한 면접전형은 면접 내용의 일관성이 결여되거나 직무 관련 타당성이 부족하였고, 면접에 대한 신뢰도에 영향을 주었습니다.

기존 면접(전통적 면접)		능력중심 채용 면접(구조화 면접)
• 일상적이고 단편적인 대화 • 인상, 외모 등 외부 요소의 영향 • 주관적인 판단에 의존한 총점 부여 ⇩ • 면접 내용의 일관성 결여 • 직무관련 타당성 부족 • 주관적인 채점으로 신뢰도 저하	VS	• 일관성 – 직무관련 역량에 초점을 둔 구체적 질문 목록 – 지원자별 동일 질문 적용 • 구조화 – 면접 진행 및 평가 절차를 일정한 체계에 의해 구성 • 표준화 – 평가 타당도 제고를 위한 평가 Matrix 구성 – 척도에 따라 항목별 채점, 개인 간 비교 • 신뢰성 – 면접진행 매뉴얼에 따라 면접위원 교육 및 실습

2. 능력중심 채용의 면접 유형

① 경험 면접
- 목적 : 선발하고자 하는 직무 능력이 필요한 과거 경험을 질문합니다.
- 평가요소 : 직업기초능력과 인성 및 태도적 요소를 평가합니다.

② 상황 면접
- 목적 : 특정 상황을 제시하고 지원자의 행동을 관찰함으로써 실제 상황의 행동을 예상합니다.
- 평가요소 : 직업기초능력과 인성 및 태도적 요소를 평가합니다.

③ 발표 면접
- 목적 : 특정 주제와 관련된 지원자의 발표와 질의응답을 통해 지원자 역량을 평가합니다.
- 평가요소 : 직무수행능력과 인지적 역량(문제해결능력)을 평가합니다.

④ 토론 면접
- 목적 : 토의과제에 대한 의견수렴 과정에서 지원자의 역량과 상호작용능력을 평가합니다.
- 평가요소 : 직무수행능력과 팀워크를 평가합니다.

02 면접유형별 준비 방법

1. 경험 면접

① 경험 면접의 특징

- 주로 직업기초능력에 관련된 지원자의 과거 경험을 심층 질문하여 검증하는 면접입니다.
- 직무능력과 관련된 과거 경험을 평가하기 위해 심층 질문을 하며, 이 질문은 지원자의 답변에 대하여 '꼬리에 꼬리를 무는 형식'으로 진행됩니다.

> - 능력요소, 정의, 심사 기준
>   - 평가하고자 하는 능력요소, 정의, 심사기준을 확인하여 면접위원이 해당 능력요소 관련 질문을 제시합니다.
> - Opening Question
>   - 능력요소에 관련된 과거 경험을 유도하기 위한 시작 질문을 합니다.
> - Follow-up Question
>   - 지원자의 경험 수준을 구체적으로 검증하기 위한 질문입니다.
>   - 경험 수준 검증을 위한 상황(Situation), 임무(Task), 역할 및 노력(Action), 결과(Result) 등으로 질문을 구분합니다.

경험 면접의 형태

[면접관 1] [면접관 2] [면접관 3]

[지원자]

〈일대다 면접〉

[면접관 1] [면접관 2] [면접관 3]

[지원자 1] [지원자 2] [지원자 3]

〈다대다 면접〉

PART 3

② 경험 면접의 구조

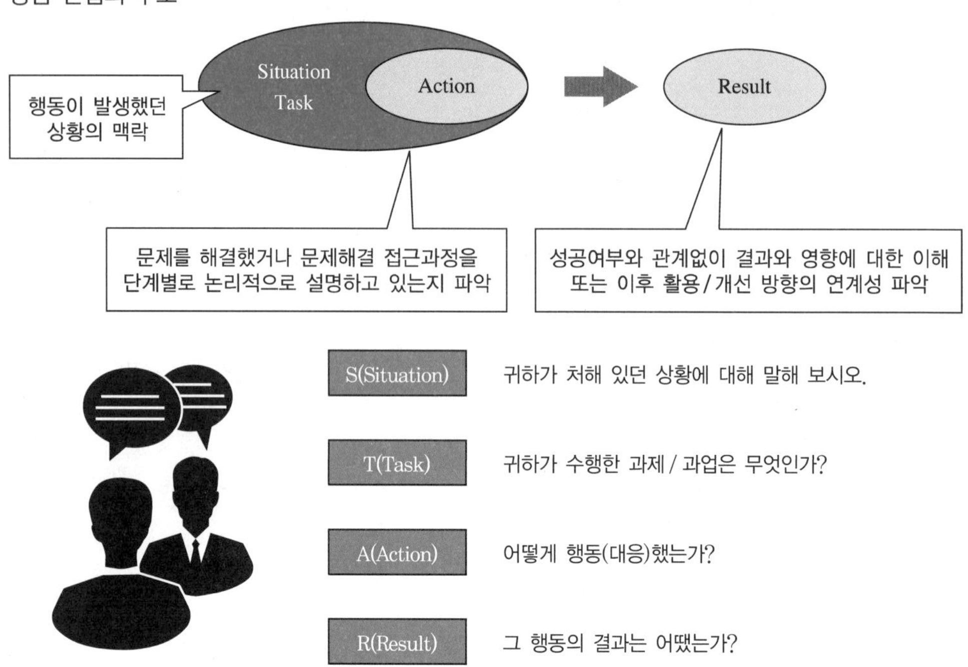

(　　　　　)에 관한 과거 경험에 대하여 말해 보시오.

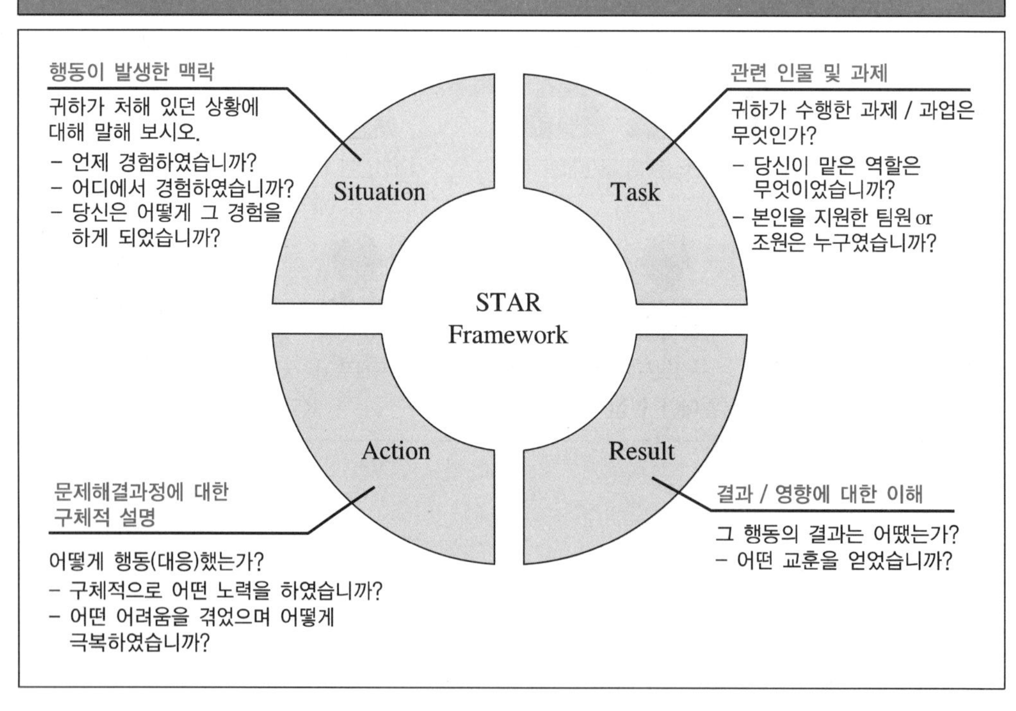

③ 경험 면접 질문 예시(직업윤리)

시작 질문	
1	남들이 신경 쓰지 않는 부분까지 고려하여 절차대로 업무(연구)를 수행하여 성과를 낸 경험을 구체적으로 말해 보시오.
2	조직의 원칙과 절차를 철저히 준수하며 업무(연구)를 수행한 것 중 성과를 향상시킨 경험에 대해 구체적으로 말해 보시오.
3	세부적인 절차와 규칙에 주의를 기울여 실수 없이 업무(연구)를 마무리한 경험을 구체적으로 말해 보시오.
4	조직의 규칙이나 원칙을 고려하여 성실하게 일했던 경험을 구체적으로 말해 보시오.
5	타인의 실수를 바로잡고 원칙과 절차대로 수행하여 성공적으로 업무를 마무리하였던 경험에 대해 말해 보시오.

후속 질문		
상황 (Situation)	상황	구체적으로 언제, 어디에서 경험한 일인가?
		어떤 상황이었는가?
	조직	어떤 조직에 속해 있었는가?
		그 조직의 특성은 무엇이었는가?
		몇 명으로 구성된 조직이었는가?
	기간	해당 조직에서 얼마나 일했는가?
		해당 업무는 몇 개월 동안 지속되었는가?
	조직규칙	조직의 원칙이나 규칙은 무엇이었는가?
임무 (Task)	과제	과제의 목표는 무엇이었는가?
		과제에 적용되는 조직의 원칙은 무엇이었는가?
		그 규칙을 지켜야 하는 이유는 무엇이었는가?
	역할	당신이 조직에서 맡은 역할은 무엇이었는가?
		과제에서 맡은 역할은 무엇이었는가?
	문제의식	규칙을 지키지 않을 경우 생기는 문제점 / 불편함은 무엇인가?
		해당 규칙이 왜 중요하다고 생각하였는가?
역할 및 노력 (Action)	행동	업무 과정의 어떤 장면에서 규칙을 철저히 준수하였는가?
		어떻게 규정을 적용시켜 업무를 수행하였는가?
		규정은 준수하는 데 어려움은 없었는가?
	노력	그 규칙을 지키기 위해 스스로 어떤 노력을 기울였는가?
		본인의 생각이나 태도에 어떤 변화가 있었는가?
		다른 사람들은 어떤 노력을 기울였는가?
	동료관계	동료들은 규칙을 철저히 준수하고 있었는가?
		팀원들은 해당 규칙에 대해 어떻게 반응하였는가?
		규칙에 대한 태도를 개선하기 위해 어떤 노력을 하였는가?
		팀원들의 태도는 당신에게 어떤 자극을 주었는가?
	업무추진	주어진 업무를 추진하는 데 규칙이 방해되진 않았는가?
		업무수행 과정에서 규정을 어떻게 적용하였는가?
		업무 시 규정을 준수해야 한다고 생각한 이유는 무엇인가?

결과 (Result)	평가	규칙을 어느 정도나 준수하였는가?
		그렇게 준수할 수 있었던 이유는 무엇이었는가?
		업무의 성과는 어느 정도였는가?
		성과에 만족하였는가?
		비슷한 상황이 온다면 어떻게 할 것인가?
	피드백	주변 사람들로부터 어떤 평가를 받았는가?
		그러한 평가에 만족하는가?
		다른 사람에게 본인의 행동이 영향을 주었다고 생각하는가?
	교훈	업무수행 과정에서 중요한 점은 무엇이라고 생각하는가?
		이 경험을 통해 느낀 바는 무엇인가?

2. 상황 면접

① 상황 면접의 특징

직무 관련 상황을 가정하여 제시하고 이에 대한 대응능력을 직무관련성 측면에서 평가하는 면접입니다.

- 상황 면접 과제의 구성은 크게 2가지로 구분
  - 상황 제시(Description) / 문제 제시(Question or Problem)
- 현장의 실제 업무 상황을 반영하여 과제를 제시하므로 직무분석이나 직무전문가 워크숍 등을 거쳐 현장성을 높임
- 문제는 상황에 대한 기본적인 이해능력(이론적 지식)과 함께 실질적 대응이나 변수 고려능력(실천적 능력) 등을 고르게 질문해야 함

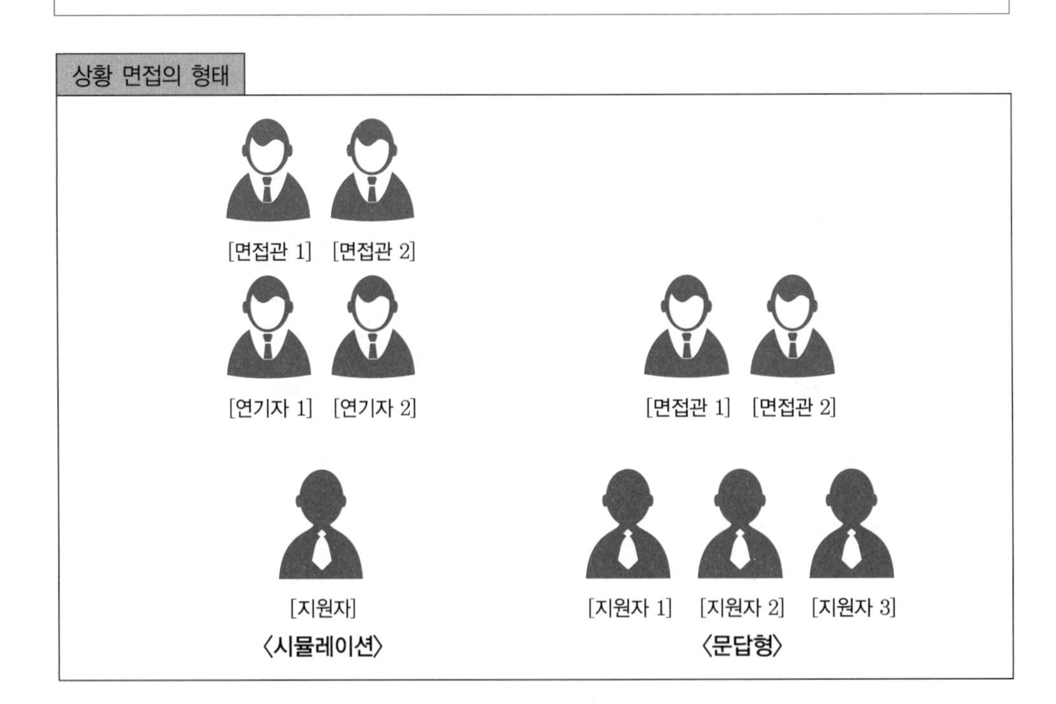

② 상황 면접 예시

상황 제시	인천공항 여객터미널 내에는 다양한 용도의 시설(사무실, 통신실, 식당, 전산실, 창고 면세점 등)이 설치되어 있습니다.	실제 업무 상황에 기반함
	금년에 소방배관의 누수가 잦아 메인 배관을 교체하는 공사를 추진하고 있으며, 당신은 이번 공사의 담당자입니다.	배경 정보
	주간에는 공항 운영이 이루어져 주로 야간에만 배관 교체 공사를 수행하던 중, 시공하는 기능공의 실수로 배관 연결 부위를 잘못 건드려 고압배관의 소화수가 누출되는 사고가 발생하였으며, 이로 인해 인근 시설물에 누수에 의한 피해가 발생하였습니다.	구체적인 문제 상황
문제 제시	일반적인 소방배관의 배관연결(이음)방식과 배관의 이탈(누수)이 발생하는 원인에 대해 설명해 보시오.	문제 상황 해결을 위한 기본 지식 문항
	담당자로서 본 사고를 현장에서 긴급히 처리하는 프로세스를 제시하고, 보수완료 후 사후적 조치가 필요한 부분 및 재발방지 방안에 대해 설명해 보시오.	문제 상황 해결을 위한 추가 대응 문항

3. 발표 면접

① 발표 면접의 특징

- 직무관련 주제에 대한 지원자의 생각을 정리하여 의견을 제시하고, 발표 및 질의응답을 통해 지원자의 직무능력을 평가하는 면접입니다.
- 발표 주제는 직무와 관련된 자료로 제공되며, 일정 시간 후 지원자가 보유한 지식 및 방안에 대한 발표 및 후속 질문을 통해 직무적합성을 평가합니다.

> • 주요 평가요소
>   – 설득적 말하기 / 발표능력 / 문제해결능력 / 직무관련 전문성
> • 이미 언론을 통해 공론화된 시사 이슈보다는 해당 직무분야에 관련된 주제가 발표면접의 과제로 선정되는 경우가 최근 들어 늘어나고 있음
> • 짧은 시간 동안 주어진 과제를 빠른 속도로 분석하여 발표문을 작성하고 제한된 시간 안에 면접관에게 효과적인 발표를 진행하는 것이 핵심

발표 면접의 형태

[면접관 1] [면접관 2]   [면접관 1] [면접관 2]

[지원자]   [지원자 1] [지원자 2] [지원자 3]

〈개별 과제 발표〉   **〈팀 과제 발표〉**

※ 면접관에게 시각적 효과를 사용하여 메시지를 전달하는 쌍방향 커뮤니케이션 방식

※ 심층면접을 보완하기 위한 방안으로 최근 많은 기업에서 적극 도입하는 추세

② 발표 면접 예시

1. 지시문

당신은 현재 A사에서 직원들의 성과평가를 담당하고 있는 팀원이다. 인사팀은 지난주부터 사내 조직문화관련 인터뷰를 하던 도중 성과평가제도에 관련된 개선 니즈가 제일 많다는 것을 알게 되었다. 이에 팀장님은 인터뷰 결과를 종합하려 성과평가제도 개선 아이디어를 A4용지에 정리하여 신속 보고할 것을 지시하셨다. 당신에게 남은 시간은 1시간이다. 자료를 준비하는 대로 당신은 팀원들이 모인 회의실에서 5분 간 발표할 것이며, 이후 질의응답을 진행할 것이다.

2. 배경자료

〈성과평가제도 개선에 대한 인터뷰〉

최근 A사는 회사 사세의 급성장으로 인해 작년보다 매출이 두 배 성장하였고, 직원 수 또한 두 배로 증가하였다. 회사의 성장은 임금, 복지에 대한 상승 등 긍정적인 영향을 주었으나 업무의 불균형 및 성과보상의 불평등 문제가 발생하였다. 또한 수시로 입사하는 신입직원과 경력직원, 퇴사하는 직원들까지 인원들의 잦은 변동으로 인해 평가해야 할 대상이 변경되어 현재의 성과평가제도로는 공정한 평가가 어려운 상황이다.

[생산부서 김상호]
우리 팀은 지난 1년 동안 생산량이 급증했기 때문에 수십 명의 신규인력이 급하게 채용되었습니다. 이 때문에 저희 팀장님은 신규 입사자들의 이름조차 기억 못할 때가 많이 있습니다. 성과평가를 제대로 하고 있는지 의문이 듭니다.

[마케팅 부서 김흥민]
개인의 성과평가의 취지는 충분히 이해합니다. 그러나 현재 평가는 실적기반이나 정성적인 평가가 많이 포함되어 있어 객관성과 공정성에는 의문이 드는 것이 사실입니다. 이러한 상황에서 평가제도를 재수립하지 않고, 인센티브에 계속 반영한다면, 평가제도에 대한 반감이 커질 것이 분명합니다.

[교육부서 홍경민]
현재 교육부서는 인사팀과 밀접하게 일하고 있습니다. 그럼에도 인사팀에서 실시하는 성과평가제도에 대한 이해가 부족한 것 같습니다.

[기획부서 김경호 차장]
저는 저의 평가자 중 하나가 연구부서의 팀장님인데, 일 년에 몇 번 같이 일하지 않는데 어떻게 저를 평가할 수 있을까요? 특히 연구팀은 저희가 예산을 배정하는데, 저에게는 좋지만….

4. 토론 면접

① 토론 면접의 특징

- 다수의 지원자가 조를 편성해 과제에 대한 토론(토의)을 통해 결론을 도출해가는 면접입니다.
- 의사소통능력, 팀워크, 종합인성 등의 평가에 용이합니다.

> • 주요 평가요소
>   – 설득적 말하기, 경청능력, 팀워크, 종합인성
> • 의견 대립이 명확한 주제 또는 채용분야의 직무 관련 주요 현안을 주제로 과제 구성
> • 제한된 시간 내 토론을 진행해야 하므로 적극적으로 자신 있게 토론에 임하고 본인의 의견을 개진할 수 있어야 함

토론 면접의 형태

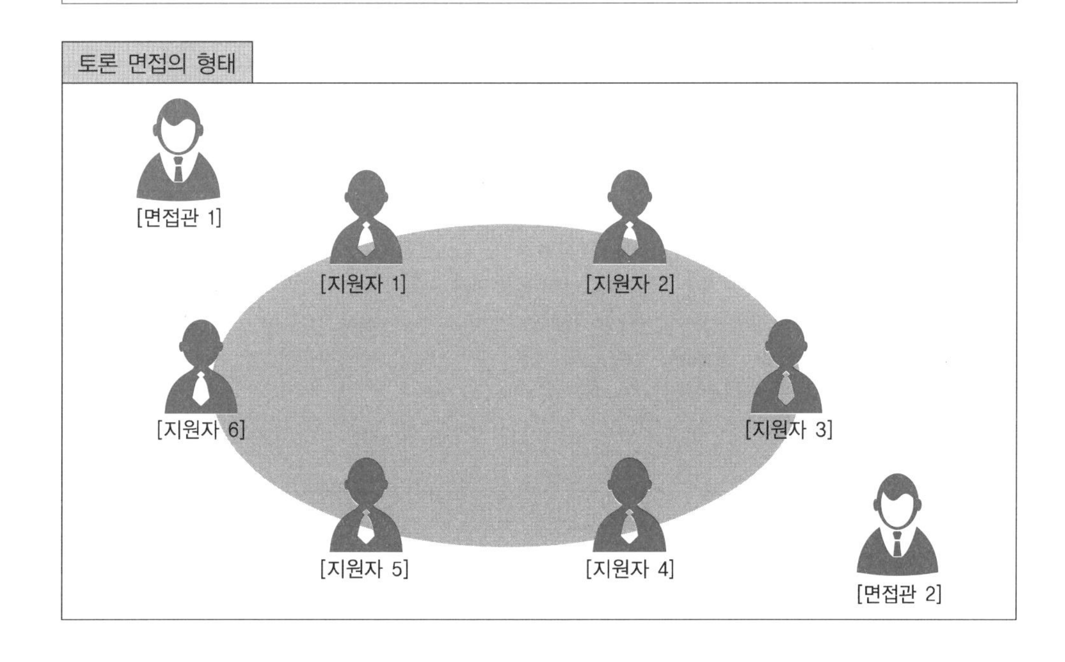

② 토론 면접 예시

고객 불만 고충처리
1. 들어가며
최근 우리 상품에 대한 고객 불만의 증가로 고객고충처리 TF가 만들어졌고 당신은 여기에 지원해 배치받았다. 당신의 업무는 불만을 가진 고객을 만나서 애로사항을 듣고 처리해 주는 일이다. 주된 업무로는 고객의 니즈를 파악해 방향성을 제시해 주고 그 해결책을 마련하는 일이다. 하지만 경우에 따라서 고객의 주관적인 의견으로 인해 제대로 된 방향으로 의사결정을 하지 못할 때가 있다. 이럴 경우 설득이나 논쟁을 해서라도 의견을 관철시키는 것이 좋을지 아니면 고객의 의견대로 진행하는 것이 좋을지 결정해야 할 때가 있다. 만약 당신이라면 이러한 상황에서 어떤 결정을 내릴 것인지 여부를 자유롭게 토론해 보시오.
2. 1분 자유 발언 시 준비사항
• 당신은 의견을 자유롭게 개진할 수 있으며 이에 따른 불이익은 없습니다. • 토론의 방향성을 이해하고, 내용의 장점과 단점이 무엇인지 문제를 명확히 말해야 합니다. • 합리적인 근거에 기초하여 개선방안을 명확히 제시해야 합니다. • 제시한 방안을 실행 시 예상되는 긍정적·부정적 영향요인도 동시에 고려할 필요가 있습니다.
3. 토론 시 유의사항
• 토론 주제문과 제공해드린 메모지, 볼펜만 가지고 토론장에 입장할 수 있습니다. • 사회자의 지정 또는 발표자가 손을 들어 발언권을 획득할 수 있으며, 사회자의 통제에 따릅니다. • 토론회가 시작되면, 팀의 의견과 논거를 정리하여 1분간의 자유발언을 할 수 있습니다. 순서는 사회자가 지정합니다. 이후에는 자유롭게 상대방에게 질문하거나 답변을 하실 수 있습니다. • 핸드폰, 서적 등 외부 매체는 사용하실 수 없습니다. • 논제에 벗어나는 발언이나 지나치게 공격적인 발언을 할 경우, 위에서 제시한 유의사항을 지키지 않을 경우 불이익을 받을 수 있습니다.

03 면접 Role Play

1. 면접 Role Play 편성

- 교육생끼리 조를 편성하여 면접관과 지원자 역할을 교대로 진행합니다.
- 지원자 입장과 면접관 입장을 모두 경험해 보면서 면접에 대한 적응력을 높일 수 있습니다.

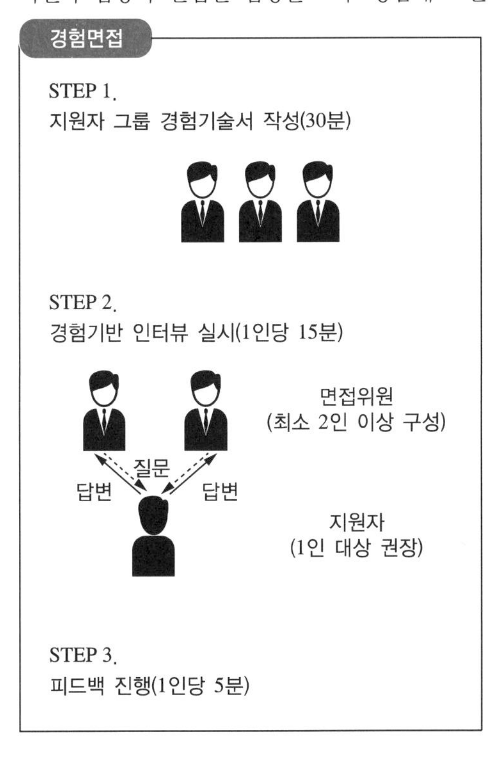

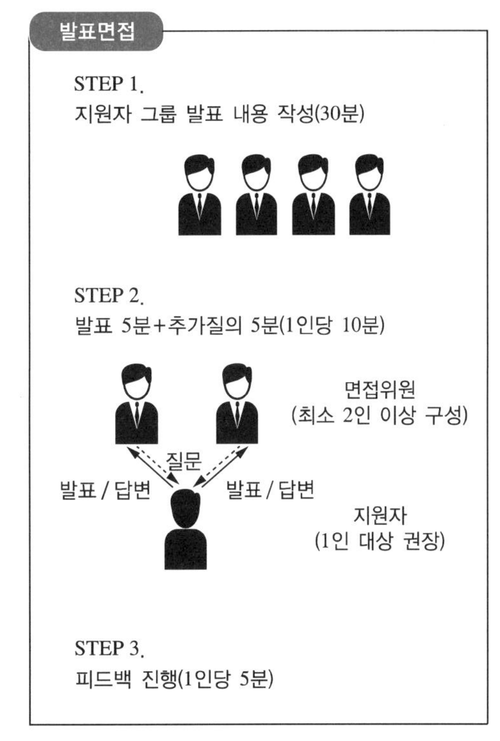

Tip

면접 준비하기

1. 면접 유형 확인 필수
   - 기업마다 면접 유형이 상이하기 때문에 해당 기업의 면접 유형을 확인하는 것이 좋음
   - 일반적으로 실무진 면접, 임원면접 2차례에 거쳐 면접을 실시하는 기업이 많고 실무진 면접과 임원 면접에서 평가요소가 다르기 때문에 유형에 맞는 준비방법이 필요
2. 후속 질문에 대한 사전 점검
   - 블라인드 채용 면접에서는 주요 질문과 함께 후속 질문을 통해 지원자의 직무능력을 판단
     → STAR 기법을 통한 후속 질문에 미리 대비하는 것이 필요

CHAPTER

05 대학병원 / 의료원 최신 면접 기출질문

1. 경상대학교병원

- 악성 민원을 상대한 경험이 있는가? 있다면 말해 보시오.
- 본인이 남들과 다른 점에 대해 말해 보시오.
- 다양한 업무 중 가장 하고 싶은 분야에 대해 말해 보시오.
- 스트레스를 어떻게 푸는가?
- 경상대학교병원이 갖춰야 할 자세를 말해 보시오.
- 부모님이나 지인이 경상대학교병원에 입원하더라도 차별 없이 업무를 처리할 수 있는가?
- 가장 가고 싶은 부서는 어디인가?
- 가고 싶지 않은 부서는 어디인가?
- 경상대학교병원에 방문하니 어떤 느낌이 드는가?
- 신입사원에게 가장 중요하다고 생각하는 역량은 무엇인가?
- 가장 중요하다고 생각하는 가치를 실현한 경험이 있는가?
- 민원을 어떻게 대처할 것인지 예를 들어 설명해 보시오.
- 같이 일하는 동료가 업무를 소홀히 한다면 어떻게 하겠는가?
- 부당한 일을 당한 적이 있는가?
- 직장 내 괴롭힘에 대해 어떻게 생각하는가? 해결방안을 제시해 보시오.
- 졸업 후 지원한 직렬과 관련하여 어떠한 경험을 쌓았는가?
- 병원이 이익을 추구한다는 이야기에 대한 다양한 생각을 말해 보시오.
- 지원한 직렬의 업무를 수행할 때 필요한 덕목으로는 어떤 것이 있겠는가?
- 상사가 부당한 지시를 내리면 어떻게 하겠는가?
- 경상대학교병원에 대해 아는 대로 말해 보시오.
- 본인이 가지고 있는 역량을 말해 보시오.
- 검사 중 낙상사고 발생 시 조치 방법을 말해 보시오.
- 경상대학교병원에 지원한 이유를 말해 보시오.
- 본인이 베풀었던 호의나 경험에 대해 말해 보시오.
- 시스템이나 제도와 관련하여 불합리하다고 생각한 적이 있는가? 있다면 개선을 위해 어떠한 노력을 했는지 말해 보시오.
- 어떠한 방식으로 환자를 돌볼 것인가?
- 정의란 무엇인가?

2. 전북대학교병원

- 전북대학교병원의 강점은 무엇인가?
- 전북대학교병원에 대해 조사한 것을 모두 말해 보시오.
- 버킷리스트 3가지를 말해 보시오.
- 퇴원환자간호는 어떻게 진행되는가?
- 프로젝트 진행 중 규정에 어긋나는 것을 발견했다면 어떻게 하겠는가?
- 직업의 의미는 무엇인가?
- 예상하지 못한 상황에 직면했을 때 어떻게 극복할 것인가?
- 일을 잘하지만 이기적인 후배와 일을 못하지만 성실한 후배 중 어느 쪽을 더 챙기고 싶은가?
- 장애인 환자를 어떻게 응대할 것인지 말해 보시오.
- 이연법인세자산이 무엇인지 말해 보시오.
- 알리오 재무제표를 확인해 봤는가?
- 본인보다 나이가 어린 상사와 어떻게 지낼 것인가?
- 환자가 바닥에 구토물을 흘렸다면 어떻게 대처하겠는가?
- 정보보호법에 대해 아는 대로 말해 보시오.
- 전북대학교병원에 입사하고 싶은 이유를 말해 보시오.
- 본인의 강점을 결부시켜 병원에서 본인을 뽑아야 하는 이유를 어필해 보시오.
- 본인의 강점을 업무 수행 시 어떻게 실현할지 말해 보시오.
- 본인을 색으로 표현해 보시오.

3. 서울대학교병원

- 직장 선택의 기준 및 가치관에 대해 말해 보시오.
- 서울대학교병원이 타 병원과 비교했을 때 가진 강점 / 단점이 무엇이라고 생각하는가?
- 입사 후 본인의 5년 뒤 모습을 설명해 보시오.
- 서울대학교병원에서 본인을 뽑아야 하는 이유를 말해 보시오.
- 업무에 필요한 용어를 다 숙지할 수 있는가?
- 수익성과 공공성 중 어떤 것이 더 중요한가?
- 본인의 역량 그래프를 그리고 설명해 보시오.
- 자유롭게 궁금한 점을 물어 보시오.
- 노조파업에 대한 본인의 생각을 말해 보시오.
- 사람들과의 관계를 유지하기 위한 본인만의 비법을 말해 보시오.
- 본인이 가지고 있는 않은 면모를 설명해 보시오.
- 최근 관심 있게 본 이슈는 무엇인가?

- 꼰대 문화에 어떻게 대응할 것인가?
- 본인이 지원한 직렬에서는 어떤 업무를 하는지 설명해 보시오.
- 상사의 부당한 지시에 어떻게 대처하겠는가?
- 서울대학교병원이 국립대병원으로서 갖는 장점과 단점을 말해 보시오.
- 폭언과 폭행에 어떻게 대처할 것인가?
- 팀으로 일해본 적이 있는가?
- 병원에 취직함으로써 감소해야 할 단점은 무엇인가?
- 암조직은행에서 어떠한 일을 하는지 아는 대로 설명해 보시오.

4. 충남대학교병원

- 충남대학교병원의 미션, 비전, 핵심가치에 대해 설명해 보시오.
- 코로나19에 대처하는 방법을 말해 보시오.
- 병원에서 빅데이터를 활용할 수 있는 방안을 말해 보시오.
- 임상병리사로서 중요하게 생각하는 것을 말해 보시오.
- 충남대학교병원에서 원하는 인재상을 설명하고, 본인과 어떤 점이 부합하는지 말해 보시오.
- 신뢰도와 타당도에 대해 설명해 보시오.
- 지원한 직렬의 업무와 본인이 가진 역량을 연결지어 말해 보시오.
- 효과와 효율성의 차이를 말해 보시오.
- 본인에게 직업이란 어떤 의미인가?
- 상사가 부당한 지시를 했을 때 어떻게 하겠는가?
- 본인이 가진 역량 중 가장 필요하다고 생각하는 역량은 무엇인가?
- 평소 일을 어떠한 순서로 처리하는가?
- 업무처리의 우선순위를 어떻게 설정할 것인가?
- 스트레스를 어떻게 푸는가?
- 부서 내 갈등에 어떻게 대처할 것인가?
- 본인의 별명을 말해 보시오.
- 본인의 생각이 잘못됨을 인지하고 바로잡은 적이 있는가?
- 야근이 잦아진다면 그만둘 것인가?
- 동료와의 갈등이 생긴다면 어떻게 대처할 것인가?
- 따르고 싶지 않은 상사가 입사 후 나의 상사라면 어떻게 할 것인가?

5. 국민건강보험 일산병원

- 지원한 분야에 대한 역량을 기르기 위해 어떤 노력을 했는가?
- 업무를 양심적이고 도덕적으로 수행해야 하는 이유를 생각해 보시오.
- 병원 업무에 대해 아는 대로 말해 보시오.
- 본인을 뽑아야 하는 이유를 한 단어로 설명해 보시오.
- 병원에 환자 말고 다른 고객은 어떠한 사람이 있는가?
- 상사와의 갈등을 어떻게 해결할 것인가?
- 업무강도가 높아도 잘 수행할 수 있는가?
- 희망하는 부서를 말해 보시오.
- 간호간병서비스에 대한 생각을 말해 보시오.
- 임상병리사로서의 전문성에 대한 본인의 생각을 말해 보시오.
- 최근 시사 이슈에 대해 어떻게 생각하는가?
- 병원 홈페이지에 들어가 본 적이 있는가?
- 병원에서 어떤 업무를 배우고 싶은가?
- 전문적인 부분을 어떻게 성장시킬 것인가?
- 가장 행복했던 경험을 말해 보시오.
- 끈기 있게 도전했던 경험을 말해 보시오.
- 일산병원의 병상 수는 몇 개인가?
- 민원 처리 방법에 대해 말해 보시오.
- 창의적인 아이디어 혹은 혁신을 발휘했던 경험을 말해 보시오.
- 직원으로서 갖춰야 할 자세를 말해 보시오.

PART 3

6. 경북대학교병원

- 의료, 연구, 공공서비스의 우선순위를 정해 보시오.
- 병원 행정직에 대한 본인의 생각을 말해 보시오.
- 병원 업무에 어떻게 기여할 수 있는지 말해 보시오.
- 경북대학교병원의 재무제표를 보고 느낀 점을 말해 보시오.
- 1층 병원 편의시설 확충에 대해 어떻게 생각하는가?
- 경북대학교병원과 관련한 이슈를 말해 보시오.
- 개인과 회사의 일 중 급할 때 어떤 일을 먼저 처리할 것인지 말해 보시오.
- 포터블 시 환자가 있는 줄 모르고 촬영한 상황일 때 환자가 화낼 경우 어떻게 대처할 것인가?
- 생각했던 것과 업무가 다를 수 있는데 그 괴리감을 어떻게 극복할 것인가?
- 본인을 뽑아야 하는 이유를 말해 보시오.
- 상사와 갈등이 생기면 어떻게 해결할 것인가?
- 청렴이란 무엇인가?
- 원하지 않는 부서에서도 업무를 잘 수행할 수 있는가?
- 지원 부서에 필요한 역량은 무엇인가?
- 불합격 시 어떤 점을 가장 후회할 것 같은가?

7. 강원대학교병원

- 회사나 학교 등에서 팀원들과 갈등이 있었던 경험이 있는가? 있다면 말해 보시오.
- 위의 질문에 대해 경험이 있을 경우, 어떻게 갈등을 해결하였는지 말해 보시오.
- 지금껏 살면서 가장 열심히 했던 일은 무엇인가?
- 강원대학교병원 하면 떠오르는 키워드를 말해 보시오.
- 강원대학교병원의 발전을 위해 어떤 일을 할 수 있겠는가?
- 강원대학교병원이 나아가야 할 방향을 제시해 보시오.
- 나이가 어린 상사와 어떻게 지낼 것인가?
- 강원대학교병원의 수익 창출을 위한 기획안을 구상해 보시오.
- 병원 행정직이 갖춰야 할 역량으로는 무엇이 있는가?
- 직장 내 성희롱 시 대처 방법을 말해 보시오.
- 생각했던 업무와 다른 업무를 하게 되어도 괜찮은가?
- 상사의 입사 초기 과도한 잔업 및 야근 지시에 어떻게 대처할 것인가?
- 돈을 버는 이유를 말해 보시오.
- 본인이 가장 중요하게 생각하는 것을 말해 보시오.
- 음주 문화에 대한 본인의 생각을 말해 보시오.

8. 보훈공단 중앙보훈병원

- 본인의 장점에 대해 말해 보시오.
- 이 업무를 담당할 경우 본인이 잘 할 수 있을 것 같은 부분과 그렇지 않은 부분을 말해 보시오.
- 행정직 업무 중 가장 강점이 되는 업무는 무엇인가?
- 공기관에서 가장 중요하게 생각되는 것은 무엇인가?
- 보훈병원에 대해 아는 대로 말해 보시오.
- 보훈병원에서 하는 일을 말해 보시오.
- 회계 관련 업무를 할 때 유의해야 할 사항은 어떤 것이 있는가?
- 병원에서 가장 신경써야 할 부분은 무엇인가?
- 병원 책상은 왜 검은색인가?
- 부모님께서 인정해 주는 것과 인정해 주지 않는 것을 말해 보시오.
- 동료와 의견 충돌이 있을 시 어떻게 하겠는가?
- 본인이 가장 자신 있는 것은 무엇인가?
- 본인은 어떤 사람인가?
- 진상환자가 민원을 제기할 시 어떻게 대처할 것인가?
- 본인의 방에 있었던 물건 중 지금 생각나는 것을 말하고, 본인에게 빗대어서 비유해 보시오.

교육은 우리 자신의 무지를 점차 발견해 가는 과정이다.

- 윌 듀란트 -

계속 갈망하라. 언제나 우직하게.

- 스티브 잡스 -

현재 나의 실력을 객관적으로 파악해 보자!

모바일 OMR

답안채점 / 성적분석 서비스

도서에 수록된 모의고사에 대한 객관적인 결과(정답률, 순위)를 종합적으로 분석하여 제공합니다.

성적분석

채점결과

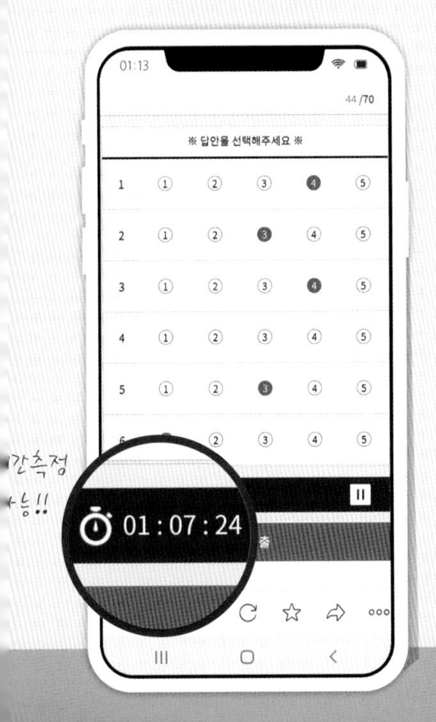

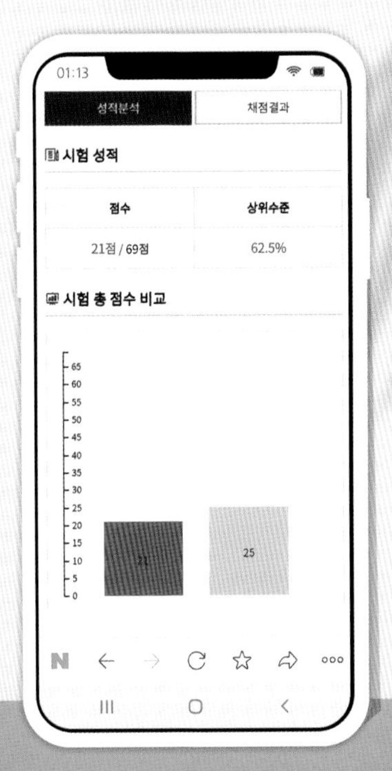

※OMR 답안채점 / 성적분석 서비스는 등록 후 30일간 사용 가능합니다.

대학병원/의료원

행정 · 사무직 통합편

정답 및 해설

NCS+모의고사 4회

편저 | SDC(Sidae Data Center)

기출복원문제부터
대표기출유형 및
모의고사까지

**한 권으로
마무리!**

시대에듀

Add+

2024년 주요 공기업 NCS 기출복원문제

2024 주요 공기업 NCS 기출복원문제

01	02	03	04	05	06	07	08	09	10	11	12	13	14	15	16	17	18	19	20
③	④	⑤	③	②	③	①	③	④	⑤	②	③	③	①	④	②	①	⑤	①	②
21	**22**	**23**	**24**	**25**	**26**	**27**	**28**	**29**	**30**	**31**	**32**	**33**	**34**	**35**	**36**	**37**	**38**	**39**	**40**
①	④	③	③	②	④	③	②	②	④	②	④	③	④	①	②	④	③	②	③
41	**42**	**43**	**44**	**45**	**46**	**47**	**48**	**49**	**50**										
③	③	③	⑤	②	③	②	②	①	⑤										

01

정답 ③

제시된 시는 신라시대 6두품 출신의 문인인 최치원이 지은 『촉규화』이다. 최치원은 자신을 향기 날리는 탐스런 꽃송이에 비유하여 뛰어난 학식과 재능을 뽐내고 있지만, 수레와 말 탄 사람에 비유한 높은 지위의 사람들이 자신을 외면하는 현실을 한탄하고 있다.

최치원

신라시대 6두품 출신의 문인으로, 12세에 당나라로 유학을 간 후 6년 만에 당의 빈공과에 장원으로 급제할 정도로 학문적 성취가 높았다. 그러나 당나라에서 제대로 인정을 받지 못했으며, 신라에 돌아와서도 6두품이라는 출신의 한계로 원하는 만큼의 관직에 오르지는 못하였다. 『촉규화』는 최치원이 당나라 유학시절에 지은 시로 알려져 있으며, 자신을 알아주지 않는 시대에 대한 개탄을 담고 있다. 최치원은 인간 중심의 보편성과 그에 따른 다양성을 강조하였으며, 신라의 쇠퇴로 인해 이러한 그의 정치 이념과 사상은 신라 사회에서는 실현되지 못하였으나 이후 고려 국가의 체제 정비에 영향을 미쳤다.

02

정답 ④

네 번째 문단에서 백성들이 적지 않고, 토산품이 구비되어 있지만 이로운 물건이 세상에 나오지 않고, 그렇게 하는 방법을 모르기 때문에 경제를 윤택하게 하는 것 자체를 모른다고 하였다. 따라서 조선의 경제가 윤택하지 못한 이유를 생산량의 부족이 아니라 유통의 부재로 보고 있다.

오답분석

① 세 번째 문단에서 쓸모없는 물건을 사용하여 유용한 물건을 유통하고 거래하지 않는다면 유용한 물건들이 대부분 한 곳에 묶여서 고갈될 것이라고 하며 유통이 원활하지 않은 현실을 비판하고 있다.
② 세 번째 문단에서 옛날의 성인과 제왕은 유통의 중요성을 알고 있었기 때문에 주옥과 화폐 등의 물건을 조성하여 재물이 원활하게 유통될 수 있도록 노력했다고 하며 재물 유통을 위한 성현들의 노력을 제시하고 있다.
③ 여섯 번째 문단에서 재물을 우물에 비유하여 설명하고 있다. 재물의 소비를 하지 않으면 물을 길어내지 않는 우물처럼 말라 버릴 것이며, 소비를 한다면 물을 퍼내는 우물처럼 물이 가득할 것이라며 재물에 대한 소비가 경제의 규모를 늘릴 것이라고 강조하고 있다.
⑤ 여섯 번째 문단에서 비단옷을 입지 않으면 비단을 짜는 사람과 베를 짜는 여인 등 관련 산업 자체가 황폐해질 것이라고 하고 있다. 따라서 산업의 발전을 위한 적당한 사치(소비)가 있어야 함을 제시하고 있다.

03

정답 ⑤

'말로는 친한 듯 하나 속으로는 해칠 생각이 있음'을 뜻하는 한자성어는 '口蜜腹劍(구밀복검)'이다.
• 刻舟求劍(각주구검) : 융통성 없이 현실에 맞지 않는 낡은 생각을 고집하는 어리석음

오답분석

① 水魚之交(수어지교) : 아주 친밀하여 떨어질 수 없는 사이
② 結草報恩(결초보은) : 죽은 뒤에라도 은혜를 잊지 않고 갚음
③ 靑出於藍(청출어람) : 제자나 후배가 스승이나 선배보다 나음
④ 指鹿爲馬(지록위마) : 윗사람을 농락하여 권세를 마음대로 함

04

정답 ③

③에서 '뿐이다'는 체언(명사, 대명사, 수사)인 '셋'을 수식하므로 조사로 사용되었다. 따라서 앞말과 붙여 써야 한다.

오답분석

① 종결어미 '-는지'는 앞말과 붙여 써야 한다.
② '만큼'은 용언(동사, 형용사)인 '애쓴'을 수식하므로 의존명사로 사용되었다. 따라서 앞말과 띄어 써야 한다.
④ '큰지'와 '작은지'는 모두 연결어미 '-ㄴ지'로 쓰였으므로 앞말과 붙여 써야 한다.
⑤ '-판'은 앞의 '씨름'과 합성어를 이루므로 붙여 써야 한다.

05

정답 ②

'채이다'는 '차이다'의 잘못된 표기이다. 따라서 '차였다'로 표기해야 한다.
• 차이다 : 주로 남녀 관계에서 일방적으로 관계가 끊기다.

오답분석

① 금세 : 지금 바로. '금시에'의 준말
③ 핼쑥하다 : 얼굴에 핏기가 없고 파리하다.
④ 낯설다 : 전에 본 기억이 없어 익숙하지 아니하다.
⑤ 곰곰이 : 여러모로 깊이 생각하는 모양

06

정답 ③

한자어에서 'ㄹ' 받침 뒤에 연결되는 'ㄷ, ㅅ, ㅈ'은 된소리로 발음되므로 [몰쌍식]으로 발음해야 한다.

오답분석

①·④ 받침 'ㄴ'은 'ㄹ'의 앞이나 뒤에서 [ㄹ]로 발음하지만, 결단력, 공권력, 상견례 등에서는 [ㄴ]으로 발음한다.
② 받침 'ㄱ(ㄲ, ㅋ, ㄳ, ㄺ), ㄷ(ㅅ, ㅆ, ㅈ, ㅊ, ㅌ, ㅎ), ㅂ(ㅍ, ㄼ, ㄿ, ㅄ)'은 'ㄴ, ㅁ' 앞에서 [ㅇ, ㄴ, ㅁ]으로 발음한다.
⑤ 받침 'ㄷ, ㅌ(ㄾ)'이 조사나 접미사의 모음 'ㅣ'와 결합되는 경우에는 [ㅈ, ㅊ]으로 바꾸어서 뒤 음절 첫소리로 옮겨 발음한다.

07

정답 ①

$865\times865+865\times270+135\times138-405$
$=865\times865+865\times270+135\times138-135\times3$
$=865\times(865+270)+135\times(138-3)$
$=865\times1,135+135\times135$
$=865\times(1,000+135)+135\times135$
$=865\times1,000+(865+135)\times135$
$=865,000+135,000$
$=1,000,000$
따라서 식을 계산하여 나온 수의 백의 자리는 0, 십의 자리는 0, 일의 자리는 0이다.

08

정답 ③

터널의 길이를 xm라 하면 다음과 같은 식이 성립한다.

$\frac{x+200}{60} : \frac{x+300}{90} = 10 : 7$

$\frac{x+300}{90} \times 10 = \frac{x+200}{60} \times 7$

$\rightarrow 600(x+300) = 630(x+200)$

$\rightarrow 30x = 54,000$

$\therefore x = 1,800$

따라서 터널의 길이는 1,800m이다.

09

정답 ④

나열된 수의 규칙은 (첫 번째 수)×[(두 번째 수)−(세 번째 수)]=(네 번째 수)이다.
따라서 빈칸에 들어갈 수는 9×(16−9)=63이다.

10

정답 ⑤

제시된 수열은 +3, +5, +7, +9, … 씩 증가하는 수열이다.
따라서 빈칸에 들어갈 수는 97+21=118이다.

11

정답 ②

A반과 B반 모두 2번의 경기를 거쳐 결승에 만나는 경우는 다음과 같다.

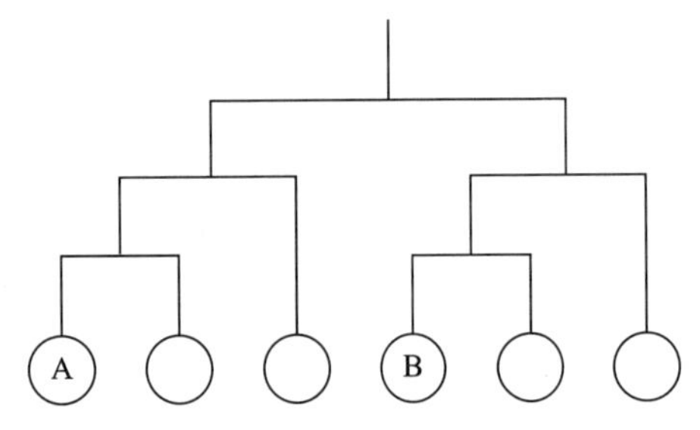

이때 남은 네 반을 배치할 때마다 모두 다른 경기가 진행되므로 구하고자 하는 경우의 수는 4!=24가지이다.

12

정답 ③

첫 번째 조건에 따라 ①, ②는 70대 이상에서 도시의 여가생활 만족도(1.7점)가 같은 연령대의 농촌(ㄹ) 만족도(3.5점)보다 낮으므로 제외되고, 두 번째 조건에 따라 도시에서 10대의 여가생활 만족도는 농촌에서 10대(1.8점)의 2배보다 높으므로 1.8×2=3.6점을 초과해야 하나 ④는 도시에서 10대(ㄱ)의 여가생활 만족도가 3.5점이므로 제외된다. 또한, 세 번째 조건에 따라 ⑤는 도시에서 여가생활 만족도가 가장 높은 연령대인 40대(3.9점)보다 30대(ㄴ)가 4.0점으로 높으므로 제외된다.
따라서 마지막 조건까지 만족하는 것은 ③이다.

13

정답 ③

가격을 10,000원 인상할 때 판매량은 (10,000−160)개이고, 20,000원 인상할 때 판매량은 (10,000−320)개이다. 또한, 가격을 10,000원 인하할 때 판매량은 (10,000+160)개이고, 20,000원 인하할 때 판매량은 (10,000+320)개이다. 그러므로 가격이 $(500,000+10,000x)$원일 때 판매량은 $(10,000-160x)$개이므로, 총판매금액을 y원이라 하면 $(500,000+10,000x)\times(10,000-160x)$원이 된다.

y는 x에 대한 이차식이므로 이를 표준형으로 표현하면 다음과 같다.

$$y=(500,000+10,000x)\times(10,000-160x)$$
$$=-1,600,000\times(x+50)\times(x-62.5)$$
$$=-1,600,000\times(x^2-12.5x-3,125)$$
$$=-1,600,000\times\left(x-\frac{25}{4}\right)^2+1,600,000\times\left(\frac{25}{4}\right)^2+1,600,000\times3,125$$

따라서 $x=\frac{25}{4}$일 때 총판매금액이 최대이지만 가격은 10,000원 단위로만 변경할 수 있으므로 $\frac{25}{4}$와 가장 가까운 자연수인 $x=6$일 때 총판매금액이 최대가 되고, 제품의 가격은 500,000+10,000×6=560,000원이 된다.

14

정답 ①

방사형 그래프는 여러 평가 항목에 대하여 중심이 같고 크기가 다양한 원 또는 다각형을 도입하여 구역을 나누고, 각 항목에 대한 도수 등을 부여하여 점을 찍은 후 그 점끼리 이어 생성된 다각형으로 자료를 분석할 수 있다. 따라서 방사형 그래프인 ①을 사용하면 항목별 균형을 쉽게 파악할 수 있다.

15

정답 ④

3월의 경우 K톨게이트를 통과한 영업용 승합차 수는 229천 대이고, 영업용 대형차 수는 139천 대이다.
139×2=278>229이므로 3월의 영업용 승합차 수는 영업용 대형차 수의 2배 미만이다.
따라서 모든 달에서 영업용 승합차 수는 영업용 대형차 수의 2배 이상이 아니므로 옳지 않은 설명이다.

오답분석

① 각 달의 전체 승용차 수와 전체 승합차 수의 합은 다음과 같다.

- 1월 : 3,807+3,125=6,932천 대
- 2월 : 3,555+2,708=6,263천 대
- 3월 : 4,063+2,973=7,036천 대
- 4월 : 4,017+3,308=7,325천 대
- 5월 : 4,228+2,670=6,898천 대
- 6월 : 4,053+2,893=6,946천 대
- 7월 : 3,908+2,958=6,866천 대
- 8월 : 4,193+3,123=7,316천 대
- 9월 : 4,245+3,170=7,415천 대
- 10월 : 3,977+3,073=7,050천 대
- 11월 : 3,953+2,993=6,946천 대
- 12월 : 3,877+3,040=6,917천 대

따라서 전체 승용차 수와 전체 승합차 수의 합이 가장 많은 달은 9월이고, 가장 적은 달은 2월이다.

② 4월을 제외하고 K톨게이트를 통과한 비영업용 승합차 수는 월별 3,000천 대(=300만 대)를 넘지 않는다.

③ 모든 달에서 (영업용 대형차 수)×10 ≥ (전체 대형차 수)이므로 영업용 대형차 수의 비율은 모든 달에서 전체 대형차 수의 10% 이상이다.

⑤ 승용차가 가장 많이 통과한 달은 9월이고, 이때 영업용 승용차 수의 비율은 9월 전체 승용차 수의 $\frac{140}{4,245}\times100≒3.3\%$로 3% 이상이다.

16

정답 ②

제시된 열차의 부산역 도착시간을 계산하면 다음과 같다.

• KTX
  8:00(서울역 출발) → 10:30(부산역 도착)
• ITX-청춘
  7:20(서울역 출발) → 8:00(대전역 도착) → 8:15(대전역 출발) → 11:05(부산역 도착)
• ITX-마음
  6:40(서울역 출발) → 7:20(대전역 도착) → 7:35(대전역 출발) → 8:15(울산역 도착) → 8:30(울산역 출발) → 11:00(부산역 도착)
• 새마을호
  6:30(서울역 출발) → 7:30(대전역 도착) → 7:40(ITX-마음 출발 대기) → 7:55(대전역 출발) → 8:55(울산역 도착) → 9:10(울산역 출발) → 10:10(동대구역 도착) → 10:25(동대구역 출발) → 11:55(부산역 도착)
• 무궁화호
  5:30(서울역 출발) → 6:50(대전역 도착) → 7:05(대전역 출발) → 8:25(울산역 도착) → 8:35(ITX-마음 출발 대기) → 8:50(울산역 출발) → 10:10(동대구역 도착) → 10:30(새마을호 출발 대기) → 10:45(동대구역 출발) → 12:25(부산역 도착)

따라서 가장 늦게 도착하는 열차는 무궁화호로, 12시 25분에 부산역에 도착한다.

오답분석

① ITX-청춘은 11시 5분에 부산역에 도착하고, ITX-마음은 11시에 부산역에 도착한다.
③ ITX-마음은 정차역인 대전역과 울산역에서 다른 열차와 시간이 겹치지 않는다.
④ 부산역에 가장 빨리 도착하는 열차는 KTX로, 10시 30분에 도착한다.
⑤ 무궁화호는 울산역에서 8시 15분에 도착한 ITX-마음으로 인해 8시 35분까지 대기하며, 동대구역에서 10시 10분에 도착한 새마을호로 인해 10시 30분까지 대기한다.

17

정답 ①

A과장과 팀원 1명은 7시 30분까지 K공사에서 사전 회의를 가져야 하므로 8시에 출발하는 KTX만 이용할 수 있다. 남은 팀원 3명은 11시 30분까지 부산역에 도착해야 하므로 10시 30분에 도착하는 KTX, 11시 5분에 도착하는 ITX-청춘, 11시에 도착하는 ITX-마음을 이용할 수 있고, 이 중 가장 저렴한 열차를 이용해야 하므로 ITX-마음을 이용한다. 따라서 KTX 2인, ITX-마음 3인의 요금을 계산하면 $(59,800\times2)+(42,600\times3)=119,600+127,800=247,400$원이다.

18

정답 ⑤

A는 B의 부정적인 의견들을 구조화하여 B가 그러한 논리를 가지게 된 궁극적 원인인 경쟁력 부족을 찾아내었고, 이러한 원인을 해소할 수 있는 방법을 찾아 자신의 계획을 재구축하여 B에게 설명하였다. 따라서 제시문에서 나타난 논리적 사고의 구성요소는 상대 논리의 구조화이다.

오답분석

① 설득 : 논증을 통해 나의 생각을 다른 사람에게 이해·공감시키고, 타인이 내가 원하는 행동을 하도록 하는 것이다.
② 구체적인 생각 : 상대가 말하는 것을 잘 알 수 없을 때, 이미지를 떠올리거나 숫자를 활용하는 등 구체적인 방법을 활용하여 생각하는 것이다.
③ 생각하는 습관 : 논리적 사고를 개발하기 위해 일상적인 모든 것에서 의문점을 가지고 그 원인을 생각해 보는 습관이다.
④ 타인에 대한 이해 : 나와 상대의 주장이 서로 반대될 때, 상대의 주장 전부를 부정하지 않고 상대의 인격을 존중하는 것이다.

19

정답 ①

마지막 조건에 따라 C는 두 번째에 도착하게 되고, 첫 번째 조건에 따라 A－B가 순서대로 도착했으므로 A, B는 첫 번째로 도착할 수 없다. 또한 두 번째 조건에 따라 D는 E보다 늦어야 하므로 가능한 경우를 정리하면 다음과 같다.

구분	첫 번째	두 번째	세 번째	네 번째	다섯 번째
경우 1	E	C	A	B	D
경우 2	E	C	D	A	B

따라서 E는 항상 가장 먼저 도착한다.

20

정답 ②

전제 1의 전건(P)인 'TV를 오래 보면'은 후건(Q)인 '눈이 나빠진다.'가 성립하는 충분조건이며, 후건은 전건의 필요조건이 된다(P → Q). 그러나 삼단논법에서 단순히 전건을 부정한다고 해서 후건 또한 부정되지는 않는다(～P → ～Q, 역의 오류). 철수가 TV를 오래 보지 않아도 눈이 나빠질 수 있는 가능성은 얼마든지 있기 때문이다. 이러한 형식적 오류를 '전건 부정의 오류'라고 한다.

오답분석

① 사개명사의 오류 : 삼단논법에서 개념이 4개일 때 성립하는 오류이다(A는 B이고, A와 C는 모두 D이다. 따라서 B는 C이다).
③ 후건 긍정의 오류 : 후건을 긍정한다고 전건 또한 긍정이라고 하는 오류이다(P → Q이므로 Q → P이다. 이의 오류).
④ 선언지 긍정의 오류 : 어느 한 명제를 긍정하는 것이 필연적으로 다른 명제의 부정을 도출한다고 여기는 오류이다(A는 B와 C이므로 A가 B라면 반드시 C는 아니다. ∵ B와 C 둘 다 해당할 가능성이 있음).
⑤ 매개념 부주연의 오류 : 매개념(A)이 외연 전부(B)에 대하여 성립되지 않을 때 발생하는 오류이다(A는 B이고, C는 B이므로 A는 C이다).

21

정답 ①

K공단에서 위촉한 자문 약사는 다제약물 관리사업 대상자가 먹고 있는 약물의 복용상태, 부작용, 중복 등을 종합적으로 검토하고 그 결과를 바탕으로 상담, 교육 및 처방조정 안내를 실시한다. 또한 우리나라는 2000년에 시행된 의약 분업의 결과, 일부 예외사항을 제외하면 약사는 환자에게 약물의 처방을 할 수 없다. 따라서 약사는 환자의 약물점검 결과를 의사에게 전달하여 처방에 반영될 수 있도록 할 뿐 직접적인 처방을 할 수는 없다.

오답분석

② 다제약물 관리사업으로 인해 중복되는 약물을 파악하고 조치할 수 있다. 실제로 세 번째 문단의 다제약물 관리사업 평가에서 효능이 유사한 약물을 중복해서 복용하는 환자가 40.2% 감소되는 등의 효과가 확인되었다.
③ 다제약물 관리사업은 10종 이상의 약을 복용하는 만성질환자를 대상으로 약물관리 서비스를 제공하는 사업이다.
④ 병원의 경우 입원 및 외래환자를 대상으로 의사, 약사 등으로 구성된 다학제팀이 약물관리 서비스를 제공하는 반면, 지역사회에서는 다학제 협업 시스템이 미흡하다는 의견이 나오고 있다. 이에 K공단은 도봉구 의사회와 약사회, 전문가로 구성된 지역협의체를 구성하여 의·약사 협업 모형을 개발하였다.

22

정답 ④

제시문의 첫 번째 문단은 아토피 피부염의 정의를 나타내므로 이어서 연결될 수 있는 문단은 아토피 피부염의 원인을 설명하는 (라) 문단이다. 또한, (가) 문단의 앞부분 내용이 (라) 문단의 뒷부분과 연계되므로 (가) 문단이 다음에 오는 것이 적절하다. 그리고 (나) 문단의 첫 번째 문장에서 앞의 약물치료와 더불어 일상생활에서의 예방법을 말하고 있으므로 (나) 문단의 앞에는 아토피 피부염의 약물치료 방법인 (다) 문단이 오는 것이 가장 자연스럽다. 따라서 (라)－(가)－(다)－(나)의 순서로 나열해야 한다.

23

정답 ③

제시문은 뇌경색이 발생하는 원인과 발생했을 때 치료 방법을 소개하고 있다. 따라서 글의 주제로 가장 적절한 것은 '뇌경색의 발병 원인과 치료 방법'이다.

오답분석

① 뇌경색의 주요 증상에 대해서는 제시문에서 언급하고 있지 않다.
② 뇌경색 환자는 기전에 따라 항혈소판제나 항응고제 약물 치료를 한다고 하였지만, 글의 전체 내용을 담는 주제로는 적절하지 않다.
④ 뇌경색이 발생했을 때의 조치사항은 제시문에서 언급하고 있지 않다.

24

정답 ③

2021년의 건강보험료 부과 금액은 전년 대비 69,480−63,120=6,360십억 원 증가하였다. 이는 2020년 건강보험료 부과 금액의 10%인 63,120×0.1=6,312십억 원보다 크므로 2021년의 건강보험료 부과 금액은 전년 대비 10% 이상 증가하였음을 알 수 있다. 2022년 또한 76,775−69,480=7,295십억 > 69,480×0.1=6,948십억 원이므로 건강보험료 부과 금액은 전년 대비 10% 이상 증가하였다.

오답분석

① 제시된 자료를 통해 확인할 수 있다.
② 연도별 전년 대비 1인당 건강보험 급여비 증가액을 구하면 다음과 같다.
- 2020년 : 1,400,000−1,300,000=100,000원
- 2021년 : 1,550,000−1,400,000=150,000원
- 2022년 : 1,700,000−1,550,000=150,000원
- 2023년 : 1,900,000−1,700,000=200,000원

따라서 1인당 건강보험 급여비가 전년 대비 가장 크게 증가한 해는 2023년이다.
④ 2019년 대비 2023년의 1인당 건강보험 급여비 증가율은 $\frac{1,900,000-1,300,000}{1,300,000}\times 100 \fallingdotseq 46\%$이므로 40% 이상 증가하였다.

25

정답 ②

'잎이 넓다.'를 P, '키가 크다.'를 Q, '더운 지방에서 자란다.'를 R, '열매가 많이 맺힌다.'를 S라 하면, 첫 번째 명제는 P → Q, 두 번째 명제는 ~P → ~R, 네 번째 명제는 R → S이다. 두 번째 명제의 대우인 R → P와 첫 번째 명제인 P → Q에 따라 R → P → Q이므로 네 번째 명제가 참이 되려면 Q → S인 명제 또는 이와 대우 관계인 ~S → ~Q인 명제가 필요하다.

오답분석

① ~P → S이므로 참인 명제가 아니다.
③ 제시된 모든 명제와 관련이 없는 명제이다.
④ R → Q와 대우 관계인 명제이지만, 네 번째 명제가 참임을 판단할 수 없다.

26

정답 ④

'풀을 먹는 동물'을 P, '몸집이 크다.'를 Q, '사막에서 산다.'를 R, '물속에서 산다.'를 S라 하면, 첫 번째 명제는 P → Q, 두 번째 명제는 R → ~S, 네 번째 명제는 S → Q이다. 네 번째 명제가 참이 되려면 두 번째 명제와 대우 관계인 S → ~R에 의해 ~R → P인 명제 또는 이와 대우 관계인 ~P → R인 명제가 필요하다.

오답분석

① Q → S로 네 번째 명제의 역이지만, 어떤 명제가 참이라고 해서 그 역이 반드시 참이 될 수는 없다.
② 제시된 모든 명제와 관련이 없는 명제이다.
③ R → Q이므로 참인 명제가 아니다.

27

정답 ③

모든 1과 사원은 가장 실적이 많은 2과 사원보다 실적이 많고, 3과 사원 중 일부는 가장 실적이 많은 2과 사원보다 실적이 적다. 따라서 3과 사원 중 일부는 모든 1과 사원보다 실적이 적다.

28

정답 ②

- A : 초청 목적이 6개월가량의 외국인 환자의 간병이므로 G-1-10 비자를 발급받아야 한다.
- B : 초청 목적이 국내 취업조건을 모두 갖춘 자의 제조업체 취업이므로 E-9-1 비자를 발급받아야 한다.
- C : 초청 목적이 K대학교 교환학생이므로 D-2-6 비자를 발급받아야 한다.
- D : 초청 목적이 국제기구 정상회의 참석이므로 A-2 비자를 발급받아야 한다.

29

정답 ②

나열된 수의 규칙은 [(첫 번째 수)+(두 번째 수)]×(세 번째 수)−(네 번째 수)=(다섯 번째 수)이다.
따라서 빈칸에 들어갈 수는 $(9+7)\times5-1=79$이다.

30

정답 ④

두 주사위 A, B를 던져 나온 수를 각각 a, b라 할 때, 가능한 순서쌍 (a, b)의 경우의 수는 $6\times6=36$가지이다.
이때 $a=b$의 경우의 수는 (1, 1), (2, 2), (3, 3), (4, 4), (5, 5), (6, 6)인 6가지이므로 $a\neq b$의 경우의 수는 $36-6=30$가지이다.
따라서 $a\neq b$일 확률은 $\frac{30}{36}=\frac{5}{6}$이다.

31

정답 ②

$$\frac{(\text{빨간색 공 2개 중 1개를 뽑는 경우의 수})\times(\text{노란색 공 3개 중 2개를 뽑는 경우의 수})}{(\text{전체 공 5개 중 3개를 뽑는 경우의 수})}=\frac{{}_2C_1\times{}_3C_2}{{}_5C_3}=\frac{2\times3}{\frac{5\times4\times3}{3\times2\times1}}=\frac{3}{5}$$

32

정답 ④

A씨와 B씨가 만날 때 A씨의 이동거리와 B씨의 이동거리의 합은 산책로의 둘레 길이와 같다.
그러므로 두 번째 만났을 때 (A씨의 이동거리)+(B씨의 이동거리)=2×(산책로의 둘레 길이)이다. 이때 A씨가 출발 후 x시간이 지났다면 다음 식이 성립한다.

$3x+7\left(x-\frac{1}{2}\right)=4$

$\rightarrow 3x+7x-\frac{7}{2}=4$

$\therefore x=\frac{15}{20}$

그러므로 $\frac{15}{20}$시간, 즉 45분이 지났음을 알 수 있다.
따라서 A씨와 B씨가 두 번째로 만날 때의 시각은 오후 5시 45분이다.

33

정답 ③

모니터 화면을 분할하는 단축키는 '〈Window 로고 키〉+〈화살표 키〉'이다. 임의의 폴더나 인터넷 창 등이 열린 상태에서 '〈Window 로고 키〉+〈왼쪽 화살표 키〉'를 입력하면 모니터 중앙을 기준으로 절반씩 좌우로 나눈 후 열린 폴더 및 인터넷 창 등을 왼쪽 절반 화면으로 밀어서 띄울 수 있다. 이 상태에서 다른 폴더나 인터넷 창 등을 열고 '〈Window 로고 키〉+〈오른쪽 화살표 키〉'를 입력하면 같은 형식으로 오른쪽이 활성화된다. 또한, 왼쪽 또는 오른쪽으로 분할된 상태에서 〈Window 로고 키〉+〈위쪽 / 아래쪽 화살표 키〉'를 입력하여 최대 4분할까지 가능하다. 단 '〈Window 로고 키〉+〈위쪽 / 아래쪽 화살표 키〉'를 먼저 입력하여 화면을 상하로 분할할 수는 없다. 좌우 분할이 안 된 상태에서 '〈Window 로고 키〉+〈위쪽 / 아래쪽 화살표 키〉'를 입력하면 창을 최소화 / 원래 크기 / 최대 크기로 변경할 수 있다.

34

정답 ④

'〈Window 로고 키〉+〈D〉'를 입력하면 활성화된 모든 창을 최소화하고 바탕화면으로 돌아갈 수 있으며, 이 상태에서 다시 '〈Window 로고 키〉+〈D〉'를 입력하면 단축키를 입력하기 전 상태로 되돌아간다. 비슷한 기능을 가진 단축키로 '〈Window 로고 키〉+〈M〉'이 있지만, 입력하기 전 상태의 화면으로 되돌아갈 수는 없다.

오답분석

① 〈Window 로고 키〉+〈R〉 : 실행 대화 상자를 여는 단축키이다.
② 〈Window 로고 키〉+〈I〉 : 설정 창을 여는 단축키이다.
③ 〈Window 로고 키〉+〈L〉 : PC를 잠그거나 계정을 전환하기 위해 잠금화면으로 돌아가는 단축키이다.

35

정답 ①

특정 텍스트를 다른 텍스트로 수정하는 함수는 「=SUBSTITUTE(참조 텍스트,수정해야 할 텍스트,수정한 텍스트,[위치])」이며, [위치]가 빈칸이면 모든 수정해야 할 텍스트가 수정한 텍스트로 수정된다.
따라서 입력해야 할 함수식은 「=SUBSTITUTE("서울특별시 영등포구 홍제동","영등포","서대문")」이다.

오답분석

② IF(조건,참일 때 값,거짓일 때 값) 함수는 조건부가 참일 때 TRUE 값을 출력하고, 거짓일 때 FALSE 값을 출력하는 함수이다. "서울특별시 영등포구 홍제동"="영등포"는 항상 거짓이므로 빈칸으로 출력된다.
③ MOD(수,나눌 수) 함수는 입력한 수를 나눌 수로 나누었을 때 나머지를 출력하는 함수이므로 텍스트를 입력하면 오류가 발생한다.
④ NOT(인수) 함수는 입력된 인수를 부정하는 함수이며, 인수는 1개만 입력할 수 있다.

36

정답 ②

제시된 조건이 포함되는 셀의 수를 구하는 조건부 함수를 사용한다. 따라서 「=COUNTIF(B2:B16,">50000")」를 입력해야 한다.

37

정답 ④

지정된 자릿수 이하의 수를 버림하는 함수는 「=ROUNDDOWN(버림할 수,버림할 자릿수)」이다. 따라서 입력해야 할 함수는 「=ROUNDDOWN((AVERAGE(B2:B16)),−2)」이다.

오답분석

① LEFT 함수는 왼쪽에서 지정된 차례까지의 텍스트 또는 인수를 출력하는 함수이다. 따라서 「=LEFT((AVERAGE(B2:B16)),2)」를 입력하면 '65'가 출력된다.
② RIGHT 함수는 오른쪽에서 지정된 차례까지의 텍스트 또는 인수를 출력하는 함수이다. 따라서 「=RIGHT((AVERAGE(B2:B16)),2)」를 입력하면 '33'이 출력된다.
③ ROUNDUP 함수는 지정된 자릿수 이하의 수를 올림하는 함수이다. 따라서 「=ROUNDUP((AVERAGE(B2:B16)),−2)」를 입력하면 '65,400'이 출력된다.

38

정답 ③

오전 10시부터 오후 12시까지 근무를 할 수 있는 사람은 B뿐이고, 오후 6시부터 오후 8시까지 근무를 할 수 있는 사람은 D뿐이다. A와 C가 남은 오후 12시부터 오후 6시까지 나누어 근무해야 하지만, A는 오후 5시까지 근무할 수 있고 모든 직원의 최소 근무시간은 2시간이므로 A가 오후 12시부터 4시까지 근무하고, C가 오후 4시부터 오후 6시까지 근무할 때 인건비가 최소이다.
각 직원의 근무시간과 인건비를 정리하면 다음과 같다.

직원	근무시간	인건비
B	오전 10:00 ~ 오후 12:00	10,500×1.5×2=31,500원
A	오후 12:00 ~ 오후 4:00	10,000×1.5×4=60,000원
C	오후 4:00 ~ 오후 6:00	10,500×1.5×2=31,500원
D	오후 6:00 ~ 오후 8:00	11,000×1.5×2=33,000원

따라서 가장 적은 인건비는 31,500+60,000+31,500+33,000=156,000원이다.

39

정답 ②

「COUNTIF(셀의 범위,"조건")」 함수는 어떤 범위에서 제시되는 조건이 포함되는 셀의 수를 구하는 함수이다. 판매량이 30개 이상인 과일의 수를 구해야 하므로 [C9] 셀에 들어갈 함수식은 「=COUNTIF(C2:C8,">=30")」이다.

오답분석

① MID 함수 : 지정한 셀의 텍스트의 일부를 추출하는 함수이다.
③ MEDIAN 함수 : 지정한 셀의 범위의 중간값을 구하는 함수이다.
④ AVERAGEIF 함수 : 어떤 범위에 포함되는 셀의 평균을 구하는 함수이다.
⑤ MIN 함수 : 지정한 셀의 범위의 최솟값을 구하는 함수이다.

40

정답 ③

팔로워십의 유형

구분	자아상	동료 / 리더의 시각	조직에 대한 자신의 느낌
소외형	• 자립적인 사람 • 일부러 반대의견을 제시함 • 조직의 양심	• 냉소적 • 부정적 • 고집이 셈	• 자신을 인정해 주지 않음 • 적절한 보상이 없음 • 불공정하고 문제가 있음
순응형	• 기쁜 마음으로 과업 수행 • 팀플레이를 함 • 리더나 조직을 믿고 헌신함	• 아이디어가 없음 • 인기 없는 일은 하지 않음 • 조직을 위해 자신의 요구를 양보	• 기존 질서를 따르는 것이 중요 • 리더의 의견을 거스르지 못함 • 획일적인 태도와 행동에 익숙함
실무형	• 조직의 운영 방침에 민감 • 사건을 균형 잡힌 시각으로 봄 • 규정과 규칙에 따라 행동함	• 개인의 이익을 극대화하기 위한 흥정에 능함 • 적당한 열의와 수완으로 업무 진행	• 규정 준수를 강조 • 명령과 계획의 빈번한 변경 • 리더와 부하 간의 비인간적 풍토
수동형	• 판단과 사고를 리더에 의존 • 지시가 있어야 행동	• 하는 일이 없음 • 제 몫을 하지 못함 • 업무 수행에는 감독이 필요	• 조직이 나의 아이디어를 원치 않음 • 노력과 공헌을 해도 소용이 없음 • 리더는 항상 자기 마음대로 함

41

정답 ③

갈등의 과정 단계

1. 의견 불일치 : 서로 생각이나 신념, 가치관, 성격이 다르므로 다른 사람들과의 의견 불일치가 발생한다. 의견 불일치는 상대방의 생각과 동기를 설명하는 기회를 주고 대화를 나누다 보면 오해가 사라지고 더 좋은 관계로 발전할 수 있지만, 그냥 내버려 두면 심각한 갈등으로 발전하게 된다.
2. 대결 국면 : 의견 불일치가 해소되지 않아 발생하며, 단순한 해결방안은 없고 다른 새로운 해결점을 찾아야 한다. 대결 국면에 이르게 되면 감정이 개입되어 상대방의 주장에 대한 문제점을 찾기 시작하고, 자신의 입장에 대해서는 그럴듯한 변명으로 옹호하면서 양보를 완강히 거부하는 상태에 이르는 등 상대방의 입장은 부정하면서 자기주장만 하려고 한다. 서로의 입장을 고수하려는 강도가 높아지면 긴장은 높아지고 감정적인 대응이 더욱 격화된다.
3. 격화 국면 : 상대방에 대하여 더욱 적대적으로 변하며, 설득을 통해 문제를 해결하기보다 강압적 · 위협적인 방법을 쓰려고 하며, 극단적인 경우 언어폭력이나 신체적 폭행으로 번지기도 한다. 상대방에 대한 불신과 좌절, 부정적인 인식이 확산되면서 갈등 요인이 다른 요인으로 번지기도 한다. 격화 국면에서는 상대방의 생각이나 의견, 제안을 부정하고, 상대방은 그에 대한 반격을 함으로써 자신들의 반격을 정당하게 생각한다.
4. 진정 국면 : 계속되는 논쟁과 긴장이 시간과 에너지를 낭비하고 있음을 깨달으며, 갈등상태가 무한정 유지될 수 없다는 것을 느끼고 흥분과 불안이 가라앉으면서 이성과 이해의 원상태로 돌아가려 한다. 이후 협상이 시작된다. 협상과정을 통해 쟁점이 되는 주제를 논의하고 새로운 제안을 하고 대안을 모색하게 된다. 진정 국면에서는 중개자, 조정자 등의 제3자가 개입함으로써 갈등 당사자 간에 신뢰를 쌓고 문제를 해결하는 데 도움이 되기도 한다.
5. 갈등의 해소 : 진정 국면에 들어서면 갈등 당사자들은 문제를 해결하지 않고는 자신들의 목표를 달성하기 어렵다는 것을 알게 된다. 모두가 만족할 수 없는 경우도 있지만, 불일치한 서로 간의 의견을 일치하려고 한다. 갈등의 해소는 회피형, 지배 또는 강압형, 타협형, 순응형, 통합 또는 협력형 등의 방법으로 이루어진다.

42

정답 ③

원만한 직업생활을 위해 직업인이 갖추어야 할 직업윤리는 근로윤리와 공동체윤리로 나누어지며, 각 윤리의 덕목은 다음과 같다.

- 근로윤리 : 일에 대한 존중을 바탕으로 근면하고, 성실하고, 정직하게 업무에 임하는 자세
  - 근면한 태도(㉠)
  - 정직한 행동(㉤)
  - 성실한 자세(㉥)
- 공동체윤리 : 인간존중을 바탕으로 봉사하며, 책임감 있게 규칙을 준수하고, 예의바른 태도로 업무에 임하는 자세
  - 봉사와 책임 의식(㉡)
  - 준법성(㉢)
  - 예절과 존중(㉣)

43

정답 ③

직장 내 괴롭힘이 성립하려면 다음의 행위 요건이 성립해야 한다.

- 직장에서의 지위 또는 관계 등의 우위를 이용할 것
- 업무상 적정 범위를 넘는 행위일 것
- 신체적 · 정신적 고통을 주거나 근무환경을 악화시키는 행위일 것

A팀장이 지위를 이용하여 B사원에게 수차례 업무를 지시했지만 이는 업무상 필요성이 있는 정당한 지시이며, 완수해야 하는 적정 업무에 해당하므로 직장 내 괴롭힘으로 보기 어렵다.

오답분석

① 업무 이외에 개인적인 용무를 자주 지시하는 것은 업무상 적정 범위를 넘은 행위이다.
② 업무배제는 업무상 적정 범위를 넘은 행위로, 직장 내 괴롭힘의 주요 사례이다.
④ A대리는 동기인 B대리보다 지위상의 우위는 없으나, 다른 직원과 함께 수적 우위를 이용하여 괴롭혔으므로 직장 내 괴롭힘에 해당한다.
⑤ 지시나 주의, 명령행위의 모습이 폭행이나 과도한 폭언을 수반하는 등 사회 통념상 상당성을 결여하였다면 업무상 적정 범위를 넘었다고 볼 수 있으므로 직장 내 괴롭힘에 해당한다.

44

정답 ⑤

S는 자신의 일이 능력과 적성에 맞다 여기고 발전을 위해 열성을 가지고 성실히 노력하고 있다. 따라서 S의 사례에서 나타난 직업윤리 의식은 천직 의식이다.

직업윤리 의식

- 소명 의식 : 자신이 맡은 일은 하늘에 의해 맡겨진 일이라고 생각하는 태도이다.
- 천직 의식 : 자신의 일이 자신의 능력과 적성에 꼭 맞는다 여기고 그 일에 열성을 가지고 성실히 임하는 태도이다.
- 직분 의식 : 자신이 하고 있는 일이 사회나 기업을 위해 중요한 역할을 하고 있다고 믿고 자신의 활동을 수행하는 태도이다.
- 책임 의식 : 직업에 대한 사회적 역할과 책무를 충실히 수행하고 책임을 다하는 태도이다.
- 전문가 의식 : 자신의 일이 누구나 할 수 있는 것이 아니라 해당 분야의 지식과 교육을 밑바탕으로 성실히 수행해야만 가능한 것이라 믿고 수행하는 태도이다.
- 봉사 의식 : 직업 활동을 통해 다른 사람과 공동체에 대하여 봉사하는 정신을 갖추고 실천하는 태도이다.

45

정답 ②

경력개발의 단계별 내용

1. 직업 선택
   - 최대한 여러 직업의 정보를 수집하여 탐색한 후 나에게 적합한 최초의 직업을 선택함
   - 관련 학과 외부 교육 등 필요한 교육을 이수함
2. 조직 입사
   - 원하는 조직에서 일자리를 얻음
   - 정확한 정보를 토대로 적성에 맞는 적합한 직무를 선택함
3. 경력 초기
   - 조직의 규칙과 규범에 대해 배움
   - 직업과 조직에 적응해 감
   - 역량(지식, 기술, 태도)을 증대시키고 꿈을 추구해 나감
4. 경력 중기
   - 경력 초기를 재평가하고 더 업그레이드된 꿈으로 수정함
   - 성인 중기에 적합한 선택을 하고 지속적으로 열심히 일함
5. 경력 말기
   - 지속적으로 열심히 일함
   - 자존심을 유지함
   - 퇴직 준비의 자세한 계획을 세움(경력 중기부터 준비하는 것이 바람직)

46

정답 ③

나열된 수는 짝수 개이므로 수를 작은 수부터 순서대로 나열했을 때, 가운데에 있는 두 수의 평균이 중앙값이다.

- 빈칸의 수가 7 이하인 경우 : 가운데에 있는 두 수는 7, 8이므로 중앙값은 $\frac{7+8}{2}=7.5$이다.
- 빈칸의 수가 8인 경우 : 가운데에 있는 두 수는 8, 8이므로 중앙값은 8이다.
- 빈칸의 수가 9 이상인 경우 : 가운데에 있는 두 수는 8, 9이므로 중앙값은 $\frac{8+9}{2}=8.5$이다.

따라서 중앙값이 8일 때 빈칸에 들어갈 수는 8이다.

47

정답 ②

1 ~ 200의 자연수 중에서 2, 3, 5 중 어느 것으로도 나누어떨어지지 않는 수의 개수는 각각 2의 배수, 3의 배수, 5의 배수가 아닌 수의 개수이다.

- 1 ~ 200의 자연수 중 2의 배수의 개수 : $\frac{200}{2}=100$이므로 100개이다.
- 1 ~ 200의 자연수 중 3의 배수의 개수 : $\frac{200}{3}=66 \cdots 2$이므로 66개이다.
- 1 ~ 200의 자연수 중 5의 배수의 개수 : $\frac{200}{5}=40$이므로 40개이다.
- 1 ~ 200의 자연수 중 6의 배수의 개수 : $\frac{200}{6}=33 \cdots 2$이므로 33개이다.
- 1 ~ 200의 자연수 중 10의 배수의 개수 : $\frac{200}{10}=20$이므로 20개이다.
- 1 ~ 200의 자연수 중 15의 배수의 개수 : $\frac{200}{15}=13 \cdots 5$이므로 13개이다.
- 1 ~ 200의 자연수 중 30의 배수의 개수 : $\frac{200}{30}=6 \cdots 20$이므로 6개이다.

따라서 1 ~ 200의 자연수 중에서 2, 3, 5 중 어느 것으로도 나누어떨어지지 않는 수의 개수는 $200-[(100+66+40)-(33+20+13)+6]=200-(206-66+6)=54$개이다.

48

정답 ②

A지점에서 출발하여 최단거리로 이동하여 B지점에 도착하기까지 가능한 경로의 수를 구하면 다음과 같다.

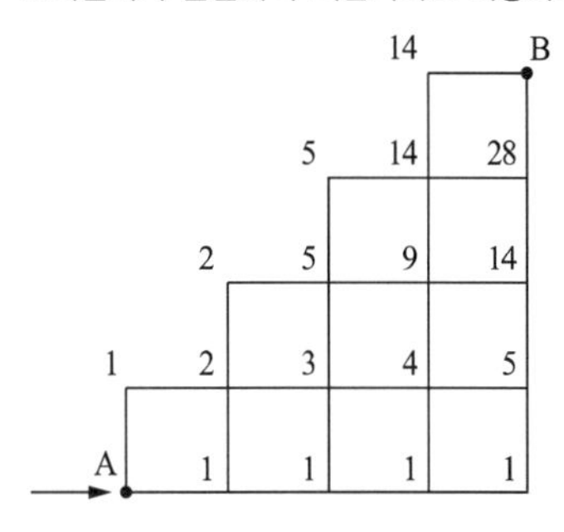

따라서 구하고자 하는 경우의 수는 42가지이다.

49

정답 ①

분침은 60분에 1바퀴 회전하므로 1분 지날 때 분침은 $\frac{360}{60}=6°$ 움직이고, 시침은 12시간에 1바퀴 회전하므로 1분 지날 때 시침은 $\frac{360}{12\times60}=0.5°$ 움직인다.

따라서 4시 30분일 때 시침과 분침이 만드는 작은 부채꼴의 각도는 $6\times30-0.5\times(60\times4+30)=180-135=45°$이므로, 부채꼴의 넓이와 전체 원의 넓이의 비는 $\frac{45}{360}=\frac{1}{8}$이다.

50

정답 ⑤

2020 ~ 2023년 동안 전년 대비 전체 설비 발전량의 증감량과 신재생 설비 발전량의 증가량은 다음과 같다.

- 2020년
  전체 설비 발전량 : 563,040−570,647=−7,607GWh, 신재생 설비 발전량 : 33,500−28,070=5,430GWh
- 2021년
  전체 설비 발전량 : 552,162−563,040=−10,878GWh, 신재생 설비 발전량 : 38,224−33,500=4,724GWh
- 2022년
  전체 설비 발전량 : 576,810−552,162=24,648GWh, 신재생 설비 발전량 : 41,886−38,224=3,662GWh
- 2023년
  전체 설비 발전량 : 594,400−576,810=17,590GWh, 신재생 설비 발전량 : 49,285−41,886=7,399GWh

따라서 전체 설비 발전량의 증가량이 가장 많은 해는 2022년이고, 신재생 설비 발전량의 증가량이 가장 적은 해 또한 2022년이다.

오답분석

① 2020 ~ 2023년 기력 설비 발전량의 전년 대비 증감 추이는 '감소 – 감소 – 증가 – 감소'이지만, 전체 설비 발전량의 전년 대비 증감 추이는 '감소 – 감소 – 증가 – 증가'이다.

② 2019 ~ 2023년 전체 설비 발전량의 1%와 수력 설비 발전량을 비교하면 다음과 같다.
- 2019년 : 7,270 > 570,647×0.01 ≒ 5,706GWh
- 2020년 : 6,247 > 563,040×0.01 ≒ 5,630GWh
- 2021년 : 7,148 > 552,162×0.01 ≒ 5,522GWh
- 2022년 : 6,737 > 576,810×0.01 ≒ 5,768GWh
- 2023년 : 7,256 > 594,400×0.01=5,944GWh

따라서 2019 ~ 2023년 동안 수력 설비 발전량은 항상 전체 설비 발전량의 1% 이상이다.

③ 2019 ~ 2023년 전체 설비 발전량의 5%와 신재생 설비 발전량을 비교하면 다음과 같다.
- 2019년 : 28,070 < 570,647×0.05 ≒ 28,532GWh
- 2020년 : 33,500 > 563,040×0.05=28,152GWh
- 2021년 : 38,224 > 552,162×0.05 ≒ 27,608GWh
- 2022년 : 41,886 > 576,810×0.05 ≒ 28,841GWh
- 2023년 : 49,285 > 594,400×0.05=29,720GWh

따라서 2019년 신재생 설비 발전량은 전체 설비 발전량의 5% 미만이고, 그 외에는 5% 이상이다.

④ 신재생 설비 발전량은 꾸준히 증가하였지만 원자력 설비 발전량은 2022년에 전년 대비 감소하였다.

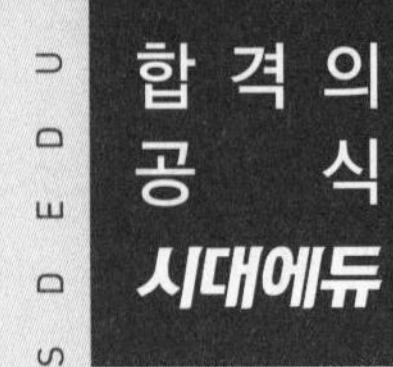

배우기만 하고 생각하지 않으면 얻는 것이 없고, 생각만 하고 배우지 않으면 위태롭다.

– 공자 –

PART 1

직업기초능력평가

CHAPTER

01 의사소통능력

대표기출유형 01 기출응용문제

01

정답 ④

오답분석

① 조성은 음악에서 화성이나 멜로디가 하나의 음 또는 하나의 화음을 중심으로 일정한 체계를 유지하는 것이다.
② 무조 음악은 조성에서 벗어나 자유롭게 표현하고자 한 것이므로, 발전한 형태라고 말할 수 없다.
③ 무조 음악은 한 옥타브 안의 음 각각에 동등한 가치를 두었다.
⑤ 쇤베르크의 12음 기법은 무조 음악이 지닌 자유로움에 조성의 체계성을 더하고자 탄생한 기법이다.

02

정답 ③

수소 원자와 헬륨 원자는 양성자 및 헬륨 원자핵과 전자가 결합해야 만들어지는 것이지, 양성자와 헬륨 원자핵이 결합하여 만들어지는 것이 아니다.

오답분석

① '대폭발 우주론에서는 우주가 약 137억 년 전 밀도와 온도가 매우 높은 상태의 대폭발로부터 시작하였다고 본다.'라는 내용에서 알 수 있다.
② '양(+)의 전하를 가지고 있는 양성자 및 헬륨 원자핵'이라는 내용에서 알 수 있다.
④ 온도가 높은 상태에서는 전자가 원자핵에 쉽게 붙들리지 않기 때문에 양성자 및 헬륨 원자핵과 전자가 결합해야 만들어지는 수소 원자와 헬륨 원자가 잘 만들어지지 않았지만, 온도가 내려가자 자유 전자가 양성자 및 헬륨 원자핵에 붙들려 결합된다는 설명에서 온도가 높아질수록 수소 원자와 헬륨 원자는 만들어지지 않는다는 것을 알 수 있다.
⑤ 전자가 양성자에 붙들리지 않은 채 자유롭게 우주공간을 움직일 수 있다가 온도가 내려가자 자유 전자가 양성자 및 헬륨 원자핵과 결합했다는 설명에서 알 수 있다.

03

정답 ①

등장수축은 전체 근육 길이가 줄어드는 동심 등장수축과 늘어나는 편심 등장수축으로 나뉜다.

04

정답 ④

제시문의 '수소가 분자 내에 포화되어 있으므로 포화지방산이라 부르며, 이것이 들어 있는 지방을 포화지방이라고 한다.'를 통해 포화지방은 포화지방산이 들어 있는 지방을 가리킴을 알 수 있다.

오답분석

① 포화지방산에서 나타나는 탄소 결합 형태는 연결된 탄소끼리 모두 단일 결합하는 모습을 띠고, 각각의 탄소에 수소가 두 개씩 결합한다.
② 탄소에 수소가 두 개씩 결합하는 형태는 분자 간 인력이 높아 지방산 분자들이 단단하게 뭉치게 되는 것이다. 열에너지가 많아지면 인력이 느슨해진다.
③ 분자 간 인력이 높을 때 지방산 분자들이 단단히 뭉치는 것이므로 느슨해지면 그의 반대가 된다.
⑤ 포화지방이 체내에 저장되면 에너지로 전환되어 몸에 열량을 내는 데 이용된다. 몸에 좋지 않은 경우는 저밀도 단백질과 결합하는 경우이다.

대표기출유형 02 기출응용문제

01

정답 ①

제시된 기사문은 홍역환자가 발생함에 따라 홍역 유행을 차단하기 위해 대응 체계를 구축했다는 내용이므로, 이를 모두 포함하는 ①이 기사문의 제목으로 가장 적절하다.

02

정답 ⑤

제시문에서는 4단계로 나뉘는 감염병 위기경보 수준을 설명하며, 각 단계에 따라 달라지는 정부의 주요 대응 활동에 관해 이야기하고 있다. 따라서 제목으로 가장 적절한 것은 ⑤이다.

03

정답 ②

제시문은 행위별수가제에 대한 것으로 환자, 의사, 건강보험 재정 등 많은 곳에서 한계점이 있다고 설명하면서 건강보험 고갈을 막기 위해 다양한 지불방식을 도입하는 등 구조적인 개편이 필요함을 설명하고 있다. 따라서 글의 주제로 '행위별수가제의 한계점'이 가장 적절하다.

04

정답 ②

제시문은 텔레비전의 언어가 개인의 언어 습관에 미치는 악영향을 경계하면서, 올바른 언어 습관을 길들이기 위해 문학 작품 독서를 강조하고 있다.

05

정답 ③

제시문은 우리나라가 지식 기반 산업 위주의 사회로 바뀌면서 내부 노동시장에 의존하던 인력 관리 방식이 외부 노동시장에서의 채용으로 변화함에 따라 지식 격차에 의한 소득 불평등과 국가 간 경제적 불평등 현상이 심화되고 있다고 말하고 있다. 따라서 글의 제목으로 '지식 기반 사회에서의 노동시장의 변화'가 가장 적절하다.

오답분석

① 정보통신 기술을 통해, 전 지구적 노동시장이 탄생하여 기업을 비롯한 사회 조직들이 국경을 넘어 인력을 충원하고 재화와 용역을 구매하고 있다고 언급했다. 하지만 이러한 국가 간 노동 인력의 이동이 가져오는 폐해에 대해서는 언급하고 있지 않다.
② 지식 기반 경제로의 이행은 지식 격차에 의한 소득 불평등 심화 현상을 일으킨다. 하지만 이것에 대한 해결책은 언급하고 있지 않다.
④ 생산 기능은 저개발국으로 이전되고 연구 개발 기능은 선진국으로 모여들어 정보 격차가 확대되고 있다. 하지만 국가 간의 격차 축소 정책의 필요성은 언급하고 있지 않다.
⑤ 사회 불평등 현상은 지식 기반 산업 위주로 변화하는 국가에서 나타나거나 나라와 나라 사이에서 나타나기도 한다. 본문에 언급한 내용이지만 전체 주제를 포괄하고 있지 않으므로 적절하지 않다.

대표기출유형 03 기출응용문제

01

정답 ③

정부에서 고창 갯벌을 습지보호지역으로 지정 고시한 사실을 알리는 (나) → 고창 갯벌의 상황을 밝히는 (가) → 습지보호지역으로 지정 고시된 이후에 달라진 내용을 언급하는 (라) → 앞으로의 계획을 밝히는 (다) 순서대로 나열하는 것이 적절하다.

02

정답 ④

제시문은 최근 식도암 발병률이 늘고 있는데, K병원의 조사 결과를 근거로 식도암을 조기 발견하여 치료하면 치료 성공률을 높일 수 있다고 말하고 있다. 따라서 (라) 최근 서구화된 식습관으로 식도암이 증가 → (가) 식도암은 조기에 발견하면 치료 성공률을 높일 수 있음 → (마) K병원이 조사한 결과 초기에 치료할 경우 생존율이 높게 나옴 → (나) 식도암은 조기에 발견할수록 치료 효과가 높았지만 실제로 초기에 치료받는 환자의 수는 적음 → (다) 식도암을 조기에 발견하기 위해서 50대 이상 남성은 정기적으로 검사를 받을 것을 강조 순으로 나열되어야 한다.

03

정답 ④

제시문은 우리 몸의 면역 시스템에서 중요한 역할을 하는 킬러 T세포가 있음을 알려주고, 이것의 역할과 작용 과정을 차례로 설명하며 마지막으로 킬러 T세포의 의의에 대해 이야기하는 글이다. 따라서 (라) 우리 몸의 면역 시스템에 중요한 역할을 하는 킬러 T세포 → (가) 킬러 T세포의 역할 → (마) 킬러 T세포가 작용하기 위해 거치는 단계 → (다) 킬러 T세포의 작용 과정 → (나) 킬러 T세포의 의의로 나열되어야 한다.

04

정답 ①

제시된 문단 다음에는 청바지의 시초에 대한 내용이 나와야 하므로 (가)가 적절하다. 그 다음에는 '비록 시작은 그리하였지만'으로 받는 (다)가 위치해야 하며, 패션 아이템화의 각론으로서 한국에서의 청바지를 이야기하는 (나)가 와야 한다. (라)는 청바지의 역사, 패션 아이템으로서의 청바지라는 청바지의 기능에 관해 설명하는 부분에서 떨어져 나와 청바지가 가지고 있는 단점과 그 해결을 설명하는 것이므로 마지막에 오는 것이 타당하다.

대표기출유형 04 기출응용문제

01

정답 ④

석연치 않은 뉘앙스를 풍겨 상대방의 기분을 불쾌하게 만들 수 있는 중의적인 표현은 피해야 하지만, 단정적인 표현도 좋지 않은 의사소통 방식이다.

02

정답 ⑤

좋은 경청은 상대방과 상호작용하고, 말한 내용에 관해 생각하고, 무엇을 말할지 기대하는 것을 의미한다. 질문에 대한 답이 즉각적으로 이루어질 수 없다고 하더라도 질문을 하려고 하면 오히려 경청하는 데 적극적 태도를 갖게 되고 집중력이 높아질 수 있다.

03

정답 ③

언쟁하기란 단지 논쟁을 위해 상대방의 말에 귀를 기울이는 것으로, 상대방이 무슨 주제를 꺼내든지 설명하는 것을 무시하고 자신의 생각만을 늘어놓는 것이다. 하지만 C사원의 경우 K사원과 언쟁을 하려 한다기보다는 K사원의 고민에 귀 기울이며 동의하고 있다. 또한 K사원이 앞으로 취해야 할 행동에 대해 자신의 생각을 조언하고 있다.

오답분석

① 짐작하기란 상대방의 말을 듣고 받아들이기보다 자신의 생각에 들어맞는 단서들을 찾아 자신의 생각을 확인하는 것으로, A사원의 경우 K사원의 말을 듣고 받아들이기보단, P부장이 매일매일 체크한다는 것을 단서로 K사원에게 문제점이 있다고 보고 있다.
② 판단하기란 상대방에 대한 부정적인 선입견 또는 상대방을 비판하기 위해 상대방의 말을 듣지 않는 것을 말한다. B사원은 K사원이 예민하다는 선입견 때문에 P부장의 행동보다 K사원의 행동을 문제시하고 있다.
④ 슬쩍 넘어가기란 대화가 너무 사적이거나 위협적이면 주제를 바꾸거나 농담으로 넘기려 하는 것으로 문제를 회피하려 해 상대방의 진정한 고민을 놓치는 것을 말한다. D사원의 경우 K사원의 부정적인 감정을 회피하기 위해 다른 주제로 대화방향을 바꾸고 있다.
⑤ 비위 맞추기란 상대방을 위로하기 위해 혹은 비위를 맞추기 위해 너무 빨리 동의하는 것을 말한다. E사원은 K사원을 지지하고 동의하는 데 너무 치중함으로써 K사원이 충분히 자신의 감정과 상황을 표현할 시간을 주지 못하고 있다.

04

정답 ⑤

김과장은 직원들에 대한 높은 관심으로 간섭하려는 경향이 있고, 남에게 자신의 업적을 이야기하며 인정받으려 하는 욕구가 강하다. 따라서 김과장은 타인에 대한 높은 관심과 간섭을 자제하고, 지나친 인정욕구에 대한 태도를 성찰할 필요성이 있다.

오답분석

① 김과장이 독단적으로 결정했다는 내용은 언급되어 있지 않다.
② 직원들은 김과장의 지나친 관심으로 힘들어하고 있는 상황이므로 적절하지 않은 조언이다.
③ 직원들에게 지나친 관심을 보이는 김과장에게는 적절하지 않은 조언이다.
④ 인정이 많다거나 직원들의 요구를 거절하지 못한다는 내용은 제시문에서 찾을 수 없다.

CHAPTER

02 수리능력

대표기출유형 01 기출응용문제

01

정답 ①

정주가 걸어서 간 시간을 x분이라고 하면, 자전거를 타고 간 시간은 $(30-x)$분이다.

$150(30-x)+50x=4,000$

$\rightarrow 100x=500$

$\therefore x=5$

02

정답 ②

천희의 수학시험 점수를 x점이라고 하면, 네 사람의 수학시험 점수 평균이 105점이므로

$\frac{101+105+108+x}{4}=105$

$\rightarrow x+314=420$

$\therefore x=106$

따라서 천희의 수학시험 점수는 106점이다.

03

정답 ③

• 9명의 신입사원을 3명씩 3조로 나누는 경우의 수 : ${}_9C_3\times{}_6C_3\times{}_3C_3\times\frac{1}{3!}=\frac{9\times8\times7}{3\times2\times1}\times\frac{6\times5\times4}{3\times2\times1}\times1\times\frac{1}{3\times2\times1}=280$가지

• A, B, C에 한 조씩 배정하는 경우의 수 : $3!=3\times2\times1=6$가지

따라서 가능한 모든 경우의 수는 $280\times6=1,680$가지이다.

04

정답 ④

제시된 그림의 운동장 둘레는 왼쪽과 오른쪽 반원을 합친 지름이 50m인 원의 원주[(지름)×(원주율)]와 위, 아래 직선거리 90m를 더하면 된다. 따라서 학생이 운동장 한 바퀴를 달린 거리는 $(50\times3)+(90\times2)=330$m이다.

05

정답 ①

9개의 숫자에서 4개의 숫자를 뽑아 나열할 수 있는 방법은 ${}_9P_4=9\times8\times7\times6=3,024$가지이다. 여기서 5와 6을 제외하고, 1과 8이 포함된 4자리 숫자를 만들 수 있는 방법은 9개의 숫자에서 제외할 숫자와 포함될 숫자를 빼고, 남은 숫자 중에서 2개의 숫자를 뽑아 1과 8을 포함한 4개 숫자를 나열하는 것이다.

${}_{(9-4)}C_2\times4!={}_5C_2\times4!=\frac{5\times4}{2}\times4\times3\times2\times1=240$가지

따라서 한별이가 5와 6을 제외하고 1과 8을 포함하여 비밀번호를 만들 확률은 $\frac{240}{3,024}=\frac{5}{63}$이다.

06

정답 ④

동전을 던져서 앞면이 나오는 횟수를 x회, 뒷면이 나오는 횟수를 y회라고 하면

$x+y=5$ ⋯ ㉠

0에서 출발하여 동전의 앞면이 나오면 +2만큼 이동하고, 뒷면이 나오면 −1만큼 이동하므로

$2x-y=4$ ⋯ ㉡

㉠과 ㉡을 연립하면 $x=3$, $y=2$

동전의 앞면이 나올 확률과 뒷면이 나올 확률은 각각 $\frac{1}{2}$이다.

따라서 동전을 던져 수직선 위의 A가 4로 이동할 확률은 ${}_5C_3\times\left(\frac{1}{2}\right)^3\times\left(\frac{1}{2}\right)^2=\frac{5}{16}$이다.

07

정답 ①

할인되지 않은 KTX 표의 가격을 x원이라 하자.

표를 40% 할인된 가격으로 구매하였으므로 구매 가격은 $(1-0.4)x=0.6x$원이다.

환불 규정에 따르면 하루 전에 표를 취소하는 경우 70%의 금액을 돌려받을 수 있으므로 이를 식으로 정리하면 다음과 같다.

$0.6x\times0.7=16,800$

$\rightarrow 0.42x=16,800$

$\therefore\ x=40,000$

따라서 할인되지 않은 KTX 표의 가격은 40,000원이다.

대표기출유형 02 기출응용문제

01

정답 

한별이가 만약 $50m^3$의 물을 사용했을 경우 수도요금은 기본료를 제외하고 $30\times300+20\times500=19,000$원이다. 즉, 총요금인 17,000원보다 많다. 따라서 사용한 수도량은 $30m^3$ 초과 $50m^3$ 이하이다. $30m^3$를 초과한 양을 xm^3라고 하면 다음과 같다.

$2,000+(30\times300)+(x\times500)=17,000$

$\rightarrow 500x=17,000-11,000$

$\therefore\ x=\frac{6,000}{500}=12$

따라서 한별이가 한 달 동안 사용한 수도량은 $30+12=42m^3$임을 알 수 있다.

02

정답 ③

연도별로 발굴 작업 비용을 계산하면 다음과 같다.

- 2021년 : $(21\times120,000)+(10\times30,000)+(13\times200,000)=5,420,000$원
- 2022년 : $(23\times120,000)+(4\times30,000)+(18\times200,000)=6,480,000$원
- 2023년 : $(19\times120,000)+(12\times30,000)+(7\times200,000)=4,040,000$원

따라서 발굴 작업 비용이 가장 많이 든 해는 2022년이며, 비용은 648만 원이다.

03

정답 ③

월평균 매출액이 35억 원이므로 연 매출액은 35×12=420억 원이며, 연 매출액은 상반기와 하반기 매출액을 합한 금액이다. 상반기의 월평균 매출액은 26억 원이므로 상반기 총매출액은 26×6=156억 원이고, 하반기 총매출액은 420−156=264억 원이다. 따라서 하반기 평균 매출액은 264÷6=44억 원이며, 상반기 때보다 44−26=18억 원 증가하였다.

04

정답 ⑤

- (P공정을 거친 양품 수의 기댓값)=1,000만×0.97=970만 개
- (D공정을 거친 양품 수의 기댓값)=970만×0.95=921만 5천 개

05

정답 ④

비품을 주문하고 남은 돈으로 구매할 수 있는 볼펜은 [25,000−(500×5)−5,700−(600×3)÷250]÷12=5타이다.

06

정답 ③

브랜드별 중성세제의 변경 후 판매 용량에 대한 가격에서 변경 전 가격을 빼면 다음과 같다.

- A브랜드 : (8,200×1.2)−(8,000×1.3)=9,840−10,400=−560원
- B브랜드 : (6,900×1.6)−(7,000×1.4)=11,040−9,800=1,240원
- C브랜드 : (4,000×2.0)−(3,960×2.5)=8,000−9,900=−1,900원
- D브랜드 : (4,500×2.5)−(4,300×2.4)=11,250−10,320=930원

따라서 A브랜드는 560원 감소, B브랜드는 1,240원 증가, C브랜드는 1,900원 감소, D브랜드는 930원 증가로 정답은 ③이다.

대표기출유형 03 기출응용문제

01

정답 ③

대치동의 증권자산은 23.0−17.7−3.1=2.2조 원이고, 서초동의 증권자산은 22.6−16.8−4.3=1.5조 원이므로 옳은 설명이다.

오답분석

① 압구정동의 가구 수는 $\frac{14.4조}{12.8억}$=11,250가구, 여의도동의 가구 수는 $\frac{24.9조}{26.7억}$≒9,300가구이므로 압구정동의 가구 수가 더 많다.

② 이촌동의 가구 수가 2만 이상이려면 총자산이 7.4×20,000=14.8조 원 이상이어야 한다. 그러나 이촌동은 총자산이 14.4조 원인 압구정동보다도 순위가 낮으므로 이촌동의 가구 수는 2만 가구 미만이다.

④ 여의도동의 부동산자산은 12.3조 원 미만이다. 따라서 여의도동의 증권자산은 최소 3조 원 이상이다.

⑤ 도곡동의 총자산 대비 부동산자산의 비율은 $\frac{12.3}{15.0}$×100=82%이고, 목동의 총자산 대비 부동산자산의 비율은 $\frac{13.7}{15.5}$×100≒88.39%이므로 옳지 않은 설명이다.

02

정답 ②

ㄱ. 석유와 천연가스, 원자력 소비량의 상위 3개 지역은 각각 석유의 상위 소비량 3개 지역 '인천 – 서울 – 경기', 천연가스의 상위 소비량 3개 지역 '서울 – 경기 – 인천', 원자력의 상위 소비량 3개 지역 '인천 – 서울 – 경기'이므로 상위 3개 지역은 모두 동일하다.

ㄷ. 석유의 소비량이 가장 많은 지역은 인천으로 그 소비량은 3,120만 토이고, 가장 적은 지역은 광주로 그 소비량은 725만 토이다. 따라서 인천의 소비량은 광주의 소비량의 $3,120 \div 725 \fallingdotseq 4.3$배로 4배 이상이다.

오답분석

ㄴ. 강원의 소비량 1위인 에너지원은 석탄 하나이므로 옳지 않다.

ㄹ. 수력·풍력의 소비량 상위 5개 지역은 제주, 강원, 부산, 인천, 충청 지역이다. 이들의 소비량의 합은 $41+28+6+4+4=83$으로 전체의 $\frac{83}{96} \times 100 \fallingdotseq 86.5\%$이므로 90% 미만이다.

03

정답 ⑤

- 석탄(제주) : $\frac{102}{13,520} \times 100 \fallingdotseq 0.75\%$
- 석유(광주) : $\frac{725}{20,867} \times 100 \fallingdotseq 3.47\%$
- 천연가스(광주) : $\frac{31}{3,313} \times 100 \fallingdotseq 0.94\%$
- 수력·풍력(대전) : $\frac{0.5}{96} \times 100 \fallingdotseq 0.52\%$
- 원자력(광주) : $\frac{40}{2,668} \times 100 \fallingdotseq 1.50\%$

따라서 그 비율이 큰 순서대로 에너지원을 나열하면 석유 – 원자력 – 천연가스 – 석탄 – 수력·풍력 순서이다.

04

정답 ②

뉴질랜드 무역수지는 9월에서 10월까지 증가했다가 11월에 감소한 후 12월에 다시 증가했다.

오답분석

① 한국의 무역수지가 전월 대비 증가한 달은 9월, 10월, 11월이며, 증가량이 가장 많았던 달은 $45,309-41,983=3,326$백만 USD인 11월이다.

③ 그리스의 12월 무역수지는 2,426백만 USD이며 11월 무역수지는 2,409백만 USD이므로, 12월 무역수지의 전월 대비 증가율은 $\frac{2,426-2,409}{2,409} \times 100 \fallingdotseq 0.7\%$이다.

④ 10월부터 12월 사이 한국의 무역수지는 '증가 – 감소'의 추이이다. 이와 같은 양상을 보이는 나라는 독일과 미국으로 2개국이다.

⑤ 제시된 자료를 통해 확인할 수 있다.

03 문제해결능력

대표기출유형 01 기출응용문제

01

정답 ②

조건에 따라 갑, 을, 병, 정의 사무실 위치를 정리하면 다음과 같다.

구분	2층	3층	4층	5층
경우 1	부장	을과장	대리	갑부장
경우 2	을과장	대리	부장	갑부장
경우 3	을과장	부장	대리	갑부장

따라서 을이 과장이므로 대리가 아닌 갑은 부장의 직책을 가진다.

오답분석

① 갑부장 외의 또 다른 부장은 2층, 3층 또는 4층에 근무한다.
③ 대리는 3층 또는 4층에 근무한다.
④ 을은 2층 또는 3층에 근무한다.
⑤ 병의 직책은 알 수 없다.

02

정답 ②

11주 차까지 쓰레기 배출이 가능한 요일을 표로 정리하면 다음과 같다.

구분	일요일	월요일	화요일	수요일	목요일	금요일	토요일
1주 차	A		B		C		D
2주 차		E		A		B	
3주 차	C		D		E		A
⋮	⋮	⋮	⋮	⋮	⋮	⋮	⋮
8주 차		A		B		C	
9주 차	D		E		A		B
10주 차		C		D		E	
11주 차	A		B		C		D

따라서 11주 차 일요일에 A동이 다시 쓰레기를 배출할 수 있다.

03

정답 ④

주어진 조건을 정리하면 다음과 같은 순서로 위치한다는 것을 알 수 있다.
초밥가게 – × – 카페 – × – 편의점 – 약국 – 옷가게 – 신발가게 – × – ×
따라서 신발가게는 8번째 건물에 있다.

오답분석

① 카페와 옷가게 사이에 3개의 건물이 있다.
② 초밥가게와 약국 사이에 4개의 건물이 있다.
③ 편의점은 5번째 건물에 있다.
⑤ 옷가게는 7번째 건물에 있다.

04

정답 ④

지원자 4의 진술이 거짓이면 지원자 5의 진술도 거짓이고, 지원자 4의 진술이 참이면 지원자 5의 진술도 참이다. 즉, 1명의 진술만 거짓이므로 지원자 4, 5의 진술은 참이다. 그러면 지원자 1과 지원자 2의 진술이 모순이므로 각각 확인하면 다음과 같다.

i) 지원자 1의 진술이 참인 경우
지원자 2는 A부서에 선발이 되었고, 지원자 3은 B 또는 C부서에 선발되었다. 이때, 지원자 3의 진술에 따라 지원자 4가 B부서, 지원자 3이 C부서에 선발되었다.
∴ A – 지원자 2, B – 지원자 4, C – 지원자 3, D – 지원자 5

ii) 지원자 2의 진술이 참인 경우
지원자 3은 A부서에 선발이 되었고, 지원자 2는 B 또는 C부서에 선발되었다. 이때, 지원자 3의 진술에 따라 지원자 4가 B부서, 지원자 2가 C부서에 선발되었다.
∴ A – 지원자 3, B – 지원자 4, C – 지원자 2, D – 지원자 5

따라서 지원자 4가 B부서에 선발되는 것은 항상 옳다.

05

정답 ③

乙과 戊의 예측이 모순되므로 둘 중 한 명의 예측은 옳고, 다른 한 명의 예측은 틀리다. 여기서 乙의 예측이 옳을 경우 甲의 예측도 틀리게 되어 두 명이 틀린 예측을 한 것이 되므로 문제의 조건에 위배된다. 따라서 乙의 예측은 틀리고 戊의 예측은 옳다.
따라서 A강좌는 乙이, B와 C강좌는 甲과 丁이, D강좌는 戊가 담당하고, 丙은 강좌를 담당하지 않는다.

대표기출유형 02 기출응용문제

01

정답 ④

알파벳 순서에 따라 숫자로 변환하면 다음과 같다.

A	B	C	D	E	F	G	H	I	J	K	L	M
1	2	3	4	5	6	7	8	9	10	11	12	13
N	O	P	Q	R	S	T	U	V	W	X	Y	Z
14	15	16	17	18	19	20	21	22	23	24	25	26

'INTELLECTUAL'의 품번을 규칙에 따라 정리하면 다음과 같다.

- 1단계 : 9(I), 14(N), 20(T), 5(E), 12(L), 12(L), 5(E), 3(C), 20(T), 21(U), 1(A), 12(L)
- 2단계 : $9+14+20+5+12+12+5+3+20+21+1+12=134$
- 3단계 : $|(14+20+12+12+3+20+12)-(9+5+5+21+1)|=|93-41|=52$
- 4단계 : $(134+52)\div4+134=46.5+134=180.5$
- 5단계 : 180.5를 소수점 첫째 자리에서 버림하면 180이다.

따라서 제품의 품번은 '180'이다.

02

정답 ②

n번째에 배열하는 전체 바둑돌의 개수를 a_n개(단, n은 자연수)라고 하자.

제시된 규칙에 의하여 $a_1=1$, $a_2=1+2=3$, $a_3=1+2+3=6$, $\cdots$, $a_n=1+2+3+\cdots+n=\sum_{k=1}^{n}k=\frac{n(n+1)}{2}$

즉, 37번째에 배열하는 전체 바둑돌의 개수는 $a_{37}=\frac{37\times38}{2}=703$개이다.

제시된 그림을 보면 검은색 바둑돌은 홀수 번째에 배열된다. 홀수 번째에 있는 검은색 바둑돌의 개수를 b_{2m-1}개(단, m은 자연수)라고 하자. 제시된 규칙에 의하여 계산하면 다음과 같다.

m	$2m-1$	b_{2m-1}
1	1	1
2	3	$1+3=4$
3	5	$1+3+5=9$
…	…	…
m	$2m-1$	$\sum_{k=1}^{m}(2k-1)=m^2$

즉, $2m-1=37$에서 $m=19$이므로 $b_{37}=19^2=361$개이다. 따라서 37번째에 배열된 흰색 바둑돌의 개수는 $703-361=342$개이므로 검은색 바둑돌이 흰색 바둑돌보다 $361-342=19$개 많다.

03

정답 ④

게임 규칙과 결과를 토대로 경우의 수를 따져보면 다음과 같다.

라운드	벌칙 제외	총 퀴즈 개수
3	A	15
4	B	19
5	C	21
	D	
	C	22
	E	
	D	22
	E	

ㄴ. 총 22개의 퀴즈가 출제되었다면, E가 정답을 맞혀 벌칙에서 제외된 것이다.
ㄷ. 게임이 종료될 때까지 총 21개의 퀴즈가 출제되었다면 C, D가 벌칙에서 제외된 경우로 5라운드에서 E에게는 정답을 맞힐 기회가 주어지지 않았다. 따라서 퀴즈를 푸는 순서가 벌칙을 받을 사람 선정에 영향을 미친다.

오답분석

ㄱ. 5라운드까지 4명의 참가자가 벌칙에서 제외되었으므로 정답을 맞힌 퀴즈는 8개, 벌칙을 받을 사람은 5라운드까지 정답을 맞힌 퀴즈는 0개나 1개이므로 정답을 맞힌 퀴즈는 8개나 9개이다.

04

정답 ③ 

하얀 블록 5개와 검은 블록 1개를 일렬로 붙인 막대와 하얀 블록 6개를 일렬로 붙인 막대를 각각 A막대, B막대라고 하자. A막대의 윗면과 아랫면에 쓰인 숫자의 순서쌍은 (1, 6), (2, 5), (3, 4), (4, 3), (5, 2), (6, 1)이다. 즉, A막대의 윗면과 아랫면에 쓰인 숫자의 합은 7이다. 검은 블록이 있는 막대 30개, 검은 블록이 없는 막대 6개를 붙여 만든 그림 2의 윗면과 아랫면에 쓰인 숫자의 합은 $(7\times30)+(6\times0)=210$이다. 윗면에 쓰인 숫자의 합은 109이므로 아랫면에 쓰인 36개 숫자의 합은 $210-109=101$이다.

대표기출유형 03 기출응용문제

01

 ①

갑돌이가 현지에서 현금을 인출하지 않고 가져간 현금으로만 결제하였더라도 구매 내역이 600달러 이상이면 신고를 해야 한다.

오답분석

② 600달러 이상인 경우에 세관신고가 필요하다.
③ 5월이면 변경된 제도가 적용된 후이므로 600달러 이상 신용카드 결제를 했다면 관세청에 실시간으로 통보된다.
④ 신용카드 사용내역이 실시간으로 제출되는 시점은 4월부터이므로 3월에 5,000달러 이상 카드로 결제한 내역은 4월에 국세청에 보고된다.
⑤ 5,000달러 이상을 가족 여러 명의 개인 카드로 사용할 경우 각각의 금액이 적어지므로 관세청에 내역이 들어가지 않을 수도 있다.

02

정답 ④

정규직의 주당 근무시간을 비정규직 1과 같이 줄여 근무여건을 개선하고, 퇴사율이 가장 높은 비정규직 2의 직무교육을 시행하여 퇴사율을 줄이는 것이 가장 적절하다.

오답분석

① 설문조사 결과에서 연봉보다는 일과 삶의 균형을 더 중요시한다고 하였으므로 연봉이 상승하는 것은 퇴사율에 영향을 미치지 않음을 알 수 있다.
② 정규직을 비정규직으로 전환하는 것은 고용의 안정성을 낮추어 퇴사율을 더욱 높일 수 있다.
③ 직무교육을 하지 않는 비정규직 2보다 직무교육을 하는 정규직과 비정규직 1의 퇴사율이 더 낮기 때문에 이는 적절하지 않다.
⑤ 비정규직 2의 주당 근무 일수를 정규직과 같이 조정하면, 주 6일 20시간을 근무하게 되어 비효율적인 업무를 수행한다.

03

정답 ①

사원별 성과지표의 평균을 구하면 다음과 같다.

- A사원 : (3+3+4+4+4)÷5=3.6
- B사원 : (3+3+3+4+4)÷5=3.4
- C사원 : (5+2+2+3+2)÷5=2.8
- D사원 : (3+3+2+2+5)÷5=3
- E사원 : (4+2+5+3+3)÷5=3.4

즉, A사원만 당해 연도 연봉에 1,000,000원이 추가된다.

각 사원의 당해 연도 연봉을 구하면 다음과 같다.

- A사원 : 300만+(3×300만)+(3×200만)+(4×100만)+(4×150만)+(4×100만)+100만=33,000,000원
- B사원 : 300만+(3×300만)+(3×200만)+(3×100만)+(4×150만)+(4×100만)=31,000,000원
- C사원 : 300만+(5×300만)+(2×200만)+(2×100만)+(3×150만)+(2×100만)=30,500,000원
- D사원 : 300만+(3×300만)+(3×200만)+(2×100만)+(2×150만)+(5×100만)=28,000,000원
- E사원 : 300만+(4×300만)+(2×200만)+(5×100만)+(3×150만)+(3×100만)=31,500,000원

따라서 가장 많은 연봉을 받을 직원은 A사원이다.

04

정답 ④

10월 20 ~ 21일은 주중이며, 출장 혹은 연수 일정이 없고, 부서이동 전에 해당되므로 김인턴이 경기본부의 파견 근무를 수행할 수 있는 일정이다.

오답분석

① 10월 6 ~ 7일은 김인턴의 연수 참석 기간이므로 파견 근무를 진행할 수 없다.
② 10월 11 ~ 12일은 주말인 11일을 포함하고 있다.
③ 10월 14 ~ 15일 중 15일은 목요일로, 김인턴이 H본부로 출장을 가는 날짜이다.
⑤ 10월 27 ~ 28일은 김인턴이 27일부터 부서를 이동한 이후이므로, 김인턴이 아니라 후임자가 경기본부로 파견 근무를 간다.

대표기출유형 04 기출응용문제

01

정답 ①

SWOT 분석은 내부 환경요인과 외부 환경요인의 2개의 축으로 구성되어 있다. 내부 환경요인은 자사 내부의 환경을 분석하는 것으로 자사의 강점과 약점으로 분석된다. 외부 환경요인은 자사 외부의 환경을 분석하는 것으로 기회와 위협으로 구분된다.

02

정답 ①

오답분석

ㄴ. ST전략으로 경쟁업체에 특허 기술을 무상 이전하는 것은 경쟁이 더 심화될 수 있으므로 적절하지 않다.

ㄹ. WT전략에서는 기존 설비에 대한 재투자보다는 수요에 맞게 다양한 제품을 유연하게 생산할 수 있는 신규 설비에 대한 투자가 필요하다.

03

정답 ②

국내 금융기관에 대한 SWOT 분석 결과는 다음과 같다.

강점(Strength)	약점(Weakness)
• 높은 국내 시장 지배력 • 우수한 자산건전성 • 뛰어난 위기관리 역량	• 은행과 이자수익에 편중된 수익구조 • 취약한 해외 비즈니스와 글로벌 경쟁력
기회(Opportunities)	**위협(Threats)**
• 해외 금융시장 진출 확대 • 기술 발달에 따른 핀테크의 등장 • IT 인프라를 활용한 새로운 수익 창출	• 새로운 금융 서비스의 등장 • 글로벌 금융기관과의 경쟁 심화

㉠ SO전략은 강점을 살려 기회를 포착하는 전략으로, 강점인 국내 시장 점유율을 기반으로 핀테크 사업에 진출하려는 ㉠은 적절한 SO전략으로 볼 수 있다.

㉢ ST전략은 강점을 살려 위협을 회피하는 전략으로, 강점인 우수한 자산건전성을 강조하여 글로벌 금융기관과의 경쟁에서 우위를 차지하려는 ㉢은 적절한 ST전략으로 볼 수 있다.

오답분석

㉡ WO전략은 약점을 강화하여 기회를 포착하는 전략이다. 그러나 위기관리 역량은 국내 금융기관이 지니고 있는 강점에 해당하므로 WO전략으로 적절하지 않다.

㉣ 해외 비즈니스 역량을 강화하여 해외 금융시장에 진출하는 것은 약점을 보완하여 기회를 포착하는 WO전략에 해당한다.

CHAPTER

04 자원관리능력

대표기출유형 01 기출응용문제

01

정답 ①

- 경도를 이용한 시간 구하는 법
  - 같은 동경 혹은 서경에 위치했을 때 : [(큰 경도)−(작은 경도)]÷15°
  - 동경과 서경에 각각 위치했을 때 : [(동경)+(서경)]÷15°

이에 따라 우리나라와 LA의 시차는 (135°+120°)÷15=17시간이다.
따라서 한국이 4월 14일 오전 6시일 때 LA의 시각은 다음과 같다.

	4월 14일 오전 6시
−	17시간
	4월 13일 오후 1시

02

정답 ④

- 규모가 큰 업무나 등가의 업무는 따로 처리하라.
  → 규모가 큰 업무나 등가의 업무는 모아서 한꺼번에 처리하라.
- 의도적으로 외부의 방해를 받아들여라.
  → 의도적으로 외부의 방해를 차단하라.
- 큰 규모의 업무는 한 번에 해결하라.
  → 큰 규모의 업무는 세분화하라.
- 중점 과제는 나중에 처리하라.
  → 중점 과제를 먼저 처리하라.

따라서 유의사항 중 틀린 내용은 총 4가지이다.

03

정답 ①

제시된 조건에 따라 K병원의 4월 일정표를 정리하면, K병원은 기존 4월 10일까지의 휴무 기간에서 일주일 더 연장하여 4월 17일까지 휴무한다. 가능한 빠르게 신입사원 채용시험을 진행해야 하나, 토・일・월요일은 필기 및 면접시험을 진행할 수 없으므로 화요일인 21일에 필기시험을 진행한다. 이후 필기시험일로부터 3일이 되는 24일에 면접대상자에게 관련 내용을 고지하고, 고지한 날로부터 2일이 되는 26일에 면접시험을 진행하여야 한다. 그러나 일요일과 월요일에는 시험을 진행할 수 없으므로 화요일인 28일에 면접시험을 진행한다.

04

정답 ⑤

03번 문제를 통해 결정된 면접시험일은 4월 28일 화요일이므로 이틀 뒤인 4월 30일 목요일에 최종 합격자를 발표한다. 최종 합격자는 그 다음 주 월요일인 5월 4일에 첫 출근을 하여 5월 18일까지 2주간의 신입사원 교육을 받는다. 교육이 끝나면 5월 19 ~ 20일 이틀 동안 회의를 통해 신입사원의 배치가 결정되고, 신입사원은 그 다음 주 월요일인 5월 25일에 소속 부서로 출근하게 된다.

05

정답 ⑤

ⓒ 시간계획을 하는 데 있어서 가장 중요한 것은 그 계획을 따르는 것이지만, 너무 계획에 얽매여서는 안 된다. 이를 방지하기 위해 융통성 있는 시간계획을 세워야 한다.
ⓔ 시간계획을 세우더라도 실제 행동할 때는 차이가 발생하기 마련이다. 자신은 뜻하지 않았지만 다른 일을 해야 할 상황이 발생할 수 있기 때문이다. 따라서 이를 염두하고 시간계획을 세우는 것이 중요하다.
ⓜ 이동시간이나 기다리는 시간 등 자유로운 여유 시간도 시간계획에 포함하여 활용해야 한다.

대표기출유형 02 기출응용문제

01

정답 ④

축사나 강연을 한 사람은 대전시 부시장, ○○대학교 B교수, □□대학교 C교수, 대전시 공무원 A 이렇게 4명이고, 참가자는 25명이다. 또한 수상자는 대상 1명, 금상 1명, 은상 1명, 동상 2명으로 총 5명임을 알 수 있다.
품목별로 생산해야 할 수량과 제작비용을 계산하면 다음과 같다.

품목	제공대상	제작비용	총비용
대상 트로피	1명	98,000×1=98,000원	568,300원
금상 트로피	1명	82,000×1=82,000원	
은상 트로피	1명	76,000×1=76,000원	
동상 트로피	2명	55,000×2=110,000원	
머그컵	4+5=9명	5,500×9=49,500원	
손수건	4+25=29명	3,200×29=92,800원	
에코백	25명	2,400×25=60,000원	

따라서 기념품 제작에 필요한 총비용은 568,300원이다.

02

정답 ③

조건에 따르면 남자는 B등급 이상인 호텔을 선호한다고 하였으므로, K・M・W호텔이 이에 해당한다. M호텔은 2인실이 없으므로 제외되며, K・W호텔 숙박비와 식비(조식1, 중식2, 석식1)는 다음과 같다.

- K호텔 : (17만×3)+(1만×3×6)=69만 원
- W호텔 : (15만×3)+(0.75만×4×6)=63만 원

따라서 가장 저렴한 W호텔에서 숙박하며, 비용은 63만 원이다.
여자도 B등급 이상인 호텔을 선호한다고 했으므로 K・M・H호텔이 해당되고, 이중 M호텔은 2인실이 없으므로 제외되며, K・H호텔 중에서 역과 가장 가까운 K호텔에 숙박한다. 따라서 K호텔의 비용은 (17만×2)+(1만×3×4)=46만 원이다.

03

정답 ⑤

- A팀장은 1박으로만 숙소를 예약하므로 S닷컴을 통해 예약할 경우 할인적용을 받지 못한다.
- M투어를 통해 예약하는 경우 3박 이용 시 다음 달에 30% 할인 쿠폰 1매가 제공되므로 9월에 30% 할인 쿠폰을 1개 사용할 수 있으며, A팀장은 총숙박비용을 최소화하고자 하므로 9월 또는 10월에 30% 할인 쿠폰을 사용할 것이다.
- H트립을 이용하는 경우 6월부터 8월 사이 1박 이상 숙박 이용내역이 있을 시 10% 할인받을 수 있으므로 총 5번의 숙박 중 7월과 8월에 10% 할인을 받을 수 있다.
- T호텔스의 경우 멤버십 가입 여부에 따라 숙박비용을 비교해야 한다.

위의 조건을 고려하여 예약 사이트별 숙박비용을 계산하면 다음과 같다.

예약 사이트	총숙박비용
M투어	(120,500×4)+(120,500×0.7×1)=566,350원
H트립	(111,000×3)+(111,000×0.9×2)=532,800원
S닷컴	105,500×5=527,500원
T호텔스	• 멤버십 미가입 : 105,000×5=525,000원 • 멤버십 가입 : (105,000×0.9×5)+20,000=492,500원

따라서 숙박비용이 가장 낮은 예약 사이트는 T호텔스이며, 총숙박비용은 492,500원이다.

대표기출유형 03 기출응용문제

01

정답 ①

물적 자원관리 과정

- 사용 물품과 보관 물품의 구분 : 반복 작업 방지, 물품 활용의 편리성
- 동일 및 유사 물품으로의 분류 : 통일성의 원칙, 유사성의 원칙
- 물품 특성에 맞는 보관 장소 선정 : 물품의 형상, 물품의 소재

02

정답 ⑤

RFID 태그의 종류에 따라 반복적으로 데이터를 기록하는 것이 가능하며, 물리적인 손상이 없는 한 반영구적으로 이용할 수 있다.

RFID 기술

RFID 무선 주파수(RF; Radio Frequency)를 이용하여 대상을 식별(IDentification)하는 것으로, 정보가 저장된 RFID 태그를 대상에 부착한 뒤 RFID 리더를 통하여 정보를 인식한다. 기존의 바코드를 읽는 것과 비슷한 방식으로 이용되나, 바코드와 달리 물체에 직접 접촉하지 않고도 데이터를 인식할 수 있으며, 여러 개의 정보를 동시에 인식하거나 수정할 수 있다. 또한, 바코드에 비해 많은 양의 데이터를 허용함에도 데이터를 읽는 속도가 매우 빠르며 데이터의 신뢰도 또한 높다.

03

정답 ①

두 번째 조건에서 구매 금액이 총 30만 원 이상이면 총금액에서 5% 할인을 해주므로 한 벌당 가격이 300,000÷50=6,000원 이상인 품목은 할인이 적용된다. 업체별 품목 금액을 보면 모든 품목이 6,000원 이상이므로 5% 할인 적용대상이다. 따라서 모든 품목이 할인 조건이 적용되어 정가로 비교가 가능하다. 마지막 조건에서 차순위 품목이 1순위 품목보다 총금액이 20% 이상 저렴한 경우 차순위를 선택하므로 한 벌당 가격으로 계산하면 1순위인 카라 티셔츠의 20% 할인된 가격은 8,000×0.8=6,400원이다. 정가가 6,400원 이하인 품목은 A업체의 티셔츠이므로 팀장은 1순위 카라 티셔츠보다 2순위인 A업체의 티셔츠를 구입할 것이다.

04

정답 ①

A제품의 판매 이익을 높이려면 재료비, 생산비, 광고비, A/S 부담 비용을 낮추어야 한다. 선택지 ①～⑤에 따라 감소되는 비용을 계산하면 다음과 같다.

① 2,500×0.25=625원

② 4,000×0.1=400원

③ 1,000×0.5=500원

④ 3,000×0.2=600원

⑤ 무료 A/S 비율을 감소시키는 것은 A/S 부담 비용을 감소시키는 것과 같으므로 3,000×0.05=150원이다.

따라서 A제품의 판매 이익을 가장 많이 높일 수 있는 방법은 가장 많은 금액이 감소되는 ①이다.

대표기출유형 04 기출응용문제

01

정답 ①

㉠은 능력주의, ㉡은 적재적소주의, ㉢은 적재적소주의, ㉣은 능력주의이다. 개인에게 능력을 발휘할 수 있는 기회와 장소를 부여하고, 그 성과를 바르게 평가한 뒤 평가된 능력과 실적에 대해 그에 상응하는 보상을 주는 능력주의 원칙은 적재적소주의 원칙의 상위개념이라고 할 수 있다. 즉, 적재적소주의는 능력주의의 하위개념에 해당한다.

02

정답 ①

첫 번째 조건에 따라 1982년생인 B는 채용에서 제외되며, 두 번째 조건에 따라 영문학과 출신의 D와 1년의 경력을 지닌 E도 채용에서 제외된다. 세 번째 조건에 따라 A와 C의 평가 점수를 계산하면 다음과 같다.

구분	A	C
예상 출퇴근 소요시간 점수	6점	9점
희망연봉 점수	38점	36점
총평가 점수	44점	45점

따라서 총평가 점수가 낮은 사람의 순으로 채용을 고려하므로 점수가 더 낮은 A를 채용한다.

03

정답 ⑤

첫 번째 조건에 따라 1988년생인 A와 1982년생인 B, 1990년생인 D가 제외된다. 세 번째 조건에 따라 나머지 C와 E의 평가 점수를 계산하면 다음과 같다.

구분	C	E
예상 출퇴근 소요시간 점수	27점	9점
희망연봉 점수	72점	64점
경력 점수	−10점	−5점
전공 점수	−30점	−30점
총평가 점수	59점	38점

따라서 총평가 점수가 낮은 사람의 순으로 채용을 고려하므로 점수가 더 낮은 E를 채용한다.

04

정답 ⑤

고객팀은 경력 사항을 중요시하되, 남성보다 여성을 선호하므로 고객팀에 배치할 신입사원으로는 여성이면서 5년의 경력을 지닌 이현지가 가장 적절하다.

오답분석

① 회계팀에 배치할 신입사원으로는 회계학을 전공한 장경인이 가장 적절하다.
② 운영팀은 일본어 능통자를 선호하므로 이유지와 이현지를 고려할 수 있다. 이때, 운영팀은 면접점수를 중요시하므로 면접점수가 더 높은 이유지가 운영팀에 배치되는 것이 가장 적절하다.
③ 인사팀에 배치할 신입사원으로는 컴퓨터학을 전공한 김리안이 가장 적절하다.
④ 기획팀에 배치할 신입사원으로는 영어, 중국어, 프랑스어 사용이 가능한 강주환이 가장 적절하다.

05

정답 ④

부서별로 배치될 수 있는 신입사원을 정리하면 다음과 같다.

- 회계팀 : 장경인(회계학 전공)
- 운영팀 : 이유지(면접점수 88점)
- 고객팀 : 이현지(경력 5년), 강주환(경력 7년)
- 기획팀 : 이유지, 강주환
- 인사팀 : 이현지(필기점수 90점), 강주환(필기점수 88점)

따라서 어느 부서에도 배치될 수 없는 신입사원은 김리안이다.

CHAPTER

05 정보능력

PART 1

대표기출유형 01 기출응용문제

01

정답 ①

제시문은 유비쿼터스(Ubiquitous)에 대한 설명이므로, 빈칸에는 유비쿼터스가 들어가야 한다.

오답분석

② AI(Artificial Intelligence) : 인간과 같이 사고하고, 생각하고, 학습하고, 판단하는 논리적인 방식을 사용하는 인간의 지능을 본 딴 컴퓨터 시스템을 말한다.
③ 딥 러닝(Deep Learning) : 컴퓨터가 여러 데이터를 이용해 마치 사람처럼 스스로 학습할 수 있게 하기 위해 인공 신경망(ANN; Artificial Neural Network)을 기반으로 구축한 기계 학습 기술을 의미한다.
④ 블록체인(Block Chain) : 누구나 열람할 수 있는 장부에 거래 내역을 투명하게 기록하고, 여러 대의 컴퓨터에 이를 복제해 저장하는 분산형 데이터 저장기술이다.
⑤ P2P(Peer to Peer) : 기존의 서버와 클라이언트 개념이나 공급자와 소비자 개념에서 벗어나 개인 컴퓨터끼리 직접 연결하고 검색함으로써 모든 참여자가 공급자인 동시에 수요자가 되는 형태이다.

02

정답 ②

바이러스에 감염되는 경로로는 불법 무단 복제, 다른 사람들과 공동으로 사용하는 컴퓨터, 인터넷, 전자우편의 첨부파일 등이 있다.

바이러스를 예방할 수 있는 방법

- 다운로드한 파일이나 외부에서 가져온 파일은 반드시 바이러스 검사를 수행한 후에 사용한다.
- 전자우편을 통해 감염될 수 있으므로 발신자가 불분명한 전자우편은 열어보지 않고 삭제한다.
- 중요한 자료는 정기적으로 백업한다.
- 바이러스 예방 프로그램을 램(RAM)에 상주시킨다.
- 백신 프로그램의 시스템 감시 및 인터넷 감시 기능을 이용해서 바이러스를 사전에 검색한다.
- 백신 프로그램의 업데이트를 통해 주기적으로 바이러스 검사를 수행한다.

대표기출유형 02 기출응용문제

01

정답 ③

SUM 함수는 인수들의 합을 구할 때 사용한다.

• [B12] : 「=SUM(B2:B11)」

• [C12] : 「=SUM(C2:C11)」

오답분석

① REPT : 텍스트를 지정한 횟수만큼 반복한다.
② CHOOSE : 인수 목록 중에서 하나를 고른다.
④ AVERAGE : 인수들의 평균을 구한다.
⑤ DSUM : 지정한 조건에 맞는 데이터베이스에서 필드 값들의 합을 구한다.

02

정답 ⑤

매출액 중 최댓값을 구해야 하므로 MAX 함수를 사용한다. 매출 현황은 [B2] 셀에서 [B11] 셀까지이므로 입력해야 할 함수식은 「=MAX(B2:B11)」이다.

오답분석

①·③ MIN 함수는 최솟값을 구하는 함수이다.
②·④ 함수의 참조 범위가 잘못되었다.

대표기출유형 03 기출응용문제

01

정답 ④

switch 문은 주어진 조건 값의 결과에 따라 프로그램이 다른 명령을 수행하도록 하는 조건문이다. switch(조건 값), '값'에는 조건 값이 값일 때 실행하고자 하는 명령문으로 case를 사용한다. 각 case절은 break 키워드를 포함해야 한다. 실행 결과가 '2'가 나오려면 ㉠에는 switch, ㉡에는 case 명령어가 입력되어야 한다.

02

정답 ②

증감 연산자(++, --)는 피연산자를 1씩 증가시키거나 감소시킨다. 수식에서 증감 연산자가 피연산자의 후위에 사용되었을 때는 값을 먼저 리턴하고 증감시킨다.
temp=i++;은 temp에 i를 먼저 대입하고 난 뒤 i 값을 증가시키기 때문에 temp는 10, i는 11이 된다. temp=i--; 역시 temp에 먼저 i 값을 대입한 후 감소시키기 때문에 temp는 11, i는 10이 된다.

03

정답 ④

여러 값을 출력하려면 print 함수에서 쉼표로 구분해주면 된다. 따라서 1 다음에 공백이 하나 있고 2가 출력되고, 공백 다음에 3이 출력되고, 공백 다음에 4가 출력되고, 공백 다음에 5가 출력되므로 1 2 3 4 5가 출력된다.

04

정답 ④

a는 전역 변수이므로 main 함수와 func 함수에서 모두 사용할 수 있다. 따라서 func 함수에서 마지막으로 대입된 15가 출력된다.

CHAPTER

06 대인관계능력

대표기출유형 01 기출응용문제

01

정답 ④

사람들이 집단에 머물고, 계속 남아있기를 원하게 만드는 힘은 응집력이다. 팀워크는 단순히 사람들이 모여 있는 것이 아니라 목표 달성의 의지를 가지고 성과를 내는 것이다.

팀워크와 응집력

- 팀워크 : 팀 구성원이 공동의 목적을 달성하기 위해 상호관계성을 가지고 서로 협력하여 일을 해 나가는 것
- 응집력 : 사람들로 하여금 집단에 머물도록 만들고, 그 집단의 멤버로서 계속 남아 있기를 원하게 만드는 힘

02

정답 ③

A사의 사례는 팀워크의 중요성과 주의할 점을 보여주고, K병원의 사례는 공통된 비전으로 인한 팀워크의 성공을 보여준다. 두 사례 모두 팀워크에 대한 내용이지만, 개인 간의 차이를 중시해야 한다는 것은 언급되지 않았다.

대표기출유형 02 기출응용문제

01

정답 ②

조직을 관리하는 대표는 리더(Leader)와 관리자(Manager)로 나눌 수 있다. 이 둘을 비교한 내용으로 옳지 않은 것은 ②이다. '무엇을 할까?'를 생각하면서 적극적으로 움직이는 사람이 리더이고, 처해 있는 상황에 대처하기 위해 '어떻게 할까?'를 생각하는 사람이 관리자이다.

02

정답 ②

변혁적 리더의 특징

- 카리스마 : 변혁적 리더는 조직에 명확한 비전을 제시하고, 집단 구성원들에게 그 비전을 쉽게 전달할 수 있다.
- 자기 확신 : 변혁적 리더는 뛰어난 사업수완 그리고 어떠한 의사결정이 조직에 긍정적으로 영향을 미치는지 예견할 수 있는 능력을 지니고 있다.
- 존경심과 충성심 유도 : 변혁적 리더는 구성원 개개인에게 시간을 할애하여 그들 스스로가 중요한 존재임을 깨닫게 하고, 존경심과 충성심을 불어넣는다.
- 풍부한 칭찬 : 변혁적 리더는 구성원이나 팀이 직무를 완벽히 수행했을 때 칭찬을 아끼지 않는다.
- 감화(感化) : 변혁적 리더는 사범이 되어 구성원들이 도저히 해낼 수 없다고 생각하는 일들을 구성원들로 하여금 할 수 있도록 자극을 주고 도움을 주는 일을 수행한다.

대표기출유형 03 기출응용문제

01

정답 ④

사람 사이에서는 갈등이 없을 수 없다. 회피하는 것보다는 갈등 그대로를 마주하고 해결을 위해 노력해야 한다. 대부분의 갈등은 어느 정도의 시간이 지난 뒤 겉으로 드러나기 때문에 갈등이 인지되었다면 해결이 급한 상황일 가능성이 높다. 따라서 시간을 두고 지켜보는 것은 옳지 않다.

02

정답 ④

올바른 갈등해결방법

- 다른 사람들의 입장을 이해한다.
- 사람들이 당황하는 모습을 자세하게 살핀다.
- 어려운 문제는 피하지 말고 맞선다.
- 자신의 의견을 명확하게 밝히고 지속적으로 강화한다.
- 사람들과 눈을 자주 마주친다.
- 마음을 열어놓고 적극적으로 경청한다.
- 타협하려 애쓴다.
- 어느 한쪽으로 치우치지 않는다.
- 논쟁하고 싶은 유혹을 떨쳐낸다.
- 존중하는 자세로 사람들을 대한다.

03

정답 ④

B부장의 부탁으로 여러 가게를 돌아다니다가 물건을 찾았다면 일단 사가는 것이 옳다. 그러고나서 금액이 초과되어 돈을 보태어 산 상황을 얘기하고 그 돈을 받는다.

대표기출유형 04 기출응용문제

01

정답 ⑤

고객정보는 타인에게 유출되지 않도록 조심하고 소중하게 다루어야 한다. 따라서 고객과의 상담 중에 되도록 큰 소리로 말하지 않도록 주의하는 것이 좋다. 물론 고객정보를 정확하게 수집하는 것도 중요하지만, 큰 소리로 대화하는 것과는 큰 연관성이 없다.

02

정답 ⑤

고객이 요청한 업무를 처리함에 있어 수수료 발생 등과 같이 고객이 반드시 알아야 하는 사항은 업무를 처리하기 전에 고객에게 확인을 받고 진행하는 것이 옳다. 업무가 완료된 후에 고객이 알아야 할 사항을 전달해야 한다는 것은 적절하지 않다.

03

정답 ⑤

추후 고객에게 연락하여 고객이 약속 날짜 전에 옷을 받았는지 확인을 해야 하며, 확인 후 배송 착오에 대해 다시 사과를 해야 한다.

오답분석

① "화내시는 점 충분히 이해합니다."라고 답변하며 공감표시를 하였다.
② 배송 착오에 대해 "정말 죄송합니다."와 같이 사과표시를 하였다.
③ "최대한 빠른 시일 내로 교환해 드릴 수 있도록 최선을 다하겠습니다."라고 말하며 해결약속을 하였다.
④ 구매 내역과 재고 확인을 통해 정보를 파악하였다.

04

정답 ③

A씨와 통화 중인 고객은 고객의 불만표현 유형 중 하나인 빨리빨리형으로, 성격이 급하고 확신 있는 말이 아니면 잘 믿지 못하는 모습을 보이고 있다. 이러한 경우 "글쎄요.", "아마"와 같은 애매한 표현은 고객의 불만을 더 높일 수 있다.

CHAPTER

07 조직이해능력

대표기출유형 01 기출응용문제

01

정답 ④

④는 제품차별화에 대한 설명으로 반도체의 이러한 특성은 반도체 산업 내의 경쟁을 심화시키고, 신규기업의 진입 장벽을 낮추기도 한다. 또한 낮은 차별성으로 인한 치열한 가격경쟁은 구매자의 교섭력을 높이는 반면, 공급자의 교섭력은 낮아지게 한다. 따라서 ④는 ㉣을 제외한 ㉠・㉡・㉢・㉤에 해당하는 사례이다. ㉣은 반도체를 대체할 수 있는 다른 제품의 여부에 관한 것으로 대체재의 상대가격, 대체재에 대한 구매자의 성향이 이에 해당한다.

〈포터의 산업구조분석기법〉

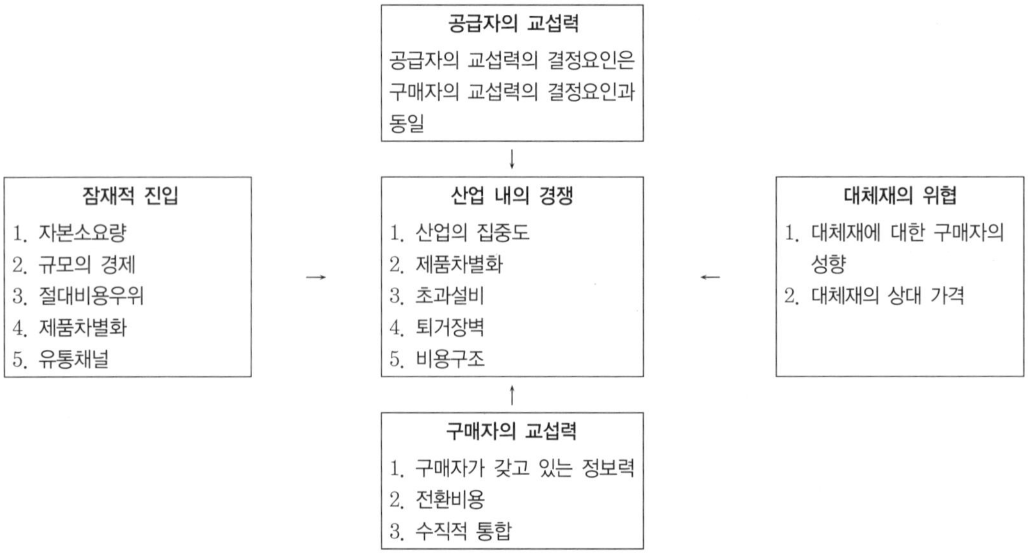

공급자의 교섭력
공급자의 교섭력의 결정요인은 구매자의 교섭력의 결정요인과 동일

↓

잠재적 진입 →
1. 자본소요량
2. 규모의 경제
3. 절대비용우위
4. 제품차별화
5. 유통채널

산업 내의 경쟁
1. 산업의 집중도
2. 제품차별화
3. 초과설비
4. 퇴거장벽
5. 비용구조

← **대체재의 위협**
1. 대체재에 대한 구매자의 성향
2. 대체재의 상대 가격

↑

구매자의 교섭력
1. 구매자가 갖고 있는 정보력
2. 전환비용
3. 수직적 통합

02

정답 ④

경영은 경영목적, 인적자원, 자금, 전략의 4요소로 구성된다. 경영목적은 조직의 목적을 달성하기 위해 경영자가 수립하는 것으로, 보다 구체적인 방법과 과정이 담겨 있다. 인적자원은 조직에서 일하는 구성원으로, 경영은 이들의 직무수행에 기초하여 이루어지기 때문에 인적자원의 배치 및 활용이 중요하다. 자금은 경영을 하는 데 사용할 수 있는 돈으로, 자금이 충분히 확보되는 정도에 따라 경영의 방향과 범위가 정해지게 된다. 경영전략은 조직이 변화하는 환경에 적응하기 위하여 경영활동을 체계화하는 것으로, 목표달성을 위한 수단이다. 경영전략은 조직의 목적에 따라 전략 목표를 설정하고, 조직의 내・외부 환경을 분석하여 도출한다.

03

정답 ③

C는 K사의 이익과 자사의 이익 모두를 고려하여 서로 원만한 합의점을 찾고 있다. 따라서 가장 바르게 협상한 사람은 C이다.

오답분석

① K사의 협상당사자는 현재 가격에서는 불가능하다고 한계점을 정했지만, A의 대답은 설정한 목표와 한계에서 벗어나는 요구이므로 바르게 협상한 것이 아니다.
② B는 합의점을 찾기보다는 자사의 특정 입장만 고집하고 있다. 따라서 바르게 협상한 것이 아니다.
④ D는 상대방의 상황에 대해서 지나친 염려를 하고 있다. 따라서 바르게 협상한 것이 아니다.
⑤ K사의 협상 당사자는 가격에 대한 결정권을 가지고 있으므로 협상을 시도한 것이며, 회사의 최고 상급자는 협상의 세부사항을 잘 알지 못하므로 E는 잘못된 사람과의 협상을 요구하고 있다. 따라서 바르게 협상한 것이 아니다.

04

정답 ①

(가)는 경영전략 추진과정 중 환경분석이며, 이는 외부 환경분석과 내부 환경분석으로 구분된다. 외부 환경으로는 기업을 둘러싸고 있는 경쟁자, 공급자, 소비자, 법과 규제, 정치적 환경, 경제적 환경 등을 볼 수 있으며, 내부 환경은 기업구조, 기업문화, 기업자원 등이 해당된다. ①에서 설명하는 예산은 기업자원으로서 내부 환경분석의 성격을 가지며, 다른 사례들은 모두 외부 환경분석의 성격을 가짐을 알 수 있다.

05

정답 ④

㉠ 집중화 전략
㉡ 원가우위 전략
㉢ 차별화 전략

06

정답 ①

제시된 신제품 판매 동향 보고서를 보면 판매 부진의 원인은 독특한 향 때문인 것으로 나타나 있다. 그러므로 독특한 향, 즉 제품 특성을 개선하면 판매 부진을 면할 수 있을 것이다.

대표기출유형 02 기출응용문제

01

정답 ②

영업의 주요 업무로는 견적 작성 및 제출, 시장분석, 판매 등을 들 수 있다. 금일 업무 내용 중 전사 공채 진행은 인사 업무이며, 명일 업무 내용 중 전사 소모품 관리는 총무 업무, 사원 급여 정산은 인사 업무로 볼 수 있다. 따라서 적절하지 않은 것은 3가지이다.

02

정답 ②

K사는 기존에 수행하지 않던 해외 판매 업무가 추가될 것이므로 그에 따른 해외영업팀 등의 신설 조직이 필요하게 된다. 해외에 공장 등의 조직을 보유하게 됨으로써 이를 관리하는 해외관리 조직이 필요할 것이며, 물품의 수출에 따른 통관 업무를 담당하는 통관물류팀, 외화 대금 수취 및 해외 조직으로부터의 자금 이동 관련 업무를 담당할 외환업무팀, 국제 거래상 발생하게 될 해외 거래 계약 실무를 담당할 국제법무 조직 등이 필요하게 된다. 기업회계팀은 K사의 해외 사업과 상관없이 기존 회계를 담당하는 조직이라고 볼 수 있다.

03

정답 ⑤

예산집행 조정, 통제 및 결산 총괄 등 예산과 관련된 업무는 ⓜ 자산팀이 아닌 ㉠ 예산팀이 담당하는 업무이다. 자산팀은 물품 구매와 장비·시설물 관리 등의 업무를 담당한다.

04

정답 ⑤

전문자격 시험의 출제정보를 관리하는 시스템의 구축·운영 업무는 정보화사업팀이 담당하는 업무로, 개인정보 보안과 관련된 업무를 담당하는 정보보안전담반의 업무로는 적절하지 않다.

05

정답 ②

②는 업무의 내용이 유사하고 관련성이 있는 업무들을 결합해서 구분한 것으로, 기능식 조직구조의 형태로 볼 수 있다. 기능식 구조의 형태는 재무부, 영업부, 생산부, 구매부 등의 형태로 구분된다.

대표기출유형 03 기출응용문제

01

정답 ⑤

팀장의 업무지시 내용을 살펴보면 지출결의서는 퇴근하기 1시간 전까지는 제출해야 한다. 업무스케줄 상에서 퇴근 시간은 18시이므로, 퇴근 1시간 전인 17시까지는 지출결의서를 제출해야 한다. 따라서 업무스케줄의 '16:00 ~ 17:00' 란에 작성하는 것이 적절하다.

02

정답 ⑤

K병원이 추구하는 인재상 중 '윤리인'의 핵심역량은 공감 능력, 청렴성, 공정성이다. 즉, 국민 모두의 공감을 바탕으로 윤리 기준과 원칙을 지키고, 공정하고 균형 잡힌 업무를 수행할 수 있어야 한다. 따라서 국민 모두가 공감할 수 없더라도 윤리 기준과 원칙을 지키겠다는 E지원자는 '윤리인' 인재상에 벗어나기 때문에 K병원에 채용될 지원자로 적절하지 않다.

03

정답 ③

김과장의 개인 주간 스케줄 및 업무 점검을 보면 홍보팀, 외부 디자이너와의 미팅이 기재되어 있다. 즉, 김과장은 이번 주에 내부 미팅과 외부 미팅을 할 예정이다.

04

정답 ④

공무원 복지 점수에 대한 업무는 맞춤형 복지 업무에 관한 사항을 담당하고 있는 김별라가 처리한다.

05

정답 ③

제시된 자료는 동호인 모임 지원 계획이므로 직원 친목회(동호인회)에 관한 사항을 담당하고 있는 박은선, 지원 계획에 지원금 지급에 대한 사항이 있으므로 총무업무 총괄관리를 담당하고 있는 이동헌, 모임장소 제공에서 자체 회의실과 청사 체육시설 사용 협조 요청에 대한 내용이 있으므로 회의실 및 청사관리를 담당하고 있는 김별라가 이 업무와 관련된 사람들이라고 할 수 있다.

CHAPTER

08 직업윤리

대표기출유형 01 기출응용문제

01

정답 ⑤

성실한 태도는 어떤 일에 목적을 정해 놓고 가치 있는 것들을 이루기 위해 정성을 다해 노력하는 모습을 의미한다. 따라서 ⑤는 성실한 태도의 사례로 적절하지 않다.

02

정답 ①

생계를 위해 어쩔 수 없이 기계적인 노동을 하며 부지런함을 유지하는 것 역시 외부로부터 강요당한 근면으로서 근면의 한 유형이다.

03

정답 ①

ㄱ. 상대를 속이려는 의도가 있다면 침묵도 거짓말에 해당할 수 있다.
ㄴ. 한국 사회에는 남에게 피해를 주기 위한 거짓말보다 자기들의 입장과 처지를 보호하기 위한 보호적 거짓말이 많다.

오답분석

ㄷ. 거짓말에서 보호하려는 대상은 비단 말하는 사람 자신에게만 한정되지 않고, 그 사람과 우호적 관계를 맺고 있는 제삼자의 보호를 위한 목적으로 행해지는 것도 많이 있다.
ㄹ. 타성적 거짓말은 잘못된 것이 아니라는 인식을 갖는 경향이 있으며, 심지어는 거짓말을 하는 것이 올바른 것이라는 잘못된 자기신념으로까지 진전되는 경우도 있다.

대표기출유형 02 기출응용문제

01

정답 ⑤

제시문의 '이것'은 기업의 사회적 책임(CSR)을 말한다. 기업이 자사의 직원 복지에 투자하는 것은 기업의 사회적 책임과 관련이 없으며, 사회적 상생을 위한 투자나 지역 발전을 위한 투자 등이 사회적 책임에 해당한다.

02

정답 ②

L부장에게는 '나 자신뿐만 아니라 나의 부서의 일은 내 책임이라고 생각하는' 책임 의식이 필요하다.

03

정답 ③

같은 회사이고 동료이기 때문에 동료의 일도 나의 업무라고 생각하고 도와주는 것이 책임감 있는 행동이다.

04

정답 ②

직장인 D씨는 자신이 벌인 일을 책임감 있게 마무리하지 못하여 주변 동료들에게 피해를 주고 있다. 따라서 D씨에게 해 줄 수 있는 조언으로는 ②가 적절하다.

PART 2

최종점검 모의고사

제 1 회 최종점검 모의고사

01	02	03	04	05	06	07	08	09	10	11	12	13	14	15	16	17	18	19	20
③	①	①	④	⑤	⑤	②	④	④	④	④	④	③	③	④	④	④	③	④	③
21	22	23	24	25	26	27	28	29	30	31	32	33	34	35	36	37	38	39	40
④	②	①	④	③	②	②	④	④	②	③	②	②	②	⑤	③	②	④	②	①
41	42	43	44	45	46	47	48	49	50										
④	④	④	④	④	⑤	⑤	③	①	③										

01 문단 나열

정답 ③

제시문의 서론에서 지방은 건강에 반드시 필요한 것이라고 서술하고 있으며, 결론에서는 현대인들의 지방이 풍부한 음식을 찾는 경향이 부작용으로 이어졌다고 한다. 따라서 본론은 (나) 비만과 다이어트의 문제는 찰스 다윈의 진화론과 관련이 있음 – (라) 자연 선택에서 생존한 종들이 번식하여 자손을 남기게 됨 – (다) 인류의 역사에서 인간이 끼니 걱정을 하지 않고 살게 된 것은 수십 년의 일임 – (가) 생존에 필수적인 능력은 에너지를 몸에 축적하는 능력이었음의 순서가 적절하다.

02 경청

정답 ①

판단하기란 상대방에 대한 부정적인 판단 때문에 상대방의 말을 듣지 않는 것이다.

오답분석

② 조언하기 : 다른 사람의 문제를 본인이 해결해 주고자 하는 것이다.
③ 언쟁하기 : 반대하고 논쟁하기 위해서만 상대방의 말에 귀를 기울이는 것이다.
④ 걸러내기 : 듣고 싶지 않은 것들을 막아버리는 것이다.
⑤ 비위 맞추기 : 상대방을 위로하기 위해서 혹은 비위를 맞추기 위해서 너무 빨리 동의하는 것을 말한다.

03 의사 표현

정답 ①

- 문서적인 의사소통 : 문서이해능력, 문서작성능력
- 언어적인 의사소통 : 경청능력, 의사표현력

04 문서 내용 이해

정답 ④

(라)에서는 재난 안전 예방을 위해서는 공간분석을 통해 과학적 통합 경보 서비스 등이 필요하다고 보았다. 따라서 '공간분석을 통한 재난 안전 예방 시스템을 구축해야 한다.'와 같은 방안이 (라)의 내용에 적절하다.

05 문서 내용 이해

정답 ⑤

'개성 있는 단독주택에서 살고 싶다는 욕구를 가진 사람들이 증가하고 있다지만 아파트가 주는 편안한 생활을 포기할 사람이 많지 않을 것이라는 분석인 것이다.'라는 내용을 통해 유추해 볼 수 있다.

오답분석

① 모듈러 주택과 콘크리트 주택의 비용의 차이는 제시문에서 알 수 없다.
② 모듈러 주택의 조립과 마감에 걸리는 시간은 30 ~ 40일이다.
③ 모듈러공법은 주요 자재의 최대 80 ~ 90%가량을 재활용할 수 있다는 내용만 있을 뿐, 일반 철근콘크리트 주택의 재활용에 대해서는 제시문에서 확인할 수 없다.
④ 모듈러 주택이 처음 한국에 등장한 시기는 해외 대비 늦지만, 해외보다 소요되는 비용이 적은지는 알 수 없다.

06 글의 주제

정답 ⑤

제시문은 빠른 사회변화 속 다양해지는 수요에 맞춘 주거복지 정책의 예로 예술인을 위한 공동주택, 창업 및 취업자를 위한 주택, 의료안심주택을 들고 있다. 따라서 제시문의 주제로 적절한 것은 '다양성을 수용하는 주거복지 정책'이다.

07 글의 제목

정답 ②

구비문학에서는 단일한 작품, 원본이라는 개념이 성립하기 어렵다. 따라서 선창자의 재간과 그때그때의 분위기에 따라 새롭게 변형되거나 창작되는 일이 흔하다. 다시 말해 정해진 틀이 있다기보다는 상황이나 분위기에 따라 바뀌는 것이 가능하다. 유동성이란 형편이나 때에 따라 변화될 수 있음을 뜻하는 말이다. 따라서 글의 제목은 '구비문학의 유동성'이라고 볼 수 있다.

08 문단 나열

정답 ④

제시문은 '원님재판'이라 불리는 죄형전단주의의 정의와 한계, 그리고 그와 대립되는 죄형법정주의의 정의와 탄생, 그리고 파생원칙에 대하여 설명하고 있다. 제시된 문단에서는 '원님재판'이라는 용어의 원류에 대해 설명하고 있으므로 이어지는 문단으로는 원님재판의 한계에 대해 설명하고 있는 (다)가 먼저 오는 것이 적절하다. 따라서 (다) 원님재판의 한계와 죄형법정주의 → (가) 죄형법정주의의 정의 → (라) 죄형법정주의의 탄생 → (나) 죄형법정주의의 정립에 따른 파생원칙의 등장의 순서로 나열하는 것이 적절하다.

09 경청

정답 ④

상대방의 이야기를 들으면서 앞으로의 내용을 추측해 보는 것은 지양할 태도가 아니다. 특히 시간 여유가 있을 때, 상대방이 무엇을 말할 것인가 추측하는 것은 그동안 들었던 내용을 정리하고 대화에 집중하는 데 도움이 된다.

10 응용 수리

정답 ④

처음 A그릇에 들어 있는 소금의 양은 $\frac{6}{100}\times300=18$g이고, 처음 B그릇에 들어 있는 소금의 양은 $\frac{8}{100}\times300=24$g이다.

A그릇에서 소금물 100g을 퍼서 B그릇에 옮겨 담으면 옮겨진 소금의 양은 $\frac{6}{100}\times100=6$g이다.

따라서 B그릇에 들어 있는 소금물은 400g, 소금의 양은 $24+6=30$g이고, 농도는 $\frac{24+6}{300+100}=\frac{30}{400}$이다.

다시 B그릇에서 소금물 80g을 퍼서 A그릇에 옮겨 담으므로 옮겨진 소금의 양은 $80\times\frac{30}{400}=6$g이다.

따라서 A그릇에는 소금물이 280g이 들어 있고 소금의 양은 $12+6=18$g이므로 농도는 $\frac{18}{280}\times100 \fallingdotseq 6.4$%이다.

11 응용 수리

정답 ④

사냥개의 한 걸음의 길이를 am, 토끼의 한 걸음의 길이를 bm, 사냥개와 토끼의 속력을 각각 c, dm/s라고 하자.
사냥개의 두 걸음의 길이와 토끼의 세 걸음의 길이가 같으므로

$2a=3b \rightarrow a=\frac{3}{2}b$

사냥개가 세 걸음 달리는 시간과 토끼가 네 걸음 달리는 시간이 같으므로

$\frac{3a}{c}=\frac{4b}{d} \rightarrow \frac{9}{2}bd=4bc \rightarrow 8c=9d$

사냥개가 9m 뛸 동안 토끼는 8m 뛰므로 사냥개가 9m 뛰어야 토끼와의 간격이 1m 줄어든다.
따라서 사냥개가 10m 앞선 토끼를 잡으려면 사냥개는 앞으로 90m를 더 달려야 한다.

12 응용 수리

정답 ④

아버지의 자리가 결정되면 그 맞은편은 어머니 자리로 고정된다. 어머니와 아버지의 자리가 고정되므로 아버지의 자리를 고정 후 남은 4자리는 어떻게 앉아도 같아지는 경우가 생기지 않는다. 따라서 4자리에 앉는 경우의 수는 $4!=24$가지이다.

13 통계 분석

정답 ③

주문할 달력의 수를 x권이라 하면 업체별 비용은 다음과 같다.

- A업체의 비용 : $(1,650x+3,000)$원
- B업체의 비용 : $1,800x$원

A업체에서 주문하는 것이 B업체에서 주문하는 것보다 유리해야 하므로 다음의 식을 만족해야 한다.

$1,650x+3,000<1,800x$

$\therefore x>20$

따라서 달력을 21권 이상 주문한다면, A업체에서 주문하는 것이 더 유리하다.

14 자료 이해

정답 ③

A와 B음식점 간 가장 큰 차이를 보이는 부문은 분위기이다(A : 약 4.5, B : 1).

15 응용 수리

정답 ④

진수, 민영, 지율, 보라 네 명의 최고점을 각각 a, b, c, d점이라고 하자.

$a+2b=10 \cdots$ ㉠

$c+2d=35 \cdots$ ㉡

$2a+4b+5c=85 \cdots$ ㉢

㉢과 ㉠을 연립하면 $2\times10+5c=85 \rightarrow 5c=65 \rightarrow c=13$

c의 값을 ㉡에 대입하여 d를 구하면 $13+2d=35 \rightarrow 2d=22 \rightarrow d=11$

따라서 보라의 최고점은 11점이다.

16 응용 수리

정답 ④

A, B기차의 길이를 각각 am, bm라고 가정하고 터널을 지나는 시간에 대한 방정식을 세우면 다음과 같다.

- A기차 : $\frac{600+a}{36}=25 \rightarrow 600+a=900 \rightarrow a=300$
- B기차 : $\frac{600+b}{36}=20 \rightarrow 600+b=720 \rightarrow b=120$

따라서 A기차의 길이는 300m이며, B기차의 길이는 120m이다.

17 응용 수리

정답 ④

작년에 동아리에 가입한 남자 사원의 수를 x명, 여자 사원의 수를 y명이라고 하자.

$x+y=90$ … ㉠

$0.90x+1.12y=92$ … ㉡

㉠과 ㉡을 연립하면 $x=40$, $y=50$

따라서 올해 동아리에 가입한 여성 사원의 수는 작년보다 $50\times0.12=6$명이 증가한 56명이다.

18 자료 이해

정답 ③

ㄷ. 2024년 1분기 전체 대출금 합계에서 도매 및 소매업 대출금이 차지하는 비중은 $\frac{110,526.2}{865,254.0}\times100 ≒ 12.8\%$이므로 옳지 않은 설명이다.

ㄹ. 2024년 2분기에 전분기 대비 감소한 산업은 광업, 공공행정 등 기타서비스 2개 산업뿐이다. 증가한 산업 수는 이를 제외한 15개 산업이고, 15의 20%는 $15\times0.2=3$이므로 옳지 않은 설명이다.

오답분석

ㄱ. 2024년 2분기에 전체 대출금 합계는 전분기 대비 증가하였으나, 광업 대출금은 감소하였다. 따라서 2024년 2분기에 광업이 차지하는 비중이 전분기 대비 감소하였음을 알 수 있다.

ㄴ. 2024년 2분기 전문, 과학 및 기술 서비스업 대출금의 1분기 대비 증가율은 $\frac{12,385.7-11,725.2}{11,725.2}\times100 ≒ 5.6\%$이므로 옳은 설명이다.

19 SWOT 분석

정답 ④

전문가용 카메라가 일반화됨에 따라 사람들은 사진관을 이용하지 않고도 고화질의 사진을 촬영할 수 있게 되었다. 따라서 전문가용 카메라의 일반화는 사진관을 위협하는 외부환경에 해당한다.

20 SWOT 분석

정답 ③

보유한 글로벌 네트워크를 통해 해외 시장에 진출하는 것은 강점을 활용하여 기회를 포착하는 SO전략이다.

오답분석

① SO전략은 강점을 활용하여 외부환경의 기회를 포착하는 전략이므로 적절하다.
② WO전략은 약점을 보완하여 외부환경의 기회를 포착하는 전략이므로 적절하다.
④ ST전략은 강점을 활용하여 외부환경의 위협을 회피하는 전략이므로 적절하다.
⑤ WT전략은 약점을 보완하여 외부환경의 위협을 회피하는 전략이므로 적절하다.

21 명제 추론

정답 ④

A의 진술 중 'D가 두 번째이다.'가 참이라고 가정하면 D, E의 진술 중 'E가 네 번째이다.'가 거짓이다. 따라서 A가 가장 많이 나오고, D가 두 번째이다. 그러면 B의 진술이 모두 거짓이므로 모순이다. 그러므로 A의 진술 중 '내가 세 번째이다.'가 참이다. A가 세 번째이므로, C의 진술 중 'B가 제일 적게 나왔다.'가 참이고, E의 진술 중 '내가 네 번째이다.'가 참이므로 D의 진술 중 'E가 네 번째이다.'가 참이다. 또한 B의 진술 중 'C가 두 번째로 많이 나왔다.'가 참이다. 따라서 요금이 많이 나온 순으로 나열하면 D－C－A－E－B이다.

22 명제 추론

정답 ②

세 번째 조건에 의해 한주 – 평주 순서로 존재하였다. 또한, 네 번째 조건에 의해 관주 – 금주 순서로 존재하였음을 알 수 있고, 금주가 수도인 나라는 시대순으로 네 번째에 위치하지 않음을 알 수 있다.

∴ 관주 – 금주 – 한주 – 평주

네 번째, 다섯 번째 조건에 의해 갑, 병, 정은 첫 번째 나라가 될 수 없다.

∴ 을 – 병 – 갑 – 정(∵ 마지막 조건)

따라서 평주는 정의 수도임을 추론할 수 있다.

23 자료 해석

정답 ①

두 번째 조건에 따라 S사원의 부서 직원 80명이 전원 참석하므로 수용 가능 인원이 40명인 C세미나는 제외되고, 세 번째 조건에 따라 거리가 60km를 초과하는 E호텔이 제외된다. 이어서 부서 워크숍은 2일간 진행되므로 하루 대관료가 50만 원을 초과하는 D리조트는 제외된다. 마지막으로 다섯 번째 조건에 따라 왕복 이동 시간이 4시간인 B연수원은 제외된다. 따라서 가장 적절한 워크숍 장소는 A호텔이다.

24 자료 해석

정답 ④

출산장려금 지급 시기의 가장 우선순위인 임신일이 가장 긴 임산부는 B, D, E임산부이다. 이 중에서 만 19세 미만인 자녀 수가 많은 임산부는 D, E임산부이고, 소득 수준이 더 낮은 임산부는 D임산부이다. 따라서 D임산부가 가장 먼저 출산장려금을 받을 수 있다.

25 규칙 적용

정답 ③

CBP-WK4A-P31-B0803 : 배터리 형태 중 WK는 없는 형태이다.
PBP-DK1E-P21-A8B12 : 고속충전 규격 중 P21은 없는 규격이다.
NBP-LC3B-P31-B3230 : 생산 날짜의 2월은 30일이 없다.
CNP-LW4E-P20-A7A29 : 제품 분류 중 CNP는 없는 분류이다.
따라서 보기에서 시리얼 넘버가 잘못 부여된 제품은 모두 4개이다.

26 규칙 적용

정답 ②

고객이 설명한 제품정보를 정리하면 다음과 같다.

- 설치형 : PBP
- 도킹형 : DK
- 20,000mAH 이상 : 2
- 60W 이상 : B
- USB-PD3.0 : P30
- 2022년 10월 12일 : B2012

따라서 S주임이 데이터베이스에 검색할 시리얼 넘버는 PBP-DK2B-P30-B2012이다.

27 명제 추론

정답 ②

세 번째 조건에 따라 파란색을 각각 왼쪽에서 두 번째, 세 번째, 네 번째에 칠할 때로 나눈다.

i) 파란색을 왼쪽에서 두 번째에 칠할 때
- 노랑 – 파랑 – 초록 – 주황 – 빨강

ii) 파란색을 왼쪽에서 세 번째에 칠할 때
- 주황 – 초록 – 파랑 – 노랑 – 빨강
- 초록 – 주황 – 파랑 – 노랑 – 빨강

iii) 파란색을 왼쪽에서 네 번째에 칠할 때
- 빨강 – 주황 – 초록 – 파랑 – 노랑

28 시간 계획

정답 ④

O에서 e를 경유하여 D까지 최단경로는 'O → d → c → e → D'로 최단거리는 14km이다.

오답분석

① b를 경유하는 O에서 D까지의 최단경로는 'O → d → c → b → D'로 최단거리는 12km이다.
② O에서 c까지의 최단거리는 'O → d → c'로 6km이다.
③ a를 경유하는 O에서 D까지의 최단경로는 'O → a → b → D'로 최단거리는 13km이다.
⑤ O에서 D까지의 최단거리는 'O → d → c → b → D'로 12km이다.

29 비용 계산

정답 ④

- (가)안 : 3·4분기 자재구매 비용은 7,000×40+10,000×40=680,000원이다. 3분기에 재고가 10개가 남으므로 재고관리비는 10×1,000=10,000원이다. 따라서 자재구매·관리 비용은 680,000+10,000=690,000원이다.
- (나)안 : 3·4분기 자재구매 비용은 7,000×60+10,000×20=620,000원이다. 3분기에 재고가 30개가 남으므로 재고관리비는 30×1,000=30,000원이다. 따라서 자재구매·관리 비용은 620,000+30,000=650,000원이다.

따라서 (가)안과 (나)안의 비용 차이는 690,000−650,000=40,000원이다.

30 품목 확정

정답 ②

스캐너 기능별 가용한 스캐너를 찾으면 다음과 같다.

- 양면 스캔 가능 여부 – Q·T·G스캐너
- 50매 이상 연속 스캔 가능 여부 – Q·G스캐너
- 예산 4,200,000원까지 가능 – Q·T·G스캐너
- 카드 크기부터 계약서 크기 스캔 지원 – G스캐너
- A/S 1년 이상 보장 – Q·T·G스캐너
- 기울기 자동 보정 여부 – Q·T·G스캐너

따라서 모두 부합하는 G스캐너가 가장 우선시되고, 그 다음은 Q스캐너, 그리고 T스캐너로 순위가 결정된다.

31 품목 확정

정답 ③

대회의실에 2인용 테이블이 4개 있었고 첫 번째 주문 후 2인용 테이블 4개가 더 생겨 총 8개지만 16명만 앉을 수 있기 때문에 테이블 하나를 추가로 주문해야 한다. 의자는 회의실에 9개, 창고에 2개, 주문한 1개를 더하면 총 12개로, 5개를 더 주문해야 한다.

32 인원 선발

정답 ②

임유리 직원은 첫째 주 일요일 6시간, 넷째 주 토요일 5시간으로 월 최대 10시간 미만인 당직 규정에 어긋나므로 당직 일정을 수정해야 한다.

PART 2

33 인원 선발

정답 ②

시간대별 필요 간호인력 수 자료에 따라 필요한 최소 간호인력 수를 정리하면 다음과 같다.

근무조 \ 시간대	02:00 ~ 06:00	06:00 ~ 10:00	10:00 ~ 14:00	14:00 ~ 18:00	18:00 ~ 22:00	22:00 ~ 02:00	계
02:00 ~ 06:00 조	5명	5명					5명
06:00 ~ 10:00 조		15명	15명				15명
10:00 ~ 14:00 조			15명	15명			15명
14:00 ~ 18:00 조				0	0		0
18:00 ~ 22:00 조					50명	50명	50명
22:00 ~ 02:00 조	0					0	0
필요 간호인력 수	5명	20명	30명	15명	50명	10명	85명

따라서 K종합병원에 필요한 최소 간호인력 수는 85명이다.

34 인원 선발

정답 ②

02:00 ~ 06:00의 필요 간호인력을 20명으로 확충한다면, 필요한 최소 간호인력 85명에 15명을 추가 투입해야 하므로 최소 간호인력 수는 85+15=100명이다.

35 시간 계획

정답 ⑤

주어진 조건에 따르면 1팀, 2팀, 3팀은 팀별로 번갈아가며 모내기 작업을 하며, 팀별로 시간은 겹칠 수 없으며 한번 일을 하면 2시간 연속으로 해야 한다. 2팀의 경우 오전 9시 ~ 오후 12시, 오후 3시 ~ 6시 중에서 일손을 도울 수 있는데, 오전 10시에서 오후 12시에는 1팀이, 오후 2시에서 4시는 3팀이 일손을 돕기 때문에 2팀이 일손을 도울 수 있는 시간은 오후 4시에서 6시(16:00 ~ 18:00)이다.

시간	팀별 스케줄		
	1팀	2팀	3팀
09:00 ~ 10:00	상품기획 회의		시장조사
10:00 ~ 11:00	일손 돕기		
11:00 ~ 12:00			비품 요청
12:00 ~ 13:00	점심시간		
13:00 ~ 14:00			사무실 청소
14:00 ~ 15:00	업무지원	상품기획 회의	일손 돕기
15:00 ~ 16:00			
16:00 ~ 17:00	경력직 면접	일손 돕기	마케팅 전략 회의
17:00 ~ 18:00			

36 품목 확정

정답 ③

교통편 종류별 왕복 교통비용을 구하면 다음과 같다.

- 일반버스 : 24,000×2=48,000원
- 우등버스 : 32,000×2×0.99=63,360원
- 무궁화호 : 28,000×2×0.85=47,600원
- 새마을호 : 36,000×2×0.8=57,600원
- KTX : 58,000원

따라서 무궁화호가 47,600원으로 가장 저렴하다.

37 정보 이해

정답 ②

프린터는 한 대의 PC에 여러 대의 프린터를 로컬로 설치할 수 있다. 여러 대의 프린터를 설치하더라도 소프트웨어가 올바르게 설치되어 있다면, 프린터 간 충돌이나 오작동이 발생하지는 않는다.

PART 2

38 정보 이해

정답 ④

운영체제의 기능에는 프로세스 관리, 메모리 관리, 기억장치 관리, 파일 관리, 입출력 관리, 리소스 관리 등이 있다. 또한, 운영체제의 목적으로는 처리능력 향상, 반환 시간 단축, 사용 가능도 향상, 신뢰도 향상 등이 있다.

39 엑셀 함수

정답 ②

ISNONTEXT 함수는 값이 텍스트가 아닐 경우 논리값 'TRUE'를 반환한다. [A2] 셀의 값은 텍스트이므로 함수의 결괏값으로 'FALSE'가 산출된다.

오답분석

① (가) : ISNUMBER 함수는 값이 숫자일 경우 논리값 'TRUE'를 반환한다.
③ (다) : ISTEXT 함수는 값이 텍스트일 경우 논리값 'TRUE'를 반환한다.
④ (라) : ISEVEN 함수는 값이 짝수이면 논리값 'TRUE'를 반환한다.
⑤ (마) : ISODD 함수는 값이 홀수이면 논리값 'TRUE'를 반환한다.

40 프로그램 언어(코딩)

정답 ①

문자열 배열 str은 'h', 'e', 'l', 'l', 'o', ' ', 'w', 'o', 'r', 'l', 'd', '₩0'으로 초기화되며, str[4]에 '₩0'을 넣게 되면 str[4]가 문자열 배열 str의 마지막을 가리키게 되므로 해당 배열을 출력하게 되면 'hell'까지만 출력하게 된다. 이때, 앞뒤로 'S'와 'E'를 붙여 출력하도록 하므로 출력되는 문자열은 'ShellE'이다.

41 프로그램 언어(코딩)

정답 ④

반복문을 통해 배열의 요소를 순회하면서 각 요소들의 값을 더하여 tot 저장하는 프로그램이다. 요소들의 값이 누적되어 있는 tot의 값이 100보다 크거나 같다면 break문으로 인해 반복문을 종료하고 현재 tot 값을 출력한다.
따라서 10+37+23+4+8+71일 때 100보다 커져 반복문이 종료되므로 마지막에 더해진 값은 153이 된다.

42 갈등 관리

정답 ④

서비스업에 종사하다 보면 난처한 요구를 하는 고객을 종종 만나기 마련이다. 특히 판매 가격이 정해져 있는 프랜차이즈 매장에서 가격을 조금만 깎아달라는 고객의 요구는 매우 난감하다. 하지만 이러한 고객의 요구를 모두 들어주다 보면 더욱 곤란한 상황이 발생할 수 있다. 그러므로 고객에게 가격을 깎아줄 수 없는 이유에 대해 친절하게 설명하면서 불쾌하지 않도록 고객을 설득할 필요가 있다.

43 팀워크

정답 ④

팀워크는 개인의 능력이 발휘되는 것도 중요하지만 팀원들 간의 협력이 더 중요하다. 팀원 개개인의 능력이 최대치일 때 팀워크가 가장 뛰어난 것은 아니다.

44 리더십

정답 ④

뚜껑의 법칙에서 뚜껑은 리더를 의미하며, 뚜껑의 크기로 표현되는 리더의 역량이 조직의 성과를 이끈다는 것을 의미한다. 리더의 역량이 작다면 부하직원이 아무리 뛰어나도 병목 현상이 발생할 수 있는 것이다.

45 경영 전략

정답 ④

기업이 공익을 침해할 경우 우선 합리적인 절차에 따라 문제 해결을 해야 하며, 기업 활동의 해악이 심각할 경우 근로자 자신이 피해를 볼지라도 신고할 윤리적 책임이 있다.

오답분석

ㄱ. 신고자의 동기가 사적인 욕구나 이익을 충족시켜서는 안 된다.

46 경영 전략

정답 ⑤

필리핀에서 한국인을 대상으로 범죄가 이루어지고 있다는 것은 심각하게 고민해야 할 사회문제이지만, 그렇다고 우리나라로 취업하기 위해 들어오려는 필리핀 사람들을 막는 것은 적절하지 않은 행동이다.

47 조직 구조

정답 ⑤

영리조직의 사례로는 이윤 추구를 목적으로 하는 다양한 사기업을 들 수 있으며, 비영리조직으로는 정부조직, 대학, 시민단체, 종교단체 등을 들 수 있다.

48 윤리 **정답** ③

사람들은 거절을 부담스러워한다. 상대가 불쾌해 하지 않을까 신경 쓰기 때문이다. 그러나 거절은 의사표현의 하나일 뿐이다. 거절할 만한 상황에서는 분명히 그 의사를 표현해야 한다. 거절의 의사결정은 빠를수록 좋은데, 그 이유는 오래 지체될수록 거절을 하기 힘들어질 뿐만 아니라 자신은 심사숙고했다고 생각하지만 거절의 대답을 들은 상대는 기다린 결과에 실망해서 더 불쾌해 하기 쉽기 때문이다.

49 윤리 **정답** ①

우수한 직업인의 자세에는 해당할 수 있으나, 직업윤리에서 제시하는 직업인의 기본자세에는 해당하지 않는다.

오답분석

② 나의 일을 필요로 하는 사람에게 봉사한다는 마음가짐이 필요하며, 직무를 수행하는 과정에서 다른 사람과 긴밀히 협력하는 협동 정신이 요구된다.
③ 직업이란 신이 나에게 주신 거룩한 일이며, 일을 통하여 자신의 존재를 실현하고 사회적 역할을 담당하는 것이니만큼 자기의 직업을 사랑하며, 긍지와 자부심을 갖고 성실하게 임하는 마음가짐이 있어야 한다.
④ 법규를 준수하고 직무상 요구되는 윤리기준을 준수해야 하며, 공정하고 투명하게 업무를 처리해야 한다.
⑤ 협력체제에서 각자의 책임을 충실히 수행할 때 전체 시스템의 원만한 가동이 가능하며, 다른 사람에게 피해를 주지 않는다. 이러한 책임을 완벽하게 수행하기 위하여 자신이 맡은 분야에서 전문적인 능력과 역량을 갖추고, 지속적인 자기계발을 해나가야 한다.

50 책임 의식 **정답** ③

오답분석

① 막강한 권력을 가지고 있다고 하더라도 "일의 모든 책임은 내가 진다."라는 태도가 필요하다.
② 회피는 문제해결의 대안이 될 수 없다. 상황을 있는 그대로 받아들이는 것이 책임지는 태도이다.
④ 책임감은 삶을 긍정적으로 바라보는 태도가 바탕이 되기 때문에 모든 경우를 의심하는 자세를 책임이라 보는 것은 옳지 않다.
⑤ 책임이 성립되기 위해서는 행위를 하는 자가 사회의 윤리적 규범을 받아들일 것, 행위가 자유로운 의지에 따른 결정일 것, 행위의 결과가 당연히 예측되어야 할 것 등이 있다. 따라서 복수는 책임에 대한 설명으로 적절하지 않다.

제 2 회 최종점검 모의고사

01	02	03	04	05	06	07	08	09	10	11	12	13	14	15	16	17	18	19	20
④	②	②	②	④	③	③	④	③	④	③	④	①	④	④	③	②	⑤	②	③
21	22	23	24	25	26	27	28	29	30	31	32	33	34	35	36	37	38	39	40
①	⑤	②	⑤	⑤	②	②	④	②	②	④	③	②	③	④	②	④	④	②	②
41	42	43	44	45	46	47	48	49	50	51	52	53	54	55	56	57	58	59	60
③	④	②	③	①	③	⑤	④	⑤	③	②	①	②	③	④	⑤	④	②	③	①

01 문서 내용 이해

정답 ④

제시문은 과학을 통해 자연재해를 극복하고자 하는 인간의 노력을 옹호하고 있다. ④에서 인간의 자연 치유력을 감소시키더라도 인간의 능력(의학)으로 질병을 극복할 수 있다고 한 것도 같은 맥락이다.

02 글의 주제

정답 ②

제시문은 휘발유세 상승으로 인해 발생하는 장점들을 열거함으로써 휘발유세 인상을 정당화하고 있다.

03 문단 나열

정답 ②

제시문은 나무를 가꾸기 위해 고려해야 하는 사항과 나무를 심을 때 자주 저지르는 실수에 대해 설명하고 있다. 따라서 (가) 나무를 가꾸기 위해 고려해야 할 사항과 생육조건 → (라) 식재계획을 위한 올바른 나무 선정 위치 → (다) 나무 선정 위치에서 자주 발생하는 실수 → (나) 또 다른 식재계획 시 주의점의 순서로 나열해야 한다.

04 문서 내용 이해

정답 ②

제시문에 따르면 개념에 대해 충분히 이해하면서도 개념의 사례를 제대로 구별하지 못할 수 있다. 따라서 비둘기와 참새를 구별하지 못했다고 해서 비둘기의 개념을 이해하지 못하고 있다고 평가할 수는 없다.

오답분석

① · ④ 개념을 이해하는 능력이 개념의 사례를 식별하는 능력을 함축하는 것은 아니므로 개념을 이해했다고 해서 개념의 사례를 완벽하게 식별할 수 있는 것은 아니다.

③ 개념을 충분히 이해하면서도 개념의 사례를 제대로 구별하지 못할 수 있으므로 개념의 사례를 구별하지 못했다고 해서 개념을 충분히 이해하지 못하고 있다고 볼 수는 없다.

⑤ 개념의 사례를 식별하는 능력이 개념을 이해하는 능력을 함축하는 것은 아니므로 정사각형을 구별했다고 해서 정사각형의 개념을 이해하고 있다고 볼 수는 없다.

05 글의 주제

정답 ④

제시문의 두 번째 문단에서 전기자동차 산업이 확충되고 있음을 언급하면서 구리가 전기자동차의 배터리를 만드는 데 핵심 재료임을 설명하고 있기 때문에 ④가 글의 핵심 내용으로 가장 적절하다.

오답분석

① · ⑤ 제시문에서 언급하고 있는 내용이기는 하나, 핵심 내용으로 보기는 어렵다.
② 제시문에서 '그린 열풍'을 언급하고 있으나, 그 현상의 발생 원인은 제시되어 있지 않다.
③ 제시문에서 산업금속 공급난이 우려된다고 언급하고 있으나, 그로 인한 문제는 제시되어 있지 않다.

06 문단 나열

정답 ③

첫 번째로 1965년 노벨상 수상자인 게리 베커에 대한 내용으로 이야기를 도입하며 베커가 주장한 '시간의 비용' 개념을 소개하는 (라)가 위치하고, (라)를 보충하는 내용으로 베커의 '시간의 비용이 가변적'이라는 개념을 언급한 (가), 베커와 같이 시간의 비용이 가변적이라고 주장한 경제학자 린더의 주장을 소개한 (다), 마지막으로 베커와 린더의 공통적 전제인 사람들에게 주어진 시간이 고정된 양이라는 사실과 기대수명이 늘어남으로써 시간의 가치가 달라질 것이라는 내용의 (나)가 순서대로 이어진다. 따라서 (라) – (가) – (다) – (나) 순으로 나열해야 한다.

PART 2

07 경청

정답 ③

질문에 대한 답이 즉각적으로 이루어질 수 없다고 하더라도, 질문을 하려고 하면 경청하는 데 적극적으로 되고 집중력이 높아진다.

08 경청

정답 ④

A씨의 아내는 A씨가 자신의 이야기에 공감해 주길 바랐지만, A씨는 아내의 이야기를 들어주기보다는 해결책을 찾아 아내의 문제에 대해 조언하려고만 하였다. 즉, 아내는 마음을 털어놓고 남편에게 위로받고 싶었지만, A씨의 조언하려는 태도 때문에 더 이상 대화가 이어질 수 없었다.

오답분석

① 짐작하기 : 상대방의 말을 듣고 받아들이기보다 자신의 생각에 들어맞는 단서들을 찾아 자신의 생각을 확인하는 것이다.
② 걸러내기 : 상대의 말을 듣기는 하지만 상대방의 메시지를 온전하게 듣는 것이 아닌 경우이다.
③ 판단하기 : 상대방에 대한 부정적인 판단 때문에, 또는 상대방을 비판하기 위하여 상대방의 말을 듣지 않는 것이다.
⑤ 옳아야만 하기 : 자존심이 강한 사람은 자존심에 관한 것을 전부 막아버리려 하기 때문에 자신의 부족한 점에 대한 상대방의 말을 들을 수 없게 된다.

09 의사 표현

정답 ③

의미가 단순한 언어를 사용하면 메시지의 전달이 분명해진다.

오답분석

① 정보의 양이 너무 많으면 핵심이 가려지기 쉽다.
② 필요 이상으로 진지한 분위기는 의사소통에 부정적인 영향을 준다.
④ 대화 구성원의 사이가 어떤가에 따라 둘 사이의 대화, 즉 의사소통도 달라진다.
⑤ 시 · 공간 등 물리적인 제약이 있으면 그 속에서 이루어지는 의사소통도 원활히 이루어지기 어렵다.

10 문서 내용 이해

정답 ④

온건한 도덕주의는 일부 예술작품만 도덕적 판단의 대상이 된다고 보고, 극단적 도덕주의는 모든 예술작품이 도덕적 판단의 대상이 된다고 본다. 따라서 온건한 도덕주의에서 도덕적 판단의 대상이 되는 예술작품은 극단적 도덕주의에서도 도덕적 판단의 대상이다.

오답분석

① 자율성주의는 예술작품의 미적 가치와 도덕적 가치가 서로 자율성을 유지한다고 보며, 미적 가치가 도덕적 가치보다 우월한 것으로 본다고 할 수는 없다.
② 온건한 도덕주의에서는 예술작품 중 일부에 대해서 긍정적 또는 부정적 도덕적 가치판단이 가능하다고 하였으며, 미적 가치와 도덕적 가치의 독립적인 지위를 인정해야 한다는 언급은 없다.
③ 자율성주의는 모든 예술작품이 도덕적 가치판단의 대상이 될 수 없다고 본다.
⑤ 두 번째 문단에서 톨스토이는 극단적 도덕주의의 입장을 대표한다고 하였다.

11 문단 나열

정답 ③

(나) 입시 준비를 잘하기 위해서는 체력이 관건임 → (가) 좋은 체력을 위해서는 규칙적인 생활관리와 알맞은 영양공급이 필수적이며, 특히 청소년기에는 좋은 영양상태를 유지하는 것이 중요함 → (다) 그러나 우리나라 학생들의 식습관을 살펴보면 충분한 영양섭취가 이루어지지 못하고 있음의 순서대로 나열하는 것이 가장 적절하다.

12 응용 수리

정답 ④

첫날 경작한 논의 넓이를 1이라고 할 때, 마지막 날까지 경작한 논의 넓이는 다음과 같다.

1일	2일	3일	4일	5일	6일	7일	8일
1	2	4	8	16	32	64	128

전체 경작한 논의 넓이가 128이므로 논 전체의 $\frac{1}{4}$ 넓이는 32이다. 따라서 A씨는 경작을 시작한 지 6일째 되는 날 논 전체의 $\frac{1}{4}$을 완료하게 된다.

13 통계 분석

정답 ①

- 주말 입장료 : $11,000+15,000+20,000\times 2+20,000\times \frac{1}{2}=76,000$원
- 주중 입장료 : $10,000+13,000+18,000\times 2+18,000\times \frac{1}{2}=68,000$원

따라서 요금 차이는 $76,000-68,000=8,000$원이다.

14 자료 이해

정답 ④

ⓛ HCHO가 가장 높게 측정된 역은 청량리역이고 가장 낮게 측정된 역은 신설동역이다. 두 역의 평균은 $\frac{11.4+4.8}{2}=8.1\mu g/m^3$로 1호선 평균인 $8.4\mu g/m^3$보다 낮다.
ⓔ 청량리역은 HCHO, CO, NO_2, Rn 총 4가지 항목에서 1호선 평균보다 높게 측정되었다.

오답분석

ⓖ CO의 1호선 평균은 0.5ppm이며, 종로5가역과 신설동역은 0.4ppm이다. 따라서 옳은 설명이다.
ⓒ 시청역은 PM-10이 $102.0\mu g/m^3$으로 가장 높게 측정됐지만, TVOC는 $44.4\mu g/m^3$로 가장 낮게 측정되었다. 따라서 옳은 설명이다.

15 응용 수리

정답 ④

• 순항 중일 때 날아간 거리 : $860\times\left(3+\frac{30-15}{60}\right)=2,795\text{km}$

• 기상 악화일 때 날아간 거리 : $(860-40)\times\frac{15}{60}=205\text{km}$

따라서 날아간 거리는 총 2,795+205=3,000km이다.

16 응용 수리

정답 ③

증발한 물의 양을 xg이라 하자.

$\frac{3}{100}\times400=\frac{5}{100}\times(400-x)$

$\rightarrow 1,200=2,000-5x$

$\therefore\ x=160$

따라서 증발한 물의 양이 160g이므로, 남아있는 설탕물의 양은 400−160=240g이다.

17 통계 분석

정답 ②

음식점까지의 거리를 $x$km라 하자.

역에서 음식점까지 왕복하는 데 걸리는 시간과 음식을 포장하는 데 걸리는 시간이 1시간 30분 이내여야 하므로 다음 식이 성립한다.

$\frac{x}{3}+\frac{15}{60}+\frac{x}{3}\le\frac{3}{2}$

양변에 60을 곱하면 $20x+15+20x\le90 \rightarrow 40x\le75 \rightarrow x\le\frac{75}{40}=1.875$이다.

즉, 역과 음식점 사이 거리는 1.875km 이내여야 하므로 갈 수 있는 음식점은 'N버거'와 'B도시락'이다.

따라서 K사원이 구입할 수 있는 음식은 햄버거와 도시락이다.

18 자료 이해

정답 ⑤

9월 말을 기점으로 이후의 그래프가 모두 하향곡선을 그리고 있다.

오답분석

① · ③ 표를 통해 쉽게 확인할 수 있다.

② 환율이 하락하면 반대로 원화가치가 높아진다.

④ 유가 범위는 125 ~ 85 사이의 변동 폭을 보이고 있다.

19 자료 이해

정답 ②

㉠ 근로자가 총 90명이고 전체에게 지급된 임금의 총액이 2억 원이므로 근로자당 평균 월 급여액은 $\frac{\text{2억 원}}{\text{90명}}$ ≒ 222만 원이다.

따라서 평균 월 급여액은 230만 원 이하이다.

㉡ 월 210만 원 이상의 급여를 받는 근로자 수는 26+12+8+4=50명이다. 따라서 총 90명의 절반인 45명보다 많으므로 옳은 설명이다.

오답분석

㉢ 월 180만 원 미만의 급여를 받는 근로자 수는 6+4=10명이다. 따라서 전체에서 $\frac{10}{90}$ ≒ 11%의 비율을 차지하고 있으므로 옳지 않은 설명이다.

㉣ '월 240만 원 이상 월 270만 원 미만'의 구간에서 월 250만 원 이상의 급여를 받는 근로자의 수는 주어진 자료만으로는 확인할 수 없다. 따라서 옳지 않은 설명이다.

20 응용 수리

정답 ③

먼저 채용이 취소된 2명이 누구인지에 대한 구분이 없으므로 그 경우의 수는 ${}_{10}C_2$이다.

남은 8명의 합격자 중 2명을 회계부서에 배치했으므로 경우의 수는 ${}_{8}C_2$이고, 배치하고 남은 6명 중 3명씩을 각각 인사부서와 홍보부서로 배치하였으므로 경우의 수는 ${}_{6}C_3 \times {}_{3}C_3$이다.

$${}_{10}C_2 \times {}_{8}C_2 \times {}_{6}C_3 \times {}_{3}C_3 = \frac{10\times9}{2\times1} \times \frac{8\times7}{2\times1} \times \frac{6\times5\times4}{3\times2\times1} \times 1 = 45\times28\times20\times1 = 25,200\text{가지}$$

따라서 가능한 경우의 수는 25,200가지이다.

21 통계 분석

정답 ①

- 남자의 고등학교 진학률 : $\frac{861,517}{908,388} \times 100 \fallingdotseq 94.8\%$
- 여자의 고등학교 진학률 : $\frac{838,650}{865,323} \times 100 \fallingdotseq 96.9\%$

22 통계 분석

정답 ⑤

공립 중학교의 남여별 졸업자 수가 알려져 있지 않으므로 계산할 수 없다.

23 자료 해석

정답 ②

D사원의 출장 기간은 4박 5일로, 숙박 요일은 수·목·금·토요일이다. 숙박비를 계산하면 120+120+150+150=USD 540이고, 총숙박비의 20%를 예치금으로 지불해야 하므로 예치금은 540×0.2=USD 108이다. 이때 일요일은 체크아웃하는 날이므로 숙박비가 들지 않는다.

24 자료 해석

정답 ⑤

D사원의 출장 출발일은 호텔 체크인 당일이다. 체크인 당일 취소 시 환불이 불가능하므로 D사원은 환불받을 수 없다.

25 명제 추론

정답 ⑤

주어진 조건에 따라 자물쇠를 열 수 없는 열쇠를 정리하면 다음과 같다.

구분	1번 열쇠	2번 열쇠	3번 열쇠	4번 열쇠	5번 열쇠	6번 열쇠
첫 번째 자물쇠			×	×	×	×
두 번째 자물쇠			×			×
세 번째 자물쇠	×	×	×			×
네 번째 자물쇠			×	×		×

따라서 3번 열쇠로는 어떤 자물쇠도 열지 못하는 것을 알 수 있다.

오답분석

① 첫 번째 자물쇠는 1번 또는 2번 열쇠로 열릴 수 있다.
② 두 번째 자물쇠가 2번 열쇠로 열리면, 세 번째 자물쇠는 4번 열쇠로 열린다.
③ 세 번째 자물쇠가 5번 열쇠로 열리면, 네 번째 자물쇠는 1번 또는 2번 열쇠로 열린다.
④ 네 번째 자물쇠가 5번 열쇠로 열리면, 두 번째 자물쇠는 1번 또는 2번 열쇠로 열린다.

26 규칙 적용

정답 ②

오답분석

① 숫자 0을 다른 숫자와 연속해서 나열했고(세 번째 조건 위반), 영어 대문자를 다른 영어 대문자와 연속해서 나열했다(네 번째 조건 위반).
③ 특수기호를 첫 번째로 사용했다(마지막 조건 위반).
④ 영어 대문자를 사용하지 않았다(두 번째 조건 위반).
⑤ 영어 소문자를 사용하지 않았고(두 번째 조건 위반), 영어 대문자를 연속해서 나열했다(네 번째 조건 위반).

27 자료 해석

정답 ②

두 번째 문단의 '달러화의 약세 전환에도 불구하고'라는 말을 통해 달러화의 약세 매출에 부정적 영향을 미친다는 것을 알 수 있다. 따라서 달러화의 강세는 반대로 매출액에 부정적 영향이 아니라 긍정적 영향을 미칠 것임을 알 수 있으므로 옳지 않은 설명이다.

오답분석

① 세 번째 문단에 따르면 K기업은 낸드플래시 시장에서 고용량화 추세가 확대될 것으로 보고 있으므로 시장에서의 수요에 대응하기 위해 고용량 낸드플래시 생산에 대한 투자를 늘릴 것이다.
③ 두 번째 문단에 따르면 기업이 신규 공정으로 전환하는 경우, 이로 인해 원가 부담이 발생한다는 내용이 나와 있다. 기업 입장에서 원가 부담은 원가의 상승을 나타내므로 옳은 설명이다.
④ 첫 번째 문단에서 매출액은 26조 9,907억 원이고, 영업이익은 2조 7,127억 원이다. 따라서 영업이익률은 $\frac{27,127}{269,907} \times 100 \fallingdotseq$ 10%이다.
⑤ 두 번째 문단에 따르면 2023년 4분기 영업이익은 직전 분기 대비 50% 감소했다고 했으므로 3분기 영업이익은 4분기 영업이익의 2배이다.

28 자료 해석

정답 ④

예산이 가장 많이 드는 B사업과 E사업은 사업기간이 3년이므로 최소 1년은 겹쳐야 한다. 이를 바탕으로 정리하면 다음과 같다.

연도 / 사업명	1차	2차	3차	4차	5차
예산	20조 원	24조 원	28.8조 원	34.5조 원	41.5조 원
A	–	1조 원	4조 원	–	–
B	–	15조 원	18조 원	21조 원	–
C	–	–	–	–	15조 원
D	15조 원	8조 원	–	–	–
E	–	–	6조 원	12조 원	24조 원
연도별 사용예산 합계	15조 원	24조 원	28조 원	33조 원	39조 원

따라서 D사업을 첫해에 시작해야 한다.

29 SWOT 분석

정답 ②

K공사는 계속 증가하고 있는 재생에너지를 활용하여 수소를 생산하는 그린수소 사업을 통해 재생에너지 잉여전력 문제를 해결할 것으로 기대하고 있으며, 이러한 그린수소 사업에 필요한 기술을 개발하기 위해 노력하고 있다. 이를 K공사의 SWOT 분석 결과에 적용하면, K공사는 현재 재생에너지의 잉여전력이 증가하고 있는 위협적 상황을 해결하기 위하여 장점인 적극적인 기술개발 의지를 활용하여 그린수소 사업을 추진한다. 따라서 K공사의 그린수소 사업은 위협을 피하기 위하여 강점을 활용하는 방법인 'ST전략'에 해당한다.

30 규칙 적용

정답 ②

서울 지점의 B씨에게 배송할 제품과 경기남부 지점의 P씨에게 배송할 제품에 대한 기호를 모두 기록해야 한다.

- B씨 : MS11EISS
  - 재료 : 연강(MS)
  - 판매량 : 1box(11)
  - 지역 : 서울(E)
  - 윤활유 사용 : 윤활작용(I)
  - 용도 : 스프링(SS)
- P씨 : AHSS00SSST
  - 재료 : 초고강도강(AHSS)
  - 판매량 : 1set(00)
  - 지역 : 경기남부(S)
  - 윤활유 사용 : 밀폐작용(S)
  - 용도 : 타이어코드(ST)

따라서 Q씨가 기록한 코드는 ②이다.

31 명제 추론

정답 ④

(마)에 의해 대호는 B팀에 가고, (바)에 의해 A팀은 외야수를 선택해야 한다. 또한, (라)에 의해 민한이는 투수만 가능하고, C팀이 투수만 스카우트한다고 했으므로 나머지 B, D팀은 포수와 내야수 중 선택해야 한다. (사)에 의해 성흔이가 외야수(A팀)에 간다면 주찬이는 D팀에 갈 수밖에 없으며, 이는 (아)에 어긋난다. 따라서 성흔이는 포수를 선택하여 D팀으로 가고, (자)에 의해 주찬이는 외야수로 A팀으로 간다.

32 명제 추론

정답 ③

주어진 진술을 정리하면 다음과 같다.

증인	A	B	C	D	E	F	G
1	×	×					×
2					×	×	×
3			○				
4			○				
5			○	○			

따라서 시위주동자는 C, D이다.

33 자료 해석

정답 ②

각각의 주택에 도달하는 빛의 조도를 계산하면 다음과 같다.

A	$(36\div2)+(24\div8)+(48\div12)=25$
B	$(36\div2)+(24\div4)+(48\div8)=30$
C	$(36\div4)+(24\div2)+(48\div6)=29$
D	$(36\div8)+(24\div2)+(48\div2)=40.5$
E	$(36\div12)+(24\div6)+(48\div2)=31$

따라서 주택에서 예측된 빛의 조도가 30을 초과하는 곳은 D, E 두 곳이므로, 관리대상주택은 총 2채이다.

34 비용 계산

정답 ③

고객 A는 제품을 구입한 지 1년이 지났으므로 수리비 2만 원을 부담해야 하며, A/S 서비스가 출장 서비스로 진행되어 출장비를 지불해야 하는데, 토요일 오후 3시는 A/S 센터 운영시간이 아니므로 3만 원의 출장비를 지불해야 한다. 또한 부품을 교체하였으므로 고객 A는 부품비 5만 원까지 합하여 총 10만 원의 A/S 서비스 비용을 지불해야 한다.

35 시간 계획

정답 ④

체육대회는 주말에 한다고 하였으므로 평일과 비가 오는 장마기간은 제외한다. 12일과 13일에는 사장이 출장으로 자리를 비우고, 마케팅팀이 출근해야 하므로 적절하지 않다. 19일은 서비스팀이 출근해야 하며, 26일은 마케팅팀이 출근해야 한다. 또한, ○○운동장은 둘째, 넷째 주말엔 개방하지 않으므로 27일을 제외하면 남은 날은 20일이다.

36 인원 선발

정답 ②

주어진 자료를 토대로 모델별 향후 1년 동안의 광고효과를 계산하면 다음과 같다.

(단위 : 백만 원, 회)

모델	1년 광고비	1년 광고횟수	1회당 광고효과	총광고효과
A	180－120=60	60÷2.5=24	140+130=270	24×270=6,480
B	180－80=100	100÷2.5=40	80+110=190	40×190=7,600
C	180－100=80	80÷2.5=32	100+120=220	32×220=7,040
D	180－90=90	90÷2.5=36	80+90=170	36×170=6,120
E	180－70=110	110÷2.5=44	60+80=140	44×140=6,160

따라서 총광고효과가 가장 높은 B가 TV광고 모델로 적합하다.

37 품목 확정

정답 ④

먼저 B안마의자는 색상이 블랙이 아니고, C안마의자는 가격이 최대 예산을 초과하며, E안마의자는 온열기능이 없으므로 고려 대상에서 제외한다. 남은 A안마의자와 D안마의자 중 프로그램 개수가 많으면 많을수록 좋다고 하였으므로, K공사는 D안마의자를 구매할 것이다.

38 비용 계산

정답 ④

전자제품의 경우 관세와 부가세가 모두 동일하며, 전자제품의 가격이 다른 가격보다 월등하게 높기 때문에 대소 비교는 전자제품만 비교해도 된다. 이 중 A의 TV와 B의 노트북은 가격이 동일하기 때문에 굳이 계산할 필요가 없고, TV와 노트북을 제외한 휴대폰과 카메라만 비교하면 된다. B의 카메라가 A의 휴대폰보다 비싸기 때문에 B가 더 많은 관세를 낸다.

구분	전자제품	전자제품 외
A	TV(110만), 휴대폰(60만)	화장품(5만), 스포츠용 헬멧(10만)
B	노트북(110만), 카메라(80만)	책(10만), 신발(10만)

B가 내야 할 세금을 계산해 보면 우선 카메라와 노트북의 관세율은 18%로, 190×0.18=34.2만 원이다. 이때, 노트북은 100만 원을 초과하므로 특별과세 110×0.5=55만 원이 더 과세된다. 나머지 품목들의 세금은 책이 10×0.1=1만 원, 신발이 10×0.23=2.3만 원이다. 따라서 B가 내야 할 관세 총액은 34.2+55+1+2.3=92.5만 원이다.

39 품목 확정

정답 ②

K회사의 보관 방식에 따라 원재료를 입고 순서대로 보관할 때 필요한 상자 개수는 다음과 같다.

원재료	입고 일시	무게(kg)	필요 상자 개수(개)
ⓐ	2024.05.01 09:00	5	1
ⓑ	2024.05.01 10:12	7	
ⓒ	2024.05.01 13:15	4	2
ⓑ	2024.05.01 14:19	6	
ⓒ	2024.05.01 15:20	8	3
ⓐ	2024.05.01 15:30	6	4
ⓐ	2024.05.01 16:14	2	
ⓒ	2024.05.01 16:49	3	
ⓐ	2024.05.01 17:02	5	5
ⓑ	2024.05.01 17:04	4	
ⓒ	2024.05.01 19:04	8	6
ⓑ	2024.05.01 21:49	5	7

따라서 필요한 상자는 총 7개이다.

40 품목 확정

정답 ②

K회사의 보관 방식에 따라 원재료를 무게 순으로 보관할 때는 다음과 같다.

원재료	무게(kg)	필요 상자 개수(개)
ⓒ	8	1
ⓒ	8	2
ⓑ	7	3
ⓑ	6	4
ⓐ	6	
ⓐ	5	5
ⓐ	5	
ⓑ	5	6
ⓒ	4	
ⓑ	4	7
ⓒ	3	
ⓐ	2	

따라서 4번째 상자에는 ⓐ, ⓑ가 있다.

41 인원 선발

정답 ③

사장은 최소비용으로 최대인원을 채용하는 것을 목적으로 하고 있다. 가장 낮은 임금의 인원을 최우선으로 배치하되, 동일한 임금의 인원은 가용한 시간 내에 분배하여 배치하는 것이 해당 목적을 달성하는 방법이다. 이를 적용하면 다음과 같이 인원을 배치할 수 있다.

<table>
<tr><th>구분</th><th colspan="2">월</th><th colspan="2">화</th><th colspan="2">수</th><th colspan="2">목</th><th colspan="2">금</th></tr>
<tr><td>08:00</td><td rowspan="7">기존 직원</td><td rowspan="2">김갑주</td><td rowspan="7">기존 직원</td><td rowspan="2">김갑주</td><td rowspan="7">기존 직원</td><td rowspan="2">김갑주</td><td rowspan="7">기존 직원</td><td rowspan="2">김갑주</td><td rowspan="7">기존 직원</td><td rowspan="2">김갑주</td></tr>
<tr><td>09:00</td></tr>
<tr><td>10:00</td><td rowspan="2">한수미</td><td rowspan="2">한수미</td><td rowspan="2">한수미</td><td rowspan="2">한수미</td><td rowspan="2">한수미</td></tr>
<tr><td>11:00</td></tr>
<tr><td>12:00</td><td rowspan="4">조병수</td><td rowspan="4">조병수</td><td rowspan="4">조병수</td><td rowspan="4">조병수</td><td rowspan="4">조병수</td></tr>
<tr><td>13:00</td></tr>
<tr><td>14:00</td></tr>
<tr><td>15:00</td><td rowspan="5">강을미</td><td rowspan="5">강을미</td><td rowspan="5">강을미</td><td rowspan="5">강을미</td><td rowspan="5">강을미</td></tr>
<tr><td>16:00</td><td rowspan="4">채미나</td><td rowspan="4">채미나</td><td rowspan="4">채미나</td><td rowspan="4">채미나</td><td rowspan="4">채미나</td></tr>
<tr><td>17:00</td></tr>
<tr><td>18:00</td></tr>
<tr><td>19:00</td></tr>
</table>

8시부터 근무는 김갑주가 임금이 가장 낮다. 이후 10시부터는 임금이 같은 한수미도 근무가 가능하므로, 최대인원을 채용하는 목적에 따라 한수미가 근무한다. 그다음 중복되는 12시부터는 조병수가 임금이 더 낮으므로 조병수가 근무하며, 임금이 가장 낮은 강을미는 15시부터 20시까지 근무한다. 조병수 다음으로 중복되는 14시부터 가능한 최강현은 임금이 비싸므로 근무하지 않는다(최소비용이 최대인원보다 우선하기 때문). 그다음으로 중복되는 16시부터는 채미나가 조병수와 임금이 같으므로 채미나가 근무한다.

42 비용 계산

정답 ④

- 기존 직원 : 11,000원×7시간=77,000원
- 김갑주, 한수미 : 11,000원×2시간=22,000원
- 조병수, 채미나 : 10,500원×4시간=42,000원
- 강을미 : 10,000원×5시간=50,000원

→ 77,000+(22,000×2)+(42,000×2)+50,000=255,000원

∴ (임금)=255,000원×5일=1,275,000원

43 시간 계획

하루에 6명 이상 근무해야 하기 때문에 2명까지만 휴가를 중복으로 쓸 수 있다. G사원이 4일 동안 휴가를 쓰면서 최대 휴가 인원이 2명만 중복되게 하려면 6 ~ 11일만 가능하다.

오답분석

① G사원은 4일 이상 휴가를 사용해야 하기 때문에 3일인 5 ~ 7일은 불가능하다.

③·④·⑤ 4일 이상 휴가를 사용하지만 하루에 6명 미만의 인원이 근무하게 되어 불가능하다.

44 품목 확정

정답 ③

매출 순이익은 [(판매 가격)−(생산 단가)]×(판매량)이므로 메뉴별 매출 순이익을 계산하면 다음과 같다.

메뉴	예상 월간 판매량(개)	생산 단가(원)	판매 가격(원)	매출 순이익(원)
A	500	3,500	4,000	(4,000−3,500)×500=250,000
B	300	5,500	6,000	(6,000−5,500)×300=150,000
C	400	4,000	5,000	(5,000−4,000)×400=400,000
D	200	6,000	7,000	(7,000−6,000)×200=200,000
E	150	3,000	5,000	(5,000−3,000)×150=300,000

따라서 매출 순이익이 가장 높은 C를 메인 메뉴로 선택하는 것이 가장 합리적인 판단이다.

45 정보 이해

정답 ①

현재 창 닫기 : 〈Ctrl〉+〈W〉

46 프로그램 언어(코딩)

정답 ③

서식지정자 lf는 double형 실수형 값을 표시할 때 쓰이며, %.2lf의 .2는 소수점 둘째 자리까지 표시한다는 의미이다. 따라서 해당 프로그램의 실행 결과는 11.30이다.

47 프로그램 언어(코딩)

정답 ⑤

int는 정수형 타입으로 할당되는 메모리의 크기는 4바이트다. int의 데이터 표현 범위는 −2,147,483,648부터 2,147,483,647이다. 해당 타입이 표현할 수 있는 범위를 벗어난 데이터를 저장하면 오버플로우가 발생한다. num에 1234567891011121314151617181920을 저장하면 입력한 상수가 커서 실행되지 않는다.

48 정보 이해

정답 ④

LAN카드 정보는 네트워크 어댑터에서 확인할 수 있다.

49 엑셀 함수

정답 ⑤

COUNTIF 함수는 지정한 범위 내에서 조건에 맞는 셀의 개수를 구하는 함수이며, '=COUNTIF(참조 영역,찾는 값)'로 입력한다. 따라서 '=COUNTIF(D3:D10,">=2023-07-01")' 함수식을 사용하면 2023년 하반기에 검진받은 사람의 수를 확인할 수 있다.

오답분석

① COUNT 함수는 범위에서 숫자가 포함된 셀의 개수를 구하는 함수이다.
② COUNTA 함수는 범위가 비어 있지 않은 셀의 개수를 구하는 함수이다.
③ SUMIF 함수는 주어진 조건에 의해 지정된 셀들의 합을 구하는 함수이다.
④ MATCH 함수는 배열에서 지정된 순서상의 지정된 값에 일치하는 항목의 상대 위치 값을 찾는 함수이다.

50 엑셀 함수

정답 ③

오답분석

①·② AND 함수는 인수의 모든 조건이 참(TRUE)일 경우에 성별을 구분하여 표시할 수 있으므로 적절하지 않다.
④ 함수식에서 "남자"와 "여자"가 바뀌었다.
⑤ 함수식에서 "2"와 "3"이 아니라 "1"과 "3"이 들어가야 한다.

51 리더십

정답 ②

대화를 통해 부하직원인 A씨 스스로 업무성과가 떨어지고 있고, 업무방법이 잘못되었음을 인식시켜서 이를 해결할 방법을 스스로 생각하도록 해야 한다. 이후 B팀장이 조언하며 A씨를 독려한다면, B팀장은 A씨의 자존감과 자기결정권을 침해하지 않으면서도 A씨 스스로 책임감을 느끼고 문제를 해결할 가능성이 높아지게 할 수 있다.

오답분석

① 징계를 통해 억지로 조언을 듣도록 하는 것은 자존감과 자기결정권을 중시하는 A씨에게 적절하지 않다.
③ 칭찬은 A씨로 하여금 자신의 잘못을 인식하지 못하도록 할 수 있어 적절하지 않다.
④ 자존감과 자기결정권을 중시하는 A씨에게 강한 질책은 효과적이지 못하다.
⑤ A씨가 자기 잘못을 인식하지 못한 상태로 시간만 흘러갈 수 있다.

52 고객 서비스

정답 ①

제품 및 서비스가 복잡해지고 시장이 다양해짐에 따라 고객만족도를 정확히 측정하기 위해서는 먼저 조사 분야와 대상을 명확히 정의해야 한다. 또한 조사의 목적이 고객에 대한 개별대응이나 고객과의 관계를 파악하기 위한 것이라면 조사 대상을 임의로 선택해서는 안 되며, 중요한 고객을 우선 선택해야 한다.

PART 2

53 팀워크

정답 ②

②는 응집력에 대한 설명이다. 팀워크는 공동의 목적 달성이라는 의지를 갖추고 서로 협력하여 성과를 내는 것을 의미한다.

54 갈등 관리

정답 ③

B팀장에게 가지고 있는 불만이므로 본인과 직접 해결하는 것이 가장 적절하다. 비슷한 불만을 가지고 있는 사원들과 이야기를 나누고 개선해줄 것을 바라는 사항을 정리한 후에 B팀장에게 조심스레 말하는 것이 옳다.

55 경영 전략

정답 ④

내부 벤치마킹은 같은 기업 내의 다른 지역이나 타 부서, 국가 간 유사한 활용을 비교 대상으로 한다.

오답분석

①·③ 경쟁적 벤치마킹에 대한 설명이다.
② 다각화된 우량기업을 대상으로 할 경우 효과가 크다.
⑤ 글로벌 벤치마킹에 대한 설명이다.

56 조직 구조

정답 ⑤

조직문화는 구성원 개개인의 개성을 인정하고 그 다양성을 강화하기보다는 구성원들의 행동을 통제하는 기능을 한다. 즉, 구성원을 획일화·사회화시킨다.

57 업무 종류

정답 ④

인·적성검사 합격자의 조 구성은 은경씨가 하지만, 합격자에게 몇 조인지를 미리 공지하는지는 알 수 없다.

58 윤리

정답 ②

인사나 가벼운 농담 등을 통해 상대를 친근하게 대하는 것은 때에 따라 적절하나, 계속해서 농담을 할 경우 상대가 무례함을 느낄 수 있으므로 유의해야 한다.

59 근면

정답 ③

직장에서는 업무시간을 지키는 것이 중요하다.

60 봉사

정답 ①

봉사는 물질적인 보상이나 대가를 바라지 않고 사회의 공익, 행복을 위해서 하는 일이다. 따라서 적절한 보상에 맞춰 봉사에 참여하는 것은 적절하지 않다.

대학병원 / 의료원 직업기초능력평가 답안카드

성 명

지원 분야

문제지 형별기재란	
(　　　)형	Ⓐ Ⓑ

수 험 번 호						
⓪	⓪	⓪	⓪	⓪	⓪	⓪
①	①	①	①	①	①	①
②	②	②	②	②	②	②
③	③	③	③	③	③	③
④	④	④	④	④	④	④
⑤	⑤	⑤	⑤	⑤	⑤	⑤
⑥	⑥	⑥	⑥	⑥	⑥	⑥
⑦	⑦	⑦	⑦	⑦	⑦	⑦
⑧	⑧	⑧	⑧	⑧	⑧	⑧
⑨	⑨	⑨	⑨	⑨	⑨	⑨

감독위원 확인
(인)

번호						번호						번호					
1	①	②	③	④	⑤	21	①	②	③	④	⑤	41	①	②	③	④	⑤
2	①	②	③	④	⑤	22	①	②	③	④	⑤	42	①	②	③	④	⑤
3	①	②	③	④	⑤	23	①	②	③	④	⑤	43	①	②	③	④	⑤
4	①	②	③	④	⑤	24	①	②	③	④	⑤	44	①	②	③	④	⑤
5	①	②	③	④	⑤	25	①	②	③	④	⑤	45	①	②	③	④	⑤
6	①	②	③	④	⑤	26	①	②	③	④	⑤	46	①	②	③	④	⑤
7	①	②	③	④	⑤	27	①	②	③	④	⑤	47	①	②	③	④	⑤
8	①	②	③	④	⑤	28	①	②	③	④	⑤	48	①	②	③	④	⑤
9	①	②	③	④	⑤	29	①	②	③	④	⑤	49	①	②	③	④	⑤
10	①	②	③	④	⑤	30	①	②	③	④	⑤	50	①	②	③	④	⑤
11	①	②	③	④	⑤	31	①	②	③	④	⑤						
12	①	②	③	④	⑤	32	①	②	③	④	⑤						
13	①	②	③	④	⑤	33	①	②	③	④	⑤						
14	①	②	③	④	⑤	34	①	②	③	④	⑤						
15	①	②	③	④	⑤	35	①	②	③	④	⑤						
16	①	②	③	④	⑤	36	①	②	③	④	⑤						
17	①	②	③	④	⑤	37	①	②	③	④	⑤						
18	①	②	③	④	⑤	38	①	②	③	④	⑤						
19	①	②	③	④	⑤	39	①	②	③	④	⑤						
20	①	②	③	④	⑤	40	①	②	③	④	⑤						

※ 본 답안지는 마킹연습용 모의 답안지입니다.

〈절취선〉

대학병원 / 의료원 직업기초능력평가 답안카드

성 명

지원 분야

문제지 형별기재란	
( )형	Ⓐ Ⓑ

수 험 번 호						
⓪	⓪	⓪	⓪	⓪	⓪	⓪
①	①	①	①	①	①	①
②	②	②	②	②	②	②
③	③	③	③	③	③	③
④	④	④	④	④	④	④
⑤	⑤	⑤	⑤	⑤	⑤	⑤
⑥	⑥	⑥	⑥	⑥	⑥	⑥
⑦	⑦	⑦	⑦	⑦	⑦	⑦
⑧	⑧	⑧	⑧	⑧	⑧	⑧
⑨	⑨	⑨	⑨	⑨	⑨	⑨

감독위원 확인
ⓘ인

번호	답	번호	답	번호	답
1	① ② ③ ④ ⑤	21	① ② ③ ④ ⑤	41	① ② ③ ④ ⑤
2	① ② ③ ④ ⑤	22	① ② ③ ④ ⑤	42	① ② ③ ④ ⑤
3	① ② ③ ④ ⑤	23	① ② ③ ④ ⑤	43	① ② ③ ④ ⑤
4	① ② ③ ④ ⑤	24	① ② ③ ④ ⑤	44	① ② ③ ④ ⑤
5	① ② ③ ④ ⑤	25	① ② ③ ④ ⑤	45	① ② ③ ④ ⑤
6	① ② ③ ④ ⑤	26	① ② ③ ④ ⑤	46	① ② ③ ④ ⑤
7	① ② ③ ④ ⑤	27	① ② ③ ④ ⑤	47	① ② ③ ④ ⑤
8	① ② ③ ④ ⑤	28	① ② ③ ④ ⑤	48	① ② ③ ④ ⑤
9	① ② ③ ④ ⑤	29	① ② ③ ④ ⑤	49	① ② ③ ④ ⑤
10	① ② ③ ④ ⑤	30	① ② ③ ④ ⑤	50	① ② ③ ④ ⑤
11	① ② ③ ④ ⑤	31	① ② ③ ④ ⑤		
12	① ② ③ ④ ⑤	32	① ② ③ ④ ⑤		
13	① ② ③ ④ ⑤	33	① ② ③ ④ ⑤		
14	① ② ③ ④ ⑤	34	① ② ③ ④ ⑤		
15	① ② ③ ④ ⑤	35	① ② ③ ④ ⑤		
16	① ② ③ ④ ⑤	36	① ② ③ ④ ⑤		
17	① ② ③ ④ ⑤	37	① ② ③ ④ ⑤		
18	① ② ③ ④ ⑤	38	① ② ③ ④ ⑤		
19	① ② ③ ④ ⑤	39	① ② ③ ④ ⑤		
20	① ② ③ ④ ⑤	40	① ② ③ ④ ⑤		

※ 본 답안지는 마킹연습용 모의 답안지입니다.

대학병원 / 의료원 직업기초능력평가 답안카드

성 명

지원 분야

문제지 형별기재란	
(　　　)형	Ⓐ Ⓑ

수 험 번 호						
⓪	⓪	⓪	⓪	⓪	⓪	⓪
①	①	①	①	①	①	①
②	②	②	②	②	②	②
③	③	③	③	③	③	③
④	④	④	④	④	④	④
⑤	⑤	⑤	⑤	⑤	⑤	⑤
⑥	⑥	⑥	⑥	⑥	⑥	⑥
⑦	⑦	⑦	⑦	⑦	⑦	⑦
⑧	⑧	⑧	⑧	⑧	⑧	⑧
⑨	⑨	⑨	⑨	⑨	⑨	⑨

감독위원 확인
㊞

번호						번호						번호					
1	①	②	③	④	⑤	21	①	②	③	④	⑤	41	①	②	③	④	⑤
2	①	②	③	④	⑤	22	①	②	③	④	⑤	42	①	②	③	④	⑤
3	①	②	③	④	⑤	23	①	②	③	④	⑤	43	①	②	③	④	⑤
4	①	②	③	④	⑤	24	①	②	③	④	⑤	44	①	②	③	④	⑤
5	①	②	③	④	⑤	25	①	②	③	④	⑤	45	①	②	③	④	⑤
6	①	②	③	④	⑤	26	①	②	③	④	⑤	46	①	②	③	④	⑤
7	①	②	③	④	⑤	27	①	②	③	④	⑤	47	①	②	③	④	⑤
8	①	②	③	④	⑤	28	①	②	③	④	⑤	48	①	②	③	④	⑤
9	①	②	③	④	⑤	29	①	②	③	④	⑤	49	①	②	③	④	⑤
10	①	②	③	④	⑤	30	①	②	③	④	⑤	50	①	②	③	④	⑤
11	①	②	③	④	⑤	31	①	②	③	④	⑤						
12	①	②	③	④	⑤	32	①	②	③	④	⑤						
13	①	②	③	④	⑤	33	①	②	③	④	⑤						
14	①	②	③	④	⑤	34	①	②	③	④	⑤						
15	①	②	③	④	⑤	35	①	②	③	④	⑤						
16	①	②	③	④	⑤	36	①	②	③	④	⑤						
17	①	②	③	④	⑤	37	①	②	③	④	⑤						
18	①	②	③	④	⑤	38	①	②	③	④	⑤						
19	①	②	③	④	⑤	39	①	②	③	④	⑤						
20	①	②	③	④	⑤	40	①	②	③	④	⑤						

※ 본 답안지는 마킹연습용 모의 답안지입니다.

〈절취선〉

대학병원 / 의료원 직업기초능력평가 답안카드

성 명

지원 분야

문제지 형별기재란	
(　　　)형	Ⓐ Ⓑ

수 험 번 호						
⓪	⓪	⓪	⓪	⓪	⓪	⓪
①	①	①	①	①	①	①
②	②	②	②	②	②	②
③	③	③	③	③	③	③
④	④	④	④	④	④	④
⑤	⑤	⑤	⑤	⑤	⑤	⑤
⑥	⑥	⑥	⑥	⑥	⑥	⑥
⑦	⑦	⑦	⑦	⑦	⑦	⑦
⑧	⑧	⑧	⑧	⑧	⑧	⑧
⑨	⑨	⑨	⑨	⑨	⑨	⑨

감독위원 확인
인

1	①	②	③	④	⑤	21	①	②	③	④	⑤	41	①	②	③	④	⑤
2	①	②	③	④	⑤	22	①	②	③	④	⑤	42	①	②	③	④	⑤
3	①	②	③	④	⑤	23	①	②	③	④	⑤	43	①	②	③	④	⑤
4	①	②	③	④	⑤	24	①	②	③	④	⑤	44	①	②	③	④	⑤
5	①	②	③	④	⑤	25	①	②	③	④	⑤	45	①	②	③	④	⑤
6	①	②	③	④	⑤	26	①	②	③	④	⑤	46	①	②	③	④	⑤
7	①	②	③	④	⑤	27	①	②	③	④	⑤	47	①	②	③	④	⑤
8	①	②	③	④	⑤	28	①	②	③	④	⑤	48	①	②	③	④	⑤
9	①	②	③	④	⑤	29	①	②	③	④	⑤	49	①	②	③	④	⑤
10	①	②	③	④	⑤	30	①	②	③	④	⑤	50	①	②	③	④	⑤
11	①	②	③	④	⑤	31	①	②	③	④	⑤						
12	①	②	③	④	⑤	32	①	②	③	④	⑤						
13	①	②	③	④	⑤	33	①	②	③	④	⑤						
14	①	②	③	④	⑤	34	①	②	③	④	⑤						
15	①	②	③	④	⑤	35	①	②	③	④	⑤						
16	①	②	③	④	⑤	36	①	②	③	④	⑤						
17	①	②	③	④	⑤	37	①	②	③	④	⑤						
18	①	②	③	④	⑤	38	①	②	③	④	⑤						
19	①	②	③	④	⑤	39	①	②	③	④	⑤						
20	①	②	③	④	⑤	40	①	②	③	④	⑤						

※ 본 답안지는 마킹연습용 모의 답안지입니다.

대학병원 / 의료원 직업기초능력평가 답안카드

성 명

지원 분야

문제지 형별기재란	
(　　)형	Ⓐ Ⓑ

수 험 번 호						
⓪	⓪	⓪	⓪	⓪	⓪	⓪
①	①	①	①	①	①	①
②	②	②	②	②	②	②
③	③	③	③	③	③	③
④	④	④	④	④	④	④
⑤	⑤	⑤	⑤	⑤	⑤	⑤
⑥	⑥	⑥	⑥	⑥	⑥	⑥
⑦	⑦	⑦	⑦	⑦	⑦	⑦
⑧	⑧	⑧	⑧	⑧	⑧	⑧
⑨	⑨	⑨	⑨	⑨	⑨	⑨

감독위원 확인
㊞

번호						번호						번호					
1	①	②	③	④	⑤	21	①	②	③	④	⑤	41	①	②	③	④	⑤
2	①	②	③	④	⑤	22	①	②	③	④	⑤	42	①	②	③	④	⑤
3	①	②	③	④	⑤	23	①	②	③	④	⑤	43	①	②	③	④	⑤
4	①	②	③	④	⑤	24	①	②	③	④	⑤	44	①	②	③	④	⑤
5	①	②	③	④	⑤	25	①	②	③	④	⑤	45	①	②	③	④	⑤
6	①	②	③	④	⑤	26	①	②	③	④	⑤	46	①	②	③	④	⑤
7	①	②	③	④	⑤	27	①	②	③	④	⑤	47	①	②	③	④	⑤
8	①	②	③	④	⑤	28	①	②	③	④	⑤	48	①	②	③	④	⑤
9	①	②	③	④	⑤	29	①	②	③	④	⑤	49	①	②	③	④	⑤
10	①	②	③	④	⑤	30	①	②	③	④	⑤	50	①	②	③	④	⑤
11	①	②	③	④	⑤	31	①	②	③	④	⑤	51	①	②	③	④	⑤
12	①	②	③	④	⑤	32	①	②	③	④	⑤	52	①	②	③	④	⑤
13	①	②	③	④	⑤	33	①	②	③	④	⑤	53	①	②	③	④	⑤
14	①	②	③	④	⑤	34	①	②	③	④	⑤	54	①	②	③	④	⑤
15	①	②	③	④	⑤	35	①	②	③	④	⑤	55	①	②	③	④	⑤
16	①	②	③	④	⑤	36	①	②	③	④	⑤	56	①	②	③	④	⑤
17	①	②	③	④	⑤	37	①	②	③	④	⑤	57	①	②	③	④	⑤
18	①	②	③	④	⑤	38	①	②	③	④	⑤	58	①	②	③	④	⑤
19	①	②	③	④	⑤	39	①	②	③	④	⑤	59	①	②	③	④	⑤
20	①	②	③	④	⑤	40	①	②	③	④	⑤	60	①	②	③	④	⑤

※ 본 답안지는 마킹연습용 모의 답안지입니다.

〈절취선〉

대학병원 / 의료원 직업기초능력평가 답안카드

성 명

지원 분야

문제지 형별기재란	
(　　　)형	Ⓐ Ⓑ

수 험 번 호						
⓪	⓪	⓪	⓪	⓪	⓪	⓪
①	①	①	①	①	①	①
②	②	②	②	②	②	②
③	③	③	③	③	③	③
④	④	④	④	④	④	④
⑤	⑤	⑤	⑤	⑤	⑤	⑤
⑥	⑥	⑥	⑥	⑥	⑥	⑥
⑦	⑦	⑦	⑦	⑦	⑦	⑦
⑧	⑧	⑧	⑧	⑧	⑧	⑧
⑨	⑨	⑨	⑨	⑨	⑨	⑨

감독위원 확인
(인)

번호						번호						번호					
1	①	②	③	④	⑤	21	①	②	③	④	⑤	41	①	②	③	④	⑤
2	①	②	③	④	⑤	22	①	②	③	④	⑤	42	①	②	③	④	⑤
3	①	②	③	④	⑤	23	①	②	③	④	⑤	43	①	②	③	④	⑤
4	①	②	③	④	⑤	24	①	②	③	④	⑤	44	①	②	③	④	⑤
5	①	②	③	④	⑤	25	①	②	③	④	⑤	45	①	②	③	④	⑤
6	①	②	③	④	⑤	26	①	②	③	④	⑤	46	①	②	③	④	⑤
7	①	②	③	④	⑤	27	①	②	③	④	⑤	47	①	②	③	④	⑤
8	①	②	③	④	⑤	28	①	②	③	④	⑤	48	①	②	③	④	⑤
9	①	②	③	④	⑤	29	①	②	③	④	⑤	49	①	②	③	④	⑤
10	①	②	③	④	⑤	30	①	②	③	④	⑤	50	①	②	③	④	⑤
11	①	②	③	④	⑤	31	①	②	③	④	⑤	51	①	②	③	④	⑤
12	①	②	③	④	⑤	32	①	②	③	④	⑤	52	①	②	③	④	⑤
13	①	②	③	④	⑤	33	①	②	③	④	⑤	53	①	②	③	④	⑤
14	①	②	③	④	⑤	34	①	②	③	④	⑤	54	①	②	③	④	⑤
15	①	②	③	④	⑤	35	①	②	③	④	⑤	55	①	②	③	④	⑤
16	①	②	③	④	⑤	36	①	②	③	④	⑤	56	①	②	③	④	⑤
17	①	②	③	④	⑤	37	①	②	③	④	⑤	57	①	②	③	④	⑤
18	①	②	③	④	⑤	38	①	②	③	④	⑤	58	①	②	③	④	⑤
19	①	②	③	④	⑤	39	①	②	③	④	⑤	59	①	②	③	④	⑤
20	①	②	③	④	⑤	40	①	②	③	④	⑤	60	①	②	③	④	⑤

※ 본 답안지는 마킹연습용 모의 답안지입니다.

대학병원 / 의료원 직업기초능력평가 답안카드

성 명

지원 분야

문제지 형별기재란	
( )형	Ⓐ Ⓑ

수 험 번 호						
⓪	⓪	⓪	⓪	⓪	⓪	⓪
①	①	①	①	①	①	①
②	②	②	②	②	②	②
③	③	③	③	③	③	③
④	④	④	④	④	④	④
⑤	⑤	⑤	⑤	⑤	⑤	⑤
⑥	⑥	⑥	⑥	⑥	⑥	⑥
⑦	⑦	⑦	⑦	⑦	⑦	⑦
⑧	⑧	⑧	⑧	⑧	⑧	⑧
⑨	⑨	⑨	⑨	⑨	⑨	⑨

감독위원 확인
인

번호						번호						번호					
1	①	②	③	④	⑤	21	①	②	③	④	⑤	41	①	②	③	④	⑤
2	①	②	③	④	⑤	22	①	②	③	④	⑤	42	①	②	③	④	⑤
3	①	②	③	④	⑤	23	①	②	③	④	⑤	43	①	②	③	④	⑤
4	①	②	③	④	⑤	24	①	②	③	④	⑤	44	①	②	③	④	⑤
5	①	②	③	④	⑤	25	①	②	③	④	⑤	45	①	②	③	④	⑤
6	①	②	③	④	⑤	26	①	②	③	④	⑤	46	①	②	③	④	⑤
7	①	②	③	④	⑤	27	①	②	③	④	⑤	47	①	②	③	④	⑤
8	①	②	③	④	⑤	28	①	②	③	④	⑤	48	①	②	③	④	⑤
9	①	②	③	④	⑤	29	①	②	③	④	⑤	49	①	②	③	④	⑤
10	①	②	③	④	⑤	30	①	②	③	④	⑤	50	①	②	③	④	⑤
11	①	②	③	④	⑤	31	①	②	③	④	⑤	51	①	②	③	④	⑤
12	①	②	③	④	⑤	32	①	②	③	④	⑤	52	①	②	③	④	⑤
13	①	②	③	④	⑤	33	①	②	③	④	⑤	53	①	②	③	④	⑤
14	①	②	③	④	⑤	34	①	②	③	④	⑤	54	①	②	③	④	⑤
15	①	②	③	④	⑤	35	①	②	③	④	⑤	55	①	②	③	④	⑤
16	①	②	③	④	⑤	36	①	②	③	④	⑤	56	①	②	③	④	⑤
17	①	②	③	④	⑤	37	①	②	③	④	⑤	57	①	②	③	④	⑤
18	①	②	③	④	⑤	38	①	②	③	④	⑤	58	①	②	③	④	⑤
19	①	②	③	④	⑤	39	①	②	③	④	⑤	59	①	②	③	④	⑤
20	①	②	③	④	⑤	40	①	②	③	④	⑤	60	①	②	③	④	⑤

※ 본 답안지는 마킹연습용 모의 답안지입니다.

〈절취선〉

대학병원 / 의료원 직업기초능력평가 답안카드

성 명

지원 분야

문제지 형별기재란	
(　　　)형	Ⓐ Ⓑ

수 험 번 호						
⓪	⓪	⓪	⓪	⓪	⓪	⓪
①	①	①	①	①	①	①
②	②	②	②	②	②	②
③	③	③	③	③	③	③
④	④	④	④	④	④	④
⑤	⑤	⑤	⑤	⑤	⑤	⑤
⑥	⑥	⑥	⑥	⑥	⑥	⑥
⑦	⑦	⑦	⑦	⑦	⑦	⑦
⑧	⑧	⑧	⑧	⑧	⑧	⑧
⑨	⑨	⑨	⑨	⑨	⑨	⑨

감독위원 확인
인

번호						번호						번호					
1	①	②	③	④	⑤	21	①	②	③	④	⑤	41	①	②	③	④	⑤
2	①	②	③	④	⑤	22	①	②	③	④	⑤	42	①	②	③	④	⑤
3	①	②	③	④	⑤	23	①	②	③	④	⑤	43	①	②	③	④	⑤
4	①	②	③	④	⑤	24	①	②	③	④	⑤	44	①	②	③	④	⑤
5	①	②	③	④	⑤	25	①	②	③	④	⑤	45	①	②	③	④	⑤
6	①	②	③	④	⑤	26	①	②	③	④	⑤	46	①	②	③	④	⑤
7	①	②	③	④	⑤	27	①	②	③	④	⑤	47	①	②	③	④	⑤
8	①	②	③	④	⑤	28	①	②	③	④	⑤	48	①	②	③	④	⑤
9	①	②	③	④	⑤	29	①	②	③	④	⑤	49	①	②	③	④	⑤
10	①	②	③	④	⑤	30	①	②	③	④	⑤	50	①	②	③	④	⑤
11	①	②	③	④	⑤	31	①	②	③	④	⑤	51	①	②	③	④	⑤
12	①	②	③	④	⑤	32	①	②	③	④	⑤	52	①	②	③	④	⑤
13	①	②	③	④	⑤	33	①	②	③	④	⑤	53	①	②	③	④	⑤
14	①	②	③	④	⑤	34	①	②	③	④	⑤	54	①	②	③	④	⑤
15	①	②	③	④	⑤	35	①	②	③	④	⑤	55	①	②	③	④	⑤
16	①	②	③	④	⑤	36	①	②	③	④	⑤	56	①	②	③	④	⑤
17	①	②	③	④	⑤	37	①	②	③	④	⑤	57	①	②	③	④	⑤
18	①	②	③	④	⑤	38	①	②	③	④	⑤	58	①	②	③	④	⑤
19	①	②	③	④	⑤	39	①	②	③	④	⑤	59	①	②	③	④	⑤
20	①	②	③	④	⑤	40	①	②	③	④	⑤	60	①	②	③	④	⑤

※ 본 답안지는 마킹연습용 모의 답안지입니다.

2025 최신판 시대에듀 대학병원 / 의료원 행정 · 사무직 통합편 NCS + 최종점검 모의고사 4회 + 무료NCS특강

개정4판1쇄 발행	2024년 10월 30일 (인쇄 2024년 09월 09일)
초 판 발 행	2021년 03월 30일 (인쇄 2021년 01월 26일)
발 행 인	박영일
책 임 편 집	이해욱
편 저	SDC(Sidae Data Center)
편 집 진 행	김재희 · 김예림
표지디자인	박수영
편집디자인	양혜련 · 장성복
발 행 처	(주)시대고시기획
출 판 등 록	제 10-1521호
주 소	서울시 마포구 큰우물로 75 [도화동 538 성지 B/D] 9F
전 화	1600-3600
팩 스	02-701-8823
홈 페 이 지	www.sdedu.co.kr

I S B N	979-11-383-7835-2 (13320)
정 가	24,000원

대학병원/의료원

행정 · 사무직 통합편

NCS+모의고사 4회

최신 출제경향 전면 반영